역사철학과 그 역사

역사철학과 그 역사

이상현 지음

2017년 개정판을 내면서 ………………………………………… 8
1981년 초판 머리말 ……………………………………………… 14

제1장
신화와 역사

신화학의 필요 ……………………………………………………… 20
신화의 역사화는 가능한가? …………………………………… 23
추축시대 …………………………………………………………… 35
신화는 영원히 지속된다 ………………………………………… 43
역사학과 신화학의 차이 ………………………………………… 47

제2장
그리스시대의 역사사상

오리엔트 역사학 ………………………………………………… 52
밀레토스 학파의 역사사상 ……………………………………… 62
헤로도토스 ………………………………………………………… 71
투키디데스 ………………………………………………………… 82

제3장
헬레니즘시대의 역사학

헬레니즘시대의 사상 …………………………………………… 100
폴리비오스 ………………………………………………………… 105

리비우스	120
타키투스	129
고대 역사학의 한계와 공헌	137

제4장
기독교 세계의 역사학

기독교 세계의 성립	144
역사서로서의 《구약성서》	148
초기 기독교의 역사관	152
초기 기독교의 역사서술 방법	158
교속(敎俗) 이원론적 역사관의 태동	161
아우구스티누스의 역사관	168
역사학에 있어서 기독교의 공(功)과 과(過)	193

제5장
휴머니즘시대의 역사학

르네상스와 그 역사학의 특징	206
마키아벨리 이전의 역사가들	216
마키아벨리의 역사사상	224
귀치아르디니의 역사서술	236
바사리의 예술사	243
종교개혁과 역사사상	248
이 시대 역사학의 한계점	256

제6장
이성시대의 역사사상

이성시대의 의의 ………………………………………… 262
베이컨과 데카르트의 반역사적 사상 ………………… 265
몽테스키외와 데카르트의 역사학 ……………………… 274
볼테르의 역사철학 ……………………………………… 281
데이비드 흄의 인성학적 역사학 ……………………… 292

제7장
낭만주의시대의 역사사상

계몽주의와 낭만주의 …………………………………… 300
비코의 인식론적 역사학 ………………………………… 304
헤르더의 역사철학 ……………………………………… 323
칸트의 9개 명제 ………………………………………… 336
헤겔의 역사철학 강의 …………………………………… 348
낭만주의 역사철학에 있어서 비코의 위치 …………… 370
칼 마르크스, 그 인물 …………………………………… 399
칼 마르크스의 변증법적 유물론 ……………………… 431

제8장
실증주의시대의 역사학

실증주의 ··· 460
랑케의 실증주의적 역사학 ····················· 463

제9장
반실증주의적 역사학

실증주의적 역사학의 한계 ····················· 486
크로체의 역사사상 ····································· 488
크로체의 사상사 ··· 530
콜링우드의 역사인식론 ···························· 559

제10장
역사학에 있어서의 현대적인 여제(餘題)

역사학의 현대적 문제 ······························· 590
역사와 역사학의 의미 ······························· 592
역사학의 무산(霧散) ·································· 596
인식방법론으로서의 역사학=역사적 인식 ·········· 599

2017년 개정판을 내면서

역사란 무엇인가? 이 질문은 오늘날 우리의 귀에 새삼스럽게 들려온다. 인간은 이 지구상에 그 모습을 드러낸 이후 오늘에 이르기까지 생활을 해왔다. 그리고 그것을 역사라는 이름으로 기록해 왔고, 그것을 교육의 주요 과제로 삼아왔다. 그러기에 최소한의 교육을 받은 사람들이라면 누구를 막론하고 역사를 쉽게 이야기하고 잘 아는 것으로 치부해 왔다.

그러나 과연 우리는 그 역사라는 말을 올바르게 이해하고 있으며 정확한 뜻을 알고 있는가? 사람마다 제 나름대로의 생각을 가지고 '역사는 어떤 것이다. 또 어떤 것이어야 한다.'라고 주의주장을 펼치고 있는데, 과연 그들의 그 주의주장은 우리가 그대로 받아들여도 되는 것인가?

역사의식이 있어야 한다든가, 역사적 판결을 받을 것이다든가 하며 외치고 있는 사람들도 우리는 흔히 보게 된다. 그런데 과연 역사의식이란 어떤 것이고 역사적 판결이란 존재하는 것인가? 아직 영어의 '히스토리(History)'라고 하는 말을 '역사'라고 써야 되는 경우와 '역사학'으로 써야 하는 경우조차도 구별되고 있지 아니한 것이 우리의 현재인데, 그러한 말들의 잔치를 마구 벌려도 되는 것인가?

역사학을 전공하고 있는 사람들에게 있어서도 이것은 마찬가지다. 과거의 문헌들 속에서 새로운 사실들을 끄집어내고는 그것으로 대단한 학문적 업적을 이룬 것처럼 생각하고, 어느 요상한 이론의 영향을 받아 묘한 해석 한번 해놓고도 굉장한 권위자가 된 듯 착각에 빠지는 학문풍토 속에서 과연 역사와 역사학의 근본적인 문제가 이해되고 있는가는 심한 의심의 여지를 나타내고 있는 것이다.

역사를 연구하고 서술하는 사람들을 언제나 괴롭히는 문제가 있다. 하고 많은 과거의 사실들 가운데서 어떤 것을 골라내고 어떤 것을 버리고 할 것인가? 그렇게 골라낸 것들 중에서도 어떤 것에 강조점을 주고, 어떤 것은 희미하게 다루어 버려야 할 것인가? 또 그것들을 문장으로 만들고 책으로 만들어 내는 데 있어서는 어느 것을 앞으로 세우고 어느 것을 뒤로 세우는가? 어떤 것을 좋다하고 어떤 것을 나쁘다 해야 할 것인가? 하는 등등.

이 모든 문제들은 결국 그가 '역사란 무엇인가?'라는 질문에 대한 그 자신의 답변에 따라 달라질 수 있는 것들이다. 따라서 우리가 역사를 올바르게 알고, 또 올바른 역사를 연구하고 서술하기 위해서는 우선 이 질문에 대한 올바른 답변이 선행되어야 한다. 그런데 이 '역사란 무엇인가?'라는 질문에 대한 답은 역사적으로 매시대마다 달랐다. 또 같은 시대일지라도 사람마다 약간씩 다른 의견과 생각을 내세웠다.

필자는 역사학을 전공으로 선택했던 대학시절부터 오늘에 이르기까지 이 문제를 머리에 두고, 그것에 대한 연구를 해왔다. 이러한 나의 질문, 이를테면 역사철학에 대한 문제의 해결을 위하여 고대로부터의 현재에 이르기까지의 선현들의 생각을 섭렵하여 왔다. 그 결과 얻어진 과실이 이 책으로 엮어진 내용들이다.

사상사를 서술하는 데는 대체로 두 가지의 방향을 생각할 수 있다. 하나는 과거의 사상가들의 생각을 다이제스트로 요약함으로, 독자들이 원저작을 읽지 않고도 사상가들의 생각과 내용들을 쉽게 알 수 있도록 서술하는 것이고, 또 하나는 저자가 그 사상가들의 생각들을 음미하여 나름대로 이해한 것을 서술하는 방법이 있을 수 있다.

본서는 이 중에서 후자의 입장을 취한 것이다. 필자는 이 방면의 이론을 나름대로 연구해 보고자 한 학도였다. 때문에 여기에 실린 사상가들의 생각들은 필자가 나름대로 이해하고 소화시켜 논문의 작성과정을 통하여 필자 자신의 '역사란 무엇인가?'라는 의문에 대한 답에 접근하고자 한 노력으로 이루어진 것들이다.

나름대로 역사에 대한 올바른 인식을 위하여, 그리고 좋은 책을 만들어 보려고 노력은 하였다. 그러나 역사철학이라는 것이 칸트의 말처럼, 역사적 지식에 철학적 사고력을 요구하는 것이니 만큼 그 작업이 그리 쉽지는 않았다.

독자들에게 부탁하고 싶은 것은, 사상사에 관련된 책은 스스로 그 사상가의 입장에서 보려는 노력이 없이는 올바른 이해, 깊은 파악이 어렵다는 것이다. 그러므로 독자들은 약간의 인내를 가지고 이 책을 읽어주기 바란다.

독서에는 한 손으로 읽는 법과 두 손으로 읽는 법이 있다고 한다. 전자의 경우는 소설책과 같이 한쪽 손으로 책장을 계속 넘겨가면서 읽는 독서법을 말하는 것이고, 후자의 경우는 오른손으로 책장을 넘겼다가 다시 왼손으로 되넘겨야 되는 독서법을 말하는 것이다.

어느 편의 것이 더 큰 즐거움을 가져다 줄 것인가는 독자 나름의 일이겠으나, 사상서나 철학서를 읽는다는 것은 어쩔 수 없이 후자의 방법을 취할 수밖에 없을 것이다. 남들이 이해하기 어렵다고 엄살을 부리는 책을 읽고, 나름대로의 독서의 즐거움을 만끽하는 독자가 되어주기를 바란다.

이 책은 1981년도에 초판이 출간되었다. 그 후 35년이라는 시간이 흘렀다. 그 동안 필자는 전임교수로 정년을 보낸 세종대학교를 비롯해서, 서울대학교, 연세대학교, 경희대학교 대학원과 성균관대학교, 경희대학교, 동국대학교, 한양대학교, 한성대학교, 홍익대학교 등 대학의 시간강사로 학부에서 역사학을 강의하는 경험을 갖게 되었다. 그 동안 여러 권의 저서를 내었고, 많다면 많다고 할 만한 논문들도 발표하였다.

이러한 강의경험과 연구활동을 하는 동안 연륜이 더 쌓였고, 그에 따른 지식이나 생각에 있어 많은 변화가 있었다. 그뿐만 아니라, 필자는 30대의 초학자로서 이 책의 초판을 낼 때, '나의 삶이 익어가는 대로 이 책도 익어갈 것이다.'라는 마음으로 계속해서 보완·보충·수정을 해서 개정판을 내고 싶었다.

그러나 실제로는 이 같은 마음속 다짐을 실현하기는 쉽지 않았다. 이 책이 워낙에 대중적인 인기와는 거리가 먼 전문서인데다, 아이로니컬하게도 유신과 군부통치가 종식되고, 민주화라는 이름의 정치적 자유의 파도가 높아지면서, 역사학이나 역사철학이 지식인들의 관심으로부터도 멀어지는 기이한 현상이 펼쳐졌기 때문이다.

유신이나 군부통치시대에는 주체성 확립이라는 독재적인 통치를 위한 수단으로 한국사를 활용하기 위한 정부교육기관의 배려(?)로 수량적 확대가 가능했다. 그리고 이에 대한 저항의 일환으로 서구의 민주주의와 자유주의를 도입하고자 하는 운동의 일환으로 서양의 역사가 그나마 인기를 얻을 수 있었다.

그러나 이러한 양자의 목적의식이 소멸된 그 후엔 역사학의 수난시대가 되었다. 독재에 저항한 대가로 정권을 장악한 김영삼 정권은 독재정권에 대한 보복으로 각급 공무원 고시에서 한국사를 제외시켰고, 세계사는 기껏 선택과목 정도로 잔존시켰으나 선택하는 이가 없어서 소멸되어 버리고 말았다. 심지어 세계를 대상으로 활동해야 하는 외교관을 뽑는 외무고시에서조차도 세계사가 제외되어 세계사에 대한 무지한 외교관을 배출하는 난센스를 노출하였다.

더욱이 신자유주의가 도입되어 모든 국민의 관심이 취업과 승진, 경영, 창업 등으로 쏠리면서, 학생들의 머리는 온통 스펙 쌓기로 채워져 교양이나 지식 쌓기를 통한 정신세계의 계발은 뒷전으로 밀리고, '역사학이다', '철학이다' 하는 용어들은 골동품 진열장으로 들어가 버리고 말았다. 해서 각 대학들은 각종 문학과나 역사학과 및 철학과를 가급적 폐과시키는 길을 모색하기에 이르렀다.

이상과 같은 한국지성사의 상황변화는 이 책의 수정·보완·보충을 가로막았다. 해서 1991년 재판본을 발행한 이래 재판의 기회를 가질 수 없었다. 그러던 중 도서출판 삼화가 경제적 이해를 넘어서서 이 책을 출간하기로 하였다.

해서 노구를 이끌고, 이 책을 처음부터 한 줄 한 줄씩 음미 숙고해가면서 두 번째 재판을 준비하였다. 헌데, 자화자찬 같아 말하기는 어렵지만, 전체적인 흐름에서 몇 가지 문제를 중심한 논문 몇 편을 첨가·보충하는 이외는 수정할 것을 많이 찾지 못하였다.

특기해야 할 것은 '낭만주의 역사철학에 있어서 비코의 위치'라는 하나의 새로운 장을 마련하여 삽입했다는 것이다. 이 부분은 원래 필자가 박사논문으로 〈신이상주의 역사이론〉을 쓸 때, 마련한 글인데 당시에 빠진 것이다.

마지막으로 첨언해 두어야 할 것은 원래 이 책에는 많은 인용구와 그에 대한 각주가 붙어 있었다. 그러나 이번 개정판에서는 이들을 삭제하였다. 이미 검증된 책이라는 점도 있지만, 무엇보다 독자들의 번거로움을 덜어주기 위함이었다.

어떤 문제를 생각하고, 그것을 한 줄 한 줄의 글월로 만들고, 그것들을 다시 한 편의 논문으로 작성하는 그 순간, 인간의 정신은 가장 심각하게 그 문제에 집중된다. 그리고 이러한 순간, 이러한 상태에서 나온 글들이야말로 그 문제에 관한 한, 가장 진지한 글이다. 그러므로 그것을 후에 손질한다는 것은 쇠가 식은 다음 망치질을 하는 대장장이의 일 같다는 느낌이 들었다. 다만 독자들의 독서를 용이하게 하기 위해서 각 문단의 길이를 짧게 만드는 작업에 신경을 썼을 뿐이다.

끝으로 전혀 수익성을 생각하지 않고 이 나라에 새로운 역사관을 홍보하고 참된 역사의식을 정립하여야겠다는 마음으로 이 책의 출간을 허락해준 도서출판 삼화에 감사하며, 이 일에 참여한 여러분들의 노고에 감사를 드린다.

2017년 1월
북한산 밑 현곡재에서
저자 이상현

1981년 초판 머리말

1966년 대학원 석사 논문으로 쓴 'B. 크로체의 역사사상'을 처음으로 서양사학회에 발표한 후 이제 15개의 성상(星霜)이 흘렀다. 그동안 역사학도로서 안주함이 없이 공군사관 교관으로서, 숭의여자전문학교의 문화사 선생으로서 전전하면서도 오로지 관심은 '역사란 무엇이며 역사학과 역사는 어떻게 구별하여야 할 것이며 또 역사가 또는 역사학자가 하여야 할 것이 무엇인가?'하는 것에서 떠난 적이 없었다.

이때에 나에게 크게 도움을 준 것은 콜링우드(Collingwood)의 《The Idea of History》였다. 나는 이 책을 《역사학의 이상》이라는 역명으로 번역·출간하면서 콜링우드의 생각을 내 나름대로 씹고 씹는 일을 거듭했다. 그러면서 참된 역사 및 역사학의 개념을 이해하고 앞으로 바람직한 역사의 연구를 위해서는 무엇보다도 과거에 있었던 많은 역사가와 역사사상가들의 역사에 대한 생각이 어떠하였는가를 알지 않으면 아니 된다고 생각하기에 이르렀다.

물론 콜링우드의 《역사학의 이상》이 그것을 알려 주고 있으나 그 책은 어디까지나 콜링우드 자신의 이론을 입증하기 위한 자료로써 과거의 역사사상가들의 생각을 다룬 것이기 때문에 초학도, 특히 대학재학생들의 수준으로는 이해하기가 어려운 감이 없지 않은 것이다. 그러므로 나는 보다 구체적인 역사학의 역사를 이해하기 쉽게 서술하여《역사학의 이상》을 읽기 전에 읽을 수 있는 책으로 만들어 보고 싶은 생각을 하게 된 것이다.

원래 좋은 책을 저술하려면 그에 앞서 그 내용을 강단에서 강의를 해보고 그 내용을 그 논리 등에 대한 시험을 거친 뒤에 해야 된다고 나는 평소부터 생각을 해왔다. 물론 나는 콜링우드의《역사학의 이상》을 교재로 해서 성균관대학교 사학과와 수도사범대학 사회교육과에서 각각 두 차례씩 강의한 바가 있었다. 그러나 그것은 지금 내가 여기에 출간하려는 내용과는 조금 차이가 있는 것이다.

그 뒤 나는 보다 개괄적인 의미의 역사학의 역사를 강의하고 싶었고, 또 그것을 위하여 준비를 했었다. 그러나 그것을 강의할 수 있는 기회를 얻지 못했다. 그러므로 본서의 내용은 순수하게 역사학의 역사를 가르치고 싶은 욕망을 근거로, 그러나 가르칠 대상을 갖지 못한 입장에서, 내 나름대로 연구해 본 것을 정리한 것이다.

본서의 내용을 구성함에 있어서 무엇보다도 역사가 또는 역사사상가들의 인물을 중심으로 했다. 특히 그들의 생애와 그들의 사상의 형성과정을 중요시하였다. 어떠한 학자나 사상가의 학문이나 사상이라 하더라도 그것이 독창적이고 그 시대성을 가장 잘 나타내고 있는 것은 역시 그 학자나 사상가가 다른 어느 사람들보다도 그의 생애를 통하여 많은 고뇌를 겪었고, 남다른 고난을 당하면서도 진리를 추구하려는 집념을 버리지 않고 투쟁적으로 살았다고 생각되었기 때문이다.

특히 중요한 것은 사학사상사를 통해 볼 때, 역사상에 새로운 방법론을 제시하였고 새로운 사상을 잉태해 놓은 사람들의 대부분은 현세적으로 그들이 소망하는 바가 쉽게 이루어지거나 현세적으로 유복했던 사람들 중에서 나온 것이 아니라, 현실세계에 있어서는 버림을 받았고, 인간적인 삶에 있어서는 실패한 사람들, 그리고 평탄한 학자의 생활을 누린 사람들보다는 평탄치 못한 수난의 생활을 극복한 사람들 중에서 많이 나왔다고 하는 것이다.

그러기에 나는 늘 학문을 지향하는 학도들에게 말하여 왔다. 먹고 살기 위한 직장 때문에 학문을 택하였다면 일찍이 포기하라. 그것은 학문을 모독하는 일이요, 세상을 기만하는 일이라고. 또 진정으로 학문을 사랑하거들랑 지위가 어디에 있든, 먹고 사는 수단으로 어떠한 직업을 가졌든 관계없이 학문을 위해서 투신해 보라고.

왜냐하면 나는 사상사, 학문의 역사를 돌이켜 볼 때, 사상가란 또는 학자란 결코 현실세계에서 영달을 구한 사람들이 아니며 남들이 보기에 멋진 직업을 추구한 사람들이 아니라 진리 자체를 사랑하고 진리에 무한히 접근해 가는 일 그 자체를 즐기는 사람들이며 또 평범한 사람들이 당해야 할 세계와 인생에 대한 고통을 스스로 청부를 맡아 당하고자 하는 사람들이라고 하는 것을 깨달았기 때문이다.

나의 이 책은 이를 희미하게나마 깨닫고 앞으로 학문을 위해 고투를 감내하려는 사람들에게 조그마한 용기를 불러일으킬 수 있다면 좋겠다는 마음으로 썼다.

역사학의 역사도 하나의 역사다. 그리고 그것은 일종의 사상사다. 그것은 일반적인 역사와 같이 시대구분을 지니고 사상사와 같이 시대의 정신을 대변하고 있는 것이다. 그래서 나는 이 책을 구성함에 있어서 사상사적으로 시대구분을 했고, 각 시대의 사상적 특징을, 그리고 그 시대의 정신이 형성된 역사적 배경을 염두에 두고 지면이 허락하는 범위 내에서 서술하려고 하였다. 교양문화사와 교양철학 정도를 이해하고 있는 사람이면 읽으면서 공명을 할 수 있을 만큼 쉽게 풀어서 쓰려고 했다.

그러나 이 책은 전공적인 것이지 결코 한번 읽고 던져 버리고도 다 읽었다고 할 수 있는 그러한 교양서적은 아닐 것이다. 신화시대의 역사사상에서부터 현대의 역사사상에 이르기까지의 과정을 내 나름대로의 논리를 세워서 서술하려 한 것이기 때문에 어느 부분을 슬쩍 읽어 보고 몇 가지 용어나 인명, 또는 어떤 단편적 생각을 이해하는 것으로 만족하려는 사람, 독서량을 책의 권수로 책정하고 책명을 많이 아는 것을 자랑으로 삼고자 하는 독자들이라면 이 책의 진수를 맛보았다고 할 수 없을 것이다.

음식은 씹어야 맛이 나고 책은 반복해서 읽을수록 의미가 깊어지는 것이다. 더구나 선인들의 생을 받친 고투 끝에 얻어진 사상을 이해하려 함에 있어서는 더욱 그렇다. 사상사의 이해는 이해하려는 사상가의 생각을 독자 자신이 체험(體驗)해 보려는 자세로 책을 읽어 나갈 때에만 그 사상에 접근해 갈 수 있는 것이다.

이 책은 역사학의 역사를 다룬 책이며 또 일반적인 의미의 역사철학적인 내용을 담고 있는 책이다. 그러나 이 책을 통해서 서양의 역사학의 역사와 역사철학을 전반적으로 이해하고자 하는 독자에게는 약간의 부족한 점을 지니고 있는 책이다.

특히 현대에 이르러 많은 역사사상가들이 나와서 수많은 역사관을 제시하고 있는데, 이 책에서는 사학사적 흐름을 위주로 서술하려다 보니,

그러한 역사관들을 소개하지 못하였다. 원래의 계획으로는 그것들이 포함되어 있었으나 필자의 능력이 못 미침과 또 내·외적인 사정으로 그것은 다음에 보충하기로 기약하고 이번 초판본에서는 생략하였다.

끝으로 이 책이 나오기까지 음으로 양으로 도움을 준 여러분들, 특히 각 대학 도서관을 찾아다니며 참고서적을 찾아내어 복사를 해다 준 서강대학 재학생인 최정희 양과 이화여대 도서관에 근무하고 있는 김종림 양의 노고에 깊은 감사를 보내며, 아울러 경제적으로 어려움을 당하면서도 단지 우정 때문에 이 책을 출판해 주겠다고 나선 박문각 박용 사장에게 사의를 표한다.

그리고 이 저서는 1980년도 문교부 연구조성비의 도움을 받아 출판되었음을 밝혀둔다.

1981년 6월
사임당 연구실에서
저자 이상현 씀

제1장
신화와 역사

▲라오콘 군상

BC 2~BC 1세기 대리석, 피오 클레멘티노 미술관

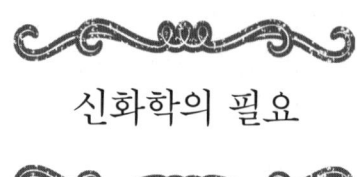

신화학의 필요

 인류가 지상에 태어난 이래의 역사를 돌이켜 볼 때에 뚜렷한 기록이 있어서 현재의 역사가들의 연구를 가능하게 하는 기간이란 극히 순간적인 것이다. 반스(Harry Elmer Barnes)의 계산에 따르면, 선사시대에서 현재까지를 12시간이라는 시계의 측정 단위로 표시할 때, 역사시대는 4.5초에 지나지 않는다는 것이다. 이와 같이 인류의 생활사는 거의 무한한 것인데 비하여 현재 우리가 알고 있는 역사란 너무나도 짧은 것이다.
 역사학이라고 하는 것이 시간 속에서 이루어진 인류의 생활과정을 대상으로 하는 학문이라고 할 때, 긴 그 과정은 불과 순간밖에 되지 않는 시간 속에서의 생활을 연구함으로써 역사 자체를 이해한다는 것은 거의 불가능한 일이라 해도 과언은 아닐 것이다. 여기서 우리는 고고학을 발달시키고 인류학을 연구하고 있는 것이다. 고고학은 인류가 생활하고 남긴 유물과 유적을 통하여 기록 이전의 인류 생활을 추적하고, 인류학은 현존하는 원시 인류의 생활을 관찰함으로써 실제적인 원시인의 생활이 어떠하였나 하는 것을 추리한다.
 이와 같은 학문들은 모두가 유사 이전의 인류사를 연구하여 인간이 인식할 수 있는 시간을 소급 연장시키고자 하는 노력에서 나온 것들이다. 이와 같이 역사 인식의 시간적 영역을 사상사적 입장에서 넓히려는 노력이 신화학이 아닌가 생각된다.

인간은 지상에서 인간으로 생활을 시작하였을 때, 물론 도구를 사용하였으며 또 그러한 생활의 찌꺼기로 도구와 흔적을 남겨 놓았다. 그러나 그것만이 인간 생활의 전부는 아니었다. 원시인도 인간이기 때문에 정신적 사유의 생활을 영위하였다. 정치라고 하는 사유생활, 보다 향상된 경제를 위한 사유생활, 사회구성·사회통어를 위한 사유생활, 그리고 신앙생활 등등의 정신생활을 영위하였다.

그러나 이러한 정신적 생활에는 물질적 생활에서처럼 가시적 흔적이 별무하다. 물론 제의(祭儀)를 위한 도구, 또는 정신생활을 표현한 예술작품들이 없는 것은 아니나 그것으로는 미약하다.

이러한 정신생활을 오늘날의 학자들에게 전해 주고 있는 것이 신화 및 전설이다. 그 발생기원이 언제인지 하는 것은, 고고학에서 방사성 탄소 연대 측정 등을 통해서 밝힐 수 있는 것처럼 명백히 밝히기는 어려운 것이지만, 인류의 사고 및 의사 전달 능력이 비롯된 때부터 전승되고 누적되어 온 것으로 생각할 수 있는 신화나 전설은 그런대로 인류의 유사 이전 시대의 정신생활을 알 수 있는 자료를 제공하고 있는 것이다.

그러면 어떻게 신화나 전설이 역사학의 자료로 만들 수 있는가? 여기서 우리가 전제하지 않을 수 없는 것은 모든 이야기나 작품(그것이 단순히 구전[口傳]에 의한 신화나 전설이든 또는 문자 기록화 된 소설이나 시나 희곡이든)은 그 시대의 정신이나 사상을 함유하고 있다는 것이다.

현대인의 지식수준에 입각해서 볼 때에는 한낱 황당무계한 동화적이고 우화적으로 보이는 이야기 속에도 그것이 창출되던 그 시대의 시대 상황과 시대정신이 포함되어 있는 것이다.

그러므로 우리가 그것들을 해석하기에 따라서 역사적 사실은 물론 역사적 진실을 발굴해 낼 수 있는 것이다. 이러한 점은 고고학이나 인류학의 경우도 마찬가지다. 아무리 훌륭한 유물을 발굴해 내었다 하더라도 그것의 쓰임새, 그것에 담겨져 있는 생각 등을 표출해 내지 못하면 그것은 한낱 돌멩이나 사기조각으로 그치게 된다.

다시 말해서 고고학적 유물 유적이나 인류학적 현상이나 신화학의 대상인 황당무계한 이야기는 다 같이 역사의식에 입각한 해석이 가미될 때, 비로소 역사적 자료로서의 기능과 가치를 갖게 된다. 마찬가지로 신화나 전설도 현대적 지식과 의식을 갖춘 현대의 학자들이 그들의 지식과 의식을 동원하여 그것들을 해석할 때에 비로소 역사적 자료로, 또는 역사 그 자체로 사용 또는 이해할 수 있을 것이라는 것이다.

신화의 역사화는 가능한가?

 신화나 전설을 역사학에서 어떻게 취급해야 할 것인가? 과연 신화나 전설을 과학적 지식을 갖추고 있다고 스스로 생각하고 있는 현대 지식인들의 생각들처럼 황당무계한 옛이야기, 어린아이들의 흥미를 돋아 주고, 기껏 그들의 상상력을 키워주는 정도의 가치만을 인정할 수밖에는 없는 그러한 정도의 이야기로 규정지어도 될 것인가?
 이 글에서는 이러한 문제를 해결하기 위해서 신화나 전설의 실제의 모습이 무엇인가? 그리고 그것은 왜 어떻게 만들어졌으며 또 그것이 어떻게 해서 소멸되었는지를 밝혀 보고자 하는 것이다. 이를 위해서 필자는 우선 신화의 역사성 여부의 문제를 해결해가는 방법에서 논의의 실마리를 찾아보고자 한다.
 첫째, 신화란 인간의 의식 자체로 그것을 표명하고 전달하는 방법이 원시적이었던 시대에 살고 있던 인간의 사고 자체이며, 또 그것을 표현하고 전달하는 한 가지 방법이라고 하는 것이다. 따라서 크로체(B. Croce)나 콜링우드(R. G. Collingwood)의 '모든 역사는 사상사'라는 주장을 수긍할 때, 신화는 원시·고대 세계의 사상을 담고 있는 사상사이며, 동시에 역사라는 것이다.
 그것이 현대사와 다른 점이란 표현 및 전달의 방법이 다르다는 것뿐이다. 그리고 원시인의 행위를 오늘날 우리의 관점에서 합리적 해석을 할 수 없는 것은 현대인이 그 행위를 재연(再演, re-enactment)시키지 못하기 때문인 것이다.

그러므로 오늘날 그것을 현재의 입장에서 이해하고 그것을 우리의 정신 속에서 재연시킬 수 있기 위해서는 그 신화에 포함되어 있는 행위에다 역사의식(歷史意識)을 투영시켜서 그것을 역사화(歷史化)시켜야 된다.

그러면 역사의식이란 무엇이며 역사화란 어떠한 것인가? 현재에 주어져 있는 역사적 현상의 일체는 무한한 과거, 즉 태초에 인류가 지상에 존재하기 시작하게 된 이래로 현재에 이르기까지, 인류가 스스로 지니고 있는 창조능력을 발휘해서 쌓아올려 온 문화일반의 누적의 최고 또 최첨단의 단계라고 할 수 있다.

따라서 현재의 인간은 과거의 인간이 창조해 온 문화일반을 동시에 소유할 수 있으며, 그 가운데서 생활하고 사고할 수 있는 입장에 있는 것이다. 여기서 형성된 현재 인간의 의식은 결코 단면적인 의식일 수는 없다. 그 의식 속에는 과거 어느 시기에 존재해 있었던 것보다도 절대에 가까운 진리를 포함한 지식이 포함되어 있을 것이며, 보다 더 절대에 가까운 미(美)를 감상하고 표현할 수 있는 단계의 능력이 개재되어 있을 것이다.

간단히 말해서 현재인의 정신은 과거인의 그것에 비하여 보다 밝은 광명 속에 들어와 있는 것이다. 신화에다 현대적 역사의식을 투영시킨다는 말은 신화에다 현재인의 정신, 즉 현재인의 지혜·지식·문화의 빛을 투사시킴으로써 신화라는 암영 속에 숨겨져 있는 추축시대(樞軸時代) 이전의 역사적 진실을 밝혀 본다는 것이다. 콜링우드의 말을 빌리면, 신화라는 이야기 속에 담겨진 사건과 그 신화를 만들어 낸 사람의 정신을 현재인의 입장에서 재연(re-enactment)을 한다는 것이 된다.

둘째, 신화가 역사학에서 점하는 입장은 유클리드 기하학에서 점(点)의 입장과 같다는 것이다. 즉 유클리드의 공리에 따르면, 점이란 오로지 위치만을 나타내는 것으로 길이도 부피도 깊이도 존재하지 않는 것이다.

실제로 이러한 점이 존재하는가? 이러한 점이란 감각적으로 감지(感知)할 수 없는 것이다. 그러나 그것이 존재한다는 가정하에서 선이 이룩되고, 선은 면을 만들고, 면은 입체를 이루게 된다. 우주와 인간의 시작은 현재의 인간의 감각으로 감지(感知)할 수 없다. 현대과학이 아무리 발달되어 있다 하더라도 그것은 아직 불가지(不可知)의 것이다. 그래도 분명한 것은 시작은 있었을 것이라고 하는 것이다.

우주와 인류의 시작은 인류 이전의 것이다. 그러므로 그것은 인간의 경험 이전의 것이다. 또 설사, 그것이 인류가 출현된 이후의 것이라 하더라도 그 당시의 인간의 경험능력이나 감지능력으로는 그것을 올바르게 경험하고 감지하며 고찰해서 올바르게 표현하여 전달·전승(傳承)시킬 수 없는 것이었을 것이다.

또 그것이 인류의 경험·감지의 능력이 어느 정도 발달되고, 표현·전달·전승의 방법이 생겨난 뒤의 것이라 하더라도 그것은 당시대의 수준, 당시대의 역사적 상황이라는 한계성 속에서 이루어진 것들이므로 수준이 같지 아니하고 역사적 상황이 같지 아니한 현재의 인간의 사고에 쉽게 납득되기는 어려운 것이다.

신화는 이러한 시작, 또는 시작에 비교적 가까운 시대에 인류가 그들 나름대로의 감지능력과 표현능력·표현방식에 따라서 감지·표현하여 온 우주·자연·인간·사회·경제·법률 등에 대한 철학이며 사고로서, 현재 인간의 철학 및 사상의 시작이 된다. 오늘의 사회·국가·문화 등 일체의 역사적 현상은 이 시작에서부터 비롯되어 발전 또는 누적되어 와서 이룩된 것이다.

셋째, 신화는 인간의 의식이 절대적인 상태에 이르기까지는 영원히 남는다고 하는 것이다. 이상에서 언급한 바와 같이 신화가 미발달 상태의 인간의식에 의한 우주·자연·인간·사회 등에 대한 감지·해석·표현이라고 할 때, 인간의 의식이 완전히 발달된 상태에 이르지 않는 한, 인간의 감지·해석·표현이란 언제나 완전하지 못할 것이며, 그렇다면 언제나 그것은 신화성을 지니고 있게 되게 된다.

역사학에서 신화를 문제시하기 시작한 것은 비코(Giambattista Vico)다. 그는 '역사상의 각 시대는 그 시대 자체의 과제를 가지고 있으며, 그 시대에 사는 사람들은 그 과제의 해결을 위하여 그들의 지성력을 동원하고 있다. 그러므로 그 과제에 대처하는 각 시대의 방법은 그 시대별로 상이하며, 그 시대별로 그 시대적 상황(문화·경제·정치적 상황, 즉 역사적 상황)에 따라 변화하게 될 것'이라고 주장함으로써 원시적 내지는 문자화 이전 시대의 인간정신을 이해하려면 구전(口傳) 및 신화를 이해해야 된다는 것을 암시하고 있다.

이와 같은 신화의 문제가 어느 경로를 통하였는지는 확실히 알지 못하겠으나, 최근에 와서 논의되기는(필자가 아는 범위 내에서) 크로체와 콜링우드 등에 의해서다. 이들 모두가 비코의 역사철학에 강한 영향을 받고 있는 사람들이라고 할 때, 그 같은 것은 극히 당연한 일이라 하겠다.

이 논문의 목적은 신화론 자체에 대한 연구에 있지 아니하다. 고로 여기서는 크로체 등 여러 역사철학자의 신화론에 대한 언급은 피하기로 하고, 콜링우드의 역사 이론에 나타나 있는 신화의 역사성 여부의 문제를 논의하는 것으로 그 단서를 잡으려 한다.

콜링우드는 소위 과학적 역사학의 4가지 카테고리를 설정하고, 이에 비추어진 신화의 미비점을 들추어 신화는 역사가 아니라 준(準) 역사라고 한정지었다. 즉 콜링우드는 다음과 같이 과학적 역사학의 조건을 제시하였다.

① 역사학은 일종의 과학 또는 질문에 대한 한 가지 해답이어야 한다.
② 과거에 있었던 인간행위를 문제로 삼아야 한다.
③ 증거에 대한 해석에 의해 추진되어야 한다.
④ 인간의 자기인식을 목적으로 하여야 한다.

그런데 신화는 우선 질문에 대한 해답이나 연구의 결실이 아니라 저자가 이미 알고 있는 사실을 단순히 주장한 데에 불과한 것이며, 또한 신화에 기록되어 있는 행위는 인간의 행위가 아니라 신의 행위이기 때문에 신화는 역사라 할 수 없고, 기껏 해서 준역사라고밖에는 할 수 없다는 것이 콜링우드의 논리이다.

그러면 실제로 신화는 질문에 대한 해답의 결실이 아닌가? 질문에 대한 해답이란 곧 인간의 지식을 의미한다. 따라서 콜링우드의 주장에 따른 역사란 일종의 지식이다. 그러면 신화도 일종의 지식이 아닌가?

사상사가 반스(H. E. Barnes)는 '크로마뇽(Cro-Magnon)인 이래 인간의 정신력은 오늘날 인간의 것에 비하여 결코 열등하지 않다. 다만 그들이 위치해 있는 문화적이고 지적(知的)인 상황, 이를테면 도구의 발달, 실험의 가능성, 커뮤니케이션, 문화누적의 정도, 지적(知的) 세계의 폭 등의 차이 때문에 오늘날의 입장에서 볼 때 유치하다고 생각될 뿐인 것'이라고 했다. 또 젠센(Jensen)은 원시인과 현대인의 능력의 차이는 인간본성(human natures)에 뿌리를 두고 있는 것이 아니라, 그 각자가 처해 있는 문화·역사적(culture-historical) 위치에 근거를 두고 있는 것이라 했다.

이와 같이 인간의 정신력이나 인간의 능력이 원시인의 그것과 현대인의 그것의 차이가 없는 것이라고 한다면, 원시인들도 현대인과 마찬가지로 자연현상에 대하여 많은 의문을 가지고 있었을 것이다.

바람은 왜 부는가? 빛을 비쳐 주고 있는 것은 무엇인가? 그늘을 만들고 상(像)을 만들고, 꿈을 만드는 것은 무엇인가? 강력한 육체적 충동, 특히 기아(饑餓)나 성욕과 관련된 충동을 가져다주는 것은 무엇인가? 원시인들은 이에 대한 해답을 구하려고 하였다. 그러나 그들이 처해 있는 문화적 지적(知的) 상황, 또는 단계에서는 오늘날과 같이 합리적이고 과학적인 해답을 얻을 수 없었다. 그들의 지적 능력을 총동원해서 얻을 수 있었던 최선의 해답이 초자연적 가설, 즉 신화였던 것이다.

원시인에게 있어서 이 신화는 마치 오늘날의 지식인이나 지도자가 과학을 이해하고 역사철학 등을 이해하지 않으면 아니 되는 것과 마찬가지로 알고 있지 않으면 아니 되며, 이해하지 않으면 아니 되는 그 당시의 과학이며 역사요, 철학이었다. 왜냐하면 원시인들은 이 신화를 통하여 과거로부터 전승되어 온 생활방법, 즉 목축법·농경법·수렵법·전쟁법·사회를 이끌어가는 법 등을 배워야 했기 때문이다. 한마디로 신화는 원시인 내지는 고대인들에게 있어서 생활과학이며 사회사상이며 지도 원리였으며 또 그들의 지식의 총체였다.

　그러면 원시인은 이와 같은 지식의 총체를 무엇 때문에 신화와 같은 초자연적인 이야기의 형식을 빌리어 표현하였으며 또 전승시켰는가? 원시인의 정신력이 현대인의 것과 차이가 없다고 할 때, 원시인은 현대인과 마찬가지로 그들이 알고 있는 지식의 근원과 그들 자신의 주변을 구성하고 있는 제반 요소의 근원(根源)을 알고자 하였을 것이다.

　이와 같은 근원에 관한 의문에 대한 답은, 현대인에게도 마찬가지이지만, 특히 원시인들에게서는 곧 한계에 부닥치게 된다. 어떤 의문에 대한 추구가 어떤 한계점에 도달했을 때에는 현대인이라 할지라도 그 답을 초월적인 존재에다 귀납시켜 버린다.

　여기서 신화라는 형식의 표현방법은 나오게 되는 것이다. 그 때문에 신화는 단순한 우화(Narchen)나 옛날이야기(fairy tales)나 민담(folk tales)이나 전설(Sagen)이 아니라 신성한 존재나 반신(半神, semi divine)적인 영웅들에 대한 신성한 이야기인 것이다.

　그리고 신화는 원시인의 존재론을 표현하고 있는 것이다. 그러므로 만물의 근원을 설명하고 있다. 즉 우주의 기원, 인간의 무(無)에서의 유(有)로 존재하게 된 내력, 남녀가 구별되게 된 원인 등을 설명하고 있다.

그뿐만 아니라 신화는 자연의 변화와 역사의 변천을 설명하고 있다. 즉 어떻게 계절이 바뀌어 가고 있는가를 설명하고 어떻게 인류의 원초적 단위가 종족이나 국가로 변천되었는가를 설명하고 있으며, 어떻게 해서 불멸의 존재가 멸망하게 되었는가를 설명하고 있다. 이와 같이 원시인은 자신의 지력(知力)으로 이해할 수 없는 것은 초자연적 존재나 신에게로 미루어 버림으로써 신화를 창조한 것이다.

다음 원시인은 지식의 전달수단으로서의 신화를 필요로 하였다. 문자기록이 발달되지 않은 시대에 어떤 지식을 원형대로 전달 전승시키기는 어렵다. 구전(口傳)에 의한 전달 전승이란 망각과 와전의 위험률이 높기 때문이다. 여기서 지식은 의신화(擬神化)·의인화(擬人化) 작업을 거쳐 기억도(記憶度)를 높이고 망각과 와전의 위험률을 줄여야 할 필요가 생기게 된다.

또 그 지식이 강제성·규범성을 지니고 있는 것일 때, 신의 이름을 빌어 권위를 세울 수도 있다. 그러므로 '신이란 전통에 의하여 신성화된 타부(Taboo)나 관습'일 수도 있는 것이다.

이상에서 논한 바를 결론지으면, 신화는 원신인의 지식일반이며 그 표현방법이다. 세계의 기원, 동식물 및 인간의 시작에 대한 지식이며 또 현재 인간의 형성되어 온 과정 속에 포함되어 온 제반 사건들에 대한 지식이다.

이 지식이 이야기로 표현되었든 기록으로 표현되었든 또는 과학적 법칙에 따라, 또는 실험을 통하여 표현되었든, 또는 철학적인 추리를 통하여 표현되었든 관계없이, 그것이 인간의 지식인 한에는, 의문 없이—잠재적 의문이든 노출·표현된 의문이든—얻어지는 지식은 있을 수 없다. 단지 원시인의 지적 수준, 문화적 단계의 한계성 때문에 그들의 표현 방법상, 인간적인 것으로 그치지 않고 초자연적 존재를 내세웠다고 해서 이것을 의문에 대한 해답으로 나온 것이 아니라고 단정할 수는 없다.

다음의 문제는 과연 신화에서는 인간의 행위가 배제되어 있으며 신화의 주인공은 오로지 신이며 인간이 아닌가 하는 것이다. 이와 같은 문제는 적어도 콜링우드의 역사이론에 비추어서 논의될 가치도 없는 것이다. 왜냐하면 콜링우드의 이론에 따르면, '모든 역사는 사고(思考)의 역사(history of thought)'이기 때문이다. 그리고 신화는 이상에서 논한 바와 같이 원시인의 사고의 표현이요, 지식의 총체이기 때문이다. 신화학자 융(Jung)은 다음과 같이 말하고 있다.

> 원시적 심성(mentality)은 신화를 고안해 내지 아니하고 그것을 경험한다. 신화는 자연적 과정에 대한 비유 그 이상의 어떤 것이다. 신화는 일종의 생명 있는 의미를 지니고 있다. 신화는 표면적으로 표현되어 있는 것으로 그치는 것이 아니라, 그 자체가 원시종족의 정신생활이다.

이와 같이 신화는 원시인의 정신적 경험이요, 생동하는 의미를 지니고 있는 것이며 원시종족의 정신적 생(生)이라고 한다면, 신화 자체는 결국 원시인의 사고의 표현인 것이다. 그렇다면 신화의 주인공이 신이나 초자연적 존재로 표현되었다고 해서 그것을 그대로 신화, 초자연적 존재로 이해할 수는 없지 않은가? 인간의 사고, 또는 엄연한 역사적 사실이 신화화되는 경우는 현대 세계에도 얼마든지 있다. 그 실례를 엘리아데의 문장을 인용하여 들어보자.

> 유고슬라비아의 서사시의 주인공인 마르코 크랄예비체(Marko Kraljevic)는 14세기 후반기에 그의 탁월한 용기 때문에 유명했던 인물이다. 그가 역사적으로 실재한 인물이었다는 것은 의심할 바가 없다. 우리는 그가 사망한 해가 1394년이라는 것까지도 알고 있다. 그러나 마르코라고 하는 역사적인 인격이 백성들의 기억 속에 수용되자마자 그의 역사적인 인격은 소거(消去)되어 버렸고, 그의 전기는 신화의 규범에 의하여 재구성되었다. 그리하여 마치 그리스의 영웅들이 요정(Nymph)이나 수정(naidas)의 아들들이었던 것처럼, 그의 어머니도, 아내도 모두 선녀 빌라(Vila)라고 설명되고 있다. 그의 전기에 의하면, 그는 책략을 통하여 그의 아내를 얻었는데 그녀가 날개를 찾아내어 자기를 버리고 날아갈까 두려워 몹시 조심을 한다……. 그런데 그녀는 첫아들을 낳은 뒤에 날아가 버린다…….

반스는 신은 인간에 의해서 만들어진 것임을 다음과 같이 설명하고 있다.

> 인간과 신과의 관계에 대한 전통적 생각은 인간은 신이 자신의 이미지에 따라 창조한 것이라는 것이다. 역사적 진리는 그것의 정반대임

을 보여줄 것이다. 인간은 자신의 정신적 이미지에 맞추어서 신들을 만들었다. …… 신이란 인간의 영혼을 미화시킨 것 그 이상이 아니다. 모든 초자연적 구조—신들, 그 신들의 생활과 행동—는 단순히 실재세계의 반영에 불과하다.

    결국 신이라는 것은 인간정신에 의한 피조물이다. 우주를 창조한 것이 로고스(logos)라고 할 때, 그 신은 인간정신이 우주의 근거에 대한 형이상학적인 사색의 궁극적인 귀결인 것이며, 포도나무를 신으로 생각했다면, 그것은 그 당시인의 경제사상을 표현하고 있는 것이다.
    그러므로 신에 대한 이야기로서의 신화도 원시·고대사회를 반영하고 있는 이야기이며 동시에 그 사회를 이끌어 가고 있던 철학·정치·경제·윤리 등에 관련된 사상을 담고 있는 것이다. 또 그 신화 속에서 활약하고 있는 주인공으로서의 신이나 영웅은 그와 같은 사상을 지니고 그 시대에 활약한 인간인 것이다.
    이와 같이 신화가 원시·고대인들의 사상을 표현하고 있는 것이라고 한다면 현재의 역사가는 그 신화에 나타난 사상을 재연(re-enactment)함으로써 그것을 역사로 이해하여야만 한다. 그럼에도 불구하고 재연(re-enactment)을 강조하는 콜링우드가 신화를 준역사라고 규정한 것은 자가당착이 아닐 수 없다.
    신화를 역사로 생각하여야 된다는 엘리아데의 다음과 같은 문헌을 인용하는 것이 이상에서 논한 바를 더욱 명백히 하는 데 도움이 될지 모르겠다.

현재 내가 현재대로 존재하게 된 것은 수많은 것들이 나에게 발생해 왔기 때문이다. 그리고 그 수많은 것들이 발생할 수 있었던 것은 지금부터 9,000년 전에 농경기술이 빛을 보게 되었기 때문이며, 고대 근동세계에서 도시문명이 발전되었었기 때문이며, 알렉산더대왕이 아시아를 정복하였고, 아우구스투스가 로마 제국을 확립시켰기 때문이며, 갈릴레이와 뉴턴이 우주의 개념을 변혁시켰고, 이로 해서 과학적 발견의 길이 열리고 산업문명의 여기의 기초가 닦였기 때문이며 또 프랑스 혁명이 일어나고 자유·민주·사회정의에 대한 제 개념이 일어나 나폴레옹 전쟁 이후에 서구세계를 뒤흔든 뒤 그 기반을 확립해 놓았기 때문이다.

어느 원시인도 이와 마찬가지로 말할 수 있다. 현재 내가 현재대로 존재하게 된 것은 일련의 사건들이 내가 존재하기 이전에 발생하였기 때문이라고. 그러나 그 원시인은 그 말에다 더 첨가해야 할 것이다. 그 사건들은 신화시대에 발생하였기 때문에 일종의 성스러운 역사(Sacred history)를 만들었는데, 그것은 그 드라마상의 배우들이 인간이 아니라 초자연적인 존재(Supernatural beings)였기 때문이라고.

추축시대

    이제 문제는 그 신성한 역사(Sacred history)가 언제 어떻게 현재적인 역사로 변천되었나 하는 것이다. 보통 인류의 역사시대를 인류가 문자를 발명하여 사용하기 시작한 BC 30세기경 이후를 말하고 있다. 그러나 실제로 구체적인 역사학으로 취급하고 있는 것은 그보다 훨씬 후인 BC 8세기 또는 5세기 이후인 것이다.

    그 이유는 BC 30세기 이래로 문자가 사용된 흔적은 있으나, 그 문자기록 문서가 매우 조잡하거나 희귀하고, 또 그것을 사용한 것이 매우 특수한 지역의 특수한 사람의 특수한 목적에 국한된 것이기 때문에 그것을 통해서는 그 시대의 사정을 문헌적으로 명백히 공명할 수 없다는 것이다.

    그러므로 기껏해야 이 기간은 문자사용의 여명기라 해야 할 것이다. 그러나 이 여명기는 중차대한 의의가 있다. 인류가 문자를 필요로 할 만큼 그 지혜가 발달해 있었으며, 문자로써 표기해 두지 않으면 아니 될 만큼 문화와 지식이 누적되어 있는 사회가 형성된 시대라고 하는 점이다.

    이와 같은 문자는 인류가 소망하는 만큼 활용할 수 있을 정도로 발달되어 있지 아니하고, 인류의 지혜와 지식의 문화는 그것을 요구할 만큼 발달되어 있는 시대에 인류는 어떻게 그들의 지혜와 지식과 문화를 전달·전승시킬 수 있었겠는가?

그것은 새삼스레 말할 필요도 없이 구전(口傳)이었을 것이다. 그리고 이 구전은 이상에서 논한 바와 같이 신화를 창출해 놓은 것이다. 그리고 이 신화(또는 전설까지도)는 전달 전승과정을 통하여 지역적 특색, 시대적 특성 등을 포함시켜 가며 스스로 성장·비대화(肥大化)되어 가며 나아가서는 체계화되어 가게 된다.

크로체가 지적하고 있는 바와 같이 지식과 정신의 철학은 부단하고 다양한 투쟁(Contest)을 겪어 가면서 진리의 빛을 찾고자 하는 영혼의 열망을 충족시키기 위하여 노력해 온 것이니까.

좌우간 이 여명기에 인간의 지혜는 이미 상당한 수준에 이른 정도로 발달되어 왔고 인간의 지식과 문화는 거의 현재적 수준과 별로 차이가 없다고 할 정도로(태초의 인류가 지니고 있던 인류의 지혜 지식이 백지에 가까운 것이라고 할 때 BC 8세기 또는 5세기의 지자[智者]들이 갖고 있었던 지혜 지식은 오늘의 것과 차이가 없다고 할 수 있다.) 발달 누적되어 있었을 것이다.

다만 문자 활용이 원만치 못하므로 그것을 고정시키지 못하고 신화나 전설의 양식을 취하고 있었을 뿐이었을 것이다. 이 문제를 보다 명백히 하기 위해서 필자는 야스퍼스(Karl Jaspers)의 '추축시대(樞軸時代)'를 소개하고 비판해 보고자 한다.

야스퍼스는 그의 저서 《역사의 근원과 목표(Vom Ursprung and Ziel der Geschichte)》에서, 정확히는 BC 5세기, 넓게 보아서는 BC 8세기부터 BC 2세기까지의 시기를 추축시대라 하고, 이 시대의 세계 모든 민족에게 있어서 역사적 자각(自覺)이 일어났다고 했다.

그는 이 시기에 놀라운 사건이 세계에서 집중적으로 일어나, 중국에서는 공자·노자·묵자·장자 등 춘추전국시대의 제자백가가 출현하였고, 인도에서는 우파니샤드·불타가 출현했고, 이란에서는 조로아스터가, 팔레스타인에서는 엘리야·이사야 및 예레미야가 출현했고 또 그리스에서는 호메로스·파르메니데스·헤라클레이토스·플라톤 등과 희·비극 시인 등이 출현하였다고 지적하였다.

그런데 문제는 어떻게 이 짧은 시간에, 그것도 전 세계적으로, 이 놀라운 지혜와 지식과 과학이 출현할 수 있었겠는가 하는 것이다. 현대의 정신과학의 수준을 반성하여 그것이 그 당시의 것들, 공자의 것이나 불타의 것이나 플라톤의 것에 비해 크게 다를 것이 없다는 것을 새삼 깨닫게 될 때, 이 질문은 더욱 중요한 것이 된다.

이에 대해서 야스퍼스는 '추축시대 이전 시대에서는 인간의 정신상태가 비교적 변화가 없이 계속 되었다'고 전제하고 당시의 모든 지식이 '세속의 부를 버리고 황야나 삼림이나 산악으로 들어가 은자(隱者)로서 고독 중에 결집된 창조력을 발견한 뒤, 지자·현자·예언자로서 속세로 돌아와서 …… 개별자로서 달성한 것을 전체에 보급시킴으로써 이루어진 것'이라고 했다.

과연 야스퍼스의 이와 같은 생각은 정당한 것일까? 만약 이 말을 액면 그대로 인정한다고 한다면, 그것은 성서가 신의 계시를 받아서 쓰이어진 것이라든가, 노자(老子)는 그의 어머니 뱃속에서 70년간 사색을 하고 늙어서 태어난 사람이므로 태어나자마자 온갖 지혜를 다 지니고 있었다는 것을 믿는, 그야말로 신화적인 사고의 표현이 되고 만다. 또 이것은 이미 존 로크(John Locke)에 의해서 부정된 바 있는 생래적 개념(Innate Ideas)을 인정하는 반역사적 사고의 표현이다.

역사학적 입장에서 볼 때, 모든 개념, 모든 지식은 인간정신 속에 천부적으로 깃들여 있는 내재적 능력에 의해서 얻어지는 것이 아니다. 그것은 역사적 산물인 것으로, 역사의 발전과정을 통하여 누적되고 성숙되어 감으로써 형성되어지는 것이다.

이렇게 볼 때 주축시대의 지혜·지식이 어느 지자나 은자들의 개별자로서의 사색과 수양을 통해서 일정기간에 갑자기 생겨났다는 야스퍼스의 주장은 인정할 수 없는 것이다.

여기서 인정할 수 있는 점이 있다면, 그것은 그 지자·현자·은자들의 남다른 지식에 대한 추구와 천재성이다. 이를테면, 그들은 어느 속인과 달리 세속적인 욕망을 버리고 사물을 냉정한 자세로 보며 깊은 사색을 통하여 우주·인간·자연에 대한 깊은 원리를 터득할 수 있을 만한 특수성을 지닌 사람들이었다는 점이다.

그러나 이들 천재들이 그들의 지식에 대한 추구 때문에 내재적으로 지식을 창안해 놓은 사람이라고는 생각할 수 없다. 왜냐하면 천재란 다만 자기가 생존하고 있는 역사적 상황 속에 포함되어 있는 지식을 타인들에 비하여 특출하게 습득하고 조직하고 승화시켜서 그것에 독창성을 가미시킬 수 있는 사람을 의미하는 것 이상일 수는 없기 때문이다.

헤겔이 천재라 하더라도 그의 철학이 칸트나 피히테나 헤르더가 없이 나올 수 있었을까? 칸트의 철학은 또 데카르트나 베이컨이나 흄이 없이 나올 수 있었을까?

그러면 추축시대의 성현들이란 어떤 사람들인가? 이 문제를 해결하기 위해서 우리는 먼저 주축시대의 역사적 위치가 어떤 것인가 하는 것을 먼저 밝혀야 될 것이다.

야스퍼스는 이 시기를 가르쳐 '중국·인도·유럽 등 3개 세계에서 인간이 전체로서의 존재와 인간 자신 및 인간의 한계를 의식하기 시작하였고, 이에 따라 인간이 자신을 세계와 비교해 볼 때 자기가 무력함을 경험하였으며, 인간은 근본적인 의문을 갖게 되고, 자신의 해탈과 구제를 염려하게 되고, 인생의 목표를 설정하게 된 시기'라고 하였다.

여기서도 문제로 남는 것이 있다. 그것은 장구한 세월을 두고 발전해 온 인간이 어찌 이 특정된 시기에 와서야 비로소 자신을 세계와 비교해 보고 자신의 무력함을 경험하게 되었는가 하는 것이다.

앞에서 언급한 바와 같이, 인간의 정신력이 원시시대의 것이나 현대의 것이 동일하다고 할 때, 더욱이 이 야스퍼스의 논의는 타당성이 없어진다. 인간의 정신은 자신이 곤궁하고 불편하고 생명에 대한 위협이 심각하던 원시적인 위치에 처해 있을수록 오히려 더 깊이 자신의 무력을 의식하게 되고, 자신의 구제나 해탈을 염원(念願)하게 되는 것이다.

그것은 구제나 해탈을 염원(念願)한 불교나 유대교나 기독교가 발생한 지역의 자연적 사회적 환경을 고려할 때, 더욱 명백해지는 것이다.

결론적으로 말해서, 인간의 지혜나 지식은 어떤 특정 기간에 갑자기 산출된 것일 수는 없다. 그래서 주축시대라고 하는 특정시기가 그러한 시기인 것처럼 보이는 것은 다른 이유, 즉 그 시기가 갖는 현대

사상 일반과의 관계에서 연유하는 것이다.

과거의 사실, 과거의 사상과 현대의 것과의 관계를 맺어 주고 있는 것은 문자기록인데, 이 문자기록의 원만한 활용이 가능해지기 시작한 시기가 바로 이 시기인 것이다.

앞에서 언급한 바와 같이 이 시대 이전에 인간의 지혜·지식은 이미 고도로 발달·누적되어 있었으나, 이를 전달·전승시킬 수 있는 문자기록의 활용이 원만치 못한 상태에 있었는데, 이 시대에 이르러서는 이 활용이 현재와 거의 차이가 없을 정도로 발달된 것이다.

그 때문에 그 이전에 발달했고 누적되어 있던 지혜와 지식은 이 시대에 갑자기 문서화·기록화·체계화되기에 이른 것이다. 그리고 이 시대에 출현한 지자·현자·은둔자들이란 이러한 지혜와 지식을 수집하고 정리하고 음미하고 체계화시킨 사람들인 것이다.

불타가 출가해서 황야로 나아가, 고행하고 있는 많은 행자들과 대질문답을 하고, 다시 설산으로 가서 6년간 선(禪)을 했다고 하는 것은 곧 그가 젊어서 많은 사람들로부터 지식을 수집하고 그것을 조용한 산간에 은신(隱身)하며 사색을 통한 음미·정리·체계화시킨 과정으로 해석한다면, 그것은 불타에 대한 불경일까? 불타만이 아니라 공자·노자·소크라테스·플라톤·헤로도토스 등 고대의 사상가들 대부분이 평생을 두고 방랑생활을 한 사람들이라고 하는 사실은 이를 더욱 명백히 해주고 있는 것이다.

더욱이 이들 고대, 즉 주축시대의 사상가들은 그들의 지혜와 지식을 표현·전달함에 있어서 대부분 신화를 이야기하거나 전설을 전하는 형식을 취하고 있지 않는가? 요약해서 말하면, 이 시대의 천재들은 유달리 지혜에 대한 깊은 사랑을 지닌 사람들로서, 그 사랑의 만족을 구하여 전 세계를 방랑하며 전 세계적으로 흩어져서 구전되어 온 지혜와 지식을 모집하고 음미하고 정리하고 체계화시켜 문자기록이라는 용기(容器) 속에 담아 놓은 사람들이다. 문자기록이라는 용기 속에 담겨지기 이전의 인류의 지혜·지식은 지역적인 특색, 생활방법의 차이, 화자(話者)와 수화자(受話者)의 지식정도 등에 따라 자유롭게 변용될 수 있는 신화나 전설의 양식을 지니게 되었던 것이다.

그러나 이것이 일정한 시대, 일정한 지역, 그리고 고도의 지성을 갖춘 천재의 두뇌를 통하여 수집·음미·정리·체계화되고 문자기록화 되었을 때, 그 지혜·지식은 고정화되게 되었다. 그리고 이렇게 고정화된 지식에도 성현·지자·예언자 등의 인간적 권위까지 붙게 됨으로써 그것은 더욱 고정화되며, 이것은 다시 성스러운 서적(성서·경전)으로까지 된 것이다.

이러한 작업이 수행되면서 신화시대는 종언을 고하게 된 것이다. 그러나 이 종언은 결코 야스퍼스가 지적하고 있는 것과 같이, '그리스·인도·중국의 철학자들이나 불타들의 결정적인 통찰' 때문에 신화가 비신화적인 것으로 되어서가 아니라, 그리스·인도·중국의 철학자들이나 불타들 등에 의한 지식의 종합 체계화에 의해서 고하게 된 것이다.

이 시대에 지식이 종합 및 체계화 되었다는 것이 이 시대를 세계적인 종교가 출현한 시기로 만든 것이다. 즉 이 시대에는 고래로 전승(傳承)되어 온 지식과 지혜가 총체적으로 결집되고 종합되었다. 그럼으로써 종래에 특수지역·특수종족에 한해서만 통용되던 다양한 종류의 신화·전설들이 포함하고 있는 다양한 종류의 사상들이, 그전까지는 격리되어 있어서 문화적 교류조차 어려웠던 다양한 사회에서 통용될 수 있는 세계적 종교로 되게 된 것이다.

반스가 기독교 사상을, 유대교적 요소(시간관·역사관·역사적 주인공: 야훼신), 이집트의 요소(메시아 사상), 오리엔트의 요소(율법정신·창세기·노아의 홍수에 관련된 전설) 그리고 그리스적 요소 등으로 분석하고 있는 것은 세계적 종교의 성립배경 및 과정을 설명하는 데 좋은 자료가 될 것이다.

요컨대, 인류가 지상에서 생활하기 시작한 이래, 그들의 정신적 생활을 통해 얻어진 모든 지혜와 지식은 장구한 세월을 두고 신화와 전설의 형식으로 구전되어 오다가, 소위 주축시대에 이르러 문자기록화가 이루어지고, 이를 통하여 그 수천·수만 년간 발전되고 누적되어 온 지혜와 지식은 수집되고, 음미되고, 정리되고, 체계화되고, 종합되어 세계적 종교 또는 세계적 철학으로 된 것이다.

거꾸로 말하면, 소위 주축시대에 출현한 세계적 종교와 세계적 철학은 수천·수만 년간 흘러 내려온 수많은 지식의 흐름이 문자기록이라는 큰 호수에 모여 담겨져 있는 것이다.

이 종교, 이 철학이 이처럼 장구한 기간을 두고 흘러온 인류의 지식의 흐름이기 때문에 그것이 성립된 후 20세기가 지난 오늘날, 그것도 가속적으로 발전되었다고 생각되는 현대문명의 결과와 비교해 보아도 별로 큰 차이를 찾아 볼 수 없는 것으로 된 것이다.

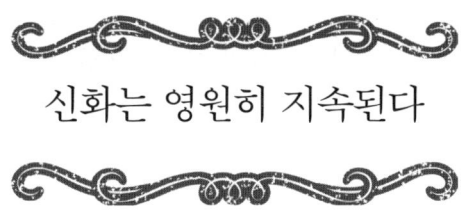

신화는 영원히 지속된다

앞에서 신화시대의 종언을 언급하였다. 그러면 과연 이로부터 신화는 인간의 정신생활에서 사라진 것일까? 이에 대한 답변은 물론 부정적인 것이다. 그것은 아직도 무지한 사람들 가운데 신화가 통용되고 있다는 의미에서 부정적인 것이 아니라, 소위 역사 시대의 모든 인간사상 그 자체가 신화의 성격을 지니고 있다는 근본적인 의미에서다.

크로체나 콜링우드가 주장하고 있는 바와 같이 인류의 역사가 인간의 의식의 역사요, 사상의 역사라고 한다면, 그 역사 속에서의 인간의 의식·사상은 현재라는 위치에서 과거라는 방향을 향하여 비치고 있는 서치라이트의 불빛과도 같은 것이다.

그리고 그 의식과 사상을 통하여 발견되고 체험되고, 사고되고 표현된 사물의 형상은 그 불빛에 비추이고 있는 사물을 인식할 때 언제나 카테고리를 설정하고 그것을 기준으로 해서 가설을 세우고 그 가설을 입증함으로써 그의 인식의 정확성을 확인한다.

그런데 카테고리의 한계는 역사적으로 변천하게 되며 가설은 역사적 상황을 초월하지 못한다. 이 때문에 역사적 상황이 보다 원시적 상황에 가까울수록 카테고리와 가설은 암울한 면을 보다 많이 지니게 되고 문명이 발달되어 있는 현대적 상황에 이를수록 그것들은 밝고 명백한, 이를테면 절대적 진리에 보다 가까운 것으로 나타나게 된다.

여기서 지혜·지식이란 신화의 성격을 지닌다는 결론을 얻게 된다. 이 같은 이론을 보다 명백히 하기 위해 몇 가지 인용문을 중심으로 논의해 보기로 하자.

독일인 구약학자 군켈(Hermann Gunkel)은 《구약성서》 중의 〈창세기〉는 원시·고대인의 과학사상임을 다음과 같이 설명하고 있다.

> 딜만(Dillmann) 12의 〈창세기〉 1장에 대한 고문서는 두 가지 종류의 성격을 포함하고 있다.
> ① 신이 그의 말씀을 통하여 세계를 창조하였다고 하는 종교적 신앙.
> ② 세계가 독자적으로 생성되어 온 과정에 대한 과학적 이론.
> 그중 후자는 〈창세기〉 1장에 포함되어 있는 우주론으로서 그것은 우리에게 창조에 대한 종교적인 사상을 밝혀 줄 뿐만 아니라, 동시에 세계 생성의 현실적인 과정을 설명해 주고 있다. …중략… 여기서는 역사적 판단의 입장이 과학적 자료에 부여되었다. …중략… 당시의 자연과학은 아직 초창기에 있었다. 당시의 사람들은 아직 지구가 움직이지 않고 서 있다고 믿었으며, 지구 위에 있는 하늘은 일종의 천정으로서 거기다가 신은 별들을 등(燈)으로서 박아 놓았다고 믿었으며, 하늘의 창공 위에는 거대한 바다가 있어서 그로부터 비가 쏟아져 내린다고 믿었다. 당시 사람들은 현재의 지구가 형성되기 위해 무한히 긴 기간이 흘렀다는 것에 대해서 또 동물세계가 체험한 역사에 대해서 알지 못하였다. 당시에는 창조를 위해 필요한 충분한 시간은 7일로 생각되었다.

이와 같은 군켈의 분석은 찰스 다윈의 진화론적 우주생성론을 염두에 두고 이루어진 것으로 생각되는데, 그 두 가지의 차이란 결국 이상에서 논한 카테고리의 차이인 것이다. 즉 찰스 다윈이 창생원인을 역사적 변천에서 찾았다고 하면, 창세기에서는 신에서 찾았으며, 찰스 다윈이 시간을 무한한 영구적인 것으로 본 데 대해, 창세기는 단지 7일간으로 보았으며, 현대인이 우주를 4차원의 세계로 본다면 당시대인은 입체의 개념, 공간의 개념을 갖고 있지 못하여 부동적 지구, 계층적 우주를 생각했다고 하는 것이다.

이것은 당시의 역사적 상황, 문화의 수준, 인간지식의 정도가 허락된 최선의 카테고리인 것이다. 이와 같이 한정된 카테고리 내에서 사고한다고 할 때, 인간은 어쩔 수 없이 신화적으로 이해할 수밖에 없을 것이다.

이와 같은 신화적 과학은 비단 창세기와 같은 원시인의 사고에서만 나타나는 것은 아니다. 문화가 이 시기에 비하여 고도로 발달된 로마시대에도 나타난다. 페링턴(Benjamin Farrington)의 '그리스 과학(Greek Science)'에 보이는 고대 과학을 보면, 오늘날 현대인의 눈으로 볼 때, 신화적이라 할 수 있는 것이 얼마든지 있다. 그 한 예를 들어 보자.

> 위돌위우스는, 바람은 열이 습기와 만날 때 생기는 것, 즉 습기에 열이 돌진해 감으로써 공기의 격류가 생겨서 일어나는 것이라고 생각하고, 다음과 같은 실험을 하여 그것을 입증했다. 청동의 아에오리피라이라(속이 비어 있는 청동기 용기)에 물을 넣고 작은 구멍만 남겨

놓은 다음, 이것을 불앞에 놓아두니 이것은 열을 받기 전까지는 한숨의 공기도 내뿜지 않다가 물이 끓어오르니 그 열이 원인이 되어 강렬한 공기를 뿜어내었다. 이것을 보고 그는 이렇게 말했다. '이 작고 용이한 실험을 통해서 우리는 천계의 불가사의한 바람의 본성을 판단하였다'고. 이와 같이 '실험에 의해서' 확립된 비진리(非眞理)는 근대에 이르기까지도 통용되었다.

현대 과학에 비추어 볼 때, 이것은 얼마나 황당무계한 실험인가? 그러나 이것은 로마시대에서부터 근대에 이르기까지 통용된 진리라고 하니 현대인의 과학은 미래 어느 시점에서 이 같은 운명에 처하지 않을 것이라고 단언할 수 있는가?

거듭되는 말이지만, 역사적 상황, 문화의 일정 단계 내에서 설정된 사고의 카테고리가 역사의 비전, 문화의 성숙, 인지(人智)의 발달로 말미암아 탈바꿈을 하게 될 때, 그것을 전제로 해서 설정되었던 모든 진리는 진리 아닌 것으로 변신해 버리게 되는 운명에 처하게 된다. 중세 1,000여 년간 서양인의 의식 세계를 지배해 온 성서적 지구중심설은 코페르니쿠스의 전환으로 그런 운명에 처했고, 또 코페르니쿠스의 이론을 출발점으로 해서 정립한 뉴턴의 공간론마저도 아인시타인의 상대성이론의 출현과 더불어 그 운명을 답습해 가고 있지 않은가?

역사학과 신화학의 차이

이상에서 필자는 대체로 신화의 3가지 측면을 중심으로 논의해 보았다. 즉 소위 추축시대를 중심으로 그 이전의 인간의 지식의 형태로서의 신화와 추축시대에 문서기록화, 음미·정리·체계화의 과정을 통해서 보편적 종교로 흡수되는 신화, 그리고 그 이후에 잔존하는 신화성의 문제 등을 논의하였다.

이러한 논법으로 신화의 문제를 취급할 때 강조되어야 할 것은, 신화는 인간의 지혜, 인간의 의식, 사고능력·인식능력·표현능력이 절대적 경지에까지 이르지 않는 한, 언제나 계속 존재하게 될 것이며, 인간의 역사는 어쩌면 이 신화라는 무지의 암영으로부터 탈피해서 완전한 지혜의 광명으로 향하여 전진해 가는 과정일 수도 있다고 하는 것이다.

이 말을 거꾸로 하면, 소위 신화시대는 일종의 역사일 수 있다는 말이 된다. 구태여 단서를 붙이면 현대사에 비하여 인간의 지적 면에서 짙은 암영을 지니고 있는 역사시대요, 역사라고도 할 수 있다. 이렇게 결론을 내고 보면 남은 문제가 하나 있다. 역사학은 신화학과 동일한가 하는 문제다. 따라서 여기서는 신화학과 역사학의 방법론적 차이를 엘리아데의 이론을 중심으로 간단히 언급함으로써 이 글의 끝을 장식하고자 한다.

역사학과 신화학은 신화학이 신화적 방법론을 취한다는 점에서—또 그 점에 한해서만—차이가 있는 것 같다. 왜냐하면 신학자는 절대적, 즉 우주만물의 창조주를 전제하고 인류의 역사가 그 절대자를 원형으로 삼고 그 원형을 반복해 온 과정으로 보고 있기 때문이다.

즉 신학자는 인간의 역사를 인간에 의해 창조된 것으로 보지 않고 신의 형상과 신의 행위를 모방, 반복해 온 것으로 보고 있다. 예를 들면, 엘리아데는 '인간역사에 개재되어 있는 일체의 것, 즉 종교적 제의(祭儀) 사상·관습·법률 등은 반복이나 모방에 의한 것이다. 역사란 결국 이 모방과 반복의 과정 이외에 아무것도 아니다'고 주장하였다.

그뿐만 아니라, 그는 또 '사물이나 행위는 그것이 원형을 모방하거나 반복하는 한에서만 실재하게 되며, 그러므로 실재는 오직 반복이나 참여를 통해서만 획득된다. 모범이 되고 있는 모델을 결하고 있는 것은 모두가 무의미한 것 즉 실재를 결(缺)하고 있는 것이다'고 단언하였다.

그리고 그는 다시 그 책의 결론 부분인 '역사의 공포'라는 장명(章名)이 붙은 곳에서 '절대정신의 존재를 요청하는 한에서만 인간은 역사의 공포로부터 피할 수 있는 피난처를 얻을 수 있다'는 사실을 강조하고 그리스도교에의 귀의(歸依)를 종용하고 있다.

이상과 같은 엘리아데의 이론에는 중요한 결함이 내포되어 있음을 우리는 발견할 수 있다. 엘리아데는 역사의 전개과정을 단순한 원형의 모방 또는 반복으로 보고 있는데, 이는 역사의 과정이 인간 의식의 확대 과정이며, 인간의 창조능력이 가속적으로 증대되고 있는 과정이며, 문화의 누적과정임을 망각하고 있는 데서 나타난 오해인 것이다.

비코가 이미 오래 전에 지적한 바와 같이 역사는 반복하고 있지만 단순히 전시대에 있었던 원형의 단순한 반복은 아니다. 이 반복은 거듭됨에 따라 자꾸 확대되고 심화되고 투명화 되고 있는 것이다.

만약 이 반복 과정을 거꾸로 소급해 올라간다고 한다면 어떠한 상태에까지 이르게 될까? 유일신 야훼에게인가? 그렇다면, 그 신은 무지하고, 전혀 원시적인 인간일 것이다. 미생물의 상태일까? 여기서 그 답변을 할 필요는 없다. 중요한 것은 역사학이라고 하는 것이 신학과 달라서, 현재의 입장에서 상술한 반복과정을 거꾸로 소급해서 가급적이면, 그 원초적인 원형에까지 이르기 위해 탐구하는 것을 소명으로 삼고 있는 학문이라는 점이다. 그리고 현재적인 입장에서 현재적인 역사의식을 신화시대에 투사하여 어느 정도라도, 그 시대의 암영의 베일을 벗기고 현대적 의미의 역사적 진실성을 밝혀 낼 수 있는가 하는 것이다.

제2장
그리스시대의
역사사상

오리엔트의 역사학

호메로스의 《일리아드 오디세이》

　서양사에 있어서 처음으로 역사를 기록한 사람이 있다면 호메로스(BC 9~8세기)와 헤시오도스(BC 700)다. 호메로스에 대해서는 BC 9~8세기에 소아시아 서해안에 있는 도시, 스미르나(Smyrna)에서 출생한 맹인이었다고 하는 것 외에 그의 생애나 인물에 관해서는 별로 전하는 바가 없다. 렘브란트가 그린 초상은 있어도 그 인물이 실재 인물인지 조차도 확실하지 않다.

　그러나 그의 작품으로 알려진 《일리아드 오디세이》는 현재에까지 전하고 있어서 현재 최고(最高)의 서사시로서 문학사에서는 물론, 최근 슐리만(Heinrich Schliemann, 1822~1890)에 의한 고고학적 발굴 작업으로 일리아드의 무대였던 트로이 격전장이 확인됨에 따라 역사학에 있어서도 중요한 저술로 인정되었다.

　비록 그 내용의 이야기들이 콜링우드의 주장대로 인간 중심의 것이 아니라 신들을 중심으로 이루진 것이라는 점을 인정하더라도 우리는 그 작품 속에서 당시, 적어도 호메로스가 생존했던 그 이전 시대의 그리스의 궁정생활, 전쟁 상황, 전쟁준비를 위한 논의 및 에게 해

주변의 제 민족의 일상생활 등을 알 수 있다.

이스턴(S. C. Easton)은 그의 저서《과거의 유산(The Heritage of the Past)》에서 '호메로스는 신들의 행위를 서술하고 있으나 실제로는 인간에 관한 말을 기술하고 있는 것이며—아킬레스는 아테나이신의 손아귀에 있는 괴뢰가 아니라, 자기 자신을 통제할 수 있는 위대한 인간'이라 하고, 그 책을 통하여 확인할 수 있는 역사적 사실들을 다음과 같이 나열하고 있다.

① **장례법:** 당시에는 죽은 자를 매장과 화장을 하였다는 것.
② **사용한 도구:** 청동기 못지아니하게 철기를 사용하였다는 것.
③ **경제생활:** 농업과 목축업이 주요 생계수단이었으며, 재화의 분배와 교환은 일반적으로 물물교환(바터제=Barter)에 의해서 이루어지고, 때때로 전쟁과 약탈을 통하여 이루어졌다는 것. 그리고 당시 그리스인들의 공업생산 기술은 페니키아의 것에 비하여 뒤떨어져 있었다는 것.
④ **사회제도:** 당시는 귀족중심 사회로 노예제도는 가사(家事)를 목적으로 하는 이외에는 그리 보편화되어 있지 않았으며, 가족적인 유대관계가 강했다는 것.
⑤ **정치형태:** 왕의 신권을 인정하는 오리엔트적인 전제정치가 아니라 귀족회의에서 정치를 논의하는 귀족정치의 형태를 취하였으며, 그 회의 과정에서는 언론의 자유가 보장되었다는 것. 그리고 아버지의 부재중에는 그 아들이 그 권한을 대리할 수 있었다는 것.
⑥ **윤리의식:** 부모와 연장자에 대한 존경, 외래자들에 대한 대우, 당

시에는 권선징악적인 윤리사상이 통용되었으며, 신을 무시하고 전통적인 이상을 무시한 구혼자들이 돌아온 주인에 의하여 응징을 당했다고 하는 것.

우리가 《일리아드 오디세이》에서 이상과 같은 제 요소들은 인지할 수 있다면, 그것은 훌륭한 역사서가 아닐 수 없는 것이다.

다만 여기서 문제로 되는 것은 인간의 일들을 신의 이름을 빌어서 표현해야 되었던 문체, 즉 산문이 아닌 운문이라는 것이다. 어떤 역사학자들은 이를 이유로 호메로스의 책을 역사학에서 배제하고 있다. 그러나 여기서 우리가 명백히 논의해야 될 것은 과연 어떠한 것을 주제로 해서, 어떠한 문제로 어떠한 이야기를 서술하는 것이 참다운 역사냐 하는 것이다.

베이컨(F. Bacon)은 모든 인간의 사상은 '시간의 딸'이라 규정하였거니와 인간이 어떤 대상을 추구해서 이해하고 표현하는 능력이나 방법 등은 역사발전과정 상의 위치에 따라 다르게 마련이다. 인간의 정신이 인식활동, 즉 추구와 이해와 표현의 주체인 것이 분명하지만, 그 정신 자체는 그것이 처해 있는 상황에 따라서, 그것이 추구하는 대상에 따라서 추구의 방향과 이해의 심도와 표현이 방법이 달라진다.

동일한 인간사를 추구하고 이해하고 표현한다 하더라도 그 당시의 역사적 단계, 즉 역사적 현황이 호메로스의 시대처럼, 방금 오리엔트의 문화적 전통을 이어받은 입장에서라면, 오리엔트의 경향과 전통에 따라 종교적으로 인간사를 추구하게 되고, 이해하게 되고, 신화로서 인간사를 표현하게 된다.

따라서 호메로스의 작품은 그의 시대적, 즉 BC 9~8세기의 양식으로 서술된 역사서로서 보아야 한다. 우는 어린아이의 울음소리를 듣고 그 어린아이가 무슨 말을 하고 있는지를 이해하는 것은 나이를 먹은 사람이 해야 할 일이지 결코 어른과 같은 언어로써 의사전달을 할 수 없는 어린아이를 탓할 일은 못된다.

헤시오도스의《노동과 역일》과《신통기》

호메로스가 역사를 신화적으로 표현했으며, 그에 대한 비판이나 논증도 가하지 않고. 또 시간적 연계성에 따른 아무런 체계도 설정함이 없이 다만 들은 대로의 이야기를 문학적으로 서술하는 것에 그친 데 비하여, 비교적 역사적으로 신화를 취급하고 역사의 체계를 구상함으로써 체계로서의 역사에 접근하려 한 사람이 헤시오도스다.

헤시오도스는 BC 700년경 소아시아에 있는 보에티아의 아스크라(Ascra)에서 농부의 아들로 태어나서 헤리콘 산록에서 목동으로 자랐다. 그러나 부친이 사망하고, 그의 형제들로부터 대부분의 유산을 빼앗긴 후 방랑생활을 거쳐, 저작 생활을 하였다. 그러므로 그는 그리스에서는 최초로 저자의 이름이 확실한 저서를 쓴 사람이 되었다.

그의 주요 작품은 그의 목동으로서의 체험과 유산을 빼앗기면서 얻은 교훈을 중심으로 해서 쓴《노동(勞動)과 역일(曆日)》에서 프로메테우스와 판도라의 이야기, 금·은·동·철 네 개의 시대에 대한 것, 신의 정의, 노동의 존엄성 등을 서술하였고, 또《신통기(神統記)》를 써서 올림포스의 여러 신들의 계보를 통해서 세계의 생성을 묘사하였다.

호메로스와 마찬가지로 헤시오도스는 신화를 썼다. 그러나 그는 그의 선배와 같이 무비판적 무의도적으로 들은 이야기를 이야기대로 서술하는 데 그치지 않고, 자신의 개성에 대한 자각과 자기주장에 입각해서 비판정신을 동원하여 그것을 체계화시키려 했다.

즉 그는 그가 생활하고 있던 그리스 사회에서 신앙되고 있던 올림포스의 제 신의 근원을 밝히기 위하여 역사적 소급(遡及)을 행하여 만유의 근원으로서의 카오스(Khaos, 混沌), 그리고 여기에서 비롯된 우라노스(Ouranos, 天)와 가이아(Gaia, 地)이 두 신에 의해서 탄생한 자이언트들, 그리고 그중의 실력자였던 크로노스(Kronos)와 레아(Rea)의 이야기를 발굴함으로써 그리스인들의 신앙의 대상인 제우스의 계보를 체계화시켰다.

톰슨(Thomson)은 이 같은 《신통기》에 나오는 신들은 대부분이 진정한 의미에서 신이라고 할 수 없고, 자연현상의 명칭에 불과하다고 하였다. 물론 제 신의 명칭은 자연물들을 뜻하고 있는 것이 사실이나, 그들의 행위는 자연물의 행위일 수가 없고 인간행위이며 신들은 인간의 의신화(擬神化)일 것이다. 그러므로 헤시오도스의 신통기는 인간의 계통, 인간의 역사일 수가 있는 것이다.

인간의 오관(五官)을 통한 경험이 불가능한 시대의 인간세계, 그것은 인간의 정신적 추리의 대상이다. 그리고 그것이 시간상에서 펼쳐진 인간사에 대한 추리일 때, 그것은 역사적 추리다.

그 추리 속에 등장하는 인물이 구체적 인물이 될 수 없고, 몇 백 년 몇 천, 아니 몇 십만 년의 시간 속에서 존재해 있었던 인간들의 행위를 단축시킨 것일 때, 거기에 등장하는 인물들의 행위는 인간의 행위로 표현되어서는 미흡하다.

여기서 신은 개개의 인간이라기보다 장시간을 거치면서도 변화하지 않고 지속되는 인간성, 그 자체일 수가 있다. 이러한 인간성을 의신화(擬神化)시키고 그 신들의 계보를 소급함으로써 우주의 창생까지 도달할 수 있었던 헤시오도스의 사고(思考)는 족히 역사적이라 할 수 있다.

헤시오도스의 시대구분

그러나 헤시오도스는 아직 오리엔트 사람이었다. 그는 민족적으로는 그리스인이었지만 출생 및 생활의 근거지는 소아시아였다. 그러므로 아직 그는 신을 신앙하는 자세에서 탈피한 것은 아니었다.

그는 관념적인 신의 시대, 특히 원초(原初)에 가까운 시대일수록 아름다운 것으로 생각했고, 인간적인 시대일수록 악한 시대로 보아 현실을 비관적으로 생각하였다. 그래서 그는 역사를 퇴보하는 것으로 보아 다음과 같이 4기로 시대를 구분하였다.

제1기 황금시대, 이 시대는 죄악이 없는 행복한 시대로서, 법률이라는 강제에 의하지 않고서도 진리와 정의가 실현되었으며, 위협이나 형벌을 가하는 관리도 없었다. 그리고 이 시대에는 아직 배를 만들기 위한 목재를 얻기 위하여 산림이 벌채되는 일도 없었고, 마을 주변에 성곽을 쌓는 일도 없었다. 칼이나 창이나 투구 같은 것도 없었다. 대지는 인간이 밭을 갈고 씨를 뿌리며 노동하지 않더라도 인간에게 필요한 모든 것을 산출하였다. 상춘(常春)의 계절이 지배하였고, 꽃은 씨를 뿌리지 않아도 피었고 내[川]에는 우유와 술이 더불어 흐르고 노란 꿀은 상수리나무로부터 떨어졌었다. 이러한 세상에서 인간은 고통도 우환도 병자도 없이 신처럼 살았으며, 죽을 때도 편안히 잠든 것처럼 죽고, 죽은 후에는 제우스의 신의(神意)에 의하여 신령이 되어 인간의 감독자로 된다고 생각했다.

제2기 은의 시대, 이 시대는 황금시대에 비하여 열등한 시대지만 다음에 오는 청동시대보다는 좋은 시대다. 제우스신은 봄을 단축하고 일 년을 네 계절로 나누었다. 그때부터 인간은 추위와 더위를 참고 견뎌야만 했고, 따라서 가옥이 필요하게 되었다. 동굴이 최초의 주거지였고, 숲 속의 나뭇잎으로 덮인 은신처에서 나뭇가지로 엮어 만든 오두막집으로 주거가 바뀌었다. 농작물도 이제는 재배하지 않으면 성장하지 않았다. 농부는 씨를 뿌리지 않으면 안 되었으며, 소는 쟁기를 끌지 않으면 안 되었다. 그리고 이러한 세계에서 사는 인간은 제우스신의 노여움으로 멸망하는데, 이때의 인간은 죽은 후 지하의 신령이 된다.

제3기 청동시대, 이 시대에는 사람의 기질이 포악하고 호전적이어서 걸핏하면 무기를 들고 싸웠기 때문에 죽으면 모두가 황천의 객이 된다.

제4기 철의 시대, 이 시대는 인류의 최후의 시대로 현대에 속한다. 죄악은 홍수처럼 넘쳐흘렀고, 겸양과 진실과 명예는 헌신짝처럼 취급되었고 사기와 간지(奸智)와 폭력, 그리고 사악한 이욕(利慾)이 판을 치게 되었다. 이 때문에 뱃사람은 바람에 돛을 달고, 수목은 산에서 벌채되어 배의 용골이 되었고, 대양(大洋)의 면(面)을 성가시게 굴었다. 이제까지는 공동으로 경작되던 땅이 분할되어 사유재산이 되기 시작하였다. 사람들은 땅의 표면에서 산출되는 것에 만족하지 않고, 그 내부까지 파헤쳐서 광물을 끄집어내지 않으면 안 되었다. 이리하여 유해한 '철'과 더욱 유해한 '금'이 산출되었다. 손님은 그의 친구의 집에 있어도 안심이 되지 않게 되었다. 사위와 장인, 형제와 자매, 남편과 아내는 서로 믿지 못하였다. 자식들은 재산을 상속받기 위하여 부친의 죽음을 바랐다. 가족의 사랑도 땅에 떨어졌다. 대지는 살육의 피로 물들었고, 신들은 하나하나 대지를 저버렸다.

현대의 시대구분

이상의 내용을 음미해 본다면, 누가 감히 헤시오도스를 신화나 전설의 편집자일 뿐 역사가는 아니라고 말할 수 있겠는가? 오늘날의 역사가라 하더라도 이보다 더 명확한 역사발전과정을 제시한 사람은 없다. 이 내용을 현대식의 용어로 바꿔 놓으면 그대로 현대적인 시대구분론이 된다.

제1기 황금시대, 이 시대는 구석기시대라 할 수 있다. 직립원인(直立猿人) 상태에서의 원석기시대(原石器時代), 타제석기를 사용하며 인간이 지상에 생존하던 시대, 이 시대는 《구약성서》대로 표현하면 아담과 하와가 선악과를 따먹지 않고 있어서 아직 인간의 선악시비(善惡

是非)를 판가름 한다거나 어떠한 욕망에 사로잡힌다거나 하지도 않고 있던 시대, 다시 말하면 인간이 인간임을 식별하지 못하고 있던, 이 시대의 세계는 에덴동산이며, 황금의 시대다.

　제2기 은의 시대, 이 시대는 신석기시대라 할 수 있다. 인간이 선악과를 따먹고 인간이 인간임을 알게 되는 지혜를 가져 선악시비를 구별하며, 그 지혜를 이용하여 마제석기(磨製石器)를 만들고 그 도구를 이용해서 농사를 짓고 주거지를 만들었으나 그 지혜 때문에 고통을 느끼고 고독감을 가져 서로 사랑하고 질투하며 내 것, 네 것을 구별함으로써 물질에 대한 욕망이 생기고 또 욕망 때문에 괴로워하기 시작하는 실락원(失樂園)의 시대가 바로 이 시대다. 그러나 신석기로 만든 무기로서는 대량 학살은 아직 일어나지 않았다.

　제3기 청동시대, 이 시대는 그대로 청동기시대라 할 수 있다. 청동제 무기를 만들 수 있게 되었다는 것은 종래에 돌로 만든 무기로 싸우는 상태와는 전혀 다른 전쟁의 개념을 낳게 되었을 것이다. 여기서 인간은 포악하고 잔인한 기질을 발휘하여 살상(殺傷)을 자행하고 전쟁을 수행하여 전(前) 시대에 비하면 인간의 생활은 참혹한 아비규환의 황천으로 화하였다고 생각할 수밖에 없다.

　제4기 철의 시대, 이 시대는 문자 그대로 철기시대다. 인간이 야금술을 발달시켜 철기를 사용하기 시작하면서 사회는 확장되고 복잡해지고 인간은 더욱 포악해진다. 즉 철제무기의 출현은 강력한 지배 통치자의 출현을 가져왔고, 이것은 다시 사회 및 경제의 발달을 가져왔다. 사회가 복잡해지고 경제생활이 발달함에 따라, 인간은 재산을 둘러싼 이기적 인간성을 노출시켰으며, 이 때문에 인간들은 상호 간에 불신감을 갖게 되었다. 때문에 법은 발달하여 인간을 억압하고, 재물에 눈이 먼 인간들은 바다로 땅속으로 땅위로 재물을 찾아 헤매는 노고를 하게 되었다. 여기서 자연은 파손되고 인간은 저주를 받게 되었다.

오늘날의 역사학자들도 인류의 역사를 꼭 같이 보고 있다. 다만 헤시오도스가 그러한 역사의 변천과정을 타락의 과정으로 생각하는 비관적 입장을 취한데 비하여, 현대의 역사가들은 이것을 발전으로 보는 차이가 있을 뿐이다.

그러나 헤시오도스에게서 중요한 것은 역사를 단순히 지난날의 옛이야기로 본 것이 아니라, 그 옛이야기를 통해서 과정으로서의 역사를 파악하려고 하였으며 그 과정이 인간성의 변질과 더불어 또는 인간의 생활 양상의 변천으로 이루어지고 있다는 점을 갈파하였다는 점이다. 이 점에서 헤시오도스는 최초의 역사철학자였으며, 그 저서 《노동의 역일》은 최초의 역사철학서였다고 할 수 있을 것이다.

밀레토스 학파의 역사사상

문화사의 교량 밀레토스

인간의 생활을 기술하고, 인간의 생각을 생각대로 표현하기 위해서는 무엇보다도 산문체의 발달이 선행되어야 한다. 오리엔트의 문명은 수천 년간 지속되어 거기서 인간의 문화·사유(思惟)·정치·경제 등등의 생활이 이루어졌다. 그러나 그것을 표현하고 기록하는 수단은 아직 운문의 상태에 있었으며, 지식과 지혜는 신화나 전설 등의 종교적 형식을 빌지 않으면 안 되는 상태에 있었다.

그러므로 오리엔트 세계에는 역사는 있었어도 그것에 대한 기술형식은 서사시의 형식을 벗어나지 않았다. 인간의 감정과 지식을 전달하는 시는 있어도, 산문적인 역사서는 나타나지 않았으며, 지난날의 흥미로운 이야기를 후세에 전하는 전설은 있었어도, 그 이야기의 진위를 가리고 그 이야기에 담겨진 진실성을 파헤치며, 그 이야기 속에 담겨진 사실의 원인결과를 논의하며, 또 그 이야기 속에 나오는 제반 사실의 의미와 그것들의 연계성에 관한 것을 연구하는 역사학은 없었다.

산문이라는 기술의 양식이 개발되기 시작하고 역사의 주체를 신이 아닌 인간으로 생각하는, 즉 종교적 관념에서 인간적 관념으로 인간의 사고의 방향이 전환된 것은 밀레토스에서다.

오리엔트문명이 그리스로 건너가게 되는 교량이었다고 호칭되는 밀레토스는 에게 해 연안 소아시아의 서쪽에 위치한 작은 섬이다. 여기에 사는 이오니아인들은 BC 8세기부터 무역을 발달시켜 BC 7세기에는 동지중해, 흑해 연안에 무려 70여 개의 식민시를 세웠다. 이들은 부와 식민 활동은 수천 년에 걸쳐서 발전 누적된 오리엔트의 문명을 그리스로 끌어들이는데 공헌하였다.

그리하여 이집트나 메소포타미아에서 발전되어 있던 천문학, 달력, 화폐, 계량법 그리고 언어, 문학, 사상까지 도입하였다. 이오니아인에 의한 그리스 문화는 바로 이것을 밑거름으로 해서 발달하게 된 것이다. 한마디로 모든 그리스문화는 밀레토스에서 비롯된 것이다.

밀레토스의 자연철학

밀레토스 문화라고 하면 일반적으로 자연철학을 생각하게 된다. 탈레스(BC 640~?), 그 동시대인인 아낙시만드로스와 아낙시메네스로부터 파르메니아, 피다고라스, 데모크리토스 등으로 연상되는 것은 'What stuff is the world made of?(세계[우주]의 원자재는 무엇인가?)' 또는 'How is it constructed, What is its true ground—plan?(세계[우주]는 어떻게 구성되었으며, 그 진정한 계획안은 무엇인가?)' 하는 문제, 즉 아르케(Arche)의 문제다.

물론 당시 이들의 주요 관심은 아르케에 있었다. 그러나 이들의 관심이 그것으로 끝나는 것은 아니었다. 이집트를 왕래하며 얻은 풍부한 견문을 지니고 있으며, 세상 물정에 밝은 상인이었으며 정치가였던 탈레스가 인간사에 관심을 갖지 않았을 리 없다.

그의 선배인 호메로스나 헤시오도스가 그처럼 많은 지식을 가지고 있었고, 그처럼 고차원적인 의식을 지니고 있었다는 것을 생각할 때, 이것은 더욱 의심의 여지가 없다.

물론 탈레스가 인간사나 신화보다는 자연현상 세계의 아르케에 더 깊은 관심을 가졌을 것도 생각할 수 있다. 그러나 대부분의 밀레토스 학자들이 그렇듯이 그들의 저서나 업적이 후세에 전하지 아니하고, 다만 그 후배들의 관심에 따라 걸러진 파편들만이 그들의 기억이나 대화, 작품들 속에 보이고 있기 때문에 현재에까지 전하지 않고 있는 부분도 많은 것임을 잊어서는 안 된다.

그중에서도 아낙시만드로스(BC 611~649)에 관한 기록에서는 비록 우주의 생성이론(生成理論)에 관한 것이기는 하지만, 가히 현대적인 진화론과 같다고 할 만한 어구가 보인다.

그의 우주의 근본 원리와 모든 존재의 원인에 대한 설명 중에는 다음과 같은 내용이 포함되어 있다.

> 처음에는 유동물질로 이루어져 있던 지구가 점차 건조해 짐에 따라서 생명체가 발생하였는데, 처음에는 이것이 수중에서 서식하다가 그 후에는 육상으로 올라갔다.
> 영원의 법칙에 따라 끊임없이 새로운 세계들이 무한정한 것으로부

터 생성하는가 하면, 다시 그 속으로 귀환한다고 본 그는 이들이 불의에 대한 형벌과 속죄를 시간의 질서에 따라서 서로 나누어 갖는다.

비록 단편적인 어록의 글귀에 불과하지만 우리는 이것을 통해서 자연철학자라고 통칭되고 있는 아낙시만드로스가 자연 속에서 역사의 모습을 보았으며, 역사의식을 가지고 자연을 생각하였음을 알 수 있다. 특히 인간과 생활, 그 자체라 할 수 있는 형벌과 속죄가 시간의 질서에 따라 진행되어 가고 있음을 파악한 점은 충분히 역사적 사고라 할 수 있을 것이다.

헤라클레이토스의 역사철학

그러나 이러한 역사적 사고가 뚜렷이 나타나고 있는 것은 만물을 유전(流轉) 상태에 있는 것으로 간주하여 변화의 개념을 발견한 헤라클레이토스(Heracleitos)에서다.

헤라클레이토스는 BC 540년경, 당시 번창하던 도시인 에페소스(Ephesus)의 한 명문가에서 태어났다. 전설에 따르면, 그는 에페소스의 제사장 왕가(the royal family of Priest Kings)의 상속자였다. 그러나 그는 그 권리를 형제에게 주어버렸다.

이와 같이 그는 그의 정치활동에의 참여를 오만스럽게도 거부하였지만, 귀족들이 새로운 혁명세력을 일으키고자 했을 때, 그것을 적극

후원하였다. 그러나 그것은 실패로 끝나고, 그의 귀족 친구들 중의 한 사람인 헤르모도로스(Hermodoros)가 대중들에 의하여 추방당하는 것을 목격하였다. 여기서 그는 '에페소스 인들은 스스로 서로 간에 교수형을 행하여 모든 성인들을 죽이고 결국은 유치한 어린아이들에게 시(市)의 통치권을 맡겨 버리지 않으면 안 된다'고 단편적인 어록을 남겼다.

이처럼 그의 정치적 경험은 그로 하여금 대중을 유치한 어린아이로 멸시하게 했고, 그들에 의해서 통치되는 민주주의를 반대하는 입장을 취하게 하였다.

그는 '대다수의 인간들은 사악하다.'고 주장했으며 '법은 1인(One Man)의 의사가 그에게 복송되어야만 한다는 것을 요구할 수 있다. 그러므로 참다운(필자 첨가) 인간은 그러한 시의 법들(대중에 의해서 만들어진: 필자 주)이 마치 그 시의 장벽인 것처럼 생각하고 그것을 깨뜨리기 위하여 투쟁하지 않으면 아니 된다'고 그는 주장했다. 그러나 헤라클레이토스의 이와 같은 그의 시의 구법(舊法)에 대항하는 투쟁이 헛된 것으로 되자, 그는 만물의 변이성(變移性)에 대해서 깊은 인상을 갖게 되었다.

여기서 그의 변화에 대한 이론이 형성된 것이다. 그는 '만물은 흘러간다.(Everything is in flux)', '너는 동일한 강물에 두 번 발을 들여 놓을 수는 없다.(You cannot step twice into the same river)'라는 변화의 원리를 주장했다. 이러한 입장에서 그는 현존하고 있는 사회질서가 영구적으로 남아 있을 것이라고 하는 통념을 반대하였다.

최초의 변증법적 발전 이론

 헤라클레이토스의 변화이론은 자칫 잘못하면 일체 만물의 무상함을 주장하는 것으로 오해되기 쉬우나, 그는 결코 그렇지 않았다. 그는 현상세계의 무상한 변화 속에는 그 변화의 법칙이라는 불변성이 있음을 인정하였다. 그래서 그는 모든 사건들은 운명의 필연성에 따라 진행된다. 태양은 그의 궤도를 벗어나려 하지 않는다고 하였다. 그는 만물의 근본 실체, 즉 아르케를 태양의 형체를 가지고 있는 불(火)에서 찾았다.

 불은 외형적으로 볼 때, 일정한 형태를 지니고 있는 것도 일정한 색채를 지니고 있는 것도 아니지만, 타올랐다가는 반드시 타 없어져 버린다는 법칙 속에서 존재하게 되는 것이다. '타올랐다가 타 없어져 버린다.'고 하는 것은 하나의 불이 갖는 상호 대립적인 현상이요, 법칙이다.

 이처럼 불은 모순 대립적인 양극의 관계에 의해서 형성된다. 그러기에 그는 '신은 낮과 밤, 겨울과 여름, 전쟁과 평화, 그리고 과잉과 기근 등, 이 모든 것을 뜻한다.'고 했다. 이러한 대립의 철학으로부터 '사회의 정체성(Social Statics)을 반대하고 사회의 유동성(Social dynamics)을 강조'하는 그의 역사학자적 성격을 가장 잘 나타내고 있는 변화의 법칙 이론이 나온다.

 '이념 대(對) 이념, 인간 대 인간, 남자 대 여자, 계급 대 계급, 민족 대 민족 간의 투쟁을 통한 조화로 세계는 이루어지고' 다시 이러한 투쟁과 조화의 지속으로 역사는 이루어진다. 마치 수없이 많은 '타오름'

과 '타 없어짐'의 종합으로 불꽃을 이루고 있는 것처럼.

이 때문에 그는 '투쟁 혹은 전쟁이야말로 만물의 아버지이고 만물의 왕'이라고 했다. 전쟁은 어떤 자는 신(神)임을, 어떤 자는 단순히 인간임을 입증해 주며, 후자를 노예로 만들고 전자를 주인으로 만들어 준다. …… 우리가 알아두지 않으면 안 되는 것은 전쟁은 보편적이라는 것, 정의(합법)는 투쟁이라는 것, 그리고 만물은 투쟁을 통해서 발전하며, 필연성에 의해서 발전한다는 것이다.

그리고 그는 또 변화의 원리를 다음과 같은 말로 설명하고 있다.

> 변화하고 있는 사물은 어떤 성질(property)을 포기하고 그 반대 성질을 취하지 않으면 안 된다. 그러나 이것은 그 사물이 어떤 상태에서 그 반대의 상태로 변천되는 과정을 의미하는 것이 아니라, 반대의 상태와의 통합을 의미한다.

'이상의 변화이론'은 그 자체가 변증법적 발전이론이다. 헤라클레이토스는 그로부터 2,500년 후에 헤겔이나 마르크스에 의해서 주장될 변증법적 발전이론, 특히 마르크스의 투쟁이론의 선구자가 된 것이다.

그리고 세계를 '불'로 본 불의 이론, 그것은 절묘한 역사이론이다. 불의 현상은 과거나 미래가 없다. 다만 눈에 보이는 것은 현재에 타고 있는 불꽃, 그것뿐이다. 그러나 반대로 현재 눈에 보이는 불은 어떤 고정된 형태나 색채를 지니고 있지 않다.

그것은 과거의 상태에서 미래의 상태로 이전·변화하고 있는 과정상에 있는 것이다. 역사상에서 우리는 과거의 세계를 눈으로 볼 수 없다. 미래의 세계도 볼 수 없다. 보이는 것은 현재의 세계뿐이다. 그러나 현재라는 것이 어디에 있는가? 현재라고 생각하는 순간, 그것은 과거에 대한 기억일 뿐이요, 그 기억은 곧 미래의 예측으로 전이(轉移)되고 만다. 그러므로 현재에 눈에 비쳐 있다고 생각되는 현재의 세계는 변이하는 세계요, 곧 역사다.

또 불은 언제나 '밀어냄'과 '밀림'으로 구성된다. 밑에서 솟구쳐 오르는 가스의 밀어냄에 따라 먼저 타기 시작한 불꽃은 꺼져 버리고 밀어낸 가스는 연소하며 뒤에 솟아난 가스에 밀려 꺼져 간다.

역사는 젊은 세대가 낡은 세대를 밀어내고 스스로 낡아져 다음 세대에 의해서 밀려나는 인간의 세대교체, 정권의 교체, 사상의 교체, 문화의 교체, 체제의 교체에 의해서 구성되고 있는 것이다.

그런데 교체, 그것은 곧 투쟁을 통해서 이루어지게 마련이니 역사를 이끌어가는 힘은 곧 투쟁이라 할 수 있다. 이렇게 투쟁 자체를 역사의 동인으로 파악한 헤라클레이토스에게서 선악(善惡)이 존재하지 않는다 함은 당연한 논리일 것이다. 실제로 선악이라 함은 불꽃에 있어서 처음과 끝의 차이이기 때문이다. 처음으로 뿜어 오른 가스, 그것은 이미 타고 있는 불꽃을 하나의 악으로 보고 몰아내야 되고 이미 밀려나게 되어 있는 불꽃의 입장에서 자신을 몰아내기 위해서 용을 쓰는 새로운 불꽃이 악일 수밖에 없다.

결국 선악의 개념이 있으므로 인간사에 투쟁은 전개된다. 아니 인간사 자체가 하나의 투쟁 과정이기 때문에 선과 악의 구별은 따르게 되는 것이다. 그러나 크게 볼 때, 선과 악은 하나다. 선악이 하나가 됨으로써 불은 탈 수 있다. 이것은 변증법의 정과 반의 합이다.

헤라클레이토스의 어록(語錄)에서는 이 투쟁의 동인(動因)을 밝히는 문구를 찾아볼 수 없으나, 그는 결코 그것을 인간 외적인 데서 찾지 않았고, 인간 자체 내에서 찾았다. 그것을 니체의 말을 빌리어 설명하면, 그 동인은 인간의 권력에의 의지(Wille zur Macht)다.

인간은 현재에 만족치 않고 향상하려는 의지를 본성으로 하고 있으며, 그 본성 때문에 단순히 생존을 위한 투쟁, 즉 야생 동물들이 행하는 투쟁이 아니라, 향상하려는 투쟁을 하는 것이다. 이것은 곧 불의 속성이다. 밑으로 향하는 불꽃은 존재하지 않는다. 불꽃처럼 타오르는 인간의 의지는 가치를 낳고, 가치는 선악의 구별을 낳고, 선악의 구별은 투쟁을 낳고, 투쟁은 창조를 낳고, 창조의 연속적인 과정, 그것은 바로 역사다.

비록 헤라클레이토스가 구체적인 사실 사건으로 엮어진 역사서를 남기지는 않았다하더라도 이상과 같이 역사의 기본원리―역사의 양태(樣態), 역사의 발전원리, 역사 속에 존재하는 인간성의 특징 등을 거의 완벽하게 파악하였다고 할 수 있다.

P.S.
필자는 젊었을 적에 이러한 헤라클레이토스의 불의 원리를 관찰·음미하기 위해 양초 한 갑을 태우며 밤을 새웠다.

헤로도토스

밀레토스의 인간 중심 사상

밀레토스의 역사학의 중대한 공헌은 호메로스나 헤시오도스에게 있어서 주요한 역할을 담당했던 신의 일을 역사에서 배제하였다는 것일 것이다. 호메로스나 헤시오도스의 입장에서 볼 때 역사는 신의 섭리, 신의 조작에 의해서 움직여지고 있는 것이었다.

그러나 밀레토스 학파의 대부분 학자들은 인간계에서 그 신의 역할을 배제하고 인간의 입장에서, 인간이 중심이 되어서 자연 세계 우주를 이해하려 하였으며, 심지어 크세노파네스(Xenophanes, BC 580년경)과 같은 사람은 '만약에 소나 말 또는 사자에게도 손이 달려 있어서 이들 동물이 그와 같은 모습을 한 여러 신들(諸神)의 형상이나 조각상을 꾸며낼 수가 있다고 한다면, 그것들도 역시 마치 인간이 여러 신들(諸神)에게 인간의 형상을 부여하듯이 소, 말 또는 사자의 형상을 지닌 그들 자신의 신들을 꾸며낼 것임에 틀림없다.'고 꼬집어 말함으로써 호메로스나 헤시오도스 등이 그린 신들에 대한 비판을 가하였다.

즉 인간을 중심으로 해서 일체의 사물을 관찰 및 사고의 대상으로 생각한 밀레토스 인들에게는 신들도 인간의 사고의 산물로서 생각할 수 있게 된 것이다. 그리고 헤라클레이토스는 앞서 언급한 바와 같은 신들을 전쟁에서 승리한 인간을 신격화시킨 것으로 해석하는 지혜를 보이기까지 하였다.

이와 같이 제 신을 단순히 사고의 대상으로 생각할 정도로 인간 중심 사상이 발달하고 제신의 행위를 인간 행위로 생각할 정도로 합리적 사상이 발달한 밀레토스의 사상적 전통 위에서 헤로도토스 및 투키디데스의 역사학은 성립되었다.

다시 말해서, 밀레토스 철학과 그리스 세계의 성장은 다음과 같은 조건들을 가능케 만들어 주었다.

첫째 산문체의 역사가(logographoi)가 등장하여 인간의 생각과 행위를 보다 구체적으로 기록 서술할 수 있게 되었다 것,

둘째 이오니아학파에 의해서 자유로운 사고와 비판적인 철학이 생성되어 있었다는 것,

셋째 그리스인들의 식민활동, 무역활동, 동방세계로의 여행 등이 성행하여 동방세계의 문화에 대한 호기심이 높아져 있었다는 것, 마지막으로 페르시아와 접촉 결과 이오니아인들은 페르시아 제국(帝國)에 포함되어 있던 수많은 민족들의 다종·다양한 문화에 대해서 관심을 갖고 있었다는 것.

이러한 조건들에 입각해서, 또는 이상의 요소들을 포함한 역사의 발전단계에서 역사서를 내어놓은 첫 번째 사람은 밀레토스 출신의 여행가 헤카타이오스(Hecataeus, BC 550)였다.

그는 밀레토스 정신에 입각해서 과학적 역사학 방법론을 발전시켰다는 데에 역사학적으로 큰 의미를 지닌다. 그가 이룬 역사학상의 새

로운 경향은, 첫째 그의 진술을 테스트함으로써 그것의 진실성 여부를 확인했다는 것과 둘째 전통적인 그리스의 창조 신화에 대해서 솔직한 비판적 태도를 보였다는 것이다. 그리고 그렇게 함으로써 그가 쓴 계보학(Genealogies)에서는 역사적 비판의 본질에 대해 매우 가깝게 접근하고 있음을 보여 주었다.

헤로도토스와 투키디데스의 역사학은 이와 같은 상황, 이와 같은 역사의 발전단계 위에서 성립된 것이다.

헤로도토스의 여행

헤로도토스(Herodotus)는 기원전 484년경에 소아시아 서남 해안, 페르시아 제국의 지배영토였던 할리카르나소스(Halicarnassus) 시(市)의 명문가 리섹스(Lyxes)의 아들로 태어났다. 이는 시기적으로 헤라클레이토스보다 약 60년 뒤이며, 페르시아 전쟁이 제2차, 제3차로 접어들었던 때이다.

초년에 그는 헤라클레토스와 마찬가지로, 정치에 관심을 두어 반(反)페르시아 시(詩)를 써서 유명한 그의 사촌, 파니아시스(Panyassis)와 함께 시의 참주인 리그다미스(Lygdamis)를 타도하기 위한 혁명운동에 참여하였다가 실패하였다.

그는 사모스(Samos)로 추방을 당하여 망명생활을 하였다. 그 후 정국이 변화되어 일시 귀국하였으나, 망명생활을 통해서 체득하게 된 그의 방랑벽은 다시 고향을 떠나 아테네로 가게 했다.

그러나 그의 방랑벽은 여기서 그치지 않았고, 당시의 동·서 세계를 두루두루 돌아다녔다. 그의 여행권은 동으로는 스키타이를 거쳐서 흑해에까지 들어갔고, 서로는 에게 해의 아르크펠라고(Archpelage), 로도스(Rhodes), 키프로스(Cyprus), 그리고 크레타(Creta)를 거쳐서 그리스 중심부로 들어갔고, 리디아의 사로우스에서 당시 페르시아의 수도였던 수사에까지, 또 팔레스타인 해안을 따라서 바빌론, 그리고 남으로는 이집트에까지 이르렀다.

이러한 광대한 지역을 여행하면서 그는 이오니아의 자연철학의 영향을 받았고, 그의 대저인 《역사》를 저술하기 위한 자료를 수집하였다. 그리고 전 세계에 거주하고 있는 다양한 인종을 접하면서 인종학적 관심도 갖게 되었을 것이다.

그러나 그의 마음의 고향은 아테네였다. 여기서 그는 페리클레스, 소포클레스 등과 교제를 가졌고, 아테네 민주정치의 찬미자가 되었으며, 독재적인 페르시아 제국주의를 타도한 승리자라는 점을 자랑으로 생각하였다. 그러므로 그는 할리카르나수스인, 즉 도리아인이지만, 그의 저서는 이오니아어로 쓰이어졌으며, 이오니아의 자랑(tes Ionie sen proxhema, the Pride of Ionia)으로 호칭되었다.

그가 이와 같이 도리아인이면서도 이오니아인으로 생활을 하게 된 것은 그가 밀레토스 학파의 영향을 깊이 받았기 때문이다. 회의적이고 합리적이며 비판적인 이오니아인들의 정신은 다양한 인종, 다양한 종교, 다양한 풍습, 다양한 언어를 지니고 있는 세계를 여행하면서 경험한 헤로도토스에게 강렬한 영향을 끼쳤을 것임이 확실하다.

눈은 귀보다 정확한 증인

밀레토스 학파의 특징은 회의와 합리와 비판에 있다. 그리고 회의, 합리, 비판은 그것을 행하는 인간의 이성을 주체로 하는 것이다. 자연이나 우주를 보아도 이성이 주체가 되고, 그것을 객체로 해서 보고, 신을 논의해도 그 신은 객체일 뿐, 그것을 해석하고 그 모습을 그리는 것은 인간이요, 인간의 이성이다.

이런 점에서 헤로도토스는 자신의 이성적 판단을 위해서, 특히 페르시아 전쟁의 상황을 합리적으로 판단하고, 객관적으로 이해하기 위해서, 그리고 어떤 전통적인 선입견이나 미신에서 탈피하기 위해서, 그는 여행을 통한 직접적인 경험과 자료 수집을 행한 것이다.

그는 헤라클레이토스가 '눈은 귀보다 정확한 증인이다'고 한 말의 진리를 몸소 실천한 사람이다. 즉 그는 여행을 통하여 과거로부터 전해 내려오는 이야기, 그 시대에 이루어지고 있는 이야기를 자료로 수집을 하였다.

그러면서도 그는 그것을 들리는 대로 기록하지 않고, 들리는 것을 기록하되, 그것에 그의 이성의 판단과 비판을 가하였다. 그 대표적인 예로서는 헤라클레스에 대한 이야기가 있다.

즉 헤로도토스는 《역사》의 제Ⅱ권 43~45항에 걸쳐서 헤라클레스 신에 대한 이야기를 설명하고 있는데, 여기서 그는 우선 그가 조사한 것을 가지고 헤라클레스가 옛 신이었던 것을 확실히 확인하였다. 그리고 거기에 자기 자신의 생각을 첨가하여 '나의 생각에 의하면, 그리스인들 중에서도 두 가지 종류의 헤라클레스 신전을 건립하였는데,

한편의 것은 반신(半神, 헤로스)으로서 사자(死者)에 대하여 예를 차림으로써 존경을 표시하는 것이라 말하는 사람들이 있는데, 이러한 행동이 가장 올바른 것 같다.'고 하였다. 그리고 그는 이어서 즉 제45항에서 다음과 같이 비판적인 견해를 피력하고 있다.

그리스의 전승(傳承)에는 많은 천박하고 경솔한 내용의 것이 많은데, 헤라클레스에 관한 다음의 설화도 어리석기 짝이 없는 것이다. 그 이야기에 의하면, 헤라클레스가 이집트로 갔을 때, 이집트인들은 그를 잡아서 제우스에게 희생의 제물로 받치려고 머리에 화관(花冠)을 씌워서, 행렬을 지어 그를 그 앞에 끌어내어 세웠다는 것이다. 헤라클레스는 잠시 가만히 있다가, 드디어 제사의식이 시작되자, 벌떡 일어나 함께 있던 이집트인들을 한 사람도 남기지 않고 모조리 살육하였다는 것이다.

이와 같은 이야기를 전하는 그리스인은 이집트인의 성격이나 습관에 대해서 전혀 무지한 사람이라고 나는 생각한다. 돼지와 황소 및 송아지―그것도 특정한 표식이 없는 것에 한해서―와 거위를 제외하고는 가축까지도 제물로 사용하는 것이 금지되어 있는 이집트인이 어떻게 인간을 제물로 받칠 수가 있겠는가? 그리고 이치로 생각하여 보더라도, 그리스인이 말하는 바대로 인간의 몸을 하고 있는 헤라클레스가 어떻게 수만 명이나 되는 다수의 인간을 살육할 수 있겠는가?

어떤 사람은 헤로도토스가 '인간을 중심한 것이 아니라 신을 중심으로 《역사》를 서술하였다' 해서 그것을 헤로도토스 역사학의 단점으로 취급하고 있으나, 그것은 역사학의 역사를 언급하면서도 역사의 기본원칙을 무시한 태도다. 우리는 헤로도토스가 처해 있었던 역사적인 상황을 염두에 둘 때, 그의 역사 속에 얼마만큼의 비역사적 요소가 아직도 포함되어 있는가 하는 것이 중요한 문제가 아니라, 얼마만큼의 역사적인 요소를 포함하고 있는가 하는 것을 문제로 삼아야 될 것이다.

헤로도토스의 《역사》는 헤로도토스 자신이 목격한 것만의 기록이 아니고 사건의 목격자와 대질(對質)을 통해서 조사 탐구한 당시의 지식에 대한 기록이다. 그리고 헤로도토스의 대질의 대상이 되었던 사람들의 지식이라고 하는 것도 그들이 사건을 직접 목격해서 얻어진 것들로만 구성된 것일 수도 없는 것이다.

그러므로 아무리 헤로도토스가 '눈은 귀보다 정확한 증인이다'라는 말을 좌우명으로 삼고, 전 유라시아를 여행하면서 수집한 지식이라 하더라도, 그것이 그 시대를 초월한 것일 수는 없다. 그는 호메로스에 의해서 전승된 신화를 받아들여야 했고, 헤시오도스의 지식도 흡수해야 했을 것이다. 그러므로 그의 《역사》에도 신화적인 요소가 필연적으로 포함되게 되었고 또 그것을 포함시키는 것은 헤로도토스의 양심이었을 것이다.

역사가가 과거로부터 전승되어 오는 지식을 자기의 기분에 맞지 않는다 해서 무조건 배제한다는 것은 후세에 그것을 달리 해석하고 다른 의미를 발견할 수도 있는 사람을 위해서는 커다란 죄악이 아닐 수 없기 때문이다.

그러나 헤로도토스는 결코 신화를 맹목적으로 신앙하지는 않았다.

위의 인용문에서도 밝혀진 바와 같이 그는 철저한 합리주의자였으며, 비판의식이 투철한 사람이었다. 그러므로 그는 신화를 취급하되 신의 입장을 높여서 쓰지 않았다. 그가 '역사에 있어서 인간의 힘과 정신력은 너무나 미력한 존재'로 보고 '신은 역사의 동인(動因)'이라 생각하였다 하더라도 인간의 인식범위를 넘어서는 전쟁의 승패, 역사의 운행을 인간을 초월한 신에게 맡겨버린 것은 인간의 겸허한 마음의 표현이며, 특히 합리적 사고를 행하는 당연한 사고의 귀결이다. 그것은 과학문명이 극도에 도달한 현대의 과학자, 심지어는 아인슈타인과 같은 인물까지도 취한 겸허한 자세이다.

헤로도토스가 신화적 역사를 썼느냐 아니냐 하는 것은 형이상학적 문제에 있는 것이 아니라, 그의 연구 조사방법이 신화적이었느냐 인간적이었느냐 하는 데 있다. 그는 언제나 자신의 이성을 주체로 해서 생각했다. 그리고 그의 조사·탐구의 대상은 신의 문제가 아니라 인간의 문제였으며, 그가 언급한 신은 인간의 이성이 미칠 수 있는 한계 밖의 문제였다.

헤로도토스는 그의 《역사》의 서두에서 그가 얼마만큼 인간적인 입장을 취하고 있었는가 하는 것을 잘 나타내 주고 있다.

> 이 책은 할리카르나수스 출신인 헤로도토스가 인간세계에서 일어난 사건들이 시간의 경과와 더불어 망각되어 버리고, 그리스인이나 이방인에 의해서 이룩된 위대하고 경탄할 만한 역사적 업적들 중 많은 것들이—양자(그리스인과 이방인, 필자 주)가 어떤 원인으로 해서 교전하기에 이르러 세상 사람들에게 알려지지 않을 것을 염려하여, 나

자신이 조사·탐구(Istories apoclecis)한 것을 서술해 놓은 것이다.

여기에 명백히 밝혀져 있는 바와 같이, 헤로도토스가 기술하려 한 것은 인간사, 인간의 업적이지 신의 일이나 신화가 아니다. 그리고 그가 취한 방법도 과거로부터 전해 오는 이야기를 막연히 기록한 것이 아니라, 자기가 주체가 되어 자신의 이성, 자신의 감각기능을 동원하여 조사 탐구하여 얻어진 것을 기술하는 것이었다. 헤로도토스의 지식이 결코 주관적인 것으로 끝났다는 것을 뜻하는 것은 아니다. 그의 조사·탐구의 방법은 대질 심문, 즉 대화를 중심을 하는 것이었다. 그런데 대화의 정신이란 나의 말(logos)과 너의 말(logos)을 제삼의 것으로 변증법적으로 지양통일(止揚統一) 시키는 것이요, 나의 견해를 너 속에서 또 너의 견해를 나를 통해서 확인하고 수정함으로써 객관화하는 것이며, 따라서 그것은 실증적인 것이라 할 수 있으며, 거기에서 얻어진 지식은 실증적인 지식이라고 할 수 있다.

그렇다고 해서 콜링우드가 헤로도토스를 가리켜, 그는 ① 조사·탐구라는 말과 역사학을 동일한 의미로 사용한 최초의 사람이므로 최초의 과학으로서의 역사학을 시작한 사람이며, ② 역사를 신화적이거나 신정사적(神政史的)인 것과는 달리 인문주의적인 것으로 취급한 최초의 사람이며, ③ 인간에 관한 인간의 지식을 후세에 전하고자 한 사람이라고 했다. 이런 점에서 그는 충분히 역사학의 아버지라 해서 이설이 있을 수 없는 것이다.

역사학에는 크게 두 가지의 흐름이 있을 수 있다. 하나는 인간이 생활을 통해서 산출해 놓은 사건이나 사실에 대한 이야기 기록을 수집해서 배열·정리하는 일을 주로 하는 것이고, 다른 하나는 소위 역사라고 하는 것, 수없는 인간의 생활을 맥락으로 해서 구성되는 실체로서의 역사에 대한 인식을 목적으로 하는 것이다.

헤시오도스가 전자의 예로서 그 시대에 산재되어 있던 신에 대한 이야기, 인간사에 대한 이야기를 수집 정리하여 《신통기》나 《노동과 역일》이라고 하는 책을 만들었다고 하면, 헤라클레이토스는 헤시오도스와 같은 박학을 무시하고 인간사에서의 변화의 원리를 터득함으로써 역사의 변천원리를 인식하는 것을 시도하였다.

그리스 역사학의 이와 같은 전통은 헤로도토스와 투키디데스에게로 전승된 것 같다. 헤로도토스의 역사학은 박학을 그 생명으로 한다. 그의 조사·탐구 여행을 통하여 수합된 수많은 지식(Information)이 인멸되는 것을 방지하기 위해서 후세에 전하는 것을 그의 사명으로 생각하고, 기술한 것으로 그의 역사학의 사명은 끝난다.

다시 말해서 그는 그가 수집한 인간사가 발생한 이유를 밝히지 않았다. 기껏 그는 그 이유를 전통적인 관념에 따라 신의 질투나 신탁에 돌려버리고 말았다. 앞서도 언급했지만, 이는 그가 바로 그 신의 능력을 믿어서가 아니라, 자기 자신의 인지능력으로 조사 탐구해 낼 수 없는 것을 전통적인 관념에 맡겨 버린 처사다.

헤로도토스가 이와 같은 처사를 할 수밖에 없었던 것은, 그는 비록 밀레토스 학파에게서 합리주의적이고 인간주의적인 사고의 영향을 받았지만, 스스로 그들과 같이 사색에 침잠될 수 있는 사색인은 아니었다는 점에 있다.

그러므로 전쟁의 장면을 보고 들은 대로 개개의 현상을 기술하는 데는 천재적 능력을 보였으나, 전쟁이 가져다주는 세계사적인 결과를 관찰하고, '전쟁은 만물의 아버지이고 만물의 왕'이라고 하는 등의 자기 나름의 결론을 얻는 데는 무능력했다.

또 헤로도토스는 생성소멸(生成消滅)되고 있는 인간사의 여러 측면을 관찰해서 그것을 사실대로 기록을 해 놓을 수는 있었지만, 그 생성소멸 과정 속에서 작용하고 있는 동인(動因)이라든가 원리 같은 것은 찾아내지 못하였다.

이런 점에서는 헤로도토스가 세계를 변화 자체로 보고, 그 변화의 요인이 신의 조작이 아니라, 인간의 행위, 인간의 불같이 타오르는 욕망 및 속성에 있다고 생각한 헤라클레이토스를 능가할 수 없었다.

그런데 헤로도토스의 사실에 대한 조사·탐구의 태도와 헤라클레이토스의 원인 분석의 태도를 종합시킴으로써 역사학의 일대 발전을 이룩한 사람이 투키디데스와 플라톤이다.

투키디데스

투키디데스의 출생 배경

헤로도토스가 할리카르나소스, 즉 소아시아 지방에서 도리아족의 명문에서 태어난 사람인데 비해서, 투키디데스는 아테네의 명문가정에서 태어난 이오니아인이다. 즉 투키디데스는 기원전 460년경(혹은 455), 마라톤 전투의 승리자요, 카르디아폴리스의 초대 참주였던 밀티아데스의 누이를 어머니로 해서 태어났다. 그리고 페리클레스의 전임자요, 델로스 동맹의 창립자인 키몬은 그의 외가 쪽 4촌이었다.

이와 같이 명문의 외가를 지니고 있는 투키디데스는 한때 정치에 관여하였으며, 그뿐만 아니라 그는 직접 군사령관으로 피선되어 실제로 참전 경험을 얻기도 하였다.

그는 페리클레스의 정치와 연합민주정치를 동경하였다. 물론 페리클레스의 정치가 그의 친척인 밀티아데스와 키몬과 연결된 것이라는 데도 그 이유가 있겠으나, 그는 사상적으로 민주주의자임을 자처하였고, 또 자신의 생각을 페리클레스의 것과 동일시하기까지 하였다. 그래서 그는 민주정의 아테네가 귀족정의 스파르타에게 패한 것은 스파르타가 강하였기 때문이나 스파르타의 정치체제가 우수하여서가 아니라 아테네 사회의 당쟁 때문이라고 했다. 이와 같이 투키디데스가 민주정의 옹호자가 되게 된 데에는 무엇보다도 당시 사회를 지배하고 있었던 소피스트의 '지적 혁명(知的革命)'의 영향을 많이 받았다는 데 있다.

소피스트란 무엇인가?

그러면 소피스트의 '지적 혁명'이란 무엇인가? '소피스트' 하면, 상식적으로 지식을 팔아먹고 사는 궤변론자로 일컬어지고 있다. 물론 소피스트 중에는 진리를 외면한 채, 지식을 한낱 돈벌이의 수단으로 삼아 후세인의 빈축을 산 사람도 있다. 그러나 우리가 역사상 어느 시대의 사상가의 유형을 비판 없이 매도해 버리는 자세 그 자체가 소피스트적인 자세임을 명심해야 한다.

버틀란드 러셀은 현존의 대학교수들은 돈을 받아먹고 강의를 해도 이상하게 생각하거나 매도하는 일이 없는데, 유독 그들만을 가지고 궤변론자로 몰아 버리는 자세는 이해할 수 없는 것이라고 했거니와, 그들이 생계의 수단으로 돈을 받았다는 일 자체가 그와 같은 매도의 이유일 수는 없다.

설사 돈을 받고 지식을 전달했다 하더라도 문제점은 그 강조점이 어디에 있느냐 하는데 있다. 즉 지식을 탐구하고 지식을 전달하기 위해서는 생존을 해야 하고, 생존하기 위해서는 돈이 필요하므로 단지 생존에 필요한 돈을 벌었느냐, 아니면 진리의 탐구나 참된 지식의 전달을 주목적으로 하지 않고, 돈을 벌어서 부귀영화를 누리고자 하는 목적에서 지식을 강론하고 다녔느냐 하는데 있다.

그럼에도 불구하고 무조건 당시 아테네 지자(知者)들을 통째로 묶어서 궤변론자로 규정하고, 그들의 오명이 무려 2,500여 년이 지난 오늘날에까지 전하게 된 것은 그 책임이 플라톤에게 있다. 플라톤은 소위 소피스트들을 소크라테스의 적대적인 입장에 놓고 소크라테스의 생애를 성인(聖人)의 생애로 묘사하였다.

그러다 보니 상대적으로 소피스트, 즉 소크라테스를 사형에 몰아넣은 대중의 지적 지도자들인 소피스트를 악인으로 만들지 않을 수 없었던 것이다. 그러나 버틀란드 러셀도 지적하였듯이, 다행히 플라톤이 페리클레스의 조카라는 명문 출신자요, 그 때문에 먹고 입고 사는 것에 걱정이 없는 부자였기에 망정이지, 만약 그가 그러한 신분이 아니고 먹고 살 근거가 없었다면, 그는 어떻게 했을까? 아마, 그도 역시 소피스트가 되었거나 아니면 아테네 거리에 소크라테스와 같은 걸인의 한사람 더 나타났거나, 그도 아니면 소크라테스도 플라톤도 이 사상사 속에 나타나지 조차도 않았을 것이다. 왜냐하면 플라톤은 장사꾼이 되었거나 농사꾼이 되고 말았을 터이니까.

우리는 과거의 어떤 인물이나 사상을 평가함에 있어서 가급적 어떠한 선입관이나 어떤 저명한 인물의 가치평가에 맹목적으로 추종하는 자세를 버려야 한다. 그 판단의 대상이 되고 있는 인물이나 사상과 반대적인 입장을 취하고 있는 사람의 가치평가는 더구나 금기로 삼아야 한다.

역사상에 존재해 있었던 인물이나 사상은 모두가 그 당시에 존재해야 할 필요성에 의해서 존재했었음을 인정해야 된다. 그리고 역사가는 '헤라클레이토스의 불꽃'을 전체적으로 보아야 한다.

인간이 만물의 척도

소피스트는 어떠한 학파의 이름은 아니다. 그들은 일정한 학문의 방향을 가지고 주의, 주장을 해온 것이 아니라, 페르시아 전쟁(BC 499~479) 이후 아테네의 민주주의의 발달과 더불어 시민권이 신장함에 따라 등장한 지식인들을 통칭하는 것이다. 그러므로 그들의 주의 주장은 제가끔 달랐다.

그러나 이들에게서 공통점이 있다면, 종전에 밀레토스 학파의 철학자들의 관심이 세계, 자연 등의 근원을 밝히는데 있었는데 비하여, 이들은 주로 인간의 문제, 정치문제를 중심으로 했으며, 특히 시민들이 정치참여의 결과로 요구되는 수사학이나 웅변술을 교육하는 데 중점을 두었다고 하는 것이다.

소피스트 중의 가장 대표적인 인물로 꼽히는 사람은 프로타고라스(Protagoras, BC 480~410)다. 그는 압델라(Abdela) 출신으로 모든 그리스 지역을 떠돌아다니면서, 법률소송과 정치에서 자신의 의사를 관철시키는데 필요한 화술(話術)을 지도하였다. 그 결과 아테네에서 명망과 재부(財富)를 차지할 수 있었다.

그의 이론은 '인간은 만물의 척도이고, 자기 존재를 위한 존재자로서의 척도이며, 또한 자기 존재의 부정을 위한 비존재자로서의 척도

이기도 하다'라는 말로서 대표된다. 여기서 그가 뜻하는 것은 절대적 진리란 있을 수 없고 다만 상대적인 진리만이 가능할 뿐이며, 또한 객관적인 진리도 존재할 수 없고, 다만 인간에게 유용할 수 있는 주관적인 진리만이 가능하다는 것이다.

여기서 '인간이 만물의 척도'라는 말은 그리스의 지식의 역사에서 볼 때, 일대 혁명이라 하지 아니 할 수 없다. 밀레토스 학파를 중심으로 하는 그리스학자들은 주로 인간 외적인 현상에 관심을 집중했다. 그래서 그들은 자연의 아르케, 즉 우주를 구성하고 있는 본질의 것, 실체를 구명하려 하였다.

그러나 돌이켜 보건대, 과연 인간은 그 아르케를 인식할 수 있었는가? 아르케 그것은 분명, 논리적으로 하나밖에는 존재할 수 없는 것인데, 실제로 그것은 구명하려고 한 사람마다 다른 것으로 나타났다. 누가 그것을 주장하는가에 따라서 그것은 물[水]도 될 수 있었고, 불[火]도 될 수 있었고, 숫자(數字)도 될 수 있었고, 원자(Atom)도 될 수 있었다.

이렇게 볼 때, 결국 진리는 존재하는 것이 아니라 사람의 생각에 따라 표현되고 있을 뿐이다. 그리고 인간이 아무리 연구를 해서 얻은 지식이라도 그것이 인간에 의해서 얻어진 것인 한, 그것은 불변의 진리일 수가 없다. 그래도 자기의 연구결과가 불변의 진리라고 주장하는 자가 있다면, 그것은 한낱 고집일 뿐이다. 그러므로 참다운 지식은 그 지식 또는 인식의 주체자인 인간에 대한 반성에서부터 비롯되지 않으면 안 된다.

이런 점에서 프로타고라스의 '인간은 만물의 척도'라는 말은 종래에 선철(先哲)들이 추구했던 아르케에 대한 허망한 주장을 뒤엎고, 인식의 방향을 인간 자체에게로 돌렸다는 점에서 지적 혁명의 선언이요, 동시에 그리스의 사상사를 고찰해서 얻은 상대주의의 선언이라 할 수 있다.

역사학의 전제 조건은 지식의 상대성을 인정하는 데 있으며, 인간의 행위, 특히 인간의 인식행위를 인식의 대상으로 삼는데 있다. 만약 한 시대에 자연에 대해서 파악해서 얻어진 지식이 절대적인 것이라면, 자연과학의 역사는 끝나고 만다.

그런 점에서 역사란 인간의 인식의 변천 과정 그 자체이다. 즉 인간이 매시대마다 자연을 달리 인식해 감으로써 자연과학의 발달이 이루어지고, 여기서 자연과학의 역사는 성립된다. 인간이 사회현상에 대한 관념을 매시대마다 달리함에 따라 사회의 변화가 있게 되고, 그 변화에 따라 사회관이 성립되고, 그 사회관의 변천에 따라, 사회과학의 역사는 성립된다.

이와 같은 원칙은 비단 과학이라고 하는 학문 분야에만 적용되는 것이 아니라, 모든 역사적 발전 상태에 나타나고 있는 것이다. 이런 점에서 역사학은 상대주의를 기본 원리로 하는 학문이다. 그리고 프로타고라스의 선언은 절대적 진리를 고집하는 자연과학으로부터 상대적 진리를 주장하는 인간과학으로의 전환을 뜻하는 것이며, 이는 곧 역사학의 독립선언이라 할 수 있다.

특히 프로타고라스를 비롯한 소피스트들이 윤리적 가치를 무시하고, '선이다', '악이다', '정의다', '불의다'라고 주장하는 각인각자의 사유 자체를 사유의 대상으로 논의하였다고 하는 것은 선과 악은 일체라고 주장한 헤라클레이토스의 역사사상과 일치하는 것이며, 일종의 사상사를 취급하는 하나의 방법론이라고 할 것이다.

투키디데스의 역사

투키디데스의 역사사상은 바로 이러한 소피스트의 사상적 분위기에서 산출되었다. 투키디데스는 지중해 세계의 문화 중심지인 아테네에서 성장하면서, 프로타고라스, 고르기아스(Gorgias, BC 510?~391?) 등 소피스트들을 통해서 합리적 윤리적 인간적 비판적인 사고 원리를 습득하였다. 아니, 오히려 투키디데스는 소피스트의 지적 혁명운동에 가담하였고, 그 운동을 통해서 전통적인 사고의 권위에 구애되지 않고 자기 나름대로 생각하는 '현대적 사고 방법'을 찾았다. 그리하여 주지적(主知的) 열의와 통찰력을 동원하였으며, 인간을 긍정하는 입장에서 정치와 예술 그리고 도덕 등을 생각하였다.

특히 중요한 것은, 투키디데스가 처음부터 '역사(history)'라는 말을 쓰지 않고, 'Suggraphein'이라는 말이나 'erga'라는 말, 즉 'a writing'이나 'Kriegsgeschehnisse'라는 용어를 사용했다는 것이다. 그러므로 투키디데스가 그의 《역사》를 통해서 시도한 의도와 우리가 역사가로 보는 입장과는 상치되는 것이다.

다시 말해서 투키디데스는 그가 역사가이기 때문에 역사가로서의 사명을 다하기 위해서 그의 《역사》를 쓴 것이 아니라, 자기가 군사령관으로 암피폴리스(Amphipolis) 전투에 참전했다가 패전하게 되고 그로 말미암아 비난을 받게 되자, 그것에 대한 자기변명을 하기 위해서 쓴 것이다.

이 때문에 콜링우드는 투키디데스를 다음과 같이 평하고 있다.

> 나는 투키디데스를 읽는 도중 스스로 자문하곤 한다. 그가 그러한 것을 서술하는 것은 인간과 무슨 관련이 있기 때문인가? 나는 자답한다. 그는 떳떳하지 못한 마음의 소유자라고. 그는 역사로 서술하는 것을 역사가 아닌 다른 어떤 것이라고 함으로써, 그가 역사로 서술하고 있다는 것을 정당화시키려고 노력하고 있다. 그러므로 그의 《역사》는 자료 연구를 통해서 먼 과거의 사건들을 재구성해야 되는 역사가의 냉정한 작품이라기보다 오히려 박학한 철학자의 작품이다. 그런 만큼 투키디데스는 시간관을 가지고 사건을 연속적으로 본 역사가가 아니라 탁월한 목격자로서 자신의 감각에 비친 사건을 관찰 기술한 사람이다.
>
> 한마디로 투키디데스는 아테네의 지식인, 즉 소피스트의 한 사람이었다. 다만 다른 소피스트들의 대부분이 법률소송 변론 등을 위한 수사학이나 웅변술을 강의하는 것을 직업으로 삼았는데, 그는 출전 장군이라는 실천적 지식인이었으므로, 수사학적인 말이 아닌, 문장으로 그의 사상을, 그것도 전쟁에 패배한 자신의 입장을, 변명하는 기록을 남겼다는 것이다. 때문에 그는 다른 소피스트들이 플라톤의 편파적인 매도의 대상이 되었는데 비하여, 역사가라는 명예를 남기게 되었다는 것이다.

투키디데스의 과학적 역사학

콜링우드가 투키디데스를 '심리학적 역사학의 아버지'라고 비꼬고 있는 것처럼, 투키디데스는 역사학에 심리학을 도입한 최초의 사람이다. 헤로도토스는 《역사》를 기술함에 있어서 전하는 이야기의 정확성 여부를 확인하려는 노력은 하였지만, 역사상에서 발생하는 제반 사건들의 원인은 신의 조작이라고 하여 신에게 전가시켜 버렸지만, 투키디데스는 사건의 원인을 인간에게서 구명하려 하여 정력을 기울였다. 투키디데스의 이와 같은 점을 들어서 그의 지지자들은 그를 과학적 역사가로 보고 있는 것이다.

투키디데스는 앞에서 언급한 바와 같이, 정치가의 가문에서 태어나 군 사령관직까지 역임한 정치적 인물로 평생을 두고 정치적 관심 속에서 살아간 사람이다. 그러므로 그가 쓴 것은 펠로폰네소스 전쟁사였지만 그의 관심은 정치에 있었다.

그래서 그는 그 전쟁사 속에 민회(民會)와 전쟁터에서 행한 당시 정치 지도자들의 연설문을 삽입하지 않을 수 없었던 것이다. 그리고 그의 소피스트의 입장에서는 일체의 인간사를 인간적인 입장에서 보지 않을 수 없는 것이었다.

그러므로 그는 신이 아닌 인간과 지상세계의 모습, 특히 정치현상에 대해서 온 정력을 기울이는 정치사가로서, 그 정치현상들의 원인을 구명하려고 노력하였다. 그 결과 그는 역사의 동인은 인간의 심리현상에 있다고 갈파하였다.

투키디데스는 히포크라테스의 의술에 깊은 영향을 입은 사람이다.

당시 아테네는 질병이 매우 유행하였다. 그리하여 아테네 민주정치의 완성자요, 투키디데스의 존경의 대상이었던 페리클레스가 이 질병에 걸려 사망하였고, 투키디데스 자신도 이 병에 걸려 고생을 하다 결국 그로 말미암아 죽었다. 그러므로 투키디데스의 정신세계를 지배한 것은 이 질병에 관한 생각이었다. 그가 이 질병의 구제자인 의술의 아버지 히포크라테스를 아테네의 민주정치의 꽃을 피운 페리클레스와 동일시해서 존경했다고 하는 것은 극히 당연한 일이다.

의학에서는 질병의 현상을 관찰하고 그 원인을 구명한다. 그리고 그 원인을 제거하기 위한 처방을 한다. 투키디데스는 바로 이러한 의학적인 사고를 정치현상에 도입하였다. 즉 그는 질병의 연구를 통하여 질병의 재발을 막는 것처럼, 역사를 연구하여 비극적인 사건의 재발을 방지한다는 생각에서 역사를 연구하였다.

그는 사회·정치상의 질병인 전쟁이나 사회적 부패와 같은 현상이 발생하는 것은 인간의 심리적 변화에 기인하는 것이라 생각했다. 즉 그는 페리클레스 이후의 아테네의 민주정이 타락하게 된 것은 '변덕스러운 대중 심리와 클레온(Cleon, ?~BC 422)과 같은 선동 정치가의 영합현상(迎合現像)이 민주정치를 유린하였기 때문이다'고 함으로써 그 시대를 사는 인간의 심리가 어떠한 정의롭지 못한 원인에 의하여 오도됨에 따라 사회가 타락하는 것이라는 점을 갈파하였다.

그리고 그는 '평화로운 시기와 국사가 원만하게 이루어져 나갈 때에는 국가와 시민 개개인들은 절박한 상황에 직면하지 않기 때문에 명랑한 심리상태를 유지하게 되지만, 내란 시에는 일상 생활품의 공급이 원만하지 않기 때문에, 모든 시민들의 심리상태는 위축된다.'고

하여 인간의 심리현상의 조성요인으로서의 사회적 환경론을 시사했다.

그러나 투키디데스의 환경론은 사회적 환경론에 그치지 않고 자연적 환경론에까지 이르렀다. 그는 아테네인과 스파르타인에 있어서 성격상의 차이를 비교하면서 전자는 해안국가의 시민들이기 때문에 그들의 심리는 민첩하고 정력적이며 기업적(企業的)이지만, 후자는 내륙국가이기 때문에 그 시민들은 둔감하고 느리며 또 비(非)정력적이라고 했다.

이와 같이 사회 및 정치의 특징을 심리적 현상에 두고 설명한 투키디데스는 그 심리에 대한 연구 또한 소홀히 하지 않았다. 그리하여 그는 '모든 인류에게는 어떤 시간적 차원에 구애되지 않고 향유하는 심리에 잠재적 공통성이 있다'는 결론을 내렸다.

그리고 이 결론에 입각해서 역사의 순환론을 주장한다. 그의 주장에 의하면, '인간의 본성이 변치 않는 한, 인간의 행위로 된 역사사건에도 큰 차이는 없고, 그렇다면 과거에 생긴 사건은 미래에도 재현될 수 있는 것이다. 비록 역사의 개개의 사건은 일회적으로 발생하는 것이므로 역사는 변동하는 것이지만, 그 본질에 있어서는 변화가 없다'는 것이다.

이런 점을 감안할 때, 투키디데스는 역사상에서의 동일한 사건의 반복은 인정하지 않았으나, 유사한 반복은 인정하고 있는 것이다. 이러한 이론은 헤라클레이토스의 변화이론과 공통되는 것이다. 그리고 콜링우드가 지적하고 있듯이 그리스 철학 사상계의 일반적 경향인 본질(Substance)에 대한 추구사상이다. 그리고 투키디데스는 그리스의 소피스트 또는 그 후의 사가들이 그랬던 것처럼 역사의 실용성을 찾아내려 했다. 즉 '질병을 연구함으로써 질병의 재발을 방지하는 것처럼, 역사를 연구함으로써 비참한 사건의 재발을 막는다.'는 실용성을 주장하게 되는 것이다.

물론 이처럼 역사학의 정치적 실용성을 위하여 연구할 실용적 가치가 있느냐 하는 것은 논의해야 할 여제를 남긴다. 허나 투키디데스에게 있어서 일약 발전적인 요소라고 볼 수 있는 것은 다음 몇 가지를 들 수 있다.

첫째, 역사상의 사실 사건들을 현상적으로 보려 하지 않고, 그 사건·사실의 원인을 구명하려는 자세를 갖게 되었다는 것,

둘째, 역사상의 사실 사건들을 존재해 있는 것으로 보지 않고, 발생하고 있는 것으로 보았으며, 발생의 패턴을 찾아보려고 했다는 점이다.

특히 투키디데스는 전쟁의 원인은 세력균형의 존립이 위기에 처할 때, 신·구간(新·舊間)의 대립반목에 있다는 점을 지적하였으며, 펠로폰네소스 전쟁의 원인을 논함에 있어서 '스파르타는 아테네의 세력의 위협 속에서 싸우지 않을 수 없는 입장이었고, 아테네는 제국을 유지하기 위하여서는 싸우지 않을 수 없었다.'고 이야기함으로써 기성 권위에 대한 미성 세력, 지배자에 대한 피지배자의 자유를 위한 투쟁의 필연성을 갈파했다는 것은 역사를 인간 정신의 역사, 자유투쟁의 역사로 보는 입장에서 하나의 탁견이라 하지 않을 수 없다. 이는 또 헤라클레이토스의 투쟁이론, 변화이론을 도입한 것이라 할 수 있다.

그리스시대 역사학의 한계

일상적인 의미에서 역사학을 정의해서 첫째, 역사학은 과거의 인간생활 과정에서 발생한 사건이나 사실을 조사 탐구하여 그것의 진면목(眞面目)을 밝혀내고, 그것을 정리 배열함으로써 어떤 체계적인 과정을 구성하여 서술하는 것이라고 하면, 아마 대부분의 독자는 수긍하리라 생각된다.

물론 이것이 역사학의 최종적인 정의라고는 할 수 없다. 인간의 사고가 역사의 발전에 따라 변하는 것이라고 할 때, 역사학의 개념은 무한히 변천되어 가게 마련이다. 그러므로 역사학의 정의는 역사발전의 매 단계마다 달라져야 하며, 그 단계가 진보되어 감에 따라 발전되어야 하는 것이다.

그런데 현대에 사는 우리에게 이상의 정의가 상식으로 받아들여지는데, 그것이 그리스에서 발전된 역사학의 개념이라고 한다면, 결국 우리의 상식이 그리스적인 것밖에 되지 않는다는 말이 된다. 그리고 그것은 그 후에 역사학의 개념에 진보가 없었다는 것을 뜻한다.

아무튼 투키디데스에게서 그리스의 역사학은 개념적으로 가히 현대적인 역사학이라고 할 수준에 도달하였다. 우선 호메로스는 조사·탐구의 자세는 아닐지라도 당시대에 일반인들의 상식으로 통용되던 신과 연결을 가진 인간 행위에 관한 이야기를 수집하여 기록에 옮겨, 트로이 전쟁의 진면목을 후세에 남겨 그것을 읽을 수 있게 해주었고, 헤시오도스는 이러한, 즉 호메로스적인 신화와 인간사를 자기 나름대로 설정한 체계에 따라서 서술함으로써 과정으로서의 역사의 본질에 도달했다. 그러나 이 두 사람은 어디까지나 오리엔트적인 사람들로서 오리엔트의 특성이라 할 수 있는 신적인 관념에서 탈피하지 못하였다.

그러나 밀레토스 학파는 신적인 관념을 외면하고 자연과학적인 견지에서 인간의 행위, 인간의 역사를 생각하려 하였다. 그리하여 헤라클레이토스는 자연현상인 불에서 인간사의 원칙, 역사의 원리를 터득해 냈다.

밀레토스 학파라 해서 인간사(人間事), 인간의 역사에 대해서 관심이 없었던 것은 아니겠으나 그들의 주요 관심이 우주의 물질적 구성 요소에 탐닉되어 있었기 때문에 인간사, 즉 역사에 대해서는 구체적으로 논의할 만한 인물들이 헤라클레이토스를 제외하고는 없었다. 그러나 그것은 인간의 사고의 변천 과정상에 중대한 전환기를 마련하였으니, 종래에 신에게 향하였던 관심이 자연에로, 신을 주체로 생각하던 자세가 인간을 주체로 생각하게 되었다.

이에 따라 역사학은 획기적인 발전을 이룩하였다. 즉 종래에 신의(神意)를 전제로 하고 신의 조작에 의해서 행해지던 인간의 행위와 인간의 역사가 그 신의나 신의 조작에서 탈피하여 제 길, 즉 인간의 의도에 따라, 인간의 행위에 따라 이루어지는 역사를 생각하게 되었다.

비록 신의나 신의 조작을 완전히 배제하지는 못했다고 하나 헤로도토스는 인간, 즉 자기 자신이 주체가 되어 인간의 일들을 조사 연구하는 과학적이고 인간적인 역사학을 개발했고, 투키디데스는 완전히 역사에서 신의나 신의 조작을 제거하고 인간, 특히 인간의 심리적 동향 여하에 따라서 역사가 진행되어 나간다고 하는 정신사관을 확립하는 단계에까지 이르렀다.

그리하여 투키디데스에 이르러서는 앞에서 언급한 바, 현대의 상식적인 사람들이 생각하는 역사학이 완성되게 된 것이다. 투키디데스는 ① 호메로스에 의해서 개발된 사료의 수집, ② 헤시오도스에 의해서 시도된 사료의 체계적(또는 역사관에 입각한) 배열 ③ 헤라클레이토스에게서 착상된 역사상에서 움직이고 변천되고 있는 사건·사실들의 법칙, 그리고 ④ 헤로도토스에게서 추구된 조사 탐구로서의 역사학의 개념 등으로 누적된 사학사상 위에서 거의 완전한 역사학을 이룩한 것이다.

그러나 투키디데스의 역사학에도 몇 가지 문제점이 없을 수 없다. 첫째 투키디데스가 설정한 역사학의 실용적인 목적이다. 즉 투키디데스는 역사학을 마치 히포크라테스의 의학과 마찬가지로 사회현상, 정치현상을 관찰하여 사회·정치상의 질병을 진단하여 그것을 치료하고자 하는 것을 역사학의 목적으로 삼았는데, 실제로 역사학이 이러한 목적을 달성할 수 있는 것인가 하는 것이다.

여기에서 우리가 분명히 해두지 않으면 아니 될 것은 역사현상, 즉 사회현상이나 정치현상과 같이 인간의 정신력에 의하여 움직여지고 있는 현상들은 결코 자연현상과 같을 수 없다는 것이다. 자연현상 또는 의학의 대상이 되는 인체상의 여러 현상들은 관찰이 가능하고, 그 관찰을 통한 일반원리를 발견하는 것이 가능하지만, 인간정신력에 의한 역사현상은 그것이 불가능하며 동시에 그 속에서 발생하고 있는 질병에 대한 치료방법을 고안해 낼 수 있는 현상이 아니라고 하는 것이다.

역사현상을 관찰하고 있는 역사가 자신도 어쩔 수 없이 그 역사 현상 속에 포함되어 있는 존재이기 때문이다. 인체상의 환부를 구성하고 있는 하나의 세포가 그 환부를 관찰하고 그 병을 치료할 수 있을까? 그것이 설사 투키디데스라 할지라도 개인은 사회, 또는 역사라는 커다란 몸체를 구성하고 있는 한 개의 세포라고 하는 사실을 그는 무시하였던 것이다.

그럼에도 불구하고 투키디데스가 역사학을 정치에 사용하려고 하였다는 것은 당시 아테네의 사상계를 지배하고 있던 인간주의를 탈피하지 못한데 있는 것이다.

당시 그리스는 자연적으로나 사회적으로나 변화가 무상하였다. 자연에 있어서는 예기치 않았던 지진이나 침식작용이 인간을 불안에 떨게 하였고, 사회적으로 페리클레스 이후의 무상한 정치변화가, 또는 그리스인들로 하여금 불변하는 안정과 질서를 희구하게 하였다.

그러나 그 당시의 사상사적인 위치에서는 이러한 모든 변화를 주도하는 유일신의 존재나 그것의 섭리 따위를 생각할 수 있는 단계는 아니었다. 결국 플라톤에 의해서 이데아(Idea)라는 절대자가 성립되지만, 그 때문에 그리스인들은 그러한 변화를 인간의 이성의 힘으로 파악하고, 그것을 인간의 도덕심으로 조정·억제해 보려는 노력을 하였다. 그리하여 그들은 역사를 고찰함으로써 장차 무엇이 역사상에 발생할 것 같다고 하는 것을 예지하고 현재에 진행되어 가고 있는 리듬 상에 위험점이 있다는 것을 미리 지적함으로써 그것을 예방하여 그들의 운명을 극복하려 한 것이다. 이 때문에 실용적인 역사학의 발전을 보았으나 그 역사학의 실용성은 입증되지 않았다.

둘째, 투키디데스가 어쩔 수 없이 지닐 수밖에 없던 결점으로서의 시간, 공간상의 한계점을 지니고 있다.

투키디데스도 헤로도토스와 마찬가지로, 그가 역사로 서술할 수 있는 대상은 다만 자신이 직접 목격한 현장을 묘사하거나, 또는 어떤 사건의 목격자와 직접적으로 대질심문을 함으로써 얻은 정보지식(information)뿐이었다. 다시 말해서 그들에게 있어서 역사서술이 가능한 것은 직접적으로 경험된 사건·사실뿐, 문헌이나 증거자료를 통한 간접적으로 경험된 사건·사실은 아니었다.

그러므로 그들의 역사서술이 가능한 것은 시간적으로 직접적인 경험이 조사·탐구의 대상으로 보존될 수 있는 기간, 즉 한 세대 이상을 넘어 갈 수 없는 것이다. 공간적으로도 이것은 마찬가지다. 공간적으로도 역사서술이 가능한 것은 역사가가 직접적인 조사·탐구를 통하여 어떤 사건·사실의 진위를 직접 확인할 수 있는 범위, 즉 역사가 개인이 당시의 교통수단으로 여행하면서 목격할 수 있는 제한된 지역 내에 국한되는 지방사를 벗어날 수 없었다.

아크로폴리스에 올라가서 목청 좋은 사람이 '와—' 하고 외치면 모든 시민들이 알아들을 수 있는 좁은 폴리스를 근거로 해서 이루어진 이 당시의 사회규모로 볼 때, 이상과 같은 그리스 역사학의 한계점이란 필연적인 것이라 하지 않을 수 없을 것이다.

그러나 알렉산더 대왕의 출현과 그의 동방원정의 결과로 폴리스는 파괴되고 세계의 개념은 에게 해의 세계가 아닌 지중해를 중심으로 하는 아시아·아프리카·유럽을 포괄하는 대규모 세계의 개념으로 전환되면서 이와 같은 역사학의 한계는 깨어지게 된다.

제3장
헬레니즘시대의 역사학

▲《갈리아 전기》를 쓴 율리우스 카이사르

헬레니즘시대의 사상

농도 짙은 헬레네(Hellene)의 문화는 그리스 사회의 자체 붕괴와 더불어 발칸 반도를 벗어나서 사방으로 흩어져 이방(異邦)의 제 문화와 결합을 보게 된다. 이렇게 해서 형성된 하나의 단위문화를 일반적으로 헬레니즘(Hellenism) 문화라고 하는데, 한때 헬레니즘시대라 하면, 그리스사의 마지막 장 정도로 생각했으나 근래에는 그리스시대와 뚜렷이 구별되는 하나의 독자적인 시대로 취급하고 있다. 즉 헬레니즘시대라 함은 알렉산더 대왕이 사망(BC 323)한 이후 로마 말기 그리스도교가 성립되기까지의 시대를 말하게 된다.

이 시대에는 알렉산더 대왕의 동방원정과 문화융화 정책에 따라서, 발칸 반도 남단에 국한된 좁은 지역의 세계가 아니라, 동으로 인더스 강, 서로는 이베리아 반도, 남으로는 나일 강 상류, 북으로는 다뉴브 강에까지 펼쳐진 명실 공히 수천 년을 두고 형성 발전되어 온 오리엔트문화권의 전역과 그리스를 중심으로 펼쳐진 서방 문화권을 총망라한 세계가 하나의 단위로 되어서 형성된 역사의 한 시대다.

알렉산더 대왕은 비록 그의 생애는 짧은 것이었으나, 그 동안에 그는 소아시아·시리아·이집트·바빌론·페르시아·사마르칸트·빅토리아·필립까지 정복하였다. 이 정복사업을 따라 그리스인들은 이 지역으로 이주했고, 그들이 이주해서 생활한 지역에는 어디에서나 그리스의 문명이 전파되어 그 곳의 토착문화와의 융합을 이루었다. 즉 아프카니스탄의 산중에서나 야크사르(Jaxartes) 강의 강변에서나 인더스(Indus) 강 지류에서나 그리스인들은 그리스적인 도시를 세웠고 거기에서 그리스식의 제도를 세우려고 하였다. 이러는 사이에 그리스인들은 현지의 토착민들과 점차 융화되어 갔다. 특히 알렉산더는 몸소 토착민의 두 공주와 결혼을 하였고 그의 부하들에게도 페르시아 여자들과 결혼하도록 강제함으로써 민족적인 융화정책을 써 나갔기 때문에 그 결과 식민으로 갔던 많은 그리스인들과 현지의 토착민들 사이에는 잡혼이 성행하였다.

그뿐만이 아니다. 그리스인들은 이 동방세계에서 전통 깊은 문화와 접하게 되었다. 그들은 페르시아 제국의 강대한 문화적 유적을 접하게 되고 바빌론의 신화에 익숙해졌고, 조로아스터교의 이원론, 인도의 불교와 접하게 되었다.

이러는 사이에 그리스의 사려 깊은 지식인들은 종래에 그들의 마음속에 집착하고 있던 헬라의식이나 편협한 민족적 우월감 같은 것에서 점차 탈피하여 인류일반이라는 개념을 지니기 시작하였다. 이처럼 다양한 인종의 집결체, 이처럼 다원적인 문화적 조류 속에서 작은 도시국가나 그리스 민족에 대한 충성심 같은 것은 이제 무용하고 헛된 것으로 생각하게 된 것이다. 종래 그리스의 민족적 의식은 깨어지고 세계주의(Cosmopolitanism)가 성립된 것이다.

이처럼 세계주의가 형성되어서, 이것이 다시 기독교라고 하는 체계적이고 통일적인 종교로 흡수 변형될 때까지, 이른바 헬레니즘의 세계를 지배해 나가게 되었는데, 그것은 주로 스토아 철학과 에피쿠로스 학파로 대표된다.

스토아 철학, 그것은 어떤 특정 철학자들로 대표되는 철학이 아니라 BC 300년대 제논으로 비롯되어, AD 121~180년대에 마르쿠스 아우렐리우스가 죽을 때까지 무려 5세기라는 기간을 두고 세계를 지배한 사상이다.

그 때문에 단적으로 그 사상을 요약하기는 어렵다. 그러나 역사적으로 보아서 명백한 것은 어느 특정된 지역적 감정이나 민족 감정에 근거한 편파주의가 아니라, 인간을 하나의 개물(個物)로 놓고 그 개물로서의 인간의 올바른 삶이 어떤 것인가 하는 문제를 놓고 고민하는 가운데서 창출된 사상이라고 하는 사실이다. 그리고 그 올바른 삶의 기준으로서 덕이라고 하는 것을 내세웠다. 그리고 그 덕의 지표를 엄숙(嚴肅), 극기(克己), 금욕주의에서 찾았고 이를 근거로 하는 윤리생활을 강조하였다.

이상과 같은 역사적 배경과 사상적 영향 속에서 헬레니즘시대의 역사가들은 그들의 학문 분야인 역사를 연구하였고 역사서술에 임하였다. 그러므로 이 시대의 역사가들은 대체로 다음과 같은 특징을 지니게 되었다.

첫째, 이 시대의 역사가들은 그들이 역사를 인식하는 감각이 미치는 범위가 시간·공간적으로 확대되었다는 것이다. 그리스의 역사가들이 취급한 역사가 시간적으로 한 세대에 국한되어 있는 기간에 발생한 사건들을, 그리고 지역적으로 그리스라는 좁은 세계에서 발생한 것들만을 취급하는데 그친데 비하여, 이들의 조망은 보다 넓어져서 적어도 150여 년 이상의 과거를 소급해서 전 세계의 보편사(普遍史)를 쓰고자 하는 기도를 하게 된다.

둘째, 이 시대의 역사가들은 민족적 편견이나 우월감에서 탈피하여 사건의 전모를 객관적인 입장에서 파악하고자 하였다는 것이다. 그리스의 역사가들, 이를테면 헤로도토스라 할지라도 그리스인의 입장에서 페르시아인들을 이방인으로 생각하고 썼다. 즉 그는 그리스인들의 일을 서술하기 위한 필요에 따라서 그리스인 이외의 민족이나 인종을 등장시켰고, 그것도 적이라는 입장에서 서술하였다. 그러나 이들은 그러한 편견에서 벗어나, 그리스인이면서도 로마인의 탁월성(卓越性)을 묘사했고, 로마인이면서도 게르만인의 우수성을 피력하였다.

셋째, 이들은 역사를 서술함에 있어서 전쟁이나 정치보다 윤리문제에 주안점을 두었으며, 바람직한 인간의 생활을 묘사하고 그러한 생활을 홍보하기 위한 교육적 목적에서 서술하였다.

넷째, 이상과 같은 유형의 역사학은 평범한 개인이나, 또는 그리스 시대의 역사가들처럼 정치적 망명자, 방랑자들의 개인적 식견으로는 이룩될 수 없는 것이었다. 그러므로 이 시대의 역사가들은 대부분 강력한 권력자의 후원을 받은 사람이든가, 아니면 자신이 권력자인 사람들이었다는 것이다. 그들은 이러한 권력에 힘입어서 넓으나 넓은 헬레니즘 세계의 구석구석에서 일어나고 있는 일이나, 그러한 곳들에 있는 모든 자연적 인위적 자료를 수집할 수 있었고, 이로써 가히 보편적이라 할 수 있는 지식의 체계를 성립시킬 수 있었다.

역사가에 대한 실례는 후에 언급하겠거니와 알렉산더시대의 대표적인 학자인 아리스토텔레스의 학문 연구 방법의 편린을 소개하면 다음과 같다.

알렉산더 대왕이 정권을 인수한 뒤에 아테네로 귀환한 아리스토텔레스는 이곳에서 리케이온(Lykeion 혹은 Lyzeum)이라고 불리는 사설 학교를 설립하였다. 여기서 그는 폭넓은 연구 및 교육 활동을 전개하였다. 이 사업을 위하여 그는 자기가 물려받은 재산 이외에 알렉산더 대왕으로부터 수령한 많은 재화도 투입할 수가 있었다.

여기서 아리스토텔레스는 거대한 개인 도서관도 설치하였으며, 또한 당시에 이미 알려져 있던 세계 각처에 산재하는 식물이나 동물로 가득 찬 박물관도 세웠다. 이때에 특히 알렉산더 대왕은 자기가 거느리던 정원사, 사냥꾼 그리고 낚시꾼으로 하여금 가능한 모든 종류의 식물 및 동물 표본을 아리스토텔레스에게 발송하도록 제시하였다고 한다. 그뿐만 아니라 또한 아리스토텔레스는 비교 연구를 위하여 총 158종에 달하는 각국의 헌법도 수집하였다고 한다.

폴리비오스

폴리비오스의 배경

소크라테스와 플라톤·아리스토텔레스 이후, 그리스 철학계에 특출난 철학자가 없었던 것처럼, 역사학에 있어서도 헤로도토스·투키디데스에 의하여 이른바 그리스 역사학이 정립된 이래, 역사학은 퇴보와 쇠퇴의 길을 걸었다. 투키디데스 뒤에 크세노폰(Xenophon)이나 이소크라테스(Isocrates) 등이 출현하였으나, 그들의 역량은 그들의 선배들에 비하여 훨씬 뒤떨어지는 것이었다.

소크라테스로부터 철학을 배우고 투키디데스로부터 역사를 배우고,《일만인(一萬人)의 퇴각》을 써서 후세에 이름을 남긴 바 있는 크세노폰은 비교적 탁월한 능력을 보이고는 있으나 역사가라기보다는 오히려 전기 작가라는 이름이 어울리는 사람이었다.

그는 개인의 과거를 회상함으로써 조사하는 방법을 써서 인간적인 면을 부각시키는 데는 성공하였다. 그러나 역사가로서 사건을 깊게 천착하는 데에는 미치지 못하고, 피상적인 관찰에 끝나고 말았다. 그리고 그의 연구는 연구라기보다 그 당시의 대부분 수사학자들이 그랬던 것처럼, 역사적 사실을 그의 연설에 활용하기 위해 조사 발굴하는데 노력한 수사학적인 역사가였다고 해야 할 것이다.

수사와 웅변에다 역사를 본격적으로 활용한 대표적 사람으로는 이소크라테스를 들 수 있다. 그는 직접 역사를 서술하거나 하지는 않고, 다만 역사를 그의 웅변에 활용한 역사지식의 소유자였다. 그러나 그의 이 같은 역사의 활용 방법은 그 후 로마 세계에 이르기까지 영향을 끼쳤으며, 전술한 바, 헬레니즘시대 역사학의 특징 중의 하나인 교훈적이고 윤리적인 역사학의 기원을 이루었다. 좌우간 역사학이 이처럼 수사학이나 웅변술의 시녀(侍女)로 전락하여 그 순수성을 상실해 가게 됨으로써 그리스의 역사학은 쇠퇴의 길을 걷게 되었다.

이와 같이 쇠퇴되어 가고 있었던 역사학에 새로운 활기를 불어 넣어 준 사람이 폴리비오스(Polybius)다. 그러므로 반스는 폴리비오스를 가리켜 그의 시대의 역사가로서는 유일한 사람이라 했다.

폴리비오스와 스키피오

폴리비오스는 BC 203년 아르카디아(Arcadia)의 메가로폴리스(Megaropolis)에서 태어났다. 이 시대는 로마가 포에니 전쟁(BC 218~201)에서 승리를 얻고, 지중해 세계의 패자로 군림하여 가고 있었던 때였으므로, 폴리비오스의 고국인 그리스는 로마의 지배하에 떨어지게 되었다.

그리스의 독립을 위한 투쟁에서 최후의 인물로 알려진 아카이아(Achaia) 정치가의 아들인 폴리비오스는 일찍이 아버지를 따라 정치에 뛰어 들어 그리스의 독립을 위한 투쟁의 대열에 나섰으나, 로마의 명장 파울루스(Aemilius Paullus, ?~BC 160)에 의해서 주도된 제3차 마케도니아 전쟁 중 피드나(Pydna)에서 패배하였다. 이때 폴리비오스는 메가로폴리스가 마케도니아 전투에 가담하지 않으면 아니 된 이유를 파울루스에게 변명하기 위하여 1,000명의 아카이아(Achaia)인과 더불어 파울루스의 포로로 로마에 가게 되었다. 이때 폴리비오스의 나이 35세였다.

이처럼 폴리비오스는 포로의 신분으로 로마에 가게 되었으나 다행하게도 그를 인수해 간 파울루스는 로마의 장군들 중에서 가장 교양이 있는 사람이요, 가장 선량한 행정관이요, 전형적인 로마인이라는 정평을 받고 있는 사람이었다.

그 때문에 폴리비오스는 그의 집에 머무르면서 파울루스의 아들이며 동시에 대(大) 스키피오의 양자인 소(小) 스키피오와 친교를 가졌다. 그 당시 소(小) 스키피오는 18세의 청년이었는데 당시 대부분의 로마 지식인들이 그랬듯이 그는 그리스인인 폴리비오스를 지적(知的)으로 동경하였고, 폴리비오스는 그에게 그리스 정신을 넣어 줌으로써 두 사람은 서로 깊은 우정을 맺을 수가 있었다.

그러나 폴리비오스는 스키피오에게 준 것 보다는 받은 것이 많았다. 우선 그는 스키피오의 덕택으로 로마 전역은 말할 것도 없고, 시리아·갈리아·스페인 등을 여행할 수 있었고, 이를 통하여 로마의 위대성을 인식하고 경탄하지 않을 수 없었으며, 또 제3차 포에니 전쟁 당시에는 스키피오를 따라 종군하여 카르타고 시(市)가 흔적도 없이 소각되는 현장을 목격할 수 있었다.

한마디로 폴리비오스는, 아리스토텔레스가 알렉산더의 덕택으로 전 세계적인 지식을 습득할 수 있었던 것처럼, 스키피오를 통해서 로마인에 의해서 정복된 광대한 세계에 대한 지적 체험을 쌓을 수 있었고, 이러한 체험을 통해서 그가 청년시절에 몸을 바쳐서 구제하고자 했던 그리스인의 퇴폐적인 기질과 세계를 정복해 가고 있는 로마인의 위대한 정신을 비교할 수 있는 기회를 얻었다. 여기서 그의 역사서술의 기본 방향은 설정된 것이다.

폴리비오스의 세계사

폴리비오스의 《세계사》는 무려 40권으로 되어 있는 대작이다. 그 내용은 대체로 제2차 포에니 전쟁(BC 218~201)에서부터 제3차 포에니 전쟁(BC 149~146)의 결과까지를 취급하고 있는데 그 속에는 주로 로마와 카르타고와의 전쟁상황, 제2의 마케도니아 전쟁 등으로 연결되는 알렉산더 이후의 여러 그리스 도시국가들의 동맹들과의 전쟁 등이 포함되어 있다.

이와 같은 기술을 통해서 그가 주로 이해하고 표현하고자 한 것은, 어떻게 로마가 불과 53년간이라는 짧은 기간에 그와 같이 넓은 영토를 통일한 대제국으로 발전할 수 있었는가 하는 것이었다. 그러기에 그는 그의 저서 모두(冒頭)에서 자기가 처해있는 시대, 즉 로마가 세계를 지배해 가고 있는 그 시대를 경탄하여 '우리의 시대는 기적의 시대'라 했고, 로마가 세계를 제패해 가고 있는 현실에 대하여 그것을 하나의 운명으로 보고 '운명은 세계의 모든 사건을 하나의 지역, 또는 하나의 목적을 위하여 집중시키고 있다'고 했으며, 이러한 '일정한 계획 아래 운명이 이 목적을 달성하기 위하여 사용된 수단과 조작을 표현하는 것'이 그가 그의 저술을 하게 된 의도임을 밝혔다.

폴리비오스는 이 같은 로마의 기적적인 위업의 근원이 잘 조직된 정치 조직에 있다고 믿었다. 그래서 그는 '정치제도를 성공과 실패의 가장 중요한 원인으로 보지 않으면 안 된다'고 했다. 그러므로 그는 로마의 정치제도를 분석 고찰하였다.

폴리비오스에 의하면, 국왕·귀족·인민은 국가성립의 3대 요소다. 그리고 이 3대 요소 중 어느 누가 정치권력을 잡느냐에 따라 군주정치, 귀족정치, 민주정치가 발생하고, 이러한 정치제도가 부패하면 각각 참주정치, 과두정치, 중우정치로 된다.

이렇게 해서 원칙적으로 정치제도도 여섯 가지로 구별되게 되는데 로마가 전 세계를 통일하는 위업을 이룩하게 된 것은 그 나라의 정치체제가 참주정치나 과두정치, 그리고 중우정치에 빠져들지 않고 군주정치·귀족정치·민주정치를 차례로 거쳤으며, 그 과정을 통하여 그 세 가지 체제의 융합을 이루었다는 점에 한 원인이 있다고 갈파함으로써 그리스의 정치 발전과정과 대비시켰다.

또 폴리비오스는 로마가 그와 같은 위업을 이룩한 원인을 로마 국민의 기질에서 찾았다. 그리하여 그는 다음과 같이 말하고 있다.

> 로마인의 성공은 우연도 아니고, 원인이 없는 것도 아니다. 그들의 성공은 지극히 자연적이다. 그들은 세계의 제패와 지배를 위해서 단

련과 훈련을 하였으며, 그로 인해서 그들은 성공을 한 것이다.

이는 당시에 무절제하고 나태하며 도덕적으로 타락해 있던 그리스인들의 기질과 대조되는 로마인의 기질을 피력하고 있는 것이다. 특히 그는 그리스인들의 개인주의적 성품과 비교해서 '한 개인의 지혜로운 계획이 여러 사람의 손을 거치는 것보다 우수하다'고 함으로써 로마인의 군사적 지휘 체제를 선망하였다.

폴리비오스의 역사사상

발생했던 대로의 역사(Wie es eigentlich gewesen ist)를 표현하는 것이 역사가의 임무라고 했던 랑케의 주장이 실제로는 불가능한, '고상한 꿈'으로 야유되고 있는 바와 같이, 역사가는 어차피 자기가 처해 있는 현실을 떠나서는 역사를 서술할 수 없는 것이다.

자기의 현실을 긍정적으로 보고 합리화시키기 위해서 과거의 사실을 탐색하든가, 자기의 현실을 부정적으로 보고 거기에서 발생한 문제를 해결하려는 의도에서 역사를 쓰든가, 또는 이상의 어느 것에도 구애됨이 없이 객관적이라고 생각되는 생각을 근거로 해서 역사를 논의하든가, 그것들은 어차피 흘러가는 역사과정의 한 단계 속에서 인식된 인간의 지식을 근거로 하는 것이기 때문에 현실을 초탈할 수는 없는 것이다.

그러기에 반스는 '헤로도토스는 동방에 거주한 역사가로서 초창기 그리스인의 관심을 반영하였고, 투키디데스는 아테네의 문명이 절정에 놓여 있을 당시, 아테네인의 관심과 아테네가 맺고 있었던 이방인과의 관계를 기술하였다. 그와 마찬가지로 폴리비오스는 그리스의 몰락과 그로 인하여 서방에서 신생한 로마인에게로 관심이 이전되어가고 있음을 보여 주고 있다'고 했다.

한마디로 폴리비오스는 그리스 세계의 몰락과 로마의 세계 통일이라는 양대 사건의 중간기에 사상적으로 스토아 사상이 풍미하기 시작한 초기 헬레니즘시대에 존재했던 사람이다. 그러므로 그는 비록 역사가였지만, 스토아 사상의 영향에서 벗어날 수는 없었던 것 같다. BC 129년경에 아테네에서 스토아 학파의 영도자로 활약한 파나이티우스(Panaetius)는 폴리비오스와 마찬가지로 소(小) 스키피오의 보호를 받은 학자였고, 동시에 폴리비오스의 절친한 친구였다.

물론 폴리비오스는 스토아 철학자로 이름을 전하고 있는 사람은 아니다. 그러나 철학 사상은 반드시 철학자의 생각만은 아니다. 철학자는 일반인과 달리 그 시대의 사상을 깊이 사유하고 그것을 명구(名句)나 저작으로 표현해서 후세에 남겨 놓는 사람이겠으나, 그의 생각은 그의 주변에 생존해 있었고 교제를 갖고 있었던 사람과의 상호 교환을 통해서 얻어지는 것이다.

고로 비록 폴리비오스가 스토아 철학자는 아닐지라도 스토아 철학의 영도자적인 인물의 친구로서 스토아의 사상을 지니고 있었음은 명백한 사실이다.

그러므로 그는 로마인에 의한 그리스 세계의 몰락을 경험하였고 또 로마인에 대항하여 그리스 독립을 위한 투쟁에 직접 참가한 경력을 가진 사람임에도 민족적 편견이나 적개심을 버리고 역사서술에 임하였다.

그러기에 그는 그가 역사를 쓰는 것은 '로마인이나 카르타고인 중 어느 쪽을 칭찬하기 위하여서가 아니라……'고 밝힘으로써 자신이 역사서술을 하는 입장을 밝혔다. 그 때문에 반스는 그들이 '그리스와 로마의 역사를 취급함에 있어서 고대 세계의 어느 역사서술가들 보다도 불편부당의 입장에 설 수 있었던 사람이다' 했고, '그의 그 불편부당성(impartiality)은 그 후 모든 역사가들의 모범이 되었다'고 했다.

또 그는 역사학에 처음으로 세계사의 개념을 도입하였으며 실제로 오리엔트 세계와 아프리카 스페인의 세계까지도 포괄하는 그리스·로마사를 쓸 수가 있었던 것이다. 아무튼 그는 세계주의(Cosmopolitanism)적 입장에서 역사를 이해하고 서술하려고 한 사람이다.

이와 같이 광대한 세계의 역사를, 그것도 40권이라고 하는 방대한 분량으로 서술하려면 자칫 사료(史料)의 무질서한 나열 편집에 그치기가 십상 쉬운 것이다. 그러나 폴리비오스는 비판적이고 철학적인 정신의 소유자였다.

그러므로 그는 그가 역사를 서술함에 있어서 오로지 전거(典據) 및 사료에만 의존하려는 태도를 취하지 않고 자기 나름대로의 뚜렷한 관심사와 목표를 가지고 그의 그 거창한 작업에 임하였다. 그러므로 그는 '내가 보는 바에는 이해와 견문은 따로 생각해야 된다. 따라서 역사와 기록은 동일한 것이 아니다'고 했다.

그러면 폴리비오스가 그의 역사서술을 통하여 의도한 것이 무엇인가? 폴리비오스는 그의 저서 제12권에서 다음과 같이 말하고 있다.

역사학이라는 학문은 다음과 같은 세 가지의 목적이 있다.

첫째는 이미 기록되어 있는 문서(documents)를 취급하고 거기서 얻어진 사료를 정리(arrangement)하는 것이다.

둘째는 지방지지(地方地誌, Topography), 즉 여러 도시들과 여러 지방들을 나타내는 것, 강들과 항구들, 그리고 일반적으로 말해서, 바다와 나라들, 그리고 그것들과 관련을 맺고 있는 거리들을 기술하는 것이다.

셋째는 정치적인 사건들을 정리하고 진술하는 것이다. 역사의 특수한 영역은, 우선 사용되고 있는 실질적인 말(words)들이 무엇인가 하는 것을 확인하는 것이며,

넷째로, 일정한 정책이나 조정이 실패 또는 성공한 이유가 무엇인가 하는 것을 이해하는 것이다. 발생한 사건에 대한 적나라한 진술은 실제로 흥미 있는 것이지만, 교육적인 것은 아니다. 그러나 이것이 원인에 대한 진술로 보완될 때, 역사연구의 결실은 큰 것이다. 왜냐하면 그 역사상의 원인을 우리 자신이 처해 있는 상황에 대한 유추의 자료로 적용함으로써 우리가 미래를 가늠하는 데 필요한 수단이나 근거를 얻을 수 있으며, 또 현재의 생활을 해 가는 도중, 우리는 어느 때에 조심스럽게 행동을 하며, 어느 때에 대단한 용기를 가지고 행동을 하여야 하는가 하는 것을 과거로부터 배울 수 있기 때문이다.

이상과 같은 역사학의 기능과 목적에 대한 폴리비오스의 논의를 놓고 셔트웰 교수는 '역사서술의 제 원리에 대한 폴리비오스의 논의는 랑케가 출현하기까지, 역사가들을 위해서 제시된 최초의 가장 훌

류한 진술이다.'고 찬탄을 보냈다. 여하간 이 같은 폴리비오스의 역사서술의 원리들은 그의 역사에 대한 생각을 가장 단적으로 표현해 주고 있는 것이다. 그것을 요약하면,

첫째, 그는 역사학의 기본적인 업무로서의 사료·문서를 정리하는 일을 내세웠다고 하는 것이다. 여기에서 폴리비오스의 역사학은 헤로도토스나 투키디데스의 그것과 다른 모습을 보여주고 있다. 즉 헤로도토스는 '그리스인이나 이방인에 의해서 이룩된 위대하고 경탄할 만한 사적들 중 많은 것들이 …… 세상 사람들에게 알려지지 않을 것을 염려하여 나 자신이 조사·탐구(istories apodecis)한 것을 서술해 놓은 것이다.'고 하여 당시의 역사학이 역사가 자신이 직접 목격한 것이나, 아니면 목격자와의 대질심문을 행하여서 얻어진 것을 서술하는 것이었는데, 이제 폴리비오스에 이르러서는 이미 기록으로 만들어진 문서나 사료를 정리함으로써 역사를 서술한다고 하는, 콜링우드의 말을 빌면, 근대적 의미의 역사라는 개념이 성립된 것이다.

역사학에서 폴리비오스의 공적

그러면 어떻게 이것이 가능하였는가? 폴리비오스는 그리스인이다. 그러나 로마인에 의하여 강한 감화와 영향을 받은 사람이다. 그러한 그가 이처럼 근대적 의미의 역사학을 성립시킬 수 있었다는 것은 무엇보다도 그가 생활하고 있었던 세계가, 그리고 그가 역사서술의 대상으로 생각한 세계가 헤로도토스나 투키디데스가 직접 보고 들은

일, 또는 대질심문을 통해서 역사를 서술할 수 있었던 세계에 비하여 너무나 광대하여졌기 때문에, 그러한 방법으로는 역사서술이 불가능해졌기 때문이다.

여기에 대하여 폴리비오스는 로마인의 역사의식을 체득했다. R. G. 콜링우드에 의하면, 로마 시민들은 그리스인들과 상이한 종류의 역사의식을 가지고 있었다. 로마인들도 그리스인들과 달리 깊은 조상숭배 사상을 가지고 있었다. 그러므로 귀족의 가정에서는 자기 가문의 전통을 원시적인 시대에까지 소급해 올라갔고, 귀족의 집안에는 그들의 조상의 초상화를 걸어 놓는 풍습이 있었다. 이와 같은 풍습의 배경에는 계통을 존중하며 지속성을 귀히 여기는 역사의식이 도사리고 있었던 것이다. 한마디로 로마인에게 있어서 역사란 지속을 의미한다. 폴리비오스는 로마인으로부터 지속으로서의 역사의 개념을 배운 것이다.

그리스의 역사가들이 어떤 사건의 현장을 개별적으로 서술하고 마는 데 비하여, 폴리비오스는 포에니 전쟁을 서술하되, 거기에서 로마인이 혁혁한 승리를 거둘 수 있었던 원인을 초기로마에까지 소급해 올라감으로써 그리스인들의 역사가 시간적으로 1세대의 역사에 불과한 데 비하여, 그 보다 5배가 넘는 시간, 즉 무려 150년이라는 기간의 역사를 써야 했던 것이다.

이와 같이 장기간에 걸쳐서 지속되어 온 사건·사실들의 과정을 이해하고 그것을 서술함에 있어서 직접 보고 듣는 것, 또는 목격자와의 대질심문의 방법으로는 불가능한 것이다. 여기서 방대한 양의 문서와 사료를 정리하는 방식의 역사서술이 나올 수 있었던 것이다. 그리고 여기서 비로소 역사는 하나의 과정(Process)으로 인식되기 시작한 것이다.

둘째, 폴리비오스는 역사학에 처음으로 지리학(Geography)과 지지학(Topogragphy)을 도입한 사람이다. 즉 그는 단순히 문서 기록을 수집 정리하는 것으로 역사가의 임무가 끝난다고 생각지 않았다. 그는 역사적 사건의 현장을 검증 확인함으로써 문서 기록의 애매성과 그 간격을 극복하고 사건 자체에 대한 정확한 인식을 기해야 됨을 주장했고, 또 지리적 조건이 사건 진행에 가져다주는 제반 영향을 고려하였다.

현장에 대한 검증과 확인은 오늘날 범죄 사건의 수사에 있어서도 매우 중요시되고 있는 것이다. 사건 자체의 사실 여부를 확인함에 있어서도 물론, 이것은 중요한 가치를 인정받고 있는 바이지만, 나아가서 사건의 발생 경위 및 진행 과정, 그리고 사건의 동기와 원인을 파악하는 데 있어서도 이것은 없어서 아니 될 것이다.

이런 점에 비추어 볼 때, 폴리비오스가 역사학에 있어서 지리학과 지지학에 대한 지식의 중요성을 주장하였으며 자신이 그리스는 물론, 로마·시칠리아·아프리카 지리에도 정통하였고, 또 스페인·대서양 연안·알프스 등을 답사하였다는 것은 반스의 말마따나 특히 '괄목할 만한 일'이 아닐 수 없다.

셋째, 위의 인용문에 나타나 있는 바, 폴리비오스 역사학의 특징은 그가 역사학은 실용적(Pragmatic)로 생각하였다는 것이다. 그는 역사학의 영역의 하나로서 '일정한 정책이나 조정이 실패, 또는 성공한 이유가 무엇인가' 하는 것을 이해하는 것이라고 언명하였다.

그런데 여기서 누가 그에게 '그 같은 이유는 알아서 무엇 하겠는가?'라고 묻는다면, 필연코 그는 '그 이유를 포착함으로써, 성공한 경우에는 또다시 그러한 정책이나 조정의 방법을 쓸 것이요, 만약 실패한 경우라면 또다시 실패하지 않도록 다른 정책이나 조정의 방법을 강구하기 위해서'라고 대답할 것이다. 이처럼 폴리비오스는 역사학을 국가적인 입장에서는 정치의 귀감으로서의 학문으로, 또 개인적인 입장에서는 개인의 처세를 위한 학문으로 생각하였다.

이러한 폴리비오스의 역사학을 혹자는 교훈적 역사학이라 지칭하였거니와, 실로 폴리비오스는 역사서술 및 그 연구의 궁극적인 목적을 교육에 두었던 것 같다. 그 때문에 다음과 같이 피력하고 있다.

> 역사에서 얻은 진정한 지식은 우리들로 하여금 실제 생활에 대한 가장 좋은 교육이라는 점을 알게 한다. 왜냐하면 역사란 우리들을 위험한 처지에 빠지지 않도록 하며 또한 어떠한 위험한 사태에 처해서라도 우리의 판단을 정확하게 하여 우리들로 하여금 바른 견해를 갖게 하여 준다.

넷째, 폴리비오스는 처음으로 세계사를 구상한 사람이다. 앞에서도 언급한 바와 같이 폴리비오스는 정치사에 깊은 관심을 가지고 있었으며, 그중에서도 정치형태의 변천을 깊게 연구하였으며, 여기서 그는 단지 사실로 나타난 정치형태를 기술하는데 그친 것이 아니라, 정치형태의 발전과정 속에 포함되어 있는 보편성을 탐구하였다. 마찬가지로 그는 한 나라의 국민역사를 서술하면서도 개별적인 한 국민의 특수한 생활의 면모를 묘사하는 데 목적을 두지 아니하고, 그 국민역사 속에 개재되어 있는 인간사의 보편적 현상을 파악하여, 모든 국민의 역사, 즉 세계사의 진면목을 묘사하려 하였다. 그러므로 그는 한 부분에서도 전체에 대한 개념을 얻을 수 있다고 함으로써, '전체에 대한 부분(Pars pro toto)'의 사고방식을 나타내고 있다.

여기에서 폴리비오스는 역사학에 있어서의 추리적 또는 유추적 방법론을 제시하고 있다. 그는 다음과 같이 말함으로써 유추적 역사인식 방법론을 제시하고 있다.

> 각개의 역사는 전체에 대하여 신빙할 만한 지식을 거의 주지 못한다. 다만 가능한 것은 각 부분을 모두 결합하여 배열하는 것과 또한 유사한 차별을 가릴 수 있는 것뿐이다.

폴리비오스는 과거의 사실을, 그리고 어떤 사건의 성공·실패의 이유를 가림으로써 그것을 정치귀감과 개인처세에 실용적으로 활용하기 위한 것이 역사연구의 한 영역이라 했다고 했다.

만약 그가 이것으로 그의 사론(史論)을 끝내고 있었다면 그는 아마 크세노폰이나 이소크라테스의 한계를 넘지 못하는 삼류의 역사가가 되고 말았을지도 모른다. 그러나 폴리비오스는 그에 그치지 않았다. 그는 역사를 철학적으로 인식하려 한 사색인이었다.

그러므로 그는 역사를 사료에 전적으로 의존하여 개인별 사실 사건으로서 인식하는데 그치지 않고 전체로 인식하려고 했다. 그러므로 앞에서 언급했듯이 국민역사를 세계사의 축소판으로 보아, 국민역사를 이해함으로써 그것의 확대로서의 세계사를 인식하려 하였고, 구체적 사건들의 결합으로 이루어진 역사 자체(본체로서의 역사)를 포착하려 하였다. 그러므로 그는 시간·공간(時·空)에 따르는 특수성, 즉 역사적 상황에 대한 올바른 견해를 지니고 있었던 것 같다.

R. G. 콜링우드에 의하면, 개체로서의 사건 하나하나는 기하학상의 하나하나의 점과 같다. 그런데 점들만으로는 어떠한 형체의 도형도 될 수 없다. 점들은 그것들을 연결하는 선에 의해서 형체를 나타내는 도형이 될 수 있는 것이다.

우리가 역사상에서 발생한 사건·사실을 탐사(探查)하는 것은, 역사학이라는 것이 흥미나 호기심을 충족시키는 것, 또는 옛날이야기꾼의 이야기 거리를 만드는 것을 목적으로 하는 것이 아닌 한, 무의미한 것이다. 역사학의 참다운 목표가 있다면 그 사건·사실로 구성된 역사의 본체를 포착하는 것이라고 할 때, 역사적 추리를 역사학에 있어서 필수적인 조건이다.

이런 점에서 폴리비오스의 역사학에는 가히 현대적이라 할 수 있는 역사철학적인 요소가 포함되어 있다고 할 수 있는 것이다.

리비우스

로마의 사상일반

같은 헬레니즘시대에 살았고, 같은 스토아 사상이 지배하고 있던 시대에 살았던 사람들이라 해도, 그 전기냐 후기냐에 따라서, 그리고 그가 그리스인의 피를 받은 사람이냐, 로마인이냐에 따라서 그들의 사고와 가치기준은 다르게 마련이다.

초기 헬레니즘이나 스토아 사상을 주도한 것이 주로 그리스인들이었다면, 후기로 갈수록 그 주도자도 점차 로마인으로 교체되어 있음은 당연한 역사적 추세라 할 것이다. 이에 따라 역사기술(여기서는 역사학이랄 것도 없이 역사기술이라 해야 한다)의 방법과 목적도 변화되어 갔다.

그리스인, 그리스 문화를 논함에 있어서 일반적으로 느껴지는 감은 우선적으로 '진리, 또는 이데아를 추구한다.'고 하는, 이를테면 '진리를 사랑한다(Philosophy)'라고 하는 것이다. 설사 그 진리의 개념과 추구의 방법이 각 시대마다, 각 인물마다 달라서 혹자는 우주의 아르케를 찾음으로써 자연철학을 낳았고, 혹자는 인간의 본질, 인간행동의 방향 및 방편을 추구함으로써 상대주의적 철학을 낳았고, 또 어떤 사람은 절대적 진리, 절대적 선, 절대적 미를 가정한 이데아론을 제시하였지만, 이들의 공통적인 특징은 모두가 진리에 대한 추구에 있었다고 하는 것이다.

그러나 로마인의 사고방식은 그와 달랐다. 로마인에게는 로마가 국가로 성장발전을 시작하던 초창기부터, 도전해 오는 적으로부터 자신을 어떻게 생명을 보호해서 생존을 하는가 하는 것이 주요 관심사였다. 때문에 문화적인 전망이나 예술적인 추구, 또는 종교적인 문제 등은 부수적인 관심사였다.

다시 말해서, 형 로물루스가 아우인 레무스를 따돌리고 로마를 건설한 뒤, 그에게 다가 오는 주변의 적들을 무찌르다 보니 육지를 석권하게 되었고, 육지를 석권하고 나니, 카르타고와의 포에니 전쟁을 치루지 않을 수 없었고, 포에니 전쟁에서 승리를 얻고 나니, 본의 아니게 지중해 세계의 패자(覇者)로 군림하여 주변국가와 민족들의 통솔자가 된 것이다.

이러한 과정을 통하여 형성 발전되어 온 로마로서는 그리스에서처럼 생기발랄하고 진취적인 사고가 이루어지지 아니했고, 또 로마인들은 그리스인들처럼 이상주의적인 입장을 취할 수도 없었다. 여기서 학문의 세계는 고사(枯死) 직전에 놓이게 되었고, 기껏 그리스인들이 개척해 놓은 지식에 그쳤으며, 발전된 것이라고는 정복에 필요한 군국주의와 지배통치에 필요한 실용주의적 여러 가지[諸] 기술—법률, 웅변술, 수사학 등이 발달했고, 여기에 스토아 철학과 에피쿠로스 학파 정도가 영향을 끼치는 정도였다.

스토아나 에피쿠로스 철학은 그 방향에 있어서 차이는 있으나, 인간 심성의 안정을 추구하는 것이란 점에서 같은 방향의 철학이다. 역사학과는 거리가 있는 학문이다.

원래 역사학이란 변화를 추구하며, 그로 말미암아 무궁한 자유를 위한 투쟁을 통하여 이루어지는 것이다. 그런데 이처럼 심성의 안정과 무사안일을 추구하는 사상이 지배하고 있는 풍토 속에서는 역사학의 발전이 있을 수 없다.

그러므로 폴리비오스 이후 로마의 지성을 대표하는 사람은 스토아 철학자로 법률학·수사학 등에 탁월한 재능을 보인 키케로가 있을 뿐이다. 이들의 관심의 초점은 인간보다는 자연에 맞추어졌다. 마치 그리스의 초창기, 밀레토스의 식민지를 만들던 시대의 그리스인들의 사고가 자연에 집중되었던 것처럼, 초창기 로마인들의 사고는 자연에 그 초점이 맞추어졌다. 이 시대를 지배한 스토아 사상 자체가 자연법칙으로서의 로고스(logos)를 발견하여, 그것에 인간의 삶을 맞추어 평안을 얻고자 하는 것이었다.

특히 앞에서 언급한 바, 그 앞에 대결해 오고 있는 현실적인 적을 무찌르는 연속적 과정을 통해서 지중해의 패자(覇者)가 된 로마의 입장에서는, 과거나 미래를 생각하기보다 현재에 그들 앞에 주어진 현실적인 문제를 해결하기 위한 기술로서의 법률을 중요한 관심의 대상으로 삼지 않을 수가 없었다.

현실적 입장에서 법률을 구하는 것은 역사적일 수는 없는 것이다. 무한한 과거에 대한 기억을 동원해서 얻어지는 시간상의 일정률(一定律), 인간사의 법칙이 그들의 눈에 들어 올 까닭이 없었을 것이다.

그들의 눈에 비쳐 오는 것은 현재에 관찰이 가능한 공간상의 가시적인 일정률(一定律), 즉 자연현상의 법칙이었다. 그러므로 키케로는 인간과 우주, 그리고 신을 동일한 계통으로 파악하여 인간과 우주와 신에는 공통으로 또한 이성이 있고, 인간은 이성을 갖춘 점에서 신과 동족이요, 이성을 함께 하고 있는 한, 이성은 일종의 법인 고로, 인간과 신은 법을 공유하고 있는 한, 같은 나라의 국민으로 보아야 한다고 했다. 그런데 그에 의하면, 법은 자연에 내재하는 최고의 이성이다.

이와 같이 인간의 이성을 자연의 이성과 동일시하는 키케로의 이상, 또는 스토아 철학의 입장에서는, 자연과 인간의 구별을 전제하는 데서만 가능한 학문인 역사학의 발전이란 기대하기 힘든 것이다.

여하튼 이상과 같은 자연법사상이 발전되고 있었던 로마 공화정기에는 역사학의 발전이 없었다. 그러므로 역사학의 역사는 폴리비오스가 죽은 BC 120년부터 리비우스의 《로마 건국사(ab urbe condita)》가 나올 때까지, 거의 1세기 동안의 단절이 있게 된다.

물론 그 사이에 카이사르(Jalius Caesar, BC 100~44)의 《갈리아 전기(戰記)(De bello gallico)》, 살루스티우스(Gaius Sallustius Crispus, BC 86~34)의 《카틸리나 음모기(Bellum Catilinae)》 등이 있으나 이들은 역사학적인 저서로서는 많은 결격 사유를 지니고 있는 것들이다.

리비우스의 로마역사

티투스 리비우스(Titus Livius)는 율리우스 카이사르가 통령에 취임하던 해인 BC 59년에 파두아(Padua Patavium) 시의 부호의 집에서 태어났다.

폴리비오스가 로마 공화정의 스키피오의 비호를 받고, 그의 권력을 이용해서 광범한 다량의 자료를 수집, 거창한 규모의《로마사》를 쓸 수 있었던 것과 마찬가지로, 리비우스는 제정 로마의 건설자인 옥타비아누스(Octavianus Augustus)와 평생의 친교를 갖고, 그의 비호하에서 무려 142권이라는 방대한 양의《로마사》를 저술하였다.

이 책은 아이네이아스(Aeneas) 전설과 로물루스 전설로 비롯되는 로마의 건국으로부터 시작해서, BC 9년, 옥타비아누스의 양자로서 게르만 정복에 커다란 공로를 세운 드루수스(Nero Claudius Drusus)가 사망할 때까지의 역사를 다루고 있다.

그러나 그것의 대부분은 산실(散失)되어 현재에는 단편과 내용표제(內容表題)를 나타내는 것뿐이다. 그것을 대강 훑어보면, BC 293년에서부터 제3차 삼니움 전쟁까지를 취급한 초기 로마역사 10권, 그리고 제2차 포에니 전쟁에서부터 마케도니아 정복을 취급하고 있는 제21권에서 제45권까지 사이의 25권, 도합 35권이 남아 있다.

이러한 저술의 편린(片鱗) 속에 흐르고 있는 것은 한마디로, 로마 민족을 예찬하는 민족 사관이다. 리비우스는 그《로마사》서문에서 자기가 이 책을 쓴 동기는 '세계에서 가장 우수한 인민의 업적을 기념하기 위해서'였다는 것을 명백히 밝히고 있다.

리비우스는 그 성격이 누구에게 아부하기 위하여 역사를 저술할 수 있는 인물은 못되었다. 그러나 그의 생존시대가 아우구스투스에 의하여 제국이 성립된 때이고, 또 그의 후견인이 바로 그 아우구스투스였다는 점에서, 그는 로마 제국의 성립을 합리화시키고 그것의 위대성을 예찬하는 경향의 저술을 하지 않을 수 없었을 것이다.

그리하여 그는 '그렇게 위대한 국가의 기원과 그와 같은 실력을 지니고 있는 나라가 제국으로 발전하게 되는 것은 운명적인 것'이라 했고, 로마 공화정이 몰락하게 된 것은 자유시민이 감소되고, 노예제가 유행되고 황금만능주의가 침투되고, 외국인 용병제가 도입되고, 로마인이 종족적으로 퇴폐의 길을 걷게 되었다는 데 있다고 지적하여, 그 몰락의 필연성을 암시하였다.

그러나 이상과 같은 리비우스의 역사서술은 역사학이라는 차원에서 볼 때, 앞서 언급한 카이사르의 《갈리아 전기》나 살루스티우스의 《카틸리에 음모기》 등과 마찬가지로 역사학적이라 할 수 없는 요소들을 많이 지니고 있다.

리비우스 역사서술의 주요 단점으로 지칭되는 것은 그의 사료에 대한 무비판적인 태도이다. 그 분량이 방대한 것이기 때문에 작업상의 어려운 점이 있었겠지만, 그는 그가 취급하는 역사적 사실에 대하여 전혀 비판적 입장을 취하지 않았다.

그 스스로도 자인한 바이지만, 그는 냉정한 학자적 입장에서 이 로마역사를 기술한 것이 아니라, 종교적 감정과 민족주의적 열정을 가지고 집필에 임하였으며, 지성에 근거해서 역사적 사실을 구명하려는 자세에서가 아니라, 도덕·당파·계급을 위하여 필요하다고 생각되는 것들, 이를테면 애국심·용기·굳건한 신념·경건 등을 고취하기 위해서 필요하다고 생각되는 것이면, 그것에 대한 고증이나 비판을 거치지 않고, 그것이 설사 황당무계한 신화나 전설이라 하더라도 자료로 이용하는 태도를 취하였다.

물론 리비우스 자신은 그와 같은 자료들이 무가치하다고 하는 것을 인지하지 못한 것은 아니다. 그럼에도 불구하고 그가 그 같은 자료를 사용한 것은 그가 무엇에 대해서 쓰고 있다는 사실을 의식하고 있었기 때문이다. 다시 말해서 그가 하고자 한 것은 역사 자체에 대한 연구가 아니라, 국민에 대한 교육이었고 역사는 그 자료로서의 이야기 거리에 불과했다.

이 때문에 반스는 리비우스를 가리켜 전(全)시대를 통하여 가장 위대한 이야기꾼(storyteller)이라고 지칭하였다. 이런 의미에서 그는 차라리 역사가라고 하기 보다는 수사학자(rhetorician)라고 해야 할 것이다. 다시 말해서 리비우스는 역사를 위해서, 또 역사 자체에 대한 추구를 목저으로 해서, 역사를 서술한 것이 아니라, 역사 이외의 목적, 이를테면 정치, 도덕을 위한 국민 교육을 목적으로 해서 과거의 사실을 이용한데 불과한 것이다.

그러나 리비우스에게 있어서 역사학의 발전적 면모가 전혀 없었던 것은 아니다. 비록 그가 그 시대의 일반적인 사조에서 벗어나지는 못했다 하더라도 그는 방대한 규모의 역사를 계획함으로써 역사인식의 범위를 확장시켰다. 이 같은 일은 물론 폴리비오스에게서도 나타났다.

즉 그리스의 역사가들이 한 세대의 역사, 한 지역의 사건들을 중심으로 하는 역사를 서술하는 것으로 그친데 비해서, 폴리비오스는 로마역사를 지속의 역사, 세계의 역사로 보려했다는 점이다. 그러나 리비우스는 폴리비오스에 비하여 일보 더 나아가 그것을 강조하였다. 즉 폴리비오스는 역사를 지속적인 것으로 보려 하였으되, 로마역사의 근원까지 소급해 가지 못하였는데 비하여, 리비우스는 로마역사의 기원을 파헤치려는 노력을 하였다는 것이다. 여기서 우리가 명심해 두지 않으면 아니 될 것은 신화나 전설이 현재의 우리 이성에 입각해서 볼 때, 황당무계한 것으로 보일지라도 그것을 역사에서 도외시할 수 없다는 점이다. 신화를 인간적인 역사로 전환시켜서 인식할 수 있는 능력이 없으면, 그것을 그대로 후세에 전하는 일도 역사가에게는 중요한 일이다. 왜냐하면 어느 시대엔가 그것을 사실대로 파악할 수 있는 인식능력이 개발될 때가 있을 것이니까.

또 우리가 주의해야 할 것은, 리비우스가 신화나 전설까지도 사료로 채택하고 또 그것에 대한 과학적이고 독창적인 조사 연구를 하지 않았다 해서, 그가 신화나 전설을 문자 그대로 믿었다고 생각해서는 안 된다는 점이다.

앞에서 언급한 바와 같이, 그의 서술 목적이 국민들에게 애국심, 도덕적 감정을 길러 주는 데 있었고, 그 목적에 필요하다면 신화나 전설까지도 받아들였다는 것은 사실이지만, 그는 인문주의적 입장을 명백히 하고 있다.

즉 그는 인간의 제반 행위와 생활태도를 조사하는 것이 역사가의 임무라고 했다. 이처럼 인문주의적 입장을 강조한 리비우스가 신화나 전설을 사료로 이용한 데에는 반드시 그것이 교육적인 목적을 위해서만은 아니었던 것 같다.

오히려 그는 신화나 전설 속에 인간의 제반 행위와 생활태도를 나타내는 요소가 있다고 믿고, 그것을 천착함으로서 인간적이고 진실에 가까운 사실을 발견할 수 있다는 자기 나름대로의 생각에서 그랬던 것 같다.

그러기에 그는 그 신화나 전설을 인용함에 있어서 반복적 방법을 썼다. 즉 그는 신화·전설을 반복적으로 인용하여 어떤 때는 그것들의 진실성을 인정해 보고, 다음에는 그것을 부정해 보고, 또 의심해 보는 방법을 통하여 그 속에 숨어있는 실체적 요소를 확인하였다.

타키투스

타키투스의 저서

많은 사학사가들은 리비우스를 그리스시대의 헤로도토스에, 타키투스를 투키디데스에 비견하곤 한다. 그도 그럴 것이 이들 두 사람들은 그들의 생활태도에 있어서나 역사서술의 입장, 그리고 그들이 처해 있었던 역사적 상황에 있어 각각 유사성을 지니고 있기 때문이다. 헤로도토스는 페르시아 전쟁을 겪은 후, 그리스 사회가 아티카 제국이라 불리는 전성기로 올라가는 과정 속에 태어났다.

이와 비슷하게, 리비우스는 로마 공화정이 붕괴되고 제정 로마로 이행되어 가는 과정에서 태어났다. 그리고 헤로도토스가 초창기에 혁명운동에 가담은 했으나 실패한 후 관직 생활이나 정치생활에 있어서 주요 위치를 점하지 못하고, 오로지 역사서술에만 몰두했던 것처럼, 리비우스도 옥타비아누스의 비호는 받았다 하더라도 주요 관직이나 정치 생활에서 활약한 바가 없다. 그리고 역사서술의 자세에 있어서도 헤로도토스와 리비우스는 신화와 전설을 역사에 끌어들이는 입장을 취하였다.

한편 투키디데스는 역사적인 입장에서 볼 때, 그리스가 민주주의의 절정기인 페리클레스시대를 지나서 중우정치로 타락해 가고, 델로스 동맹 체제는 와해되어 펠로폰네소스 전쟁이 야기되어 그리스 세계의 붕괴 조짐이 보이던 때에 출현한 역사가다. 그리고 그는 정치가의 가문에서 태어나서 스스로 정치 생활에서 중요한 역을 맡았으며 나아가서는 군 사령관직까지 역임하였다.

그러므로 그의 역사서술의 입장은 그 정치생활과 밀접하게 연결된 것이었다. 타키투스의 입장은 이 같은 투키디데스의 것과 매우 유사하다.

투키디데스와 마찬가지로 심리학적 역사가로 지칭되고 있는 타키투스(Publius Cornelius Tacitus)는 AD 55년, 즉 네로 황제(37~68)가 전제정치를 실시하여 로마 제국의 몰락의 조짐이 나타나고 있었던 시기에 명문가의 아들로 태어났다.

그의 22세 때(77) 브리타니아 총독 율리우스 아그리콜라(Julius Agricola)의 딸과 결혼하여 그의 사회적 지위를 한층 군건하게 만들었다. 그뿐만 아니라 그는 베스파시아누스 황제(Vespasianus) 때부터 직접 정치생활에 뛰어들어 기독교 박해자로 유명한 도미티아누스(Domitianus, 51~96) 황제 때에는 고위 관직을 얻기 시작하였다.

90년에서 93년 사이에는 게르마니아 방면에 출진하기도 하였으며, 97년에는 통령(Consul)의 지위에까지 올랐다. 그러나 그 후 관직을 사임하고 그의 만년을 저술에 전념하면서 보내었다.

그의 저술 생활은 그의 장인인 《아그리콜라의 전기》를 쓰는 것으로 비롯되는데, 그의 주요 저서는 역사《게르마니아(Germania)》, 《역사(Historiae)》 그리고 《연대기(Annales)》이다.

그중《게르마니아》는 그가 게르마니아 방면에 출진하였을 때, 직접 보고 듣고 느낀 것을 기술한 것이다. 여기에는 게르만 인들의 풍속과 습관, 각 부족들이 지니고 있는 특질 등을 상세히 기술하고 있다. 타키투스는 이 책에서 게르만 인들이 지니고 있는 단순한 덕성—그들의 강건함, 그들의 용기, 그들의 정직성 등 미덕을 피력함으로써 당시 나태해져가고 있으며, 비겁하고 사악해져 가고 있는 로마인들에게 귀감이 되게 하려 하였다.

105년에 출간된《역사》는, 68년 네로(Nero) 황제가 사망한 이후부터 96년 도미티아누스 황제가 사망할 때까지 자기 자신이 직접 체험한 시대의 역사를 쓴 것이다. 이것은 원래 14권으로 되어 있는 것이나 현존하고 있는 것은 4권 처음과 제5권의 반뿐이다.

그리고《연대기》는 원명이 'Ab excessu divi Augusti'로 아우구스투스의 사망으로부터 네로 황제에 이르는, 티베리우스(Tiberius) · 카리굴라(Caligula) · 클라우디우스(Claudius) 그리고 네로 황제의 치세를 포괄하는 역사서이다.

이 책은 원래 16권으로 되어 있는 것이지만, 대부분 산실되고 티베리우스의 치세를 주로 서술한 제1권에서 제6권까지와 네로 황제의 치세를 주로 취급한 제9권에서 제16권까지의 것이다. 그리고 카리굴라와 클라우디우스의 치세에 관해서는 제5권 · 제6권 중의 단편(斷片)들이 남아 있어 전하고 있다.

이 책을 쓸 때, 타키투스가 목적으로 한 것은 건전했던 공화정 시대의 로마인들이 지니고 있었던 도덕적 기질을 이상으로 삼고, 제정 로마 황제들의 치세에 펼쳐지고 있었던 도덕적 타락상을 경계하는 것이었다.

타키투스 역사학의 한계

앞에서 이미 언급한 경력에서도 명백히 나타나 있는 바와 같이, 타키투스는 역사학 자체를 위해서 역사를 쓴 사람이 아니다. 그는 역사가라기보다 정치가였으며 장군이었다. 그러므로 그의 역사란 고위 관직을 역임하면서 느낀 바를 실제로 보고 들은 사실들을 매개로 해서 표현한 것이다.

이러한 타키투스에게는 그 나름대로의 역사학에 대한 철학적 원리가 있을 수 없었으며, 역사적 현실 이면을 꿰뚫어 보는 역사적 안목이나 역사상의 인물을 내면적인 데서부터 이해하고 동조하는 가운데 진실을 관찰하려는 노력도 있을 수 없었다.

다만 그에게 있었던 것은 세속적인 실용주의와 보수적인 도덕적 관념, 그리고 정치적인 애국심이 있었을 뿐이다. 그러므로 그가 역사를 서술한 것은 역사의 실체를 파악하고, 그것의 진면목을 독자에게 올바르게 인식시키고자 하는 데 있지 않았다.

그가 하고자 한 것은 수사학자들이 그렇게 하듯이, 그를 따르는 대중들에게 자신의 도덕적 관념과 윤리의식, 그리고 애국심을 고취하기 위해 필요한 사실들을 수집하여 그것들을 자신의 감정에 따라 맞추어서 피력하는 것이었다.

그가 언급하고 있는 저술 목적은, 정치적 미덕과 악덕의 현저한 실례를 열거함으로써, 이에 대한 후세의 찬양 또는 증오를 갖게 하는데 있었다. 독자들이 이야기를 통해서 두려움을 느끼고 또 단조로움 때문에 지루함을 느낄지라도, 그 독자들에게 다음과 같은 점을 가르치고자 하는데 있었다.

즉 어떤 최고위의 원로(元老)가 몰락한다거나 또는 군주의 변태적인 성질로 해서 추방되는 경우라도, 그것은 자기를 불신하는 자나, 자기에게 아첨하는 자들에 의해서나 단순한 운명이나 예측하지 못한 추이에 따라서 그렇게 된 것이 아니라, 개인의 성격, 분별력, 중용과 자제에 의해서 그러게 된 것이라는 것이다.

이처럼 그의 역사서술에는 공정성과 역사의 맥락에 대한 이해가 결여되어 있었고, 사회적 도덕적 편견이 크게 작용하고 있었다. 정적(政敵)을 의식하는 정치가의 입장에 있었던 타키투스로서는 이 같은 단점을 지니지 않을 수 없었을 것이다.

한마디로 타키투스는 역사가로서의 기본적 요소인 역사성에 대한 인식을 지니지 못한 보수적인 정치가였다. 그러므로 그는 다음과 같은 점에서 비역사적인 역사가라는 비난을 면할 수 없다.

첫째, 역사학은 결코 실용적인 것일 수 없는 것인데, 그는 거기에서 실용성을 찾았기 때문이다. 만약 역사가 실용적으로 이용될 수 있다면, 즉 과거의 사건·사실을 귀감으로 해서 현재의 현실적 정치·경제·윤리 등의 문제를 해결할 수 있다면, 역사상에 국가의 흥망이라든가 경제체제의 붕괴라든가, 윤리도덕의 퇴폐라든가 하는 현상들은 결코 나타나지 않을 것이다.

역사는 결코 한 사람의 영웅이나 지사(志士)의 힘에 의하여 움직여지는 것이 아니다. 그런데 타키투스는 모든 민족과 국가의 통치는 인민이거나 귀족이거나, 혹은 한 개인의 힘으로 되는 것이라고 하였다.

이 같은 생각은 정치에 뜻을 가지고 있는 사람들이 흔히 갖고 있는 과대망상이다. 타키투스도 정치가의 한 사람으로서 이 같은 생각을 한 것이고 한 사람의 통치자가 역사를 교훈삼아서 통치를 행하면, 민족이나 국가가 멸망하지 않을 것이라는 망상에서 그와 같은 역사를 쓴 것이다.

그러나 우리가 알고 넘어가야 할 것은 그리스가 멸망할 때, 이소크라테스는 마치 타키투스가 게르마니아인들의 기질을 찬양하듯이, 마케도니아인들의 기질을 찬양하면서, 그들을 모범으로 삼아 그리스인들이 새로운 정신을 가지고, 그렇게 함으로써 그리스 세계의 붕괴를 막아 보자고 했으나, 결국 그리스는 그 마케도니아인들에 의하여 멸망하지 않을 수 없었다는 사실이다.

둘째, 역사의 흐름은 결코 되돌릴 수 없는 것인데, 타키투스는 로마 공화정 당시의 로마인의 도덕·윤리 의식을 몰락기에 접어든 제정 로마 인들에게 되돌리려고 했다는 것이다.

여기서 우리가 생각하고 넘어 가야 할 것은, 역사상의 매시대는 그 시대 나름대로의 고유한 역사적 상황을 지니고 있다. 로마 공화정 초기에는 로마인들이 자신들을 둘러싸고 있는 많은 주변 민족들과 투쟁을 하지 않으면, 그들의 생존이 불가능해진다고 하는 역사적 상황에 처하여 있었다. 이러한 상황에서 로마인들은 건전한 도덕 윤리 의식과 상무(尙武)적인 투쟁의식을 지니고 있을 수밖에 없었을 것이다.

그러나 타키투스 자신이 선언하고 있는 것처럼, 그의 시대는 '로마가 영광의 정점에 있었던' 시대였다. 그런데 이처럼 외민족으로 부터의 위협이 없고, 넓은 정복지로부터 막대한 양의 재화가 몰려 들어와 모든 귀족들이 부귀를 누리게 된 상태에서 타키투스가 아무리 윤리·도덕 생활의 훌륭한 귀감을 끌어다가 설교를 한다고 한들, 효력을 발할 수 있었겠는가?

그럼에도 불구하고 타키투스가 그와 같이 그릇된 생각을 하게 된 것은 콜링우드의 말처럼 그는 역사적 인물의 제 행위가 오로지 그 인물 자신의 개인적 성격에 따라서 나타나는 것이라고 생각하였으며, 인간의 행위가 부분적으로는 그 인간의 환경에 의해서, 부분적으로는, 그 인간의 성격에 의해서 규정될 수 있다는 것을 용인하지 않았기 때문이다.

셋째, 도대체 정치가들이 부르짖는 애국심이라는 것이 과연 무엇인가? 그러한 애국심이 과연 멸망하는 나라를 되돌려 세울 수 있다는 것인가?

명백한 것은 그의 애국심도, 그 시대의 역사적 상황, 즉 모든 지배귀족이 도덕적으로 타락하지 않으면 아니 되는 그러한 역사적 상황에서 부르짖어지는 비도덕적인 애국심이라는 것이다.

원래 '사랑[愛]'은 그것이 남녀 간의 사랑이든, 국가에 대한 사랑이든, 또는 진리에 대한 사랑이든, 진실에 바탕을 둔 것이어야 된다. 그리고 진실이란 두 개의 길을 동시에 걷거나, 현실적인 목적을 위해 트릭을 쓸 수 없는 심성에 근거를 두는 것이다.

그런데 애국을 부르짖은 타키투스는 진실한 인물이 아니었다. 그러므로 그는 두 개의 길을 동시에 걸었다. 감정적으로는 원로원 편에 속해 있으면서도, 현실적으로는 황제의 편에 서서 고위 관직을 누렸고. 귀족계급에 대한 반감을 가지고 있으면서도, 자기 자신은 스스로 더 높은 귀족이 되기 위하여 아그리콜라의 사위가 되었던 사람이다. 그리고 역사는 정확하게 기록되어야 된다는 것을 알면서도 그것을 자기의 정치적 목적에 맞추는 수사학적 자료로 썼다.

넷째, 타키투스는 역사학의 본질이라고 해야 할 시간성을 무시하고 있었다. 이 점에 있어서는 차라리 그의 선배 역사가들, 이를테면 그리스의 역사가들이나, 그리고 폴리비오스와 리비우스에도 미치지 못한다. 오히려 그리스 역사가들은 그들 사회에서 풍미하고 있었던 합리주의적 사고방식에 따라서 역사적 사건의 기원을 파헤치려는 노력이 있었다.

그러나 타키투스는 역사를 수사학에 이용하기 위해서 사용하는데 급급했기 때문에 사건들 자체의 인과관계나 그것이 발생되게 된 원인이나 배경 등을 전혀 등한시했고, 이미 기정사실로 되어 있는 사건을 그가 생각하고 있는 도덕이나 애국심에 따라 활용하는 입장을 취하였다.

그러므로 그의 역사서술이 포괄하는 시대는 오히려 폴리비오스의 것이나 리비우스의 것에 비하여 짧아지지 않을 수 없었고, 그것도 시대적 연결성이 전혀 결여되어 있는 것이었다. 물론 역사서술이 반드시 긴 시간을 포괄하여야만 되느냐 하는 것은 별문제다. 그러나 시간적 연계성을 무시하고는 역사학은 절대로 존재할 수 없다.

고대 역사학의 한계와 공헌

지금까지 필자는 호메로스에서부터 타키투스에 이르는 역사학과 역사서술의 사상을 논의하였다. 이 논의 가운데에서 간접적으로 참다운 역사학의 면모를 추궁하여 보았다. 그러는 중에서 우리는 다음과 같은 몇 가지의 문제점을 발견하지 않을 수 없었다.

일반적으로 헤로도토스를 역사학의 아버지라고 부르는데, 과연 꼭 그렇게 불러야만 하는가? 대부분의 역사사상가들이 그리스와 로마의 역사가들이 역사에 신화를 삽입시키고 있는 데 대하여 비판을 가하고 있는데, 꼭 그래야만 하는가?
투키디데스가 이른바 과학적 법칙성을 역사 속에서 밝혀 보려고 했는데, 과연 그것이 역사적인 연구 태도일 수 있는가? 그리고 그리스 말기의 역사가들과 로마의 역사가 중 대부분이 역사를 수사학적, 교훈적 목적을 가지고 서술하였는데 과연 그것을 참다운 역사학이라고 할 수 있는가? 등

헤로도토스가 '역사학의 아버지'로 불리게 된 것은 지금부터 460여 년 이전의 일이다. 고려대학의 지동식 교수는 '그가(헤로도토스가) 역사가로 인정을 받게 된 것은 16세기 말엽 이후 오늘날에 이르기까지의

약 460년 동안에 불과한 것이다'고 하여, 그 이전 무려 2,000여 년 동안은 그가 역사가로서 투키디데스에 비하여 뒤떨어진다는 점을 강조하고 있다.

그리고 헤로도토스가 역사가로서의 자격을 인정받지 못하였던 것은 그의 역사 속에 과학성이 빈약하기 때문, 즉 과학적인 비판이 결여되어 있기 때문이라고 하였다. 그럼에도 불구하고 우리가 그를 '역사학의 아버지'라고 부르게 된 것은 헤로도토스를 가리켜서 '테오폼푸스(Theopompus)와 함께 악명이 높은 거짓말쟁이(fabulous)'라고 규정한 키케로가 야유 조로 말한 데서 비롯된다고 하였다.

이에 반해서 콜링우드는 오히려 투키디데스를 심리학의 아버지는 될 수 있을지언정 역사가는 될 수 없다고 주장하는 한편 헤로도토스는 투키디데스에 비해서 훨씬 더 진정한 역사가라고 주장하였다.

이와 같이 상반된 견해가 대립될 때, 우리는 어느 편을 들어야 될 것인가? 여기서 명백한 것은 그중 어느 편이 보다 역사학에 대한 식견과 애정을 가진 사람의 의견인가 하는 것과 또 그중 어느 쪽이 보다 현대적 역사사고를 지니고 있는 사람의 의견인가에 따라 판단할 수밖에 없다는 것이다.

그 이유는 역사학자는 자연과학자나 법학자에 비하여 역사에 대한 이해가 깊다는 것과 현대인은 고대인이나 중세 인에 비해 보다 현대적 사고를 한다는 극히 명백한 진리에 있다.

우선 지동식 교수가 키케로의 말을 빌어서 헤로도토스를 거짓말쟁이라고 단정하는 데는 문제가 있다. '키케로도 사론(史論)을 전개할 수 있는 정치 이론가였다'고 하지만, 그는 역사학자도 역사서술가도 아니다.

그는 반역사학적인 특징을 지닌 스토아 철학자이며, 역사학과는 상반되는 경향의 학문인 자연과학에 근거를 둔 자연법 학자였다. 명백한 증거와 가시적인 자연현상만을 대상으로 하는 자연과학을 철두철미 신봉하는 키케로에게는 역사학을 거짓말로 보고 진정한 역사가를 거짓말쟁이로 볼 수밖에 없는 것이며, 자신의 이론과 경향이 일치되는 과학적인 이론가에 대한 칭찬만을 하게 되는 것은 극히 당연한 일이다.

한마디로 비역사학적인, 또는 역사학에 관계가 먼 인물의 평을 근거로 역사학의 문제나 역사학의 아버지의 문제를 논의한다는 것은 출렁이는 호수 물에서 달그림자를 보려는 것과 같은 어리석은 일이다.

그런데 헤로도토스를 '역사의 아버지(Parter historiae)'라 말한 사람이 바로 그 키케로였다는 데 문제는 있다. 그가 거짓말의 아버지를 역사학의 아버지로 야유했고, 그 야유가 결국 일반적인 의미의 역사학의 아버지로 되었다면, 그러한 그보다 더한 거짓말쟁이가 그 이전에 있었다면, 역사학의 아버지라는 명칭은 그 이전 사람에게로 돌아가야 되기 때문이다. B. 크로체는 이 문제에 대해서 다음과 같이 역설적인 주장을 하였다.

> 그러나 탈레스와 헤로도토스는 철학이나 역사학의 '아버지들'이 아니라, 이러한 학과들이 직접적인 실제적 발전에 대한 우리들의 관심이 낳은 '아들들'이라고 지칭되어야만 하였다. 이 아들들을 '아버지

들'로서 환영하는 사람들은 바로 우리들인 것이다! 이들보다 이전에 있었던 일들, 또는 그보다 더 멀리 우리의 정신으로부터 떨어져 있는 민족들에게서의 일들에 관해서 우리가 보통 어떠한 관심도 쏟지 않는 것은, 그것들에 관한 문헌들이 모자라거나 단편적이기 때문이다.

자연과학에 관심을 가지고 있는 사람의 눈에는 자연만이 보이고 역사학에 관심을 가진 사람의 눈에는 역사만이 보인다. 자연과학자는 역사 속에서도 자연을 보고 역사학자는 자연 속에서도 역사를 본다. 오늘날 역사학자는 고고학적 유물·유적 속에서 역사를 보고, 문화인류학 속에서도 역사를 보고 신화학, 종교학에서도 역사를 본다. 신화 속에서 역사를 보고, 신화 자체를 역사학적으로 이해할 수 있다면, 헤로도토스는 물론 헤시오도스나 호메로스에게도 역사학의 아버지라는 영광스러운 명칭, 이것은 결코 야유가 아닌, 명칭을 부여해야 할 것이다.

그러나 우리의 관심이 좀 더 오래된 과거(그것이 그리스이든 이집트나 바빌로니아나 인도나 중국의 것이 될지라도)에까지 미치게 되어 '역사학의 할아버지'라는 우리들 관심의 아들이 또 탄생할 것이라는 점을 전제하지 않으면 아니 된다.

역사학이 무엇인가? 역사학은 신화학일 수 없다. 문헌학일 수도 없다. 종교학일 수도 없다. 정치학·경제학·자연과학일 수도 없다. 신화학은 신화를, 문헌학은 문헌을, 종교학은 종교를, 정치학은 정치를, 경제학은 경제를, 자연과학은 자연을, 각각 대상으로 하는 학문인 것처럼 역사학도 역사를 대상으로 하는 학문이다.

그러므로 역사학이 신화학일 수도, 문헌학일 수도, 사회학일 수도, 종교학일 수도, 정치·경제학일 수도 없다. 그리고 어떤 것의 간섭을 받을 수도 없다. 그러나 역사 속에는 신화도 문헌도 종교도 사회도 정치·경제 그리고 자연도 포함되어 있다. 따라서 역사를 대상으로 하는 학문인 역사학은 신화나 문헌, 종교, 사회, 정치, 경제, 자연 속에서도 그 대상을 발췌해 낼 수 있다.

그러나 역사학이 신화학이나 문헌학, 종교학, 사회학, 정치학, 경제학, 자연과학의 종합을 의미하는 것은 아니다. 문제는 관심이다. 신화학자는 신화를 신화학적 관심에서 보지만, 역사학자는 신화를 역사학적 관심에서 보며, 문헌학자는 문헌을 어떻게 정리하며, 어떻게 편집하며, 어떻게 분류하며, 어떻게 목록을 만들 것인가 라는 의문을 품고 보지만, 역사학자는 그 속에서 역사적 사실을 찾아내려는 눈을 가지고 본다.

신학자는 역사와 자연을 보되 그 속에서 신의 역사(役事)가 어떻게 이루어지고 있는 것인가 하는 것을 찾아보려고 하지만, 역사학자는 종교가 어떻게 발전해 왔는가? 이를테면 원시적 종교에서 어떻게 고등 종교로, 그리고 어떻게 현대 종교로 발달되어 왔는가 하는 것을 관심의 대상으로 삼는다.

정치학자는 어떻게 하면 정치를 잘해서 민생을 돈독하게 할 것이며, 국가의 발전과 세계 평화를 이룩할 것인가 하는 것을 위해서, 그리고 경제학자는 인간의 경제적 생활의 향상을 위해서 각각 그들의 학문을 한다. 그러나 역사학자는 다르다. 역사학자는 정치현상을 보되 그것의 발전과정을 보고 정치이론을 연구하되 그것이 역사발전에 어떻게 영향을 끼쳤는가를 연구한다. 경제학, 사회학도 마찬가지다.

과거에 있었던 정치현상 자체를 그 발전과정과 관련 없이 연구하는 것은 역사학의 일이 아니라, 정치학의 영역이다. 또 역사적 사실을 윤리·도덕을 위한 교훈으로 활용하는 것은 교육학 내지는 교육 그 자체의 영역에 속하는 것이지 역사학은 아니다.

그러므로 그리스 후기의 역사가들이나 로마의 역사가들이 교육을 목적으로 역사를 기술하였다면, 그것은 역사학이 아니다. 윤리학이요, 교육 그 자체다. 다만 그것은 현대의 역사가들이 현대적인 역사의식과 비판의식을 동원하여 그 속에서 로마역사를 이해하기에 필요한 사료를 찾아낼 수 있는 자료로서의 역사학적 가치를 지니고 있을 뿐이다. 한마디로 로마에는 역사학다운 역사학은 없었다.

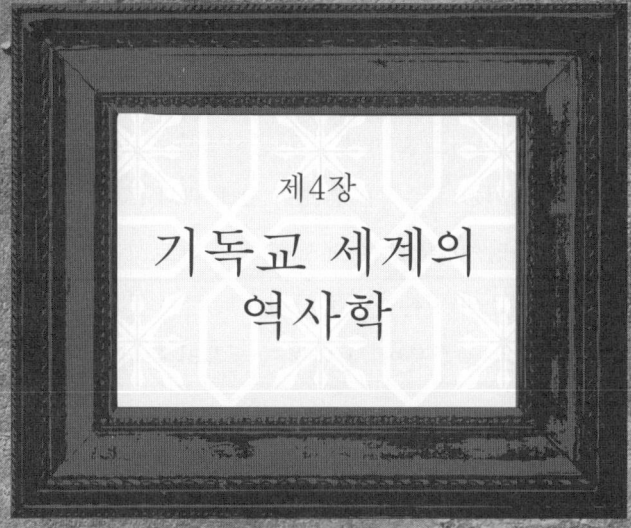

제4장
기독교 세계의
역사학

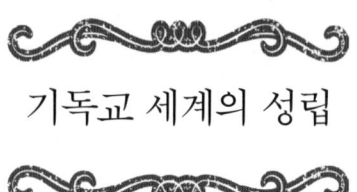

기독교 세계의 성립

 문화사적인 입장에서 볼 때, 로마 제국이 갖는 세계사적인 의의는, 그것이 그 이전 시대에 창조된 모든 인류문화의 집합장의 역할을 하였다는 데 있다. 한마디로 로마 제국은 동서남북 각 방면에서 흘러들어 온 문화의 강줄기가 최종적으로 모인 고대 세계 문화의 호수였다.
 고대 이집트 문명, 바빌로니아에서 비롯된 페르시아 문화, 유태의 종교적 문명, 그리스의 인본철학을 중심으로 하는 문화, 그리고 라틴 민족의 법률중심의 문명 등이 각 방면으로 흘러 들어와 로마에서 모인 것이다.
 그야말로 길고 긴 역사의 진보과정과 정신적 발전의 과정을 통해서 과거에 무수히 산재해 있던 소규모의 이질적인 지방적 문화는 로마에 집합되어서 하나의 통일된 단위의 세계문화(여기서 세계는 유럽세계임)로 발돋움하려는 준비를 한 것이다.
 그러나 로마의 문화는 이질적인 여러 문화들의 집합이었을 뿐, 그것들의 융합·통일이 이루어진 것은 아니었다. 이 같은 집합적 문화를 통일적인 하나의 단위문화로 승화시키는 역할을 담당한 것은 기독교였다.
 기독교는 예수를 신앙의 대상으로 하는 종교이지만, 문화 및 사상사적인 입장에서 볼 때, 그것의 창시자는 바울(St. Paul)이다. 바울은 조직의 천재로서 당시만 하더라도 일개의 지방적인 유태의 당에 불과했던 예수교를 일약 세계적 종교로 전환시켰으며, 그가 죽을 때(AD 62~67)에 이미 기독교는 신앙과 조직의 면에서 타 종교의 추종을 불허하는 위치를 확보하게 되어 있었다.

기독교의 이 같은 세력의 확장 및 그 후의 발전과정은 당시 로마 제국 내에 유입되어 있었던 수많은 종교들과의 끊임없는 투쟁의 과정이었으며, 또 그 투쟁을 통해서 타종교의 요소를 흡수하며 스스로 체계화되어 가는 과정이었다.

특히 기독교가 적으로서 대결하지 않으면 안 되었던 종교는 유대교를 비롯해서 그노스티시즘(Gnosticism), 신플라톤주의(Neo-platonism), 미트라이즘(Mithraism), 그리고 마니교(Manicheism) 등이다.

기독교는 이와 같은 경쟁적인 여러 종교와 여러 사상체계와의 투쟁을 행하면서, 당시 로마 제국에 산재되어 있었던 제반 사상들을 흡수했는데, 그것을 분석하면 대개 다음과 같다.

기독교는 유대교로부터 역사관, 우주관, 야훼신, 그리고 메시아적 소망을 차용하였다. 즉 수백 년 이상을 두고 발전하여 온 유대교는 기독교로 하여금 역사를 창세기에까지 소급하게 하였으며 유대 민족사의 연대기를 근거로 역사적 시간을 측정하게 하였다. 그리고 그 역사 속에서 활약하는 모든 인물들, 즉 역사의 주인공들, 모세나 여호수아, 삼손, 다빗, 솔로몬 등과 같은 유대 민족사의 영웅들로 내세웠다.

그리고 기독교의 우주관, 창세기와 노아의 홍수 이야기는, 원래 바빌로니아에 근원을 두고 있는 전설인데, 이것을 유대교에서 물려

받았으며, 메시아 사상도 원래는 이집트의 사회철학(Egyptian social philosophy)에 근원을 두고 있는 것인데, 모세를 유대인으로 전환시킴과 함께 유대교의 소망이 되었고 다시 기독교의 사상이 된 것이다.

기독교의 철학과 성찬식 및 예배 의식은 그리스에서 연유하는 것이다. 즉 기독교 이론의 핵심을 이루고 있는 도덕적 금욕주의는 스토아 철학에서 유래하는 것이며, 유대교의 종족주의를 타파하고 예수를 만민의 구세주로 생각하게 한 세계주의도, 인간은 마땅히 전지전능한 신의 의지에 인종하여야 된다는 기독교적 신앙의 태도도, 스토아 철학의 원리이며, 이러한 신앙을 통해서만 인간은 무한적 존재와 진실에 접근할 수 있다고 하는 것을 믿게 한 것도, 신플라톤주의다.

그리고 좀 후의 일이기는 하지만, 가톨릭 교리의 완전한 체계를 이룩하는 데 이론적 기초를 제공한 것은 아리스토텔레스의 논리학이다. 더욱이 기독교 의식 가운데 가장 성스러운 것으로 생각되는 성찬식(Eucharist)은 바울이 그리스의 엘레우스(Eleusian) 신화의 성찬의식을 모방해서 만든 것이며, 세례의식과 예배의식은 헬레니즘시대에 오리엔트에서 행하던 것에서 유래한다.

그리고 기독교는 페르시아 사상으로부터 이원론, 즉 선과 악, 천국과 지옥의 개념으로 성립되는 이원론을 받아들였다. 페르시아의 전통적 사상(바빌로니아에서 유래)에 따르면, 신이 우주를 창조하였는데, 그 우주는 선과 악의 원리가 결정적인 싸움을 할 수 있게 만들어 놓은 싸움터이며, 여기서 선이 악에 대하여 승리하게 된다는 것을 입증하게 된다는 것이다.

그리고 페르시아의 신인 오르마즈드(Ormazd)에 의해서 대표되고 있는 선의 원리를 믿을 수 있을 만큼 현명한 사람들은 내세에 영원히 행복하게 살 수 있는 포상을 받을 것이며, 악신인 아리만(Ahriman)에 의해 지배되고 있는 악의 세력에 그들의 희망을 걸고 있을 만큼 어리석은 사람들은 내세에 불[火]구덩이와 유황 구덩이 속으로 떨어질 것이라는 것이다. 이와 같은 이원론을 페르시아에서 받아들인 기독교로서는 종말론적인 내세관 또한 페르시아에서 받아들이지 않을 수 없는 것이었다.

기독교의 제반 의식의 대부분이 그리스에서 물려받은 것이라고 한다면, 일반적으로 예수의 탄생일로 믿어지고 있는 크리스마스도 실은 페르시아인들의 태양신(Sun God)의 세력이 회복되는 것을 기념하는 미트라이의 대제(大祭, the great mithraic feast)의 날이다. 또 일요일(Sunday)도 유대교의 안식일(Sabbath)에서 온 것이라 하지만, 실은 미트라이즘에서 나온 것으로 미트라이즘에서는 이 날을 일(work)에 대한 금기일(taboo)로 생각하였다.

이상과 같은 여러 사상들은 기독교의 타종교에 대한 승리와 융합 과정에 따라 기독교 사상의 주요 구성 요소로 되었고, 또 앞서 언급한 바, 사도 바울의 천재적 조직과 포교에 따라 당시 로마 제국이 장악하고 있던 전 지역에 퍼져나갔으며, 또 로마인들이 발전시킨 행정체계에 따라 교회 조직이 형성되었다. 즉, 로마는 기독교에 법률 사상과 행정 체계를 제공한 것이다.

역사서로서의 《구약성서》

　기독교 사상의 형성과 그것의 다른 이교(Paganism)들에 대한 승리는 역사서술의 역사에 있어서 일대 전기가 되었다. 기독교적 세계에 있어서 이교적인 문화 일체는 악(Devil)의 산물인 것으로 규정되었기 때문에, 역사서술에 있어서도 그리스의 호메로스, 헤시오도스, 헤로도토스, 투키디데스, 그리고 폴리비오스나 로마의 리비우스 등의 역사서술도 이단시 되지 않을 수 없었다. 그리고 오로지 유대 민족의 역사인 《구약성서》만이 유일한 역사서로 인정되었다.

　《구약성서》는 어느 특정된 시기에 어떤 작가에 의해서 저술된 책이 아니다. 이것은 유대 민족의 역사와 더불어 구전으로 전승되어 온 것이며, 그러는 과정을 통해서 바빌로니아와 이집트 등 고대 오리엔트 세계의 제반사상을 흡수하여 발전한 것이다.

　그리고 이것이 정식 정전(正典)으로 결집되게 된 것은 AD 90년(또는 100)에 개최된 잠니아(Jamnia) 회의에서였다. 다시 말해서 《구약성서》는 이집트, 바빌로니아 그리고 아시리아의 기록들보다 수세기 늦게 쓰이어진 것이며, 호메로스나 헤시오도스 그리고 헤로도토스나 투키디데스의 역사학보다도 늦게 결집된 것이다.

　여기서 결집된 《구약성서》는 도합 39권(유대교의 것은 24권)인데, 그

중 역사서라고 할 수 있는 것은 17권, 즉 모세 5경(Pentateuch)과 나머지 12권이다. 그중 모세 5경은 통칭 모세의 저서라고 하나, 고문서학(古文書學)에 근거를 둔 현대의 고등비판(higher Criticism)에 따르면, 모세의 작품이 아니라, 바빌로니아, 이집트의 전설들이 오랜 세월을 거치면서 유태의 여러 선지자 및 예언자들의 손에 의해서 증보·개편되어 편찬된 것이다.

이 5경의 원천사료(源泉史料)가 되고 있는 것은 야훼(Jahweh)라는 이름을 내세워 신으로 믿고 있는 야비스트(Jahwist), 엘로힘(Elohim)이라는 이름의 신을 주로 하는 엘로이스트(Elohist), 그리고 도이트로노미스트(Deuteronomist)와 프리스트 코덱스(Priest Codex)의 4개의 사료인데, 이를 구약학에서는 약칭해서 J사료, E사료, D사료, P사료라 한다.

천지의 창조와 최초 인간의 출현에 대한 이야기를 서술하고 있는 창세기 1장과 2장은 J사료에 근거하는 것인데, 이것을 혹자는 비역사적이고 원시적인 신관의 표현이라고 하나, 독일의 구약학자인 헤르만 군켈(Hermann Gunkell)은 원시·고대인이 생각할 수 있는 최선의 우주창생이론이며, 과학사상이라 하여 그것의 사상사적 가치를 피력한 바 있다.

그리고 같은 창세기라 하더라도 22장 아브라함이 자기의 독생자 이삭(Isaac)을 신에게 바치려는 장면은 E사료에 근거하는 것이다. 이처럼《구약성서》는 잡다한 이질의 사료를 근거로 해서 이루어진 것이다.

이 5경 이외에 본격적인 역사서로 취급될 수 있는 12권의 책은《여호수아(Joshua)》,《판관기(Judges)》,《룻기》,《사무엘(Samuel)》상·하권,《열왕기(Kings)》상·하권,《역대기(Chronicles)》상·하권,《에스라(Ezra)》,《느헤미야(Nehemiah)》,《에스겔》등이다.

그러나 이 밖에 문학서나 예언서도 비록 그것들이 역사학적 목적을 가지고 쓰이어진 것은 아닐지라도 무한한 역사적 지식을 포함하고 있는 것들이다. 그러므로 기독교 양대 경전 중 신약은 신학서요, 구약은 역사서라고 규정할 수 있다.

이상에서 논한《구약성서》는 대체적으로 신을 중심으로 하는 이야기와 전설로서 구성되어 있다. 그러나 구약의 신은 오리엔트의 신들이나 그리스의 신들처럼 다신적인 것이 아니라 유일신이기 때문에 오리엔트나 그리스의 신화나 신정사(神政史)에서 보이는 것처럼 신들의 생활이 나타나는 것은 아니다.

신은 다만 인간에게 명령을 할 뿐이고, 그 명령을 거역하였을 때, 그에 대해 응징할 뿐이다. 그러므로 역사상에서 전개되고 있는 사건들은, 비록 신의 뜻, 신의 계획에 의한 것이라 하더라도 그 일을 직접 행하는 행위자는 어디까지나 인간들이다.

이러한 점에서는 오히려 그리스 초기의 역사서보다 구약은 탈신화적이라 할 수 있다. 그러므로 우리가 이것을 통해서 고대의 인간들의 생활이 어떠한 것이었으며, 또 어떻게 발전되어 왔는가 하는 것을 이해하는 것은 오히려 오리엔트의 신화나 그리스 초기에 서술된 역사책보다 직접적일 수가 있다.

이를테면, 우리는 창세기를 통해서 당시 고대인들이 어떠한 우주에 대한 생각, 또는 인류의 근원에 대한 사상을 가지고 있었는가를 알 수 있다. 또 창세기 자체가 비록 역사적 가치에 있어서는 많은 결격사유를 지닌 것이라 할지라도, 인류학적인 요소를 지니고 있는 것이므로, 우리는 이를 통해서 원시인의 문화(말하자면, 가축의 사육, 농업의 시작, 구리·철·벽돌 등의 제조), 원시적인 사회구조(말하자면, 가족·종족 및 타 종족과의 구별), 종교의 시작, 그리고 민중의 생활 풍습 등을 알 수 있다.

그리고 〈출애굽기〉와 〈민수기〉를 통해서 우리는 유목적인 이스라엘 민족의 역사를 알 수 있고, 여호수아와 판관기를 통해서는 이스라엘 민족의 팔레스타인 정착, 사무엘을 통해서는 이스라엘 민족이 유목민족의 상태에서 농경민족의 단계로 변천된 과정과 왕권과 다윗정권의 확립과정을 알 수 있다. 또 열왕기를 통해서는 솔로몬 왕의 즉위와 그 후부터 BC 588년 칼데아인(Chaldean)에 의해서 멸망당할 때까지의 이스라엘과 유다(Judah) 두 왕국의 역사를 알 수 있다.

그러나 기독교의 입장에서 볼 때, 《구약성서》의 가치와 중요성은 이와 같은 역사적 사실 자체에 있지 않다. 역사적 사실은 단지 신의(神意)의 발현을 위한 수단이요, 매개에 불과하고, 본체가 되는 것은 그 역사적 사실들을 통하여 발현되는 신의 뜻(神意), 신의 계획, 그리고 신의 섭리다. 그러므로 《구약성서》상의 사실들은 기독교의 성립과 그 기독교적인 해석에 따라 비로소 의의를 지니게 된다.

이 같은 해석이 이루어지는 것은 사도 바울과 성 아우구스티누스에 의해서 이루어진다. 그리고 이들의 해석 과정을 통하여 유대 민족의 역사라는 특수사의 성격을 지니고 있었던 구약이, 앞에서 열거한 제반 종교와 사상이 가미되어 세계의 역사로, 그리고 그 자체가 하나의 역사철학으로 탈바꿈되게 된다.

초기 기독교의 역사관

기독교적 역사학의 의의

《역사학의 역사 입문(Introduction to the History of History)》의 저자인 셔트웰(Shotwell)이 지적하고 있는 바와 같이, 사상사에 있어서 기독교 사상의 성립보다 더 혁명적인 것은 없다. 왜냐하면 그로 말미암아 그 이전 시대에 이룩된 사상가들의 업적, 그리고 예술가, 철학자, 시인, 정치가들의 모든 작업의 결과가 일소되고 그 후에 인정된 것은 오로지 일체의 세속적인 것을 부정한 가운데서 성립된 예언과 복음뿐이었기 때문이다.

여하튼 기독교의 세계에서는 유대인의 성전들이 고대 문학을 밀어내었다. 이 같은 사상사의 혁명은 역사학의 역사에 있어서도 일어났다. 호메로스나 헤시오도스, 헤로도토스와 투키디데스, 그리고 폴리비오스나 리비우스와 같은 고대의 기라성과 같은 역사가들의 이름은 역사학의 역사에서 사라지고, 그들의 역사는 야만인들이 노변에서 행하는 잡담이나 옛이야기 거리인 전설 정도로 취급되었다.

이런 점에서 기독교와 더불어 서양사학사의 맥은 일단 끊어진 것이다. 과거의 사실을 취급하는 방법도 그것을 수집하는 일도, 그리고 그것을 배열해서 서술하는 방향이나 목적에 있어서도, 그리스 로마적인 전통은 단절된 것이다.

기독교는 이처럼 과거의 전통을 파괴시키고 난 뒤, 그 위에다 기독교적인 새 전통을 세운 것이다. 역사학의 경우도 마찬가지다. 그러므로 기독교의 역사학은 그 개념, 연구목적, 서술방법에 있어서 전혀 그리스·로마의 것과 상이하다.

그리스·로마에 있어서, 역사라는 용어가 조사·탐구를 의미했고, 그 연구목적이 인간에 의해서 이룩된 업적들을 후세인들이 기억할 수 있도록 남기기 위한 것이었는데 비하여, 기독교에서 역사는 이미 기억되고 있는 사실들을 해석하는 것이며, 그 해석을 통해서 그 속에 개재해 있는 신의(神意)나 신의 섭리를 포착하는 것을 목적으로 하는 것이었다.

그리고 그리스의 역사서술이 개별적 사건·사실을 중심으로 하는 서술이었고, 로마의 것이 로마라는 하나의 정치체제를 중심으로 하는 것이었는데 비하여, 기독교의 역사서술은 신의(神意)나 신의 섭리에 따라서, 창세기 아담 이래 예수 그리스도의 탄생에 이르는 여러 국가 사회가 신의와 섭리에 따라 흥망성쇠 되어 온 과정을 설명하는 것이었다.

그러므로 자연, 역사적 시간이 기독교적 역사학에 있어서는 길어졌다. 즉 그리스인들이 서술한 역사는 단지 개인의 1세대를 포괄하는 것이고, 로마의 역사가 150여 년 전의 과거까지를 소급하는 역사였는데 비하여, 기독교의 역사적 시간은 영원한 것이다. 여기에서 비록 그것이 신학에 부수된 것이긴 해도, 비로소 역사학은 종래의 사실 위주의 역사가 아니라, 본체로서의 역사를 인정하고, 그 본체로서의 역사가 어떠한 형태를 지니고, 어떠한 방향으로, 무엇에 의해서, 흘러가고 있는가 하는 역사의 과정을 연구의 대상으로 삼는 학문으로서의 성격을 갖기 시작한다.

그리고 기독교의 역사학은, 그것이 비록 인문주의적 요소가 결여되고 기독교적인 편파성을 지니고 있다는 결점을 지니고 있는 것이기는 하나, 인류의 역사를 세계사적인 입장에서 파악하려 하였다는 점에서, 오히려 고대의 역사학이나 근세의 역사학보다도 우월한 면을 보이고 있다.

여하튼 기독교의 출현과 그것의 타종교 및 사상에 대한 승리는 그리스·로마의 고전적인 문화의 종말인 동시에 서구문화의 '새로운 기원'이 되며, 그것은 역사학의 역사에 있어서도 마찬가지로 적용된다.

사도 바울의 역사철학

이상과 같은 기독교적 역사학의 신기원을 이룩한 인물이 사도 바울이며, 역사사상의 신기원을 이룩한 것이 바울의 역사철학이다.

사도 바울(라:Paulus, 희:Paulos, 영:Paul)은 본명이 사울이었는데, 그는 다른 예수의 제자들과는 달리 그리스의 스토아 철학에 대하여 깊은 지식을 소유한 지성인이었다.

그러므로 그는 초창기에 그의 눈으로 볼 때, 무지한 자들의 집단으로밖에는 보이지 않는 기독교인들을 박해하는 일에 있어서 급선봉에

셨었다.

그러나 기독교인에 대한 박해를 가하던 도중에 이적(異跡)을 체험하고 그의 이름을 바울로 개명한 후, 기독교의 사도가 되어 전도 사업에 나선 사람이다.

그는 3회에 걸친 대 전도여행을 행하면서 기독교를 전파했으며, 그때 가는 곳마다 편지를 보내어 그에 의하여 개종한 사람들의 신앙심을 고취했는데, 이렇게 해서 쓰이어진 것이, 로마인들에게 보낸 편지(로마서), 고린도인들에게 보낸 편지(고린도서) 등으로 이것은 27권으로 되어 있는《신약성서》의 절반이 넘는 15편이다.

물론 위의 바울의 편지가 모두 역사서는 아니다. 그러나 앞에서도 말한 바와 같이 기독교 자체가 역사 속에서 작용하고 있는 신의와 신의 섭리를 중심으로 이루어진 것이므로, 그 기독교 사상의 확립자인 바울의 편지 속에 강력한 역사성이 개재되어 있으며, 톰프슨이 지적하고 있는 것처럼, '바울이 지니고 있는 역사철학'(이것은 신[新] 스토아 사상[Neostoicism]과 기독교의 계시를 연결시킴으로써 성립된 것이다.)이 표현되어 있다.

바울의 역사철학을 이루고 있는 주요요소는 시대구분론, 종말론적 역사발전론 그리고 세계사에 대한 비유적 해석으로 분석될 수 있다.

〈로마서(Romans)〉 제5장 12절에서 21절까지의 내용에 의하면, 바울은 역사를 아담, 모세, 그리스도로 대표되는 3시기로 구분하였다.

여기에 나타난 바에 따르면, 아담 이전, 즉 역사적 시기라기보다는 오히려 관념적인 시기라고 해야 할 '아담의 타락' 이전의 시기는 제외하였다.

그리고 제1기, 즉 아담에서 모세에 이르는 시기는 무지(無知), 즉 야만의 시대로, 죽음이 모든 사람을 지배한 시대였다.

제2기는 모세의 율법에 의해서 시작되는 시기인데, 이 시기에는 율법이 죽음을 대신해서 모든 사람을 지배한 시대다.

그리고 제3기는 그리스도에 의해서 인도되는 시대인데, 그리스도로 말미암아 모든 사람이 신과 관계를 맺고, 그 신의 은총에 의해서 모든 사람이 살게 되는 시기이다.

그러나 바울의 사상에 의하면, 이상의 제3시기는 그 자체대로 목적이나 의미를 갖는 것이 아니다. 제1기는 제2기를 위해서, 제2기는 제3기를 위해서, 그리고 그리스도의 탄생과 십자가의 고난은 미래, 즉 종말에 있을 모든 인류의 구원과 최종심판을 위해서라는 철저한 목적론적 사관에 입각했다.

이를 다시 기독교적 입장에서 설명하면, 제1기에 인류가 죽음에 의해서 지배된 것은 모세의 율법을 만들기 위해서이고, 모세의 율법은 인류로 하여금 죄가 무엇인지 알게 하기 위한 것이고, 그리스도의 십자가 위에서의 죽음은 인류를 그 죄로부터 구원하고, 그 구원을 통해서 인류로 하여금 신과의 관계를 맺어 그 은총 안에 들게 하기 위한 것이다. 그리고 모든 인류가 신의 은총 안에 들게 되는 시기, 그것은 신의 계획과 신의 섭리가 끝나는 종말이 되는 것이다.

그러므로 바울의 역사사상의 근거가 되는 역사적 사실, 즉 아담에서 모세, 모세에서 예수에 이르는 기간의 역사적 사실은 주로 구약의 사실들에 의존하는 것이지만, 예수가 십자가 위에서 죽임을 당하게 된 역사적 배경 등은 일반적인 세속사(世俗史)에서 끌어들이지 않을 수 없었다.

그 때문에 기독교의 역사사상에 의하면, 로마 제국의 형성과 세계 통일도 신의 계획안에 있었던 것이다. 예수 그리스도의 출현과 기독교 성립을 목적으로 해서, 그 전제 단계로서 이루어진 신의 역사(役事)였다.

이 같은 모든 역사적 사건들은 인간의 의지에 의한 것이 아니라, 때가 차면(in the fullness of time) 이루어지는 신의 계시의 현현(現顯)에 불과한 것이다. 여기서 기독교적 역사학은 해석, 즉 비유적인 해석이 요구된다.

초기 기독교의 역사서술 방법

초기 기독교는 부자나 귀족이나 지식계급의 종교가 아니라, 가난하고 천스럽고 무지한 대중의 종교다. 그것은 예수 자신의 신분이 가난한 목수의 아들이었다는 점이나, 그를 따르던 12제자의 대부분이 어부 등 근로자였으며, 또 그것이 전파되고 있던 당시, 로마 제국의 사회적 정황이 극심한 빈부의 격차로 대중과 귀족이 완전히 괴리되어 있었고, 기독교는 그중의 가난한 자들을 규합하였다는 점을 보아서도 명백해진다.

그런데 지적 수준이 낮은 사람일수록 논리나 직설적인 이론보다 사례나, 우화적·신화적인 것을 좋아한다. 아니 그런 것이 아니면 지식으로서 받아들일 수 있는 능력이 없는 것이다.

세계사상 단위 문화가 흥망성쇠를 거쳐 가는 과정에 있어서 초기 단계, 즉 문화적·지적으로 저급했던 초기 단계에 출현한 모든 지식(문학, 철학, 역사)이 대부분 우화적이고 신화적이었다는 사실은 바로 이때문인 것이다.

그리스 초기의 것이 그랬고, 또 그리스가 멸망하고 새로운 야만족에 의해서 세워진 로마 공화정 당시의 것이 그랬다. 그러니 로마의 멸망을 딛고 일어선 기독교, 로마인에 의하여 무시되고 억압되던 유대인과 로마의 빈민과 무지한 게르만 인들을 중심으로 하는 기독교의 문화 활동, 포교 활동이 우화적이고 신화적인 방법을 쓰게 되었다는 것은 극히 당연한 길이다. 그러므로 기독교의 경전이 되고 있는 성서는 많은 기적과 이사(異事)로 구성되었으며, 신화로 가득 차 있다.

그러나 지식인들에게는 이것이 못마땅하게 생각되었다. 더욱이 기질적으로 학문적인 그리스인들에게는 예수가 무학의 시골 노동자요, 그의 측근자들과 제자들이 어부였다는 점에 대해서 불만을 갖지 않을 수 없었다.

그러므로 그들로서는 그들이 믿는 예수를 단지 인간 예수가 아닌 높은 형이상학적인 존재, 즉 플라톤의 로고스와 같은 것으로 해석하려 하였다. 물론 이러한 형이상학적 해석은 논리적으로 극단적인 데까지 발전하여 이교인 그노스티시즘(Gnosticism)으로 되었다.

그러나 그리스 철학과 스토아 철학에 대하여 깊은 이해를 가지고 있었던 바울로서도 그 같은 성서상의 우화와 신화를 액면 그대로 받아들일 수는 없었을 것이다. 때문에 그는 성서를 비유(allegory)로 보고, 그것을 해석함으로써 이해하였다.

예를 들면, 바울은 인류의 시조인 아담을 예수의 한 가지 표상으로 보았다. 아담의 원죄(the Sin) 때문에 인류의 운명이 죽음으로 다스려지게 되었다고 하면, 그의 표상인 예수도 그의 사랑으로 인류를 구원하게 되는 것이다. 다시 말하면 아담이 인류에게 지은 죄를 다시 예수로 태어나서 사(赦)하게 해 준다는 말이다.

한마디로 기독교적 역사학에서는, '영감(靈感)에 의해(inspired)' 쓰이어진 진술(statement) 속에 숨겨져 있는 내용과 의미를 찾아내지 않으면 안 되었고, 이러한 필요에 따라, 비유(allegory)와 상징법(symbolism)이 종래의 공정하고 비판적인 분석을 대신해서 역사적 방법론의 기초가 된 것이다.

《구약성서》에 대한 비유적(allegorical) 해석법을 추진 발전시킨 것은 알렉산드리아의 유대인인 필로 유다에우스(Philo Judaeus)이며, 이것이 처음으로 나타나게 된 것은 《묵시록(the Book of Revelation)》, 《바르나바의 서간집(The Epistle of Barnabas)》과 《헤르마스의 목자(The Shepherd of Hermas)》 등에 보이는 기독교인들의 글에서다. 그리고 이러한 방법이 교부들 사이에 퍼지기 시작한 것은 알렉산드리아의 교부 오리게네스(Origenes, 186~255)에 의해서다. 그리고 이러한 비유적인 경향은 교부들에게 일반적인 것으로 수용되었고 드디어는 중세의 역사서술의 기본적인 양식으로 되었다.

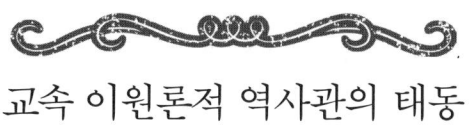

교속 이원론적 역사관의 태동

　기독교적 역사가들이 해야 할 제일의 과제는 기독교 신앙의 역사적 배경을 제시하고 교회사(Sacred history), 즉 유태의 역사와 기독교의 역사의 중요성과 정통성을 확립시키는 일이었다. 그러므로 이들이 모든 과거사의 실마리를 유대교와 기독교의 역사적 발전에서 찾아야 했다는 것은 당연한 일이다.

　그 결과, 초기 기독교적 역사가들이 극히 편파적인 견지에서 역사를 보아 기독교와 관련이 없는 역사, 이를테면 이교적 여러 국가들의 기록 중에 있는 역사적 사건을 역사에서 배제하였다거나, 아니면 취급한다 하더라도 극히 왜곡시켜 취급하였다. 예를 들면 세속적인 인간들의 행위 그 자체를 타락적인 것으로 몰아붙이다가, 피다고라스(Pythagoras)와 플라톤은 모세로부터 지식을 습득하였고, 세네카는 바울의 제자라는 식으로 왜곡시켰다.

　그러나 교부들의 교훈에 의하면, 기독교는 세계가 처음으로 창생될 때(The foundation of the world)부터 숙명적으로 성립되도록 예정되어 있었던 것이고, 또 그것은 보편적 종교, 전 인류의 종교로 되도록 되어 있었던 것이다.

　이러한 기독교의 역사학이 어떤 민족사나 종족의 역사 또는 국가의 역사와 같은 특수역사를 다루는 것으로 끝날 수는 없는 것이고, 그것은 숙명적으로 세계사, 즉 아담에서 현재에 이르기까지의 인류의 발전과정에 대한 해설을 전제로 하는 보편적 역사를 다루는 것이 아니면 안 되었다.

이 때문에 기독교 역사가들은 편파적이고 미시적(微視的)으로 역사를 서술할 수만은 없었다. 비록 기독교적 편파의식에서 기독교 신앙을 설명하기 위한 것이라 하더라도 이교 세계의 역사를 도입하지 않을 수 없었다.

여기서 교회의 역사서술의 구조적인 노력은 그리스 로마의 역사를 유태와 기독교의 역사와 동시대화(同時代化, Synchronize) 시키고, 그렇게 해서 인류의 보편적인 역사를 구성하려는 것이었다.

이 일을 처음으로 시도한 사람은 아프리카누스(Sextus Julius Africanus, 180?~250?)였다. 처음으로 인류의 과거사를 기독교의 필요와 전망에 맞추어 조화시키는 노력을 시도하였다. 그는 연대기표(Chronographia)라는 5권으로 된 저서를 내었는데, 여기서 그는 창세기로부터 AD 221년에 이르는 기간의 유대인의 과거와 이교세계의 과거를 개괄적으로 기술하였다. 그는 이 책을 저술함에 있어서 사용한 사료도 기독교적인 것만은 아니다. 그는 이교적인 것, 이를테면, 마네토(Manetho), 베로소스(Berossos), 아테네의 아폴로도루스(Apollodorus) 그리고 티베리우스(Tiberius)의 요세푸스(Josephus) 유스투스(Justus)와 같은 이교적인 역사가들의 기록을 활용하였다. 이렇게 해서, 아프리카누스는 유대 민족과 이교적 민족들의 연대기를 간략한 형태로 요약하였다.(물론 여기서 우선적인 중요성은 유태의 기록에 두었지만.)

그러나 이러한 기독교적 역사서술의 경향이 본격화되는 것은 콘스탄티누스 황제(AD 313)에 의하여 기독교가 공인을 받게 된 뒤, 즉 기독교가 명실상부하게 세계 인류의 보편적 종교로서의 위치를 굳히게 되면서부터다.

이때에 나타난 천재적인 역사가, 교회사의 아버지(the father of ecclesiastical history)라 불리는 유세비오스(Eusebius Pamphilus, AD 260?~340?)다.

유세비오스는 젊은 시절부터 팔레스타인(Palestine)의 카이사레아(Caesarea)에서 살면서 오리게네스파의 신학자인 팡피두스를 사숙(私熟)하였다. 310년 디오클레티아누스 황제에 의한 기독교의 박해 때, 팡피두스가 살해된 후에도 유세비오스는 그의 지조를 지켜나갔으며 그 후 311년에는 카이사레아의 사교(司敎)가 되었다. 그는 콘스탄티누스 황제와 개인적인 친분을 가지고 있었으므로 그가 황제로 즉위한 뒤에는 그의 종교 정책에 조언을 하였으며, 니케아 종교회의 때는 중도적 입장을 취하면서 활약하였다. 그리고 이 회의의 결의문을 기초하였다.

카이사레아에는 로마 세계에 있어서 가장 훌륭한 기독교적인 도서관이 있었다, 이것은 디오클레티아누스 황제의 박해 때에, 모든 기독교적인 문서들이 소각되어 버렸는데도, 그 곳에는 풍부한 기독교적 문서들이 남아 있을 수가 있었다. 이에 더하여 유세비오스는, 뒤셴느의 말과 같이, 학문에 열성이 있는 사람이었다. 고로 그는 도서관에 파묻혀 모든 지식을 흡수하였다. 교회사는 물론 세속 세계의 역사, 고대 문학·철학·지리학·수학적 계산·성서 해석 등에 능숙하였다.

이렇게 해박한 지식을 바탕으로 해서 그는 《연대기(Chronicle)》 2권과 《교회사(Ecclesiastical history)》 10권, 그리고 《팔레스타인의 순교자들의 생애(Lives of the Martyrs of Palestine)》 등을 썼다.

그중 《연대기》 제1권은 〈연대기표(Chronographia)〉인데 이것은 각국의 전통적인 역사가들의 작품으로부터 발췌한 사료를 근거로 한 세계사(Universal history)의 개요와 유태민족과 이교도들의 역사를 연대기학적인 체계로 요약한 것이다. 이러한 유세비오스의 작업은 주로 아프리카누스의 초기 저술을 모방 내지는 계속하는 데서 이루어진 것이다.

여기서 아브라함의 출생(BC 2016)에서부터 콘스탄티누스 12년(AD 329)까지의 역사를 비교연표(比較年表)로 서술하였다. 이 서술은 5분법(五分法)에 의한 시대구분에 따르고 있는데, 그것을 요약하면 아래와 같다.

제1기: 아브라함에서 트로이(Troy) 함락까지
제2기: 트로이의 함락에서 첫 번째 올림피아드(Olympiad)까지
제3기: 올림피아 기에서 다리우스(Darius) 2년까지
제4기: 다리우스 2년에서 그리스도의 사망까지
제5기: 그리스도의 사망에서 콘스탄티누스 대제 12년까지

이상의 세계사를 서술함에 있어서 유세비오스는 그리스나 로마시대에 일류의 역사가나 가장 유능하다고 인정된 역사가들의 업적들은 간과해 버리거나 무시했다.

그러나 그에게 있어서 무엇보다도 주의해야 할 것은, 교회와 이교도의 역사를 병행시켰다는 사실이다. 즉《연대기》제1권에서 평행선으로 구성된 난을 만들어, 그 왼편 난에는 교회사를, 오른편 난에는 이교도의 역사를 배열시킴으로써 두 가지 세계의 역사를 동시대적(Synchronous)으로 대비시켰다.

이로써 기독교의 교회사만이 독존할 수 있는 것이 아니라 그와 더불어 세속세계의 역사가 병존한다고 하는 교·속 이원론적 세계사관을 태동시켰다.

이는 세속 권력의 최고봉인 로마 황제 콘스탄티누스의 인정을 받고, 그를 통해서 기독교의 공인이 이루어진 시기에 이루어진 기독교적 역사학의 일대 전진이다. 그리고 그리스도의 죽음 이후 줄곧 타종교 및 사상과 투쟁을 하지 않으면 안 되었던 기독교가 드디어 최종적인 승자의 위치를 확보하고, 이제는 모든 인류와 모든 종교 및 사상을 포용해야 하는 입장에서 취하지 않을 수 없었던 일종의 관용이라 해야 할 것이다.

그러므로 그는 콘스탄티누스 황제를 높이 받들어 모셔서 심지어는 그를 아브라함이나 예수와 동열에 놓았다. 그에 따르면 콘스탄티누스 황제 이후의 로마는 아우구스투스의 이교도 제국이 아니라 아브라함과 그리스도 위에 세워진 제국인 것이다.

또 그에 의하면, 콘스탄티누스 황제의 대권(Imperium)은 신으로 부터 받은 신성한 주권이며, 신을 대신해서 세상사를 다스리는 권력이며, 황제는 신국(神國)의 모형에 따라서 로마의 정부를 조직하였다는 것이다. 이로써 유세비오스는 교권과 황권을 연결시켰으며, 교회와 국가를 연결시켜 앞으로 있을 교회와 세속의 관계(敎俗關係) 및 왕권신수설의 기틀을 마련하였다.

그러나 이《연대기》는 그의 후에 보다 위대한 저술, 즉《교회사(Ecclesiastical History)》를 쓰기 위한 개요에 불과했다. 이 책의 내용을 주제 별로 구분하면, 알렉산드리아, 로마, 안티오키아, 예루살렘의 위대한 사도들의 견해, 그 시대에 살았던 가장 중요한 교회 인물들, 이를테면 사제들, 저술가들, 이단자들의 인간성, 예수시대에서부터 하드리아누스(Hadrianus) 황제의 집정기에 유대인들의 최종적 반란까지의 유대인의 역사, 그리고 네로 황제로부터 디오클레티아누스 황제까지의 박해의 역사로 되어 있다.

물론 이 책은 그가 기독교를 옹호하기 위해서 쓴 것이다. 즉 이교도들의 비난에 대해서 기독교는 참된 신의 종교요, 능력 있는 종교라는 것을 보여주고 변호하기 위해서 썼다.

그러므로 그는 초대교회가 저지른 해악(害惡)보다 선행을 그리려 하였고, 부끄러운 일보다 영광된 일을 서술한 것이다. 그러나 박학한 그로서는 맹목적으로 기독교를 옹호한 것만도 아니었다. 그는 당시대의 사람으로서는 놀라울 정도로 과학적인 입장을 취하여 기사(奇事) 이적(異跡)에 대해서 회의적이고 비판적 태도를 취하였다.

이상에서 논한 유세비오스의 역사학적 업적은 그 후에 그의 저서, 즉 그리스어로 되어 있는 유세비오스의《연대기》를 라틴어로 번역하여 서방의 지식인들이 읽을 수 있게 만들어 놓은 제롬(Jerome)을 거쳐서 아키타인의 프로스퍼(Prosper of Aquitaine), 스페인의 사제의 이다티우스(Idatius), 아프리카의 수도승인 빅토르 토넨넨시스(Victor

Tonnennensis), 그리고 세계사를 천지 창조의 6일 과정에 맞추어 6분법으로 시대구분을 한 이시도르(Isidore) 등을 거쳐, 신국론(神國論)의 자자인 아우구스티누스로 연결된다.

그런데 이상의 일련의 기독교적 역사가들, 특히 세계사를 기독교적인 입장에서 종합시키려는 노력을 행한 역사가들에게는 공통된 두 가지의 주요 성격이 있다. 그것은 그 역사들이 모두 히브리 역사에 대해서는 이치에도 맞지 않는 편파적 중요성을 부여하고, 객관적인 역사학적 전망을 가지고 쓰이어진 이교도의 문명에 대해서는 적대의식을 가지고 쓰이어졌다고 하는 것이다. 그리고 이 같은 견해는 다시 아우구스티누스에게서 이른바 '신의 도시의 역사'와 ' 지상 도시의 역사'라는 이원론적 역사관으로 확립된다.

아우구스티누스의 역사관

중세 기독교적 역사학의 특징과 의의

　일반적으로 기독교적 세계인 중세에서는 역사학이 발달하지 못하였다고 한다. 그것은 중세가 기독교에 의해서 지배된 시대이고 기독교에서는 역사학보다는 신학을 더 앞세우지 않을 수 없었기 때문이다. 그러므로 역사학의 존재는 신학을 위해서라는 대전제 앞에서만 가능했던 것이다. 이런 점은 철학이나 과학, 정치학이나 경제학 등 모든 학문이 다 같이 당면했었던 운명이었다.

　그러나 이 문제를 논의할 때, 우리가 다시금 생각하지 않으면 아니 될 것은 역사학이 없이는 기독교신학은 존재하기 어렵다는 사실이다. 따라서 기독교적인 세계에 역사학이 있다 없다하는 문제는 그에 앞서 '역사학이란 과연 무엇인가' 하는 것이 전제되어야 한다.

　보통 중세의 기독교적 역사학이 역사학으로서 발전하지 못했다고 할 때, 그것이 지니는 역사학으로서 부적합성을 내세워 주장한다. 즉 그리스·로마의 역사학과 근대역사학의 역사학적인 것, 사실에 대한 조사·탐구와 그것에 대한 과학적인 비판과 객관적 이해, 및 그 서술이었다는 점에서 중세적 역사학은 차이점을 갖는다.

그런데 서양근대의 사상이 중세 기독교적 체제에 저항해서, 고대시대의 것을 재생시키고자 하는 노력에 의해서 비롯된 것이라고 하는 점을 감안할 때, 과연 그 '근대적'이라는 용어로 대표되는 그리스·로마적인 역사학이 역사학의 유일무이한 분야이며, 거기에서 활용된 방법이 절대적인 방법이며, 또 단순히 과거에 발생했던 사실을 객관적으로 인식하고 그것을 기계적으로 수집 편찬해 놓는 것이 역사학의 지향해야 할 목표이겠느냐 하는 데는 문제가 없을 수 없다.

물론 필자는 이상에서 나열한 그리스·로마의 역사학 그리고 근대적 역사학이 역사학의 범위에서 벗어난다거나, 또는 그러한 역사학이 무가치하다거나 한 것을 주장하는 것은 아니다.

다만 여기서 명백히 하고자 하는 것은 중세 기독교적 역사학도 역사학으로서의 중요한 일면을 지니고 있으며, 역사학자가 도달해야 할 또 하나의 중요한 목표를 설정하고 있다는 점을 인정해야 한다는 것이다.

혹자는 기독교적 역사학은 교회사 위주로 되어 있고, 그 밖의 이교도의 역사는 하나의 적으로 간주하거나 무시한 채로 성립되어 있다는 기독교적 역사학의 편파성을 들어서, 그것의 과학적 역사학으로서의 자격에 대해서 의문을 표시한다.

그러나 이것은 지금까지 쓰이어진 모든 역사가 가지는 공통적 결함이다. 다만 고전시대의 역사나 근대의 역사가 민족적 또는 국가적 또는 지역적 편파성에 입각해서 쓰이어진 것인데 비하여, 기독교인 역사는 기독교적이라는 사상적 편파성을 나타내고 있을 뿐이다.

헤로도토스의 《페르시아 전쟁사》나 투키디데스의 《펠로폰네소스 전쟁사》는 이집트인이나 게르만 인에게는 의미가 없는 것이다. 우리는 근대 역사학의 아버지라 자칭되고 있으며, 객관적인 역사학을 주창한 것으로 유명한 랑케가 '동양에는 역사학이 존재하지 않는다.'고 한 망발을 기억하지 않으면 아니 된다.

중세 기독교적인 역사학이 기독교사상 내지는 신학의 범주를 벗어나지 못했다는 사실에 대한 또 한 가지 변명이 있을 수 있다. 그것은 모든 학문은 그 시대를 지배하고 있는 일반적 사상에 의하여 영향을 받는다는 것이다. 따라서 중세의 역사학의 '기독교적'이었다고 하는 것은 그리스의 역사학이 실체론(Substantialism)에 입각해 있었으며, 로마의 역사학이 스토아 철학의 영향을 크게 받고 있었다는 사실이나 다를 것이 없다.

한마디로 중세 기독교적인 역사학의 관점에 따라 역사학으로서의 많은 결격사유를 가지고 있는 것이 사실이지만, 그럼에도 불구하고 그것은 그 이전의 역사학, 이를테면 헤로도토스, 투키디데스, 폴리비오스, 리비우스 그리고 타키투스의 역사학에서 이루지 못한 역사학의 중대한 발전을 이룩했다.

그중 가장 중요한 것은 인류의 역사를 하나의 보편과정으로 이해함으로써 본체로서의 역사(이것을 기독교에서는 신의 또는 신의 섭리로 말한다)에 접근하였다는 것이다. 이 같은 역사학 사상의 공훈을 이룩한 사람은 두 말할 나위도 없이 아우구스티누스다.

아우구스티누스의 사상적 배경

　아우구스티누스(Aurelius Augustinus)는 AD 354년 북부 아프리카의 누미디아(Numidia) 주 타가스테(Tagaste)라는 조그마한 읍에서, 마니교(Manichaeism)를 믿고 있던 아버지 파트리시우스(Patricius)와 열성적인 기독교도 모니카(Monica)에게서 태어났다. 이처럼 아우구스티누스는 태어날 때부터 이원적 세계의 대립 속에서 태어난 것이다. 그는 입신양명을 바라는 그의 부모의 요청에 따라 카르타고(Cartago)의 마다우라(Madaura)에 유학하여 라틴어, 히브리어, 그리고 라틴 고전을 익히고 수사학을 배웠다. 이때에 그는 어떤 여인과 동거 생활을 하게 되어 18세 때, 아들 아데오다투스(Adeodatus)을 갖게 되었다. 그뿐만 아니라, 결혼을 약속하고, 15년간 동거하던 그 여인과 이별한 뒤에 또 다른 여인과 불의의 관계를 맺었다. 그러나 이때에 그는 키케로의《호르텐시우스(Hortensius)》를 읽고, 종래에 배우던 수사학에서 철학으로 관심을 돌리게 되었다. 즉 말재주를 배우는 수사학에서 참된 진리를 추구하는 학문인 철학으로 그의 관심이 전환된 것이다.

　여기서 그가 받아들인 철학은 마니교(Manicheism)의 교설이었다. 이 당시 그의 정신을 사로잡고 있었던 문제는 '신은 완전히 선하다'는 기독교의 교리였다. 그런데 의문이 든 것은 신은 전지전능하고 완전히 선한 존재인데, 어찌해서 현실 세계에는 그렇게 많은 선한 자와 악한 자들이 있는가 하는 것이었다.

　이 문제의 해답을 그는 마니교의 이 원론, 즉 선의 원리로서의 광명의 신인 오르마즈드(Ormazed)와 악의 원리로서 암흑의 신인 아리만

(Ahriman)의 대립투쟁으로 이루어졌다고 하는 이원론에서 찾으려 하였다.

그 때문에 그는 어려서부터 신앙하던 기독교를 버리고 마니교로 개종하였다. 그러나 이러한 마니교의 이론도 아우구스티누스의 진리추구를 향한 마음을 만족시켜 줄 수는 없었다. 선과 악을 동시에 관장하는 제3의 존재를 가정하지 않고는 그 이원론 자체도 의미를 가질 수 없었기 때문이다.

그러던 중 밀라노 시(市)의 주교였던 암브로시우스(Ambrosius)의 설교를 듣고 난 뒤 마음속에 환희를 얻고, 다시 기독교로 개종하였다.

그러나 그 뒤에도 수년간 사상적 투쟁과 방랑을 거친 뒤 우연한 기회에 히포(Hippo)의 주교 발레리우스(Valerius)의 추천으로 성직자가 되었고, 발레리우스의 사후에는 그의 후계자로서 히포의 주교가 되었다.

여기에서 그의 생활은 안정을 얻었고, 그 이전에 정신적 방랑과 고뇌를 통해서 얻어진 지혜와 지식, 그리고 신앙심은 수많은 논문들과 저서를 통해서 발표되고 세상에 소개되었다.

아우구스티누스는 AD 430년 8월 76세의 나이로 죽을 때까지, 무려 113권의 저서와 논문, 그리고 200편의 서간문을 남겼다. 그중에서 가장 긴 저서로서는 《고백록(Confessions)》과 《신국론(De civitate Dei)》이 있다. 그러나 그중 대부분의 것이 신학에 관련된 것들이고 본서에서 논급될 수 있는 것은 그의 만년에 14년이라는 세월을 소비하여 완성한 《신국론》과 《고백록》 중 11·12권뿐이다. 그러면, 이 저서를 쓰게 된 동기는 무엇이고 그 속에 담겨진 사상은 어떤 것인가?

이 책이 쓰이어진 것은 '영원한 도시'라고 지칭되던 로마가 몰락하던 시기였다. 즉 로마는 콘스탄티누스 대제 이래 점차 몰락의 과정을 밟게 되어, 드디어 테오도시우스(Theodosius) 황제 때에는 게르만 민족들의 위협으로 황제가 콘스탄티노플리스로 퇴각하여 로마가 동서로 분리되었고, 이어서 서(西)고오트족이 3차에 걸쳐서 로마시를 공격하여 로마의 성문이 깨어지기에 이르렀다.

이러한 당시의 상황을 아우구스티누스는 아프리카 북안의 히포에서 보았다. 그가 직접 침략을 받거나 피난민이 된 것은 아닐지라도, 그는 로마에서 아프리카로 피난 온 로마인들을 통해서 로마의 멸망을 들었고 또 그 원인을 생각하였다.

그는 로마의 몰락 원인이 도덕적 타락과 부패에 있다고 생각하였다. 로마가 게르만 민족의 침공을 받아 아프리카로 피난 온 로마의 귀족들과 상류계급들이 현실을 망각하고 피난지인 그 곳에서도 환락가를 찾아 헤매는 것을 보고, 그는 분개하여 다음과 같이 질타하였다.

"오! 정신없는 자들아! 동방(아프리카)의 모든 국민들이 로마의 함락을 슬퍼하고, 먼 지방 사람들도 로마의 재난을 슬퍼하는데, 너희들은 우선 극장을 찾아다니며 전보다 더 미친놈들처럼 날뛰다니! 너희들의 병든 마음, 파괴된 정직, 일찍이 스키피오가 두려워했던 것이 아니냐?"

그리고 그는 이 같은 로마인이 부패·타락하게 된 원인이 로마인들이 기독교를 믿지 않고 우상을 숭배하기 때문이라 생각했고, 로마가 멸망하게 된 것은 기독교가 성립되기 이전부터 로마가 지니고 있었던 세속적인 요소로 구성된 전통의 필연적 결과라고 생각했다. 이러한 입장에서 그는 다음과 같이 우상 숭배자들의 도덕적 타락을 경계하였다.

> 우상을 숭배하는 자는 선을 존경하거나 국가의 보전을 생각하지 않는다. 돈 모으는 방법을 강구하고, 가난한 자를 부자에 복종케 한다. 왕의 관심은 선에 있지 않고, 그의 백성을 어떻게 복종시키느냐에 있다. 밤낮 먹고 마시고 취하고 춤 구경을 하는 이외에 다른 것을 구하지 않는 로마의 우상숭배자들의 소행이다.

아우구스티누스는 바로 이러한 역사적 상황 속에서 《신국론》을 썼고, 여기에 피력한 그의 역사철학은 바로 이 같은 로마의 멸망에서 받은 인상을 역사적으로 그 원인을 찾고, 그것의 역사적 의미를 신학적인 입장에서 해석하려는 데서 비롯된 것이다.

신의 의지와 인간의 자유의지

우리는 앞에서 사학사의 흐름은 역사학의 목적을 사실의 조사·탐구와 그것의 정리·배열에 두고 있는 호메로스-헤로도토스-폴리비오스-리비우스-타키투스 등으로 연결되는 하나의 계통과, 본체로서의 역사를 인정하고, 그것의 형태, 본질, 변천과정 및 그것의 법칙성 등을 추구하는 헤시오도스-헤라클레이토스-투키디데스-플라톤 등으로 연결되는 또 하나의 계통으로 이루어졌다는 점을 명백히 하였다.

이상의 양대 계통 중에서 아우구스티누스가 관계를 가지고 있는 것이 있다면, 그것은 후자, 즉 역사의 본체를 추구하는 계통이다. 그는 플라톤의 사상을 이어받았다. 물론 일반적인 기독교 사상에 있어서 신플라톤주의(Neo-Platonism)의 역할이 대단히 컸다고 하는 것은 이미 언급한 바이지만, 특히 아우구스티누스의 철학에 있어서 플라톤 사상의 영향은 큰 것이다.

아우구스티누스는 '플라톤주의자들(Platonists)은 신(God)이 창조주(Creator)인 것과 그로부터 만물이 유래된 것이며, 또 그 신 자신은 창조된 것도, 어디에서 유래한 것도 아니라는 것을 깨닫고 있었다.'고 했으며, 또 '그들은 어떤 존재가 있으며 그 존재 안에는 불가변의, 그리고 비교할 수 없는 원형(the original form)이 존재하고 있음에 틀림없다는 것을 알고 있었으며, 또 만물의 근원은 창조되지 않은 어떤 존재이며, 오든 피조물의 원천이라는 것을 그들은 믿고 있었다.'고 플라톤주의자들의 사상을 자기 나름대로 이해함으로써 그들의 이데아(Idea) 사상과 그의 신의 개념을 일치시켰다.

플라톤에 따르면, '이데아(Idea)는 원형이고 사물은 그 모상(模像)이다.' 이것을 확대 해석하면, 세계라는 현상계는 세계라는 이데아의 모상이다. 그런데 아우구스티누스에 따르면, '인간은 신의 모상'이다. 그리고 세계의 변화로 이끌어져 가는 역사는 그 인간에 의해서, 즉 그 인간의 행위에 의해서 엮어진다. 고로 역사는 신이 그의 모상인 인간의 행위를 통해서 이룩한 신의 예술작품이다.

어쨌든 아우구스티누스의 역사를 보는 눈은 사실이나 사건 자체를 하나하나로 보는 헤로도토스적인 것이 아니라, 그 사건이나 사실들로 구성된 역사 자체를 보며, 그것의 표면 또는 내면에서 작동하고 있는 원리 또는 실체를 포착하려는 헤라클레이토스적인 것이다.

이러한 아우구스티누스의 역사관을 한마디로 정의하는 것은 벅찬 일이다. 그러나 논리의 전개를 위하여 요약한다면, 아우구스티누스가 생각한 역사란, 아담과 하와가 신에 의해서 창조되고 그들이 금단의 열매, 선악과를 따먹는 원죄를 짓게 된 이래, 그들의 후손인 인류가 신의 의도 또는 섭리에 따른 삶을 살아 현재에 이르기까지 엮어 온 과정이며, 또 신의 의도 또는 섭리가 완성된 종말까지 진행되어 갈 미래적 과정 그 자체다.

이러한 아우구스티누스의 역사를 이해함에 있어서 우리가 반드시 짚고 넘어가야 할 몇 가지 문제가 있다. 그 첫째가 시간관이며, 둘째 이원론, 셋째가 종말론이다.

아우구스티누스가 생각한 시간관이나, 그의 시간에 대한 철학은 《고백록》제11권에서 주로 서술되어 있다. 여기서 그는 '시간마저 당신이 내신 바이니, 당신께서 아무 것도 하시지 않은 그 시간이란 도시 없는 것입니다. 또한 어느 시간도 당신과 같이 영원할 수 없는 것이, 임은 항상 계시기 때문이니, 시간이 만일 항상 된다면 이미 시간이 아닐 것이다.'라고 하여 시간은 신에 의해서 창조된 시작과 끝이 있는 것이라는 점을 지적하였다.

그리고 이이서 그는 '흘러가는 무엇이 없을 때 과거의 시간이 있지 아니하고 흘러오는 무엇이 없을 때, 미래의 시간도 있지 아니할 것이며, 아무 것도 없을 때, 현재라는 시간도 있지 아니할 것이다.'라고 하여 시간의 존재는 변천하고 있는 현상의 변천 과정과 더불어 있음을 가르치고 있다.

이것을 종합해 보면, 아우구스티누스가 말하는 시간이란 신에 의해서 세계가 창조될 때에 함께 창조된 것이며, 세계가 변천과정과 더불어 흘러서 역사가 종말에 이르게 되면 끝나는 것이다.

이를 비유해서 설명하면, 그의 시간은 곧 연극상의 시간과 같다. 연극에 있어서 막이 오르면 연극상의 시간은 시작된다. 그리고 그것은 무대에서 연기하는 배우의 행위가 진행되고, 그 진행에 따라 무대장치가 변화되어 감에 따라 시간은 흘러가고 연극이 끝나고 막이 내리면 시간은 끝나는 것이다.

여기에서 다시 문제로 되는 것은 그 시간과 신과의 관계이다. 이에 대해서 아우구스티누스는 '모든 시간 이전에 당신은 영원하사 모든 시간의 창조주이시며, 그 어떠한 시간이라도 당신과 같이 영원할 수 없으며……'라고 하여, 신은 시간을 초월하는 무시간적 존재이며 시간의 창조주임을 밝혔다. 즉 신에게 있어서는 이전이라든가, 이후라든가, 하는 것이 있을 수 없고, 다만 영원한 현재만 있을 뿐이다.

신은 시간의 시작과 끝을 한 눈으로 보며 그 시작과 끝을 연결하는 시간상에서 이루어지는 역사(인간사의 변천과정)을 또한 한눈으로 본다. 그러므로 신은 역사상에서 인간의 행위를 예견할 수 있다. 이는 마치 연극에서 연출가가 연극의 모든 과정을 기억하고 있으며 배우들이 무엇을 했으며 앞으로 무엇을 어떻게 할 것인가를 미리 알고 있는 것과 같다.(이 문제가 그래도 이해되지 않는 독자가 있다면 지금 곧 책을 덮고 롯데빌

딩 전망대에 올라가서 무교동 거리에 달리고 있는 자동차의 대열을 보고 스스로 신의 입장을 체험해 보라.)

그런데 인간에게 있어서 시간은 신에게 있어서 인간과 같지 아니하다. 인간은 시간을 생각한다. 과거와 현재 그리고 미래를 생각한다. 그러나 그들이 보는 것은 오로지 현재뿐이다. 이 점을 아우구스티누스는 다시 이렇게 표현하고 있다.

> 이제야 비로소 똑똑히 밝혀진 것은 미래도 과거도 있는 것이 아니라는 것입니다. 따라서 과거·현재·미래라는 세 가지 시간이 있다고 말함에 옳지 못할 것이다. 차라리 과거의 현재, 현재의 현재, 미래의 현재, 이렇게 세 가지 때가 있다는 것이 그럴듯할 것입니다. 이 세 가지가 영혼 안에 있음을 어느 모로나 알 수 있으나, 다른 데선 볼 수 없사오니, 즉 과거의 현재는 기억이요, 현재의 현재는 목격함이요, 미래의 현재는 기다림입니다.

마치 자동차의 대열 속에 있는 운전수가 자기가 지나온 경로를 되돌아 볼 수 없고, 앞으로 나아가야 할 길을 미리 내어다 볼 수 없듯이 다만 기다란 자동차의 대열 가운데 지금 그가 달리고 있는 위치에서 자기 앞에 달리는 자동차의 꽁무니와 백미러에 비치는 뒤의 자동차만을 보고 자기가 지나온 길을 생각하고 앞으로 가야할 목표를 예측하면서 자동차 대열에 따라 가속페달을 밟아야 되는 것처럼, 인간은 역사의 대열, 시간의 경과 속의 현재에 위치해 있으면서 앞을 향하여 생활해 나가고 있는 것이다. 자동차가 길 아닌 곳으로 갈 수 없는 것처럼 인간은 역사라는 신에 의하여 미리 설정된 궤도를 벗어나지 못한 채 살아가고 있는 것이다.

여기에서 신과 인간의 관계, 신의 의지와 인간의 자유의지의 관계가 문제로 된다. 앞에서 언급한 바와 같이 신은 시간과 더불어 그 위에서 변천해 가는 세계를 창조하였다. 그리고 그 세계의 변천과정은 시간의 시작에서 출발하여 시간의 끝을 향하여 진행되어 가는 과정이다. 이 과정 자체가 신의 의지를 표현하는 방법이며 그 과정 속에서 신의 섭리가 작동한다. 그러나 신은 그러한 의지와 섭리를 스스로 실현, 작동시키는 것이 아니라 인간을 내세워서 그로 하여금 하게 한다. 즉 신은 인간을 창조했고 그 인간으로 하여금 행동을 하게하고 그 행동, 행위로 엮어진 역사를 이룩하며 그 역사를 통해서 그의 의지를 실현한다는 것이다. 이런 점에서 인간은 신의 뜻과 섭리를 실현하기 위해서 신에 의하여 고용된 하수인(agent)인 것이다.

그러나 인간은 그 나름대로 자유의지를 가지고 있다. 그는 스스로 행하고 있는 행동·행위는 스스로 자신이 이성으로 세운 계획과 자신의 노력과 활동에 의해서 이루어진 것이라고 생각한다. 그리고 그 행위의 결과가 성공적이냐 실패냐 하는 것도 자신의 노력의 결과라고 생각하려 한다.

그러나 신의 입장에서 볼 때, 그것은 그렇지가 않다. 인간의 일은 실제에 있어 신이 이미 예견한 것이고, 그것의 성패도 이미 신의 계획에 포함되어 있는 것이다. 마치 무대에 선 배우가 자기의 역에 열중하여 자신이 실제로 극중 인물인 것처럼 생각하고, 극중 인물이 느끼는 성패(成敗)의 감정 등을 느끼지만, 그것은 이미 극작가가 예상한 것이며, 연출가가 마련한 계획 속에 포함되어 있는 것과 같은 것이다.

다시 자동차 운전수에 비유하면, 자동차 운전수는 자기 앞에 보이는 노면 위에서 자유자재로 자동차를 운전하지만, 그러나 그는 결코 이미 설정된 도로를 벗어 날 수는 없는 것이다.

여기서 신의 의지와 인간의 자유의지 사이에는 문제가 생긴다. 그렇다면 인간은 완전히 신의 의지대로 살아야 하고 자신의 자유 의지는 완전히 무시당하여야만 하는가?

이에 대한 답은 '그렇지 않다'는 것이다. 만약 그와 같이 인간이 신의 계획을 실현하는 도구에 불과하다고 한다면, 인간에게는 죄도 고통도 있지 않을 것이며, 선도 환희도 있을 수 없을 것이기 때문이다.

인간은 자신의 행위를 자신의 자유의지에 따라 행한다. 그리고 그것이 뜻대로 되지 않았을 때 괴로움을 느끼고 그것이 마음먹은 대로 되었을 때, 즐거움을 느낀다. 이를테면 아담과 하와는 신의 명령을 거역하고 선악과를 따먹은 것이다. 그리고 그 때문에 원죄를 짓고 그로 말미암아 고통을 당해야 했던 것이다.

그러나 앞에서 자동차 운전수의 비유에서도 언급했듯이, 인간의 자유의지가 미치는 범위는 한정되어 있는 것이다. 신은 시간의 처음 끝과 마지막 끝을 동시에 보고 계획을 세웠는데 비하여, 인간은 그의 생각이 미치는 범위 내에서 즉 현재의 상태에서(과거를 생각하고 미래를 예측하고 계획을 세웠다 하더라도 위의 인간과 시간에서 살핀 바와 같이 그것은 현재의 과거이며 현재의 미래밖에는 되지 아니한다.) 계획을 세울 수밖에 없는 것이며, 그 계획 자체가 역사의 전 과정과 반드시 일치하는 것은 아니다.

그러나 신은 전 과정을 동시에 본다. 수없이 많은 인간들의 짧은 생, 그리고 그 생애를 통해서 발휘된 자유의지와 그 자유의지에 의해서 세워진 그 계획을 실현하기 위한 무수한 활동 및 무수한 행위들과 그 무수한 결과들로 연결된 역사의 전 과정을 일시에 보는 신은 그 인간들의 자유 의지를 가급적 용납하면서도 그의 계획은 실현하고 있는 것이다.

그러므로 이 신의 계획 때문에 인간의 일은 성공할 수도 있고 실패할 수도 있는 것이고, 때로는 선한 자가 해를 입기도 하고 이익을 보기도 하고, 또 반대로 악한 자가 이익을 보기도 하고 멸망을 당하기도 한다.

따라서 참으로 신의 존재를 알고 있는 자는 스스로 자신의 자유의지에 따라 계획을 세우고 그것을 실현하기 위한 노력을 하다가, 그것이 설사 실패하였다 하더라도 실망하지 아니하고, 반대로 성공을 했다 하더라도 지나치게 즐거워하지도 않는다. 다만 신의 섭리를 찬양할 뿐인 것이다.

아우구스티누스의 이원론과 종말론

이상과 같이 신의 의지와 인간의 자유의지의 관계에 따라서 펼쳐지는 세계의 상황, 세계의 역사를 아우구스티누스는 다시 지상 도시(De Civitas Terrena)와 신의 도시(De civitas Dei)의 대립과 그 투쟁 과정으로 설명하였다.

물론 이와 같은 이원론(二元論)에 입각한 역사의 해석은 아우구스티누스에게서 비롯된 것은 아니다. 이미 사도 바울에 의해서 성립된 초기 기독교 사상에 포함되어 있는 것이고, 다시 그것은 유세비오스의 《연대기》의 이원적 배열에 따라서 확고한 위치를 마련한 기독교의 일반적인 사상이다.

  그러나 아우구스티누스는 이를 좀 더 체계적이고, 좀 더 구체적으로 확립시켰고 설명하였다. 그에 의하면 세계는 인류가 타락한 이래 두 개의 도시, 즉 신의 도시와 지상 도시로 분열되었다. 이 두 개의 도시는 각각 두 가지 종류의 사랑에 의해서 창조되었다.

  즉 지상 도시는 자신을 지나치게 사랑하기 때문에 신을 경멸하는 단계에까지 이르는 자애(自愛)에 의해서 창조되었고, 신의 도시는 신을 너무 사랑하여 자기 자신을 버리는 단계에 이르는 신에 대한 사랑에 의해서 창조된 것이다.

  여기서 전자, 즉 자기를 사랑하여 지상 도시에 속한 자는 인간들에게 영광스러운 것으로 보이고, 후자 즉 신을 사랑하고 자기를 버리어 신의 도시에 속하는 자는 인간들에게는 비천하게 보이나, 그의 영광은 신 안에서 찾을 수 있다.

  한마디로 세계 및 역사는 이와 같은 자기 자신을 사랑하여 현실적으로 영광을 누리고 있는 자와 신을 사랑하여 현실적으로는 비천하게 보이나 궁극적인 상태, 즉 신에게 있어서는 영광을 찾을 수 있는 자들로 구성되어 있으며, 그들의 생활과 투쟁으로 이루어지고 있다.

  아우구스티누스는 그에 대한 구체적 실례를 《구약성서》에서 찾는다. 가인과 아벨 중 아벨을 죽이고 현실적인 세력을 잡은 가인은 지상 도시에 속하고, 여기서 현실적으로 가인에 의하여 죽임을 당하였으나 신의 뜻을 지킨 아벨은 신의 도시에 속한다.

여기에 암시되고 있는 역사사상의 몇 가지 요소가 있다. 그 하나는 역사는 압박자와 압박을 당하는 자, 부자와 가난한 자의 대립이라는 것이다. 기독교 자체가 성립된 때의 시대적 배경을 놓고 볼 때, 이러한 사상이 나올 수밖에 없었다.

로마 제국의 지배자와 피지배자와의 대결, 사치와 방종에 몰두하고 있던 로마 귀족의 경제적 낭비 생활과 그로 말미암은 빈민계급의 대립 가운데서 기독교는 후자, 즉 압박받는 자와 가난한 자의 편을 들었다.

그래서 역사사상에 있어서, 압박받는 자의 상징인 유태의 역사를, 계급 신분적으로 가난한 계급 신분이었던 예수를, 각각 전통으로 받아들인 기독교의 성격도 그렇지만, 아우구스티누스는 로마 제국의 멸망까지도 그와 같은 대립의 결과로 받아들인 사람이다. 때문에 그가 이 같은 이원론적 대립사상, 그리고 현세에서 고통을 받는 자의 내세적 승리를 기원하는 사상을 받아들인 것은 극히 자연스러운 일이었다.

신은 왜 선과 악을 만들었나?

그의 사상에서 또 하나 중요한 것은, 역사는 현실적인 영광을 누리고 그 시대에 사는 인간들에게 인기를 얻는 자들에 의해서 움직여 나가는 것이 아니라 현실적으로는 도외시 되었고, 그 시대의 인간들에게는 핍박을 받더라도 참된 진실을 위해서, 또는 역사의 최종적인 목표를 위해서, 다시 말하면, 신의 의지에 맞추어서 생활하는 자들에 의해서 발전되어 나간다는 사실이다.

이를테면, 역사는 가인에 의해서 발전하지 않고 아벨에 의하여 발전되며, 권력자인 파라오(Pharaoh)에 의해서가 아니라, 추방당한 모세에 의해서, 늙은 골리앗에 의해서가 아니라, 나이 어린 다비드에 의해서, 영광스러운 왕좌에 앉아 있던 헤롯 왕에 의해서가 아니라, 말구유에서 태어나 십자가에 못 박혀 죽은 예수에 의해서, 역사는 발전하는 것이다.

그러나 이와 같은 아우구스티누스의 이원론은 인간의 세계의 대별(對別)에만 적용된 것은 아니다. 그에 의하면 인간 개인의 내부에서는 영혼과 육체가 대립하여 싸우고 있으며, 개인과 개인 간에는 선한 자와 악한 자가 싸우고, 천사의 세계에서는 선한 천사와 악한 천사가 싸우고, 사회에서는 교회와 세속 국가가 싸운다.

여기서 상식으로는 이해하기 어려운 점이 있다. 그것은 선악의 문제이다. 앞에서 언급했듯이, 세계의 창조와 그 과정으로서의 역사는 신의에 의한 것이고 신의 섭리를 실현하기 위한 것인데, 그 가운데서 행동하는 자들은 왜 선한 자와 악한 자로 구별이 되는가 하는 것이다.

이 의문을 푸는데 있어서 우선적으로 문제가 되는 것은 인간이나 천사가 악한 자로 되게 된 것은 누구에 의해서이냐 하는 것이다.

만약 신이 인간이나 천사를 악한 자로 만들고, 또 그 악함 때문에 영원토록 고통을 당하는 지상 도시에 속하게 만들었다고 한다면, 그

신은 그야말로 심술쟁이요, 장난꾼이요, 악한 신이 아닐 수 없을 것이다. 그러나 아우구스티누스에 의하면, 신은 그런 것을 할 심술쟁이도 장난꾼도 악한 신도 아니라는 것이다.

인간이 죄를 범하고 악을 행하는 것은 신의 의지나 신의 명령이나 신의 조작에 의한 것이 아니고, 인간의 자유의지에 의한 것이다. 신이 한 것이 있다면, 인간으로 하여금 스스로 선을 택하든, 악을 택하든, 마음대로 할 수 있는 자유의지를 준 것 뿐이다. 또 신이 인간에게 한 일이 있다면 인간이 자신의 자유의지를 발휘해서 선택할 수 있는 선한 일과 악한 일을 제공해 놓았다는 것이다. 다시 말해서 애초에 선악과를 만들어 놓지 않았다면 아담과 하와가 선악과를 따먹는 죄를 짓지 않지 않았겠는가? 하지만, 신은 그것을 만들어 놓은 것이다. 그리고 신은 인간이 어떻게 그의 자유의지를 발휘해서 선택을 할 것인가를 관망하는 것이다. 아니, 신은 인간이 무엇을 선택할 것인가를 미리 알고 있으면서 그것을 관망하고 있는 것이다.

그러면 다음의 문제가 생긴다. '신은 무엇 때문에 그처럼 인간으로 하여금 선한 일과 악한 일을 하도록 내버려 두고 있는가? 왜 악한 일을 미리 막고, 선한 일을 권장하지 않는가?' 하는 것이다.

이 질문은 조각가가 무엇 때문에 요철을 만드느냐? 하는 질문과 같다. 신은 역사를 만드는 예술가다. 그런데 역사는 모두가 선한 자, 신의 도시에 속해 있는 자만으로는 이루어지지 않는다. 가인이 없이는 아벨이 있을 수 없고, 파라오가 없이는 모세가 있을 수 없고, 유다가 없이는 예수는 십자가에 못 박혀 죽을 수 없지 않은가? 그리고 바빌론과 이집트의 핍박이 없다면 유대인의 역사가 없어지게 되고 로마의 멸망이 없이는 기독교의 존립은 있을 수 없지 않은가?

그러므로 신의 입장에서 볼 때는 인간 한 사람 한 사람의 선악에 문제가 있지 아니하고, 그것을 선택한 인간의 행위로 구성되는 역사 자체에 뜻이 있는 것이다.

다시 말해서 신은 인간이 자신의 자유의지를 발휘해서 행하는 행위로서 자신의 의지를 실현하고, 그렇게 해서 신은 자신의 섭리에 따른 역사라는 예술품을 만드는 것이다. 이런 점에서 엄격히 말하면, 인간의 선악은 결국 인간 자체의 문제이지, 신의 입장에서 보면 두 가지가 다 같이 자신의 예술품에 필요한 명암과 요철과 같다.

가롯 유다는 예수를 전 인류의 구세주로 만들었다

그렇다면 여기서 또 하나의 의문이 발생한다. 인간은 너무나 억울하다는 것이다. 결국은 신의 작품을 만들기 위해서인데, 인간은 자신이 지은 악과 벌로 말미암아 죄를 받아야 되는 것이기 때문이다.

이에 대해서 아우구스티누스는 이렇게 대답한다. "악이라고 하는 것은 그것이 적극적인 어떤 것이 아니라, 다만 소극적인 것일 뿐이다." 다시 말하면, 악이나 죄라는 것은 어떤 일을 적극적으로 행하여서 이루어지는 결과가 아니라, 어떤 것이 부족해서 나타나는 결함(Defect)에 불과하다는 것이다.

이를 쉽게 설명하면, 인간은 그가 어떠한 행위를 행하든 그 행위 자체는 죄가 아니다. 다만 그가 그 행위를 신에 대한 사랑 때문에 행한 것이냐? 아니면 자기 자신에 대한 사랑 때문에 행한 것이냐? 에 따라 그 행위가 선한 것이냐, 악한 것이냐가 구별된다. 이를테면 가롯 유다가 신에 대한 사랑 때문에, 신의 큰 뜻을 실현하기 위해서 예수를 팔았다면, 그는 결코 자살을 해야 할 만큼 비탄에 빠질 까닭이 없다. 그는 떳떳했어야 했다. 그는 큰 소리로 외칠 수 있었어야 했다. '나는 예수를 팔았다! 그래서 그로 하여금 우리 몇몇 유대인의 왕이 아니라, 전 세계 전 인류의 구세주가 되게 했다!'고.

그러나 그는 그렇게 떳떳하지도 못했고 소리칠 수도 없었다. 왜냐하면 그는 신을 의식하고 신에 대한 사랑 때문에 그 짓을 한 것이 아니라, 자신의 이기심 때문에, 자신의 현실적 고난이 두려워서 그렇게 했기 때문이다. 그러나 베드로는 떳떳했다. 그도 예수가 죽음에 이른 것을 알고 그를 세 번씩이나 부인했으나, 그는 그래도 '예수가 만인의 주 그리스도'라는 것을 알고 그랬기 때문이다.

그러므로 인간이 자신의 악함과 죄에 대해서 받은 벌은 스스로 자기 안에서 맞는 것이지, 결코 신이 그를 미워해서 주는 것은 아니다. 반대로 인간이 선함과 영광에 대해서 맞는 축복도 결코 신이 그를 예쁘게 생각해서 내려 주는 것이 아니라, 인간 스스로가 얻는 것이다.

인간이 신을 의식하고 겸손한 자세로서 자기에게 주어진 일을 받아들이고, 그것을 행할 때, 인간은 자신의 운명을 탓하거나 자기에게 주어진 고난을 괴로워하거나 자기가 행한 일의 성패에 대해서 그렇게 집착하지 않는다.

그는 그의 일이 결코 자신을 위해서 행한 것이 아니라, 신에 대한 사랑 때문에 한 것이며, 자신이 세운 계획이 자기 자신의 공을 높이기 위해서 세운 것이 아니라, 신의 위대한 계획 중에서 극히 작은 부분에 불과한 것을 세운 것이므로, 그의 계획은 신의 전체적 계획에 있어서는 맞지 않는 것일 수도 있는 것이며, 설사 그의 계획이 실패로 돌아가더라도 신의 계획에는 차질이 없을 것임을 알고 있기 때문이다.

그러면 신의 계획은 어떠한 것인가? 논리적으로 계획이란 목적의 설정을 전제한다. 그러므로 신이 역사를 통하여 그의 계획을 실현한다는 것은 신이 역사의 발전을 이끌어 갈 목적을 가지고 있다는 말이 된다.

아우구스티누스의 시대구분

신은 그가 자신의 목적을 실현하기 위해서 역사를 창조하였다. 그러므로 그 목적이 실현되면, 역사는 동시에 끝나게 된다. 여기서 아우구스티누스의 역사관은 종말론을 전제로 하지 않을 수 없다.

아우구스티누스에 의하면, 역사는 대체로 8분법(八分法)에 의하여 구분된다. 그중

제1기는 아담에서 대홍수까지이고,

제2기는 대홍수에서 아브라함까지,

제3기는 아브라함에서 다비드까지,

제4기는 다비드에서 바빌론 포수(捕囚)까지

제5기는 바빌론 포수에서 그리스도의 탄생까지,

제6기는 그리스도의 탄생 이후에서 아우구스티누스가 살고 있던

시대까지로 하였다. 그리고 제6기가 지나면

제7기의 안식일이 오는데, 그 시기는 신만이 아는 것이다. 그 날에는 신은 안식하고, 그때 인간들도 신의 품안에서 안식하게 된다. 그 다음 그리스도의 부활과 더불어

제8기의 영원한 날(Eternal day), 주의 날(Lord's day)이 오는데 그 날에 우리는 종말 없는 영원한 나라에서 살게 되는 것이라고 하였다.

그리고 다시 아우구스티누스는 인류학적인 의미에서 인간을 다음과 같이 구분하였다.

① **원시적 상태**(Primitive State):신과 분리되지 않아 사기(邪氣)가 없는 선악이 모두 가능한 상태
② **죄의 상태**(State of Sin):신으로 부터 이탈해서 죽음의 지배하에 있으면서 그리스도의 구원을 동경하는 상태
③ **구원 또는 은혜의 상태**(State of Redemption or Grace): 좀 더 고차원적(그리스도의) 조정으로 이루어진 신과의 결합, 신의 자녀로서 축복을 받은 상태

여기서 원시적 상태라 함은 역사이전의 상태, 즉 아담과 하와가 선악과를 따먹기 이전의 상태이고, 죄의 상태라 함은 이상에서 6기의 구분된 아담에서부터 그리스도의 탄생 이후의 시대까지의 역사시대, 그리고 구원의 상태라 함은 후(後)역사, 즉 앞으로 전개될 제7기의 안식기와 제8기 영원한 날, 주의 날을 각각 의미하는 것이다.

그리고 역사시대, 즉 아담에서 예수 그리스도의 탄생까지에 이르는 6기로 나누어진 시대는 인간의 탄생과 멸망에 이르는 과정에 비유해서 ① 영아기(infancy), ② 소아기(puerility), ③ 청년기(adolescence), ④ 장년기(inventus), ⑤ 중년기(gravitas), ⑥ 노년기(senatus)라 했다.

아우구스티누스의 역사관들=섭리 사관

이상과 같은 아우구스티누스의 시대구분법에서 우리는 몇 가지의 역사사상을 명백히 할 수 있다.

첫째, 그의 순환 사관이다. 아우구스티누스의 역사는, 인간이 선과 악을 구별하지 못하고, 오히려 그것들을 포용하고 있는 상태의 원시적 상태에서 출발하여, 다시 신에 의한 구원으로 선과 악의 대결이 종식되는 종말로 이행되어 간다고 하는 것이다. 이는 마치 메마른 나일강에 홍수가 범람했다가 잦아들게 되면, 다시 메마른 무(無)의 상태로 된다는 원리와 같은 것이다. 다시 말해서 전체적인 면으로 역사를 볼 때, 세계의 역사는 아담의 타락 이전, 무죄의 상태에서 다시 신의 구원에 의한 무죄의 상태로의 복귀의 과정이다.

둘째, 철저한 목적론에 입각한 진보 사관이다. 아우구스티누스는 우주의 역사를 순환사적으로 보았으나, 인간의 생활로 엮어지는 인류의 역사는 철저하게 목적론적 역사로 보았다. 아담과 하와가 선악과를 따먹고 스스로 시시비비를 판단하며, 스스로 계획을 꾸미고, 그것을 실현시키려는 자유의지를 갖게 된 이후의 역사는 그 죄에서부터 구원을 받는 단계에까지 이른 목적론적 진보 사관인 것이다.

그러므로 영아기는 소아기를 위해서, 소아기는 청년기를 위해서, 청년기는 장년기를 위해서, 장년기는 중년기를 위해서, 중년기는 노년기를 위해서 각각 있는 것이며, 이 주기는 다시 죽음을 의미하는 안식과 신에게로의 복귀를 뜻하는 영원한 구원을 위해서 있는 것이다.

셋째, 아우구스티누스는 역사란 인류를 위한 하나의 교육과정이라 보았다는 것이다. 즉 신은 역사를 통해서 자신의 의로움을 표시하고, 그렇게 함으로써 자기 자신에 대한 사랑 때문에 신을 저버리고 원죄에 빠져 있으며, 지상 도시에 속해 있는 인간들로 하여금 신을 인식하고 신에 대한 사랑을 갖도록 하여, 원죄에서 탈피하며 신의 도시로 복귀하도록 교육하는 과정이 바로 역사라는 것이다.

그러므로 아우구스티누스에게 있어서 역사는 곧 신의 인류구원의 역사[人類救援史]다. 여기에서 역사를 교육과정으로 보았다고 하는 것은 그리스나 로마의 역사가들이 교육을 목적으로 해서 역사를 썼다고 하는 말과는 엄격히 구별되는 것이다.

왜냐하면 그리스·로마의 역사학에 있어서의 교육이라는 말은 오히려 교훈이라는 말로써 표현되어야 마땅한 말로 역사적 사건과 사실들 속에서 교훈적인 요소, 귀감(龜鑑)의 요소를 찾는 것이겠지만, 여기서의 교육은 역사의 진행 자체가 그 역사의 주체자인 인류를 교육시키는 과정이란 뜻이다.

넷째, 아우구스티누스에 의하면, 역사는 그 자체가 신의 예술작품이라는 것이다. 비유적으로 말하면, 역사는 신의 섭리의 무대이고 차원 높은 인류의 학원이고, 신의 시극(詩劇)이다.

이상의 아우구스티누스 역사관을 요약하면, 역사란 인류가 시간도 없고, 선악의 구별도 없는 영구불변의 세계인 아담 이전의 원시상태에서, 시간적이고 선악의 이원적인 대립으로 인한 부단한 변화로 점철되어 있는 세계에서 이루어지는 생활을 통하여, 영아기에서 노년기에 이르는 6기의 교육과정을 거쳐서 다시 시간도 없고 선악의 구별도 없는 종말기의 영구불변하는 신의 세계로 복귀하는 신의 섭리에 의한 과정이다.

　따라서 신의 예술작품으로서의 역사가 완성되는 이 종말기에 이르게 되면, 인간의 원죄는 완전히 없어지게 되고, 그렇게 되면 선과 악의 구별은 없어지며, 선과 악의 구별이 없게 되면, 자연히 신의 도시와 지상 도시는 신의 도시에 의하여 흡수된다.

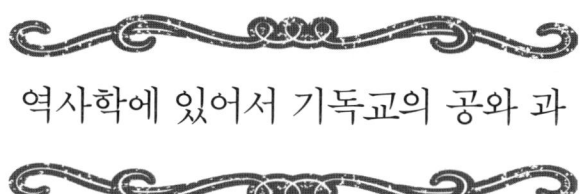

역사학에 있어서 기독교의 공와 과

　기독교는 신에 대한 신앙을 전제로 하는 하나의 종교다. 그런데 종교란 그것을 신앙하지 않는 사람으로서는 그가 아무리 합리적 사고에 능통한 이성을 지니고 있는 자라 하더라도, 그 이성으로 이해할 수 없는 면을 지니고 있는 것이다.

　그러므로 도슨(Ch. Dawson)이 '그 자신들이 기독교도가 아니었던 콜링우드나 크로체 그리고 헤겔 등과 같은 사람들도 그들의 학문이 기독교와 역사에 긴밀한 관계를 가지고 있는 것이기는 하나, 그들이 이해한 기독교는 결국 그들 자신의 철학에 맞추어 이해한 기독교에 불과하다'고 한 말은 정당한 말인 것 같다.

　그럼에도 불구하고, 우리는 앞에서 기독교적 역사학의 발전과정과 그 요체를 설명하였다. 기독교 신앙인의 입장에서가 아니라, 역사학도의 입장에서 이해한 것을 기술한 것이다.

　그러므로 우리는 또 역사학도의 입장에서 그 기독교적 역사학에 관한 몇 가지의 논의를 전개시키지 않을 수 없는 것이다. 설사 그것이 기독교 신앙자의 심적 상태에서는 아닐지라도, 역사학의 발전과 전망이라는 점에서 그 논의는 불가피한 것이다.

기독교적 역사학의 공로

먼저 우리는 기독교적 역사학이 역사사상에 끼친 긍정적인 공헌을 논해야겠다. 그 공헌에 있어서 첫째로 꼽을 수 있는 것은 기독교적 역사가들은 역사를 인류의 보편사로 보았다는 사실이다. 그리스·로마의 역사가들이 비교적 과학적인 방법으로 역사적 사건·사실들을 조사·탐구하였다고 하지만 역사학이라고 하는 것이 개별적 사건·사실에 대한 인식으로 그치는 것이 아니라 하나의 과정으로서의 역사를 이해하는 단계에까지 이르지 않으면 안 된다는 입장에서 보면, 기독교적 역사학은 그리스·로마의 역사학에 비하여 장족의 발전을 하였으며, 콜링우드가 지적하고 있는 바와 같이 역사학에 대한 개념상의 첫 번째 전환을 이룩한 것이라 할 수 있다.

다시 말하면, 그리스·로마의 역사학은 시간적으로 1세대(그리스) 내지는 150년 전(로마)의 과거를 소급하는데 그치는 시간적 한계성을 지니고 있었고, 종족적으로는 그리스인을 중심으로 한다거나 로마인을 중심으로 하는 역사를 씀으로 종족 상의 한계성을 지니고 있었다.

이에 비해서 기독교 역사학은 시간적으로 인간의 기원까지 소급하였고, 종족적으로는 비록 유대인의 역사나 로마인의 역사를 자료로 했다 하더라도 그들이 문제로 삼은 것은 그들 역사의 구체적 사건에 간여한 특수한 인물들의 생활이 아니라, 보편적(또 관념적이라고도 함) 인류의 역사를 취급하였다는 것이다.

두 번째로 꼽을 수 있는 공헌은 기독교적 역사학에 있어서는 역사를 산발적인 사건·사실들의 집합으로 보지 않고, 그러한 사건·사실들의 유기적인 체제로 구성된 하나의 과정으로 이해하고, 그 과정 속에 내재해 있는 가지적(可知的) 패턴을 찾아내려고 하였다는 점이다.

이것은 비록 기독교의 역사학이 비과학적 요소로 충일되어 있다고 해서 비난하는 19세기의 실증주의자들조차도 찬양 내지는 모방하지 않을 수 없었던 요소라 하겠다.

셋째는 기독교적 역사학에서 비로소 역사의 시대구분론이 구체적으로 확립되었다는 것이다. 물론 우리는 이미 그리스 초창기의 역사가인 헤시오도스에 의해서 역사발전(실은 퇴보이지만)의 4단계론(또는 5단계론)이 주장되었음을 기억한다.

그러나 그것은 무슨 이유에서인지 그 후세 역사가들에게 전승되지 않았다. 그러던 것이 기독교 역사관에 있어서는 처음부터 시대구분론에서부터 역사학이 출발한 듯한 느낌을 줄 수 있을 정도로 중요시되었다.(물론 그 이유는 헤로도토스나 투키디데스 등이 짧은 시간 내에서 발생한 사건·사실을 조사·탐구하는데 그친데 비하여, 이때에는 장기간의 역사를 서술하게 된 데에 그 원인이 있을 것이다.)

아우구스티누스! 당신은 신이었나?

이상과 같은 점은 역사이론가들이 일반적으로 동의하는 기독교적 역사학의 진보적인 면이다. 그런데 기독교적 역사학에는 이들에 의해서 비난 내지는 의문시되는 몇 가지 점이 있다.

그 첫째가 역사의 전 과정이 신의 의도 또는 신의 섭리에 의해서 이루어져 나가는 것이라면, 아우구스티누스나 그 밖에 이를 인정하는 역사가들은 어떻게 그 신의 의도와 신의 섭리를 알아서 그것을 설명할 수 있었느냐 하는 것이다.

G. 비코는 '인간은 스스로 창조한 것만 인식할 수 있다'고 했다. 사실, 인간이 인식하고 있다는 것은 인간 스스로가 '발견'한 것이든가, '발명'한 것뿐이다.

그러므로 다시 비코의 말처럼 인간은 인간에 의해서 창조된 인간의 세계만을 알 수 있고, 신의 의도나 신의 섭리, 또는 신에 의해서 창조된 일체의 것은 신만이 알 수 있는 것이다.

그렇다면 신의 역사를 창조한 의도와 또 그에 의해서 창조된 역사의 과정을 설명한 아우구스티누스는 인간이 아니라 신이란 말인가?

바로 이 문제가 앞에서 인용한 도슨이 우려한 바, 신앙인이 아닌 역사가로서는 이해하기 어려운 부분이다. 그러나 이에 대해서 신앙인들은 답변할 수 있을 것이다. 인간은 비록 신 자신은 아니지만, 그의 신앙을 통해서 신과의 일치를 이룰 수 있다고.

신앙이란 바로 이런 것이다. 신과 '나'와의 만남이며, 그 만남을 통해서 신의 경지에 입신함이다. 그리고 또 그들은 말한다. 일체의 진리를 추구하는 인간의 행위는 이와 같은 절대자의 입장에 스스로를 끌어올리기 위한 것이라고.

진리 추구의 절대적 경지란 마치 산꼭대기에 등반한 것에 비유할 수 있을 것이다. 어느 특정된 계곡이나 능선을 타고 산꼭대기를 향하여 올라 갈 때, 산의 진면목을 볼 수 없다. 그에게 보이는 것은 계곡을 이루고 있는 바위뿐이요, 나무뿐이요, 냇물뿐이다. 그러나 그가 막상

산정에 올라 놓고 사방을 돌아다보면 다른 산맥들이 보인다. 다른 계곡들도 보인다.

비록 멀리 떨어진 다른 지방의 산은 볼 수가 없다 하더라도, 최소한 자신이 땀을 흘리고 올라 온 그 산의 전체적 모습이 어떠한가 하는 것이 보인다. 그는 그에게 보이는 모든 능선이나 계곡을 직접 오르지는 않았다. 그러므로 능선 위에 구체적으로 어떤 모습의 나무나 바위가 있는지를 모르지만, 그리고 그 보이는 계곡 속에 흐르는 물맛이 좋은지 나쁜지는 구체적으로 모르지만, 능선이 뻗친 방향과 계곡이 흐르는 양태는 확실히 알 수 있다.

이것은 진리를 추구하는 데 있어서도 마찬가지다. 발견이나 발명을 통해서만 우리가 어떠한 사물을 인식할 수 있는 것이 명확한 사실이지만, 그 발견이나 발명이라고 하는 것이 오관을 통해서만 이루어지는 것이 아니라, 진리와의 추상적 만남을 통해서 이루어지는 것이기 때문이다.

그런데 문제는 오관을 통해서 발견·발명된 것은 같은 오관을 지니고 있는 사람에게 제시하여 그도 그것을 발견·발명하도록 할 수 있는데(사실 이것도 각 사람의 감각 능력, 이해 능력에 따라 차이를 갖게 되는 것이지만) 진리와의 추상적인 만남은 스스로 그 만남을 갖지 않은 사람, 동양식으로 말하면 스스로 깨달은 사람이 아니고는 그것을 아무리 전달하려 해도 전달이 불가능하다는 데 있다. 그러므로 다시 도슨의 말을 하거니와, 신앙의 세계, 그리고 그 신앙을 통해서 얻어진 진리는 신앙인에게만 인식되는 것이다.

두 번째는, 과연 역사가의 임무가 미래를 예견하고 종말을 논하는 것까지 해야 할 것이냐 하는 것이다. 일상적으로 말해서, 역사가의 일은 지나 온 과거를 아는 것이다.

그런데 아우구스티누스는 시대구분에 있어서 미래사를 제시하였다. 그러므로 기독교적 역사학은 '기독교적'이라는 수식어가 떨어질 수 없는 것이다. 그것은 마치 그리스·로마의 역사학이 '그리스·로마'라는 수식어를 떼어 놓을 수 없고, 근대 역사학이 '근대'라는 수식어를 뗄 수 없는 것과 같다.

비록 근대의 역사학자들이 그리스·로마의 역사학을 인정하고 그것을 과학적인 것이라 하지만, 그것도 따지고 보면 그리스·로마의 것이 기독교적 역사학에 비하여 근대의 것과 가깝다는 의미에서 하는 말이지 동일하다는 것은 아니다. 그리고 그 친근성도 서양의 근대라는 것이 르네상스 운동을 통한 '고전으로 복귀'라는 사상적 절차를 밟은 복고적 경향에 의한 것임을 명심해야 한다.

한마디로 말해서 기독교적 역사학은 기독교적 역사학이다. 구체적 사건·사실에 얽매여서 전체를 망각하는 그리스·로마적인 역사학에서 탈피하여 역사를 하나의 실체로 보는, 이를테면 시작과 끝을 갖는 하나의 과정 자체로 보는 기독교적 역사학은 그 성격상 미래사와 역사가 끝나는 종말을 전제하지 않을 수 없었던 것이다.

셋째는 기독교적 역사학에 있어서는 역사의 주체가 인간이 아니라 신이라는 문제다. 다시 말하면, 아우구스티누스의 역사관을 따르면, 역사는 신에 의해서 신의가 실현되는 과정이다. 이런 점에 있어서 기독교적 역사학은 철저하게 반인문주의적(antihumanism)인 것이라 하겠다. 따라서 기독교적인 역사학자는 결국 역사를 연구하는 것이 아니라, 신의 의지, 신의 의도, 신의 섭리를 탐구하는 신학자로 된다. 실제로 아우구스티누스는 엄격히 말해서 신학자였지 역사가는 아니었다.

그러나 그렇다고 해서 기독교에서 말하는 역사 속에서 전적으로 인간이 배제된 것은 아니다. 역사의 전체적 계획은 신의에 의한 것이며, 전체적 운영은 신의 섭리에 의한 것이지만, 그것을 실제로 구체화시키는 것은 인간이다. 이를테면 신은 그의 뜻을 이루기 위해서 예수라는 인물을 내세워 자신을 육화(Incarnation)시키지 않을 수 없었다. 그러므로 궁극적으로 포착하고 이해하여야 할 것은 신의, 신의 섭리, 그리고 신의 계획일지라도 그것은 인간의 행동·행위들로 엮어진 역사를 통해서이다.

다시 말해서 기독교의 신학은 역사학을 전제로 해서만 가능하며, 더 엄격히 말하면 기독교의 신의 섭리는 그 자체가 인간의 생활로 구성된 역사 자체일 수가 있는 것이다. 그뿐만 아니라, 아우구스티누스에 의하면, 그 역사의 진행 자체, 또는 신이 의도하는 최종적 목적이 바로 인간을 위한 것이다.

이런 점에서 기독교적 역사학은 오히려 인본주의적이라 할 수 있다. 이상과 같은 기독교적 역사학의 신의 개입에 대한 이론은 그리스의 역사학에서도 발견되는 것이다. 개인의 운명은 개인의 노력만으로 극복할 수 없는 초월적인 어떤 것일 것이라고 하는 생각, 또 개인이나 국가의 운명은 개인이나 민족의 자유의지와는 무관하게 마치 진자(振子)의 흔들림과 같은 법칙에 따라 결정된다고 하는 생각 등은 용어만 바꾸어 놓으면 기독교 사상에 있어서의 신과 인간의 자유 의지와의 관계에 대한 생각과 일치되는 것이다.

오히려 기독교의 것은 그리스의 것을 보다 체계화 심화(深化)시킨 것이라 할 수 있다. 이 점은 비단 신과 인간의 관계뿐이 아니라, 그리스인들이 역사를 미래에 대한 예측을 위해서 연구해야 한다고 하는 생각과 기독교적 역사학의 미래사의 개념 등에 있어서도 마찬가지로 적용되는 것이다.

마지막으로, 기독교적 역사학에서는 초기 그리스나 로마사에서처럼 신화를 역사에 도입했는데 그것은 과연 역사학상의 진보적인 것인가 퇴보적인 것인가 하는 문제다.

이 책의 초반부에서 이미 언급하였듯이, 역사서술에 있어서 신화가 삽입되었다는 것이 그 역사책의 가치를 감소시키는 것은 못된다. 왜냐하면 신화가 '신에 대한 이야기'라 하더라도 그것을 말하는 사람이 사람이고, 그것을 기술한 것이 사람인 한, 그것은 결국 인간에 대한, 인간의 생각에 대한 이야기이기 때문이다.

신화는 방편

그러면 혹자는 왜 인간의 이야기나 생각을 인간을 주인공으로 해서 표현할 일이지 무엇 때문에 신을 내세워서 황당무계한 이야기로 둔갑을 시켰는가? 하고 물을 것이다. 이에 대한 답은, 신화는 하나의 방편이라는 것이다.

진리는 실제로 존재하는 것도 중요하고, 또 그것을 올바르게 이해하는 것도 중요하지만, 그 깨달은 진리를 아직 깨닫지 못한 사람에게 전달해서 이해하도록 깨닫도록 표현하는 것도 중요한 일이다. 그런데 문제는 그 진리를 전달받아야 할 사람의 지적 수준이 어떠한 상태에 있는가? 또는 그 사람의 주요 관심의 대상이 무엇인가 하는 것이다.

논리학적 훈련이 전혀 되어 있지 않는 사람에게 논리적으로 설득해서 진리를 전달한다는 것은 쓸데없는 짓이다. 형이상학적 사고능력이 없는 사람에게, 또는 이 같은 것에 대해서는 관심도 없는 사람에게, 형이상학적 진리를 설명한다는 일은 그야말로 졸린 일이다.

아무리 트로이 전쟁이나 페르시아 전쟁사가 실제로 있었던 것이라 하더라도 그것을 동대문시장에 가서 장사에 몰두하고 있는 사람들에게 설명해 보라!

그것이 그들에게 어떤 반응을 일으킬 것인가? 그러나 농한기에 화롯불을 쬐고 있는 시골 아이들에게 일리아드 오디세이의 이야기를 들려주어 보아라! 또 군대에 나간 아들의 무사 안녕을 비는 늙은 노파에게 하나님의 전지전능하신 섭리를 이야기해주어 보아라. 그 반응이 어떤 것이겠는가?

그러므로 우리가 다시 역사학의 역사를 돌이켜 볼 때, 문화적으로 저급한 단계에 있었던 시대에 나타난 대부분의 역사책에는 신화가 들어 있다는 것을 발견하게 된다. 그리스 문명의 초창기에 나온 호메로스나 헤시오도스가 신화로 엮어진 역사책을 썼고, 로마 문명 초기에 이루어진 폴리비오스가 신화를 그대로 인정했다. 그러므로 무지하고 가난한 대중을 상대로 한 기독교, 또는 문명의 빛을 받지 못하고 있었던 게르만 민족의 속으로 전파되어 들어가지 않으면 아니 된 기독교가 신화를 역사에 도입시켰다고 하는 것은 극히 당연한 일이다.

그러기에 기독교적 역사학에서 신화를 도입한 것을 확대 해석하여 '인류의 영원한 진보에 관한 가장 확고한 확신들이 동시에 무너져 버리는, 심연(深淵)으로의 몰락이다.'라고, 비관적 결론을 내린 크로체의 생각은 잘못된 것이다.

그는 역사의 직선적이고 끝없는 발전만을 생각했지 역사의 전 과정은 신세대(야만적 시대)가 성숙된 세대(문명시대)로, 그것이 다시 낡은 세대(퇴폐기)로 거의 반복적인 과정을 걸어가고 있으며, 그에 따라 역사학도 무지하면서도 신선한 야만인에게 맞는 신화적 역사학에서, 논리적이고 철학적이고 형이상학적인 역사학으로, 그리고 여기서 다시 상대주의적이고 회의적인 역사학으로 진행되는 과정을 반복하고 있다는 사실을 의식하지 못하였기 때문에 그와 같은 비탄을 발한 것이다.

마지막으로 이상론적인 입장에서, 기독교적 역사학의 결점을 든다면, 그것이 지니는 지나친 편파적 의식에 입각한 이원론이다. 크로체의 말과 같이, 이 같은 기독교적 역사학의 이원론은 보편사의 개념을 헤치는 것이 되었기 때문이다. 그러므로 욕심을 부리라면, 기독교의 역사학이 문자 그대로의 보편사를 구성하려면 그와 같은 편파적인 가치기준을 초월한 보편적 원리를 적용시켰어야 했다.

그러나 이것은 역사학도로서의 지나친 욕심이다. 왜냐하면 기독교는 종교가 중심이지 역사학이 중심이 된 것이 아니며, 종교에 있어서는 그 나름대로의 윤리관과 선악관을 세우지 않을 수 없었을 것이기 때문이다.

오늘날 우리가 기독교라는 종교적 입장을 떠나서 세계인, 이를테면 동서 문화의 융합에 의해서 새로이 형성된 20세기 이후의 세계 속에 사는 교양인의 입장에서 이것을 이해하고자 할 때, 우리는 아우구스티누스의 이원론을 구체적인 현상의 대립, 이를테면 기독교도와 이교도와의 대립, 교회와 국가의 대립 등과 같은 대립으로 이해하는 것이 아니라, 정신적이고 윤리적인 대립, 이를테면 선한 마음과 악한 마음의 대립, 선인과 악인의 대립 등과 같은 인간의 내적 갈등, 사회 내부 갈등으로 이해한다면, 그것의 진실성을 인정할 수 있을 것이며, 또 보편적 역사의 원리로서도 타당할 것이다.

제5장 휴머니즘시대의 역사학

▲마키아벨리 초상

르네상스와 그 역사학의 특징

스콜라 철학과 역사학

일반적으로 사상사를 돌이켜 볼 때, 제자는 스승을 능가하지 않으면, 그 스승의 사상을 발전시킬 수 없다는 원리를 발견하게 된다. 이는 학문에 있어서 지나친 권위, 후인(後人)들에 의해서 도전되어서는 안 되는 권위의 성립은 결국 그 학문 및 사상 계통의 하강을 뜻한다는 것이다.

그런데 기독교의 권위주의는 그 이상의 것이었다. 기독교 자체가 맹목적인 신앙을 전제로 하는 것인 데다 가톨릭 체제의 경화(硬化)는 더욱 그 권위주의를 강화시켰다.

때문에 기독교적 세계의 모든 사상은 이 권위주의에 의해서 질식 상태에 놓이게 되었으며, 기껏 가능한 것은 아우구스티누스 이전에 성립된 기독교사상에 대한 합리화와 해석, 그리고 그것에 대한 이해에 그쳤다.

더욱이 역사학과 관련된 사상은 이 시대에 이르러 거의 고사(枯死)되어 가고 있는 형편이었다. 왜냐하면, 아우구스티누스 이후의 중세

사상의 주류를 이루는 것은 에리우게나(Johannes Scotus Eriugena)에서 비롯되어 아퀴나스(Thomas Aquinas)에서 절정을 이루는 스콜라 철학이기 때문이다.

초기의 스콜라 철학자인 에리우게나는 역사와 관련된 약간의 문제를 취급하였다. 그의 창조에 관한 이론이 그것이다. 그의 이론을 따르면, 창조라는 것은 '신의 현시(顯示)'라는 것이다. 즉 창조라는 말은 곧 나타낸다는 것이다. 그러므로 신의 자기현시, 즉 신이 그 자신을 나타낸다고 하는 말은 신이 자기 자신을 창조한다는 말과 거의 같은 것이다.

에리우게나의 신학이 주로 아우구스티누스의 것을 답습한 것이므로, 이상의 창조이론도 역시 아우구스티누스에게서 연유하는 것이 틀림없다. 그러나 아우구스티누스는 신의(神意)가 인간을 통해서 실현된다고 하여 신의 세계 창조 사업에 있어서 행위자가 되는 것은 인간이었는데, 여기에서는 이미 그 인간이 배제 되었다.

이와 같이 스콜라 철학에서는 인간의 행위가 배제된 순수형이상학을 고집하게 된 것이다. 그 때문에 스콜라 철학에서는 인간행위를 대상으로 하는 학문인 역사학은 완전히 탈락되지 않을 수 없었다.

스콜라 철학은 신을 최초의 시발(始發)로 하고, 또 그 신을 최종의 결론으로 하는 철학이다. 즉 스콜라 철학은 이성과 신앙의 문제, 신과 자연의 관계, 신에 대한 인식, 신의 존재 여부를 논의하는 실재론(實在論)이나 유명론(唯名論) 등으로 대표되는 신에 관한 철학이다

그러므로 서양 중세 사상계에 있어서 스콜라 철학의 위치가 확고해지고, 스콜라 철학 자체가 발전되어 감에 따라, 인간이나 인간사에

관련된 사고는 상대적으로 잦아들게 되고, 또 그것들을 연구 대상으로 찾는 역사학은 그 빛을 상실해 갈 수밖에 없었다.

물론 톰프슨(J. W. Thompson)의 《역사서술의 역사(A History of Historical Writing)》를 보면, 이 시기에 전혀 역사서가 출현되지 않은 것은 아니다. 그러나 그것들은 오늘날의 역사가나 역사학자들에게 관심의 대상이 되지 못하는 것들이다. 왜냐하면 그 대부분이 개인의 전기나 어느 특정된 민족이나 종족, 또는 교회의 연대기의 한계를 벗어나지 못하는 것들이기 때문이다.

역사서술이란 역사적 사실들의 중요성이나 의미를 문제시하지 않고, 과거에 발생한 사건·사실들이라 해서 무조건 기록해 놓은 것들을 편집하는 일은 아니다. 또 역사학이라는 학문은 어떤 사상이나 목적 또는 의도도 없이 무조건적으로, 주어진 사료나 문서들을 섭렵하는 것도 아니다. 그러므로 중세시대에 쓰이어진 많은 '과거에 대한 기록들'을 모두 역사학적 업적이라고 할 수는 없을 것이다.

다시 말해서, 마치 고고학의 대상이 되는 유물이나 유적 등과 마찬가지로, 그 기록물들은 오늘날 우리가 중세사회, 중세의 사상, 중세의 정치상황 등을 이해하는데 필요한 사료는 될 수 있을 지라도, 그 자체를 역사서들이라고는 할 수 없다.

여하튼 중세시대, 특히 스콜라 철학이 인간의 정신세계를 지배하고 있었던 시대에는 역사학이 발전할 수 없었으며, 일반적인 인문과학이나 사회과학이 스콜라 철학에 의해서 압살되어, 암흑세계에서 질곡에 허덕였던 운명을 역사학도 감내하지 않을 수 없었다.

르네상스시대 역사학의 한계

짙은 암흑은 동녘의 태양을 맞이하기 위한 고난이다. 중세 후기의 전 유럽세계의 인간정신을 뒤덮고 있었던 스콜라 철학의 교권주의는 십자군 전쟁이 있은 이래 점차적으로 걷히기 시작한 것이다.

십자군에 출정하였던 봉건영주(Lord)들과 기사(Knight)들의 사망과 실종은 천여 년 간을 두고 유럽을 지배해 온 봉건제도를 깨뜨려 버렸다.

십자군 전쟁의 사주자(使嗾者)인 교황은 전쟁의 실패로 말미암은 성전의식(聖戰意識)과 신앙심의 냉각으로 권위를 상실하게 되었다. 그뿐만이 아니라, 봉건체제의 현실적인 힘인 봉건영주들과 종교적 힘인 교회를 근거로 하여, 큰소리를 외치던 신성로마 제국은 무력화되었다.

이에 따라 그 휘하에서 얼기설기 엉켜 있던 유럽의 각 민족들은 각기 민족국가 형성을 위한 약진을 시작하였다. 여기서 봉건적 경제 질서의 중심에 있던 장원체제는 붕괴되고, 그 안에 거주하던 농노들은 그 붕괴된 울타리를 넘어 부(富)를 찾아 도시로 진출하여 부르주아지로의 발돋움을 시작하였다.

그러나 본서에서 무엇보다도 특기해야 할 것은 스콜라 철학자들에 의해서 도입된 동방 이슬람 세계의 과학사상과 고전적 철학 및 문화·예술에 관한 생각이다.

이를테면, 영국의 스콜라 철학자이며 프란체스코 교단의 수도승이었던 로저 베이컨(Roger Bacon, 1214~1294)은 동방문화에 심취되어 수학과 자연과학을 연구하였다.

그 결과 그는 스콜라 철학체계에 반기를 들어, 학문이란 권위나 관습과 같은 일체의 선입견, 그리고 자기의 무지(無知)를 엄폐하려는 가식 등과의 투쟁이라 하였으며, 학문에 있어서 최악의 적은 학문을 이미 완결된 것으로 생각하는 것, 권위를 숭배한다거나 유명한 사람의 이름을 거들먹거리는 일이라 꼬집었다.

또 스콜라 철학의 완성자인 토마스 아퀴나스는 그리스인인 아리스토텔레스의 논리학을 그의 신학에 받아들임으로써, 고전시대로 복귀하는 길을 열었다.

이러한 시대적 동향의 운을 타고 야기된 운동이 르네상스다. 르네상스의 핵심 이상은 휴머니즘이다. 즉 중세에 지나친 신에 대한 경배 때문에 압살되어 버린 인간의 능력과 인간의 욕망을 다시 소생시키고자 하는 운동이다.

그러므로 휴머니스트들은 그 인간성이 극도로 존중되었고 표현되었던 그리스·로마로의 복귀를 주장한다. 그래서 그들은 고전을 수집했고, 연구했고, 또 찬양하였다. 거기에서 그들은 '인간'이란 중세에 성직자들이 신을 전제로 해서 뇌까리던 보편적 존재로서의 인간이 아니라, 한 사람, 한 사람을 사람으로 인정하고 대접해서 바로 그 한 사람의 능력을 발휘하게 하고, 바로 그 한 사람의 욕망이 충족되어야 하는 그 한 사람, 다시 말하면 개체로서의 인간을 뜻한다는 것을 알았다.

여기에서 인간은, 중세에서처럼, 신에게 종속되어 있는 노예가 아니라, 자기 자신이 주체가 되어 스스로 자신의 눈으로 자연을 보며,

아름다움을 감상해야 하는 자연의 창조주이며, 미의 창조자임을 그들은 알게 되었다.

또 인간은, 중세에서처럼 자신의 욕망을 가급적 억압하고 금욕적 생활을 해야만 인간다운 삶을 살 수 있는 것이 아니라, 자기 앞에 다가오는 모든 것을 소유하고, 그것을 향락함으로써 참다운 행복이 있다고 그들은 생각하였으며, 없을지도 모르는 미래의 신의 세계보다는 눈에 보이고 피부로 느껴지는 현실세계가 훨씬 더 값어치 있는 세계라고 생각하였다.

또 한 가지 본서에서 르네상스에 대하여 특기하여야 할 것은, 이상에서 말한 십자군 전쟁 이후의 정치·경제·사회적 변동으로 말미암아 세속적인 지식계급이 형성되었다는 것이다.

중세를 대표하는 지식인들은 오로지 승려 계급이었다. 영주나 군주, 그리고 그들의 측근자들 중에 지식인이 전혀 없었던 것은 아니겠으나, 직접 문헌을 관장하고 연구하는 사람들은 대부분이 승려였다.

그러나 십자군 전쟁 이후 성장한 도시의 부르주아들이나 또 정세의 변화에 발맞추어 막대한 권력과 재력을 지니게 된 용병대장들(Condottiere)이나 군주들, 그리고 그들의 추종자들, 이를테면 의사, 법률가, 공증인 등이 다 새로운 지식계급으로 등장하게 되었다.

이상과 같은 르네상스의 성격이나 사회배경을 놓고 볼 때, 마땅히 이 시대에는 역사학이 발달했어야 했다. 그리고 역사학과 관련된 저술들이 출현했어야 했다. 실제로 이 시대에 많은 역사물들이 생산된 것도 사실이다. 수많은 연대기, 백과전서, 요해서(Epitomes), 훈화(訓話)집, 역사 시, 수사(修史)집, 요약 세계사 등이 출현하였다.

그러나 그것들은 모두가 중세문학의 일반적 줄거리를 계승한 것일 뿐, 이른바 르네상스의 역사학의 발전현상이라고 특별히 말하기는 어렵다.

그리고 그 이상의 것은 르네상스 후기, 즉 1500년대의 인물인 마키아벨리(Niccolo Machiavelli, 1469~1527)를 제외하고는 역사학사에 있어 괄목할 만한 인물은 찾아보기 힘들다.

다시 말하면 르네상스시대의 역사학은 동시대의 문학이 단테라든가, 페트라르카라든가 보카치오와 같은 인물을 탄생시켰고, 미술이 레오나르도 다빈치라든가 미켈란젤로, 그리고 라파엘로와 같은 천재를 산출한 것에 비해 큰 인물을 낳지 못하였다.

그 이유가 어디에 있을까? 우리는 이에 대한 해답을 르네상스의 기본적인 성격에서 찾지 않을 수 없다.

첫째, 르네상스의 성격은 사상사적 견지에서 볼 때, 스콜라 철학의 연속이라 할 수 있다. 즉 신과 우주(자연)를 형이상학적으로 추구하던 스콜라 철학에 동방에서 도입된 자연과학적 지식 및 사고 방법이 가미되어 가는 과정에서 르네상스의 사고는 형성된 것이다. 그런데 앞에서 이미 언급한 바와 같이 스콜라 철학은 그 자체가 반역사적인 학문이며, 또 자연과학이라고 하는 것도 성격적으로 역사학에 장애 요소를 지니고 있는 것이다.

둘째, 르네상스 정신의 개체주의(Individualism)가 역사사상과는 배치되는 면을 지니고 있다. 즉 개별주의는 인간, 개개인의 존엄성을 고집한다. 인간은 사회나 국가나 전체 또 전통, 가문 등에 소속된 개인, 즉 전체 속에서의 개인이 아니라, 개인 자체대로 독립된 개인으로서의 개인이기를 주장한다.

개체주의의 이러한 면은 사회적 존재로서 사회의 구성조직·관습·전통에 의해 제약을 받고, 그 범위 내에서 역사라는 전체적 흐름의 한 구성 요소로서의 개인을 볼 수밖에 없는 역사학과는 일치되기 어려운 것이다.

여기서 우리가 분명히 밝혀 둘 것은 역사라는 것은 어느 한 개인의 생활만으로는 이루어지는 것이 아니라는 점이다. 개인의 생활이 적어도 역사로 될 수 있기 위해서는 그 개인의 생활이 사회적이고 국가적이고, 또 세계적이어야 한다. 또 사회 내의 다른 개인들과의 관계, 또 민족내부에 용해되어 있는 사상·관습, 전통 등과의 관계, 그리고 사회를 구성하고 있는 다른 개인들과의 정치적·경제적·문화적 관계를 맺고 있는 생활로 고찰될 때에 비로소 역사화는 가능하다.

그런데 르네상스의 개체주의는 다른 개인들의 존재를 무시하고 성립되는 것이며, 여러 명의 개인이 공동으로 추구하는 대상, 이를테면 교회라든가, 신이라든가, 역사라든가, 전통이라든가, 하는 것은 인정하지 않은 채, 개개인의 능력에 따라 권력도 장악하고, 재력도 획득하고, 예술도 창조하는 철저한 상대주의에 근거한 것이며, 자유방임주의를 지향하는 것이었다.

그러므로 이 시대에는 당시대를 지배하던 개인들, 즉 용병대장이나 자본가 또는 문학, 예술가들의 전기, 이를테면 한 개인의 '완전한 인간', '보편적 인간(l'uomo Universale)'으로서 능력을 과장해서 소개하는 전기는 수없이 출판되었지만, 개인과의 관계, 사회적 정황, 시간적 맥락, 역사의식 등을 가미한 역사서는 나올 수 없었다.

셋째는 르네상스의 현실주의적인 면이 역사학의 발전을 저해하였다. 르네상스의 현실주의에 의하면, 인간에게 있어서 과거나 미래는 무의미한 것이다.

르네상스인들은 눈에 자연스럽게 비치는 자연을 자연 그대로 보고, 그 아름다움을 감상하는 것으로 만족한다. 그 자연이 어떻게 해서 형성된 것이며, 또 앞으로 어떻게 변화되어 갈 것인가를 생각하는 것은 르네상스인들에게는 전통적이고 기독교적인 낡은 생각으로 생각되었다.

그들에게는 오로지 현재만이 있다. 현재에 자신의 능력으로 자신의 눈에 비치는 자연을 변개시켜서 자기 마음에 맞도록 만들어 놓고 즐기면 되는 것이었다.

이러한 사람들에게는 시간관이 의미 없는 관념에 불과할 수밖에 없는 것이다. 이상과 같은 르네상스 사상의 반역사적 경향은 자연, 르네상스 역사학의 한계성으로 나타나게 된다.

즉 르네상스 정신의 특징은 문학, 예술 그리고 정치학 등에서 주로 나타난다. 그러므로 이 시대의 역사학은 마치 중세의 역사학이 신학과 연결된 역사학으로, 그리고 신학적 방법론에 입각한 역사학으로, 그 성격을 지니지 않을 수 없었던 것처럼, 르네상스시대의 역사학은 문학·정치학적인 역사학으로 성격을 지니게 된다. 그러므로 역사학 자체를 볼 때에, 17세기말 G. 비코가 《신과학(Novum Scienza)》를 발표할 때까지는 괄목할 만한 발전을 보지 못하였다. 다만 중세의 것에 비하여 달라진 것이 있다면, 르네상스의 역사서술은 교회사 중심이었고, 신학적인 역사학이었는데 비하여, 르네상스의 역사서술은 세속세계에서 펼쳐지는 인간의 역사, 개인의 역사라는 점이다.

즉 르네상스시대의 역사학은 주로 고전 문헌의 연구 그리고 그것을 통한 인간개성에 대한 연구, 정치기술에 대한 연구라는 특징을 지닌다. 이러한 특징을 중심으로 이 시대의 역사학을 편의상 구분하면 문학적 역사학, 미술사, 정치적 역사학으로 대별할 수 있을 것이다.

마키아벨리 이전의 역사가들

일반적으로 페트라르카(Francesco Petrarch, 1304~1974)를 가리켜 이탈리아 르네상스의 아버지(the father of Italian Renaissance)라고 부른다. 그런데 반스는 이 말을 받아서 또 그를 가리켜 휴머니즘적 역사서술의 진정한 아버지라고 할 수 있다고 하여 르네상스시대의 역사서술을 시작한 사람으로 간주하였다.

르네상스가 교권에 대한 저항에서 출발하였다고 하지만, 그의 아버지인 페트라르카는 기독교만이 인간구제의 길이라는 점을 확신한 성직자였으며, 수도적인 금욕생활에 몰두한 수도자였다. 그러나 그는 한편으로 그의 애인 로우라(Laura)에게 열정적인 시, 〈소네트(Sonnets)〉를 지어 바칠 수 있는 감정의 소유자이기도 했다.

그러나 그는 동시에 그리스·라틴어에 능통한 고전 연구자였다. 그러므로 그는 그의 성직이나 수도생활과는 별개로 고전 연구를 하였고, 그 가운데서 고전시대의 지도적인 인물들의 전기를 썼다. 그것이 《위인전(Liber de viris illustribus)》이다. 여기에서 그는 로물루스(Romulus)에서 카이사르(Caesar)에 이르는 로마 공화정 시대의 전설적인 영웅 31명의 전기를 서술하였다.

물론 페트라르카의 저술이 과연 역사적 작품이냐 아니냐는 논란의 여지가 있다. 그러나 초기의 플로렌스의 역사서들이 대량의 전설 우화 위조문헌(forgery)들로, 많은 오류를 지니고 있는데 비하여, 그는 시대를 건너 뛰어 로마의 역사적 인물들을 설명하면서도, 그러한 요소들을 배제할 수 있었다는 점에서, 그리고 그 사실들을 취급함에 있어서 회의적 태도를 보였다는 점에서, 우리는 그에게서 탁월한 역사가의 면모와 과학적인 역사학의 맥을 짚을 수 있다.

그러나 그에게서는 그 나름대로의 역사적 조망 같은 것은 나타나지 않았다. 다만 그는 로마의 문화, 로마의 인물들의 생활을 문학자인 자신의 용어와 스타일로 서술하였을 뿐이다.

휴머니스트 역사가로서, 페트라르카 다음으로 꼽을 수 있는 사람은 리오나르도 브루니(Lionardo Bruni, 1368~1444)이다. 그는 아레초(Arezzo)에서 출생하여 포기오 브라치오리니(Poggio Braciolini, 1380~1459)와 더불어 조반니 다 라벤나(Giovanni da Ravenna)의 제자가 되었으며, 그 당시 이탈리아 최대의 휴머니스트인 콜루치오 살루타치(Coluccio Salutati)의 보호를 받았다. 그는 다시 엠마뉴엘 크라이솔로라스(Emanuel Chrysoloras)로부터 그리스어를 배우고 고전문헌 수집에 열정을 기울였다. 그러나 한편, 그는 플로렌스의 관리요, 교황의 비서로서의 직업을 갖고 있었다.

그의 저서로는 《플로렌스 역사(History of Florence)》 12권과 《주해서(Commentarius rerum sub tempore in Italia gestarum 英, Commentaries)》가 있다.

페트라르카가 고전 문헌을 자기 나름대로 해석하고 이해함으로써 기독교에 의해서 윤색된 역사서술에 고전적 지식을 도입하여 이교적 역사를 쓰게 한 공헌을 이루었다면, 브루니는 역사와 전설을 혼동한 가운데 이루어진 중세의 역사서술에 그의 분석적인 정신력과 합리적인 구성력을 동원하여, 전설들의 와중으로부터 플로렌스의 역사를 끌어내었다는 공헌을 한 사람이다.

그는 주장하였다. 고전문화가 오히려 그가 살고 있던 시대의 문화보다 더 역사적 영감을 주는 자료를 제공하고 있다고. 그리고 중세의 역사가 역사로 되려면, 이교적 기적이나 기독교적 이사(異事), 그리고 전설들로부터 탈피해야 한다고.

브루니는 또 문화사적으로 큰 공헌을 하였다. 그는 플로렌스의 모든 종류의 문화가 상호 연결되어 있는 것으로 이해하였으며, 플로렌스를 위한 문화의 소재지로 평가 하였으며, 또 이상과 같이 풍부하고 다양한 문화생활을 그 사회(Community)의 평민생활과 연결시킨 최초의 플로렌스 인이었다.

그뿐만 아니라, 그는 과거의 역사 이해를 깨뜨려 버리고, 인간과 그 인간의 심리학적인 면을 강조한 최초의 저술가였다. 특히 그는, 역사학은 주로 정치적 제 사건과 제 행위를 실제적으로 분석하는 일과 밀접한 관계를 갖지 않으면 아니 된다고 주장하여 마키아벨리의 선구자가 되었다.

브루니의 역사서술의 기준과 방법에 깊은 영향을 받은 사람은 베네치아의 역사가인 코치오(Marcantonio Coccio, 1436~1506)다. 이 사람은 그의 본명보다 사벨리쿠스(Sabellicus)라는 별명으로 더 알려진 사람이다. 이 사람은 로마의 캄파냐(Roman Campagna)에서 출생하여 로마에서 교육을 받고, 우디네(Udine)에서 수사학 교수가 되었고, 거기서 《프리울리의 역사(History of Friuli)》를 저술하였다. 이것이 베네치아 정부의 관심을 끌게 되어 정부의 위탁으로 베네치아 공화국의 역사를 서술하게 되었다.

그는 베네치아의 다양한 전통과 연대기를 수집해서 원만한 이야기로서의 역사를 서술하였다. 여기서 그는 그 자신의 소신을 다해서 상상적이고 수사적인 미화법을 동원하여 썼다.

이를테면 리비우스를 논의함에 있어서도 지나친 찬사를 아끼지 않았다. 물론 그의 이와 같은 과장적 서술법이나, 교회사나 경제사에 대한 그의 무지로 인한 도외시 등은 그의 역사서술의 커다란 약점이 아닐 수 없다. 그러나 그에게는 몇 가지 점에 있어서 역사서술의 근대화를 위한 공헌이 있다.

첫째, 그는 르네상스인으로서의 최초로 보편적 역사를 엔네아데스(Enneades)에서 시도하였다. 즉 그는 비록 유세비오스나 제롬으로부터 주로 제 사건의 연대기를 취하였지만, 여러 고대 민족의 역사에 대해서 지면을 할애함으로써 고전시대의 역사를 복원시켰다.

둘째, 그는 중세적 역사서술에서 탈피하였다. 그는 천년왕국(a millennium)과 같은 형태를 지니는 헤브라이적인 역사에 대한 막연한 연구를 거부하였다. 그리고 그는 성서에 나타나는 기적에 대해서 회의적이었으며, 그 기적이나 이사를 고전적인 우화, 이를테면 삼손(Samson)은 일종의 헤브라이적인 헤라클레스로 취급하였다.

르네상스의 본질 중, 하나가 비판의식에 있다면, 비판적 역사학을 창도한 발라(Lorenzo Valla, 1407~1457)를 간과할 수 없다. 발라는 당시 교황 에우게니우스 4세(Pope Eugenius IV)와 적대 관계에 있었던 알퐁소 왕(King Alfonso)의 치하에 있었던 나폴리에서, 그 알퐁소 왕의 비호를 받으면서 저술 활동을 하고 있었다.

그는 이러한 정치관계와 연결되어 있었기 때문인지는 모르나, 당시 교황의 세속적 권력의 근거가 되는 권위의 상징으로 되어 있는 '콘스탄티누스 황제의 기진장(Donation of Constantine)'에 대하여 거침없이 공격을 가하였다.

그는 이를 위해서 먼저 《고상한 라틴어(De elegantiis latinae linguae)》라는 유명한 저서를 썼다. 여기서 그는 라틴 언어와 그것의 문법 및 문체의 형태와 구조를 훌륭하게 분석하였다. 그리고 그는 그 기진장에 관련된 문헌에 나타나 있는 진술들과 그 기진장을 확실한 것이라고 간주하게 된 근본자료가 나온 시대 상황 사이에 생겨나는 모순 대립관계를 파헤침으로써 그의 논박의 증거로 삼았다.

이와 같이 발라는 처음으로 역사적 문헌을 동원하고, 또 한 시대의 역사적 상황을 분석함으로써 용기 있게 비판하는 방법을 창도한 사람이다.

이 밖에 그는 《아르곤의 페르디난드 1세의 역사(The History of Ferdinand I of Argon)》라는 역사서도 저술하였다. 그러나 그것은 역사서로서 성공적인 것은 아니었다. 다만 한 사람의 철저한 르네상스인으로서, 그리고 교황 체제에 대한 반대자로서 교권 체제의 스캔들을 폭로하는 글이라 할 수 있는 것이었다.

그러나 분명한 것은, 휴머니즘의 세계에 있어서 발라는 에라스뮈스(Erasmus)가 태어나기 전까지는 타의 추종을 불허하는 비판가였다는 사실이다.

발라의 비판적 방법론을 답습한 사람은 발라와 동시대의 베네치아인인 베르나르도 기우스티니아니(1408~1489)였다. 그는 《베네치아 시의 기원과 성장(Origins and Growth of the City of Venice)》이라는 저술을 남겼는데, 여기서 그는 베네치아의 기초 확립과정과 관련되어 있는 전설들의 껍데기를 벗겼다. 그러나 그는 문학적인 인문주의자라기 보다는 정치가였다. 그리고 그는 공적(公的)으로 인정되는 역사가는 아니었다.

르네상스 정신이 비판정신을 근거로 하는 것이라면, 르네상스 정신에 입각한 역사학은 그 비판의 근거가 되는 사료의 발굴과 그 확인을 전체로 하지 않을 수 없다. 그런데 이상에서 언급한 여러 역사가들은 주로 고전 및 중세의 문헌을 중심으로 하여 근거로 삼았다. 이에 비하여 고고학적 자료를 통하여 역사를 확인하고자 하는 움직임이 이 시대에 나타났다.

즉 중세시대를 통하여 모든 사람들은 고대의 기념물들에 대해서 무관심이었다. 그뿐만 아니라 그런 것들을 중세 인들은 자기들의 집을 짓는 재료로 쓰는 등 훼손시키기까지 하였다.

그러나 르네상스 운동과 더불어 고전시대의 유물들의 문화적 가치에 대한 평가가 차차 높아지기 시작하였다. 그리하여 15세기에 들어서 부터는 고전시대의 유물들에 대한 수집이 시작되었는데, 그 선구자는 1430년경, 플로렌스의 니콜로 니콜리(Niccolo Niccoli)이었다. 또 메디치 가의 로렌조(Lorenzo de Medici)는 그의 궁전 중 하나를 박물관으로 만들었다. 로마에서 최초로 금석문을 수집한 것은 1457년에 파울 2세(Paul II)에 의해서이다. 그리고 그의 후계자인 식스투스 4세

(Sixtus Ⅳ)는 카피톨리에 박물관을 건립하였다.

이상과 같은 고고학적 분위기가 익어가고 있었던 시대에, 반스가 '이탈리아 휴머니즘이 출산한 최대의 역사학자'라고 칭송한, 불른두스(Flavius Blondus, 1388~1463)가 태어났다. 그의 이탈리아 이름은 플라비오 비온도(Flavio Biondo)인데 사람들은 그를 가리켜 '휴머니즘의 티마이오스(Timaeus Humanism)'라고 한다.

그는 고대 로마의 유풍·문화·유물 등과 중세의 여러 국가들의 성장을 연구하기에 그의 전 생애를 바쳤는데, 그의 로마역사에 관한 업적들은 주로 골동품과 고고학을 중심으로 하는 것들이다. 그렇게 해서 그는 일종의 과학으로서의 고고학을 확립한 사람이 되었다.

이와 같이 불른두스는 대부분의 휴머니스트 역사가들과는 달리, 국가나 교회, 또는 어떤 권력자의 후원에 고취되어서 역사를 연구한 것이 아니라, 골동품 수집가들이 느끼는 이탈리아의 과거인 로마의 모든 유물들에 대한 진지한 사랑 때문에 역사를 연구한 것이다.

역사에 있어서 불른두스의 주요 작품은 《수십 년간(The Decades)》 즉, 《로마인의 세력이 몰락한 이래의 수십 년간의 역사(Decades of History since the Decline of the Power of the Romans)》(1472년~1440년) 31권이다.

이 책에서 그는 무려 1,000년간의 긴 역사를 취급하고 있는데, 그 방대한 자료를 매우 비판적으로 취급하였고, 중세시대의 의미를 해석함에 있어서 매우 탁월한 자세를 보여 주고 있다. 그것은 부르크하르트(Burckhardt)의 다음과 같은 말로써 입증된다.

이 책(Decades)은 처음으로 불편부당한 역사적 비판의 습관을 마음속에서 훈련시킴으로써 중세시대(Middle Ages)의 연구를 가능하게 만든 고대사의 연구라고 말할 수 있게 해주는 유일한 책이다.

불른두스는 중세시대를 로마 제국에서 연속된 역사로 보았다. 그러므로 그는 페트라르카가 중세시대를 매도하였고, 또 근대 유럽의 역사는 AD 410년에 있었던, 로마의 함락에서부터 르네상스로 연결되는 것이라고 주장했다는 점을 들어서 비난 공격하였다.

한마디로 불른두스는 중세의 역사를 중세적 연대기로부터 끌어내었으며, 그 중세를 그 자체대로 역사상에서 의미를 갖는 한시대로 생각한 최초의 역사가였다.

그리고 또 그는 장차 《로마 제국의 멸망사(The Decline and Fall of the Roman Empire)》를 쓴 E. 깁본(Gibbon)의 선구자로서, 역사적 비판의 굳건한 기초를 확립한 사람이 되었으며, 그의 작품 《수십 년간(The Decades)》은 근대 역사 저술의 이정표가 되었다.

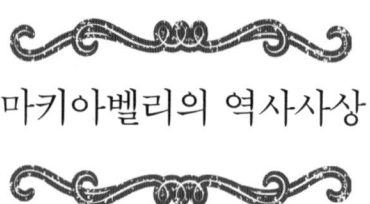
마키아벨리의 역사사상

　이상에서 소개한 여러 역사가들은, 그들이 비록 르네상스시대에 휴머니즘의 영향을 받은 사람들이라 하지만, 불른두스를 제외하고는 역사가다운 역사가라고 하기는 어려운 사람들이었다. 그들에게서는 역사가로서 지녀야 할 역사의식이나, 역사철학적 소양은 거의 찾아볼 수 없고, 다만 중세 말기에 유행했던 개인의 전기, 교회나 국가의 연대기를 서술하는 것으로 그치고 말았다.

　그러나 역사학사에 있어서 그들의 업적을 전혀 무시할 수만은 없는 것이다. 《역사학사》도 일종의 역사인 한, 그것의 연속적인 발전과정을 고려하지 않을 수 없다. 그 과정이란 천편일률적으로 발전만 되는 것이 아니라, 각 시대가 갖는 특성에 따라 기복이 있을 수밖에 없는 것이다.

　즉, 초기 르네상스의 역사학은 중세말기의 퇴폐적 경향에 따라, 또는 관념적이고 형이상학적인 스콜라 철학에 의한 압살에 의하여 죽어 있던 상태에서 소생해가기 시작하는 초기적인 것이었다. 그러므로 그것은 연대기나 전기 중심의 중세적 역사학의 굴레에서 묶여 있었으며, 그 가운데서 해방하려는 노력을 보인 것이다. 그리고 그와 같은 노력은 발라나, 브루니(Bruni) 그리고 최종적으로 불른두스에게서 여실히 나타나게 된 것이다. 그러나 그 이후 마키아벨리(niccolo machiavelli)와 귀치아르디니 (Francesco Guicciardini)에 이르러서, 역사학은 완전히 중세적인 데서 탈피하여 근대적 요소를 나타내게 된다.

마키아벨리는 애국자

마키아벨리는 르네상스의 휴머니즘 운동이 최고봉에 이르렀던 1469년 5월 3일, 이탈리아 르네상스의 중심지인 피렌체에서 태어났다. 그는 토지 재산에 수입원을 두고 생활하는 피렌체의 중산 계급의 가문에서 태어났는데, 그의 아버지는 법률가였다.

그는 휴머니즘에 입각한 교육을 받았다. 그러나 그는 그리스어는 배우지 못하였다. 그는 그가 29세 되던 1498년에 정부관리가 되어 1512년까지 피렌체 공화정부의 주석 소데리니의 밑에서 '자유와 평화의 10인 위원회(Ten of Liberty and Peace)'의 사무 국장직을 지냈다.

그는 이와 같은 14년간에 걸쳐서 관직에 있는 동안 외교관으로 임명되어 프랑스, 스위스, 독일 등으로 파견되기도 하였다. 이러한 외교관 생활에서, 그가 본국에 보낸 편지나 보고서 등은 그가 후에 저서를 쓰는데 많은 원리와 아이디어를 그에게 제공하였다.

그러나 1512년 피렌체는 정치적 혁명으로 그가 봉사하던 소데리니는 실각하고 메디치 가의 전제시대로 돌입하게 된다. 마키아벨리는 구(舊)정권에 봉직하였다는 이유로 1년간의 억류생활을 하였다. 그 후 그는 현실 세계에서 은퇴하여 산 카시아노(San Casciano)의 시골에서 여생을 보내며 창작생활에 몰두하였다.

이러한 창작생활의 결과로 나온 것이 《군주론(The Prince)》, 《리비우스론(Discorsi, soapra la prima Decadi Tito Livio)》, 그리고 《피렌체사(Istorie Fiorentine)》다.

우리는 마키아벨리의 역사사상을 논하기에 앞서, 그가 처하여 있었던 시대의 피렌체 및 이탈리아의 국제적 입장을 언급하지 않을 수 없다. 왜냐하면 일반적으로 그의 《군주론》을 가리켜 권모술수의 교본, 부도덕의 상징인 것처럼 생각하고 있는데, 그의 사상이 이렇게 오해를 받게 된 것은 그 당시에 이탈리아가 처한 입장에서, 그의 사상이, 즉 애국심으로 충만한 마키아벨리의 르네상스 사상이 솔직하게 표현되고 있는 것이기 때문이다.

16세기는 서양 정치사에 있어서, 절대주의적 왕권국가가 난립하여 서로 무력적 대결을 벌이던 시대다.

영국은 1485년 장미전쟁(Wars of Roses)의 종결로 등장한 헨리 7세(Henry VII)의 튜더 왕조가 성립되어 헨리 8세(1508~1547)와 엘리자베스 여왕(Elizabeth I, 1533~1603)의 치세를 통해 절대군주 체제를 확립하였고, 프랑스는 백년전쟁(The Hundred Year's War, 1337~1437) 이후 주권확립에 힘을 써서 앙리 4세(Henry Ⅳ)의 낭트 칙령(Edict of Nantes, 1598)으로 신·구교 간의 투쟁을 종결시킨 후 강력한 절대주의국가로 발돋움하였다.

그리고 스페인은 이사벨라 여왕과 페르디난드가 죽은 뒤, 합스부르그 왕가(Hapsburg family)에 의한 통합정권이 수립되었고, 찰스 I세가 왕위에 오르면서는 스페인과 중앙유럽 및 이탈리아의 통치권을 장악하는 신성로마 제국의 황제 찰스 5세(Charles V)로 즉위하여 그 패권을 전 유럽 세계에 휘두르는 입장이 되었다.

이와는 반대로 르네상스의 요람이었던 이탈리아는 중세적 도시국가로 분열된 채, 정치적으로 혼란을 거듭하고 있었다.

마키아벨리의 출생지이며, 그의 생활 근거지였던 피렌체를 예로 들어 본다면, 메디치(Medici) 가의 로렌조(Lorenzo, 1448~1492)가 죽고 그의 아들 피에로(Piero, 1471~1503)가 집권하게 된 이래 더욱 혼란에 빠졌다.

즉 1494년에는 프랑스 왕 샤를르 8세의 침공을 받아야 했고, 이와 결탁한 승려 사보나롤라(Girolamo Savonarola, 1451~1498)에 의한 메디치 가의 축출과 그 복귀, 그리고 1503년의 몰락 등 수 없는 혼란과 격돌이 거듭되었다. 한마디로 마키아벨리의 눈으로 볼 때, 당시 이탈리아의 운명은 풍전등화 바로 그것이었다.

이러한 혼란과 위기의 시대를 외교관이라는 공직에서 근무한 마키아벨리로서는 무엇보다도 이러한 이탈리아의 난국을 타개하고 이탈리아를 프랑스나 스페인, 그리고 영국이나 오스트리아와 같이 통일하고 강력하게 이끌어 나갈 수 있는 능력 있는 군주의 상을 그리지 않을 수 없었다. 그런데 그의 눈에는 보르지아(Cesare Borgia)라는 인물이 보였다.

보르지아는 악명 높기로 유명한 교황 알렉산더 6세의 아들이다. 그는 교황의 권력과 프랑스를 등에 업고 자유자재로 정치적 수완을 휘둘러 이탈리아의 통일을 목표로 하는 정책을 수행해 나갔다. 이에 의하여 피렌체는 위협을 받지 않을 수 없었다.

이러한 상황하에서 마키아벨리는 외교관으로 활약하여 1500년에는 프랑스의 루이 12세에게 갔었고, 그 다음에는 정치협상을 위하여 로마의 보르지아에게 보내어졌다. 마키아벨리가 그의 여러 저술에서 묘사하고 있는 군사적 지식은 여기서 얻은 경험에 근거한 것이다.

특히 그는 보르지아와의 접촉과 그의 인간성에 대한 관찰을 통해서, 그가 목적을 달성하기 위해서는 대담하고 세심하고 또 기만·잔인한 수법 등 수단 방법을 가리지 않는 단호한 태도를 높이 평가하게 되었다.

《군주론》은 이러한 사회적 배경과 개인의 경험, 그리고 이탈리아를 위기에서 구원하여야겠다는 애국심에서 쓰이어진 것이다. 그러므로 《군주론》과《리비우스론》그리고《피렌체사(史)》등 그의 저술에는 이상과 같은 상황에서 얻어진 그 나름대로의 역사관이 포함되어 있다. 그것을 요약하면, 대개 다음과 같은 점들을 들 수 있을 것이다.

첫째, 마키아벨리의 중요한 특징 중의 하나는 현실주의적인 입장에서 당시의 정치 사항들을 있는 그대로 분석한 사람이라는 것이다. 즉 그의 군주론은 출판되는 순간부터 많은 물의를 일으켜 드디어는 '마키아벨리즘(Machiavellism)'이라는 그리 아름답지 못한 정치 용어를 만들어 내기에까지 이르렀다.

그리고 심지어는 마키아벨리 자신이 권모술수의 대가인 것처럼, 또는 부도덕의 상징인 것처럼, 그리고 군주권에 맹종하고 자신의 출세를 위해서 수단방법을 가리지 않는 비열한 인간인 것처럼, 오해되고 있었다.

마키아벨리는 사회과학자

그러나 그것은 그가 이미 그의 시대에 있던 인물들이, 그리고 앞으로 영구적으로 존재할 인물들이 행동하고 있었으며, 또 행동할 그 행위의 근본원리를 솔직하고 대담하게 진술하였기 때문에 얻은 비난에 불과하다. 그는 원래 공화주의자다. 그러므로 그는 그의 《피렌체사》에서 로마의 공화정을 하나의 이상적인 정치형태로 묘사하고 있다.

그럼에도 불구하고, 그가 그렇게 비난받을 인간의 잔인성, 권모술수 등을 군주론에서 묘사한 것은 그가 그것을 논리적이고 도덕적인 차원에서 찬양하는 의미에서가 아니고, 다만 그가 그의 정치생활, 외교관 생활을 통해서 현실적으로 체험한 인간의 정치적인 본성, 이를테면 이기적이고 나태한 인간의 천부적인 본성, 그리고 거기에서 야기되는 인간의 사악한 면을 인정하고, 이러한 인간을 지배통치해서 국가의 목적을 수행해 나가는 데는 윤리나 도덕을 초탈한 고도의 정치기술이 필요하다는 점을 간파했기 때문이다.

그는 이런 의미에서 정치를 하나의 과학으로 생각한 최초의 사회과학자다. 그리고 역사를, 즉 인간사를 자연과학적 방법론으로 이해하려 한 최초의 실증주의적 역사학자이기도 하다.

그는 그가 살고 있던 이탈리아를 정치실험을 위한 하나의 실험실로 생각하였다. 그리고 거기에서 그는 국가권력의 실상과 인간 본성을, 마치 의사가 인체를 해부하듯 분석하였고, 그것을 통해서 얻은 관찰과 실험의 결과를, 마치 금은 세공가가 조각을 하듯 자세하게 설명을 하였다.

그의 설명에 의하면, 인간의 본성은 불변한다. 그리고 그 본성은 근본적으로 사악하다. 즉 인간은 만족할 줄 모르는 욕망과 한없는 야심을 가지고 있는 동물이며, 그의 제1차적인 욕망은 자기 보존을 위한 것이다.

이러한 인간들에게 있어서, 자발적인 협동이라든가, 계약의 이행 등은 불가능한 것이다. 그러므로 군주가 국가를 통일하고 그 통일된 국가를 유지하려면, 이와 같이 늑대와 같은 인간들의 야수성을 억누를 수 있는 사자의 위엄과 간교한 함정을 간파할 수 있는 여우의 간지(奸智)를 함께 지니지 않으면 아니 된다는 것이다.

여기서 그는 이른바 르네상스 천재의 상을 보르지아에게서 찾았고, 그것을 군주의 상으로 묘사한 것이다. 그에게 보인 군주의 상은 완전한 인간, 초자연적인 힘으로서의 덕(Virtue)을 지닌 인간이었다.

자연과학의 세계에서 레오나르도 다빈치가 만능의 천재였고 미술계에 있어서 미켈란젤로가 거인이었던 것처럼, 군주는 정치, 즉 이탈리아의 사악한 인간들로 인해 얽혀진 정치적 난맥을 풀어나가, 이탈리아의 통일과 그 통일의 유지를 수행해 나가기 위한 만능의 천재, 정치 기술자의 상을 그는 묘사한 것이다.

참다운 역사관은 참다운 인간관에서 비롯되지 않으면 아니 된다. 인간이 역사에서 점하는 위치가 어떠한 것인가? 주인인가? 아니면 종인가? 중세 기독교적인 역사관에서는 궁극적으로는 인간을 위한 것이라 하면서도 실제로 인간의 행위는 신에 종속된 것이었다.

그러나 마키아벨리에게서 이러한 개념은 전도(顚倒)되었다. 인간은 만능이다. 인간은 그의 덕(Virtue)을 동원해서 무엇이라도 할 수 있다.

과거 신만이 할 수 있었던 모든 것을 인간 스스로가 행할 수 있게 된 것이다. 그러므로 마키아벨리는 이탈리아의 위기를 신에 의존해서 극복하려 하지 않았다. 그렇다고 운명에다 미루어 포기하지도 않았다. 인간의 능력으로 해결할 수 있다고 믿었으며, 그것을 할 수 있는 수단·방법을 찾으려 하였다. 이것이 바로 르네상스의 휴머니즘이며 또 그의 이 같은 인간관에서 이른바 르네상스의 역사관이 나온다.

마키아벨리의 역사관

마키아벨리를 역사학자로 취급할 수 있는 것은 그의 《군주론》 때문이 아니라, 《피렌체사(Istorie Florentine)》 때문이다. 《군주론》이 메디치 가의 로렌조에 헌납하기 위해서 쓰이어진 책이라면, 《피렌체사》는 1525년 당시 메디치 가 출신의 교황이었던 클레멘스 7세(Clemens VII)에게 봉헌된 책이다. 즉 1520년 클레멘스가 피렌체의 집권자로 있을 당시, 피렌체의 흥성과 메디치 가의 관계를 설명하기 위해서, 마키아벨리에게 위탁되어 서술된 것이다.

처음에 위탁에 따라 이 책이 기획되기는 1434년 메디치 가가 두각을 나타내기 시작한 시기부터의 피렌체사를 서술하는 것이었으나, 마키아벨리의 사관, 즉 역사적 인과관계를 따지려는 의도에 따라 그 범위를 로마 제국에까지 소급해 가지 않을 수 없었다.

그리하여 전8권에 해당하는 방대한 저술이 되었다. 그중 전체 분량의 거의 반에 가까운 제1권은 야만족의 침공으로 인한 로마 제국의 멸망에서 1440년까지의 이탈리아의 주요 역사를 다루고, 제2·3·4권은 피렌체시의 발전과정, 나머지 5·6·7·8권은 1434년에서 1492년, 즉 메디치 가의 로렌조가 사망한 때까지의 피렌체와 전 이탈리아 반도 내의 전반적인 전란(戰亂) 상태의 설명으로 되어있다.

이 책이 역사학적으로 중요한 까닭은 제1권, 즉 야만족의 침공으로 비롯된 로마 제국의 멸망과정에 대한 설명에 있다. 여기서 그는 전이탈리아의 역사를 개관하였는데, 그는 로마의 멸망을 국가의 흥망성쇠는 일종의 자연법칙적인 과정에 따른다는 순환이론을 근거로 설명하였다.

즉 그에 따르면, 용기(Valor)는 평화를 낳고, 평화는 안일을 낳고, 안일은 무질서를 낳고, 무질서는 파괴를 낳는다. 그리고 또 무질서로부터 질서가 솟아나고, 질서로부터 덕(Virtue)이 솟아나고, 그 덕으로부터 영광스럽고, 훌륭한 미래가 솟아난다는 것이다.

마키아벨리에게는 비견할 수없이 위대하였던 로마에 대한 회고적 애착심이 매우 컸다. 그러므로 그는 중세를 이탈리아 역사에 있어서 불운한 시대로 생각하였다. 그러므로 피렌체의 역사는 로마 제국과 연결되는 역사, 다시 말하면 피렌체는 로마 제국의 연속이며 그 부흥이라고 생각하려 하였다. 그러므로 그는 《피렌체사》에서 '고대제국의 몰락은 마땅히 성장하는 세력에 의해 펼쳐지는 신시대에 의하여 계승되어야 한다.'고 했다.

이상과 같은 마키아벨리의 이론을 종합하면, 로마 공화정 당시의 용기 있는 영웅들에 의하여 로마의 평화는 이루어졌고, 그 평화로 인하여 로마 제국의 귀족사회는 안일에 빠져 무질서한 생활을 하였다.

그 결과로서 로마 제국은 파괴된 것이다. 그러나 그 무질서로부터 질서 있는 피렌체는 성립되고 질서 있는 피렌체는 덕(Virtue)을 지니게 되고, 그 덕으로써 피렌체는 로마 제국의 영광을 재현시켜야 한다는 것이 된다.

이상과 같은 역사발전에 관한 이론을 생각할 때, 우리는 마키아벨리의 역사사상의 탁월성을 발견하게 된다. 그러나 일상적으로 마키아벨리는 역사가나 역사사상가로서 보다는 정치학자나 정치 철학자로 더 알려져 있다.

심지어 반스는 그를 가리켜, '역사에 대해서는 별다른 감흥(emotion)조차도 느끼지 않은 정치철학자'라고 하였다. 그가 이렇게 평가되게 된 데에는, 그가 비록 정치적인 제 현상의 역사적인 인과관계를 파악한다거나 천재성을 발휘하였으나, 그의 최종적인 목적은 역사학에 있지 않았고, 정치학에 있었기 때문이다. 또 설사 그가 《피렌체사》라는 역사서를 남겼으나, 그것은 역사책으로서의 목적을 지닌 것이 아니라, 정치에 관련된 사례를 열거하기 위한 것이었기 때문이다.

그러나 오늘날 우리의 눈으로 볼 때, 마키아벨리는 위대한 역사사상가였다. 그와 동시대의 선배 역사가들 보다 훨씬 능가하는 역사가였다. 역사가라고 하는 것이 과거에 있었던 사실들을 연대기적으로 서술하는 것으로 만족하는 연대기 학자를 뜻하는 것이나, 어떤 개인의 사생활을 묘사하는 전기 작가를 뜻하는 것이 아니라, 인간의 본성을 파악하고 그 인간과 그 인간의 행위로 구성되는 사회와 그 사회가 시간상에서 전개·발전되어 가는 과정을 연구하는 사람이라고 한다면, 인간에 대한 철학, 사회에 대한 철학을 가지고 있었던 마키아벨리는 위대한 역사사상가가 아닐 수 없다.

이에 더하여, 별로 알려진 것은 아니지만, 마키아벨리의 역사사상을 두드러지게 해주고 있는 것은 그는 르네상스인이요, 휴머니스트이면서도 아우구스티누스의 역사관 중 역사교육론을 답습하고 있다는 사실이다. 즉 마키아벨리는 역사를 인류의 교육과정으로 이해한 흔적이 있다.

그는 '시민사회(Civil Society)는 커다란 인류의 학교(the great school of mankind)'라고 했다. 그리고 인간이 비록 사악한 본성을 가지고 있다 하더라도, 교육을 통하여 사회화될 수도 있고, 그 사악한 본성 위에 바람직한 속성을 가미시킬 수 있다고 하였다.

그리고 인간의 행위는 사회적 환경구조에 의해서, 그리고 인간의 욕망을 유도하는 사회적으로 확립된 목표에 의해서 순화될 수 있다고 했다. 이런 점을 감안 할 때, 그가 《피렌체사》에서 피력한 역사상의 제 단계에 펼쳐진 사회적 특징과 거기에서 활동하는 영웅 및 지배자들은 그 사악한 인류의 본성을 궁극적으로 교화시켜 가는데 필요한 교육과정이라고 해석할 수도 있다.

좌우간 마키아벨리의 이 같은 이론은 아우구스티누스의 그것과 유사한 것이다. 다만 아우구스티누스의 신을 마키아벨리는 사회라는 말로 대치시켰을 뿐이다. 그리고 아우구스티누스는 인간본성에 대한 성악설을 기독교적 신앙과 논리의식에 근거를 두고 설명하였는데 반하여, 마키아벨리는 그것을 인간의 본성, 즉 자연적인 것으로 해석했을 뿐이다.

결론적으로 말해서, 마키아벨리는 르네상스인이었고 철저한 휴머니스트였다. 그도 중세 기독교적인 윤리의식이나 도덕관념으로부터 인간의 행위를 분리시켜서 이해하려 하였고, 신에 의해서 종속된 인간을 그 신으로부터 해방시켜 덕(Virtue)을 지닌 인간, 그 덕으로써 스스로 신과 같은 능력을 발휘할 수 있는 인간의 상을 창출하였다.

즉 그는 중세의 신의 능력을 인간의 능력으로, 중세의 신의 섭리를 사회적 상황(Situation)으로 대치시켜 놓았다. 그리고 그는 냉혈적인 정치 분석가였으며 과학자였다. 그러므로 그는 '인간사를 관찰함에 있어서 한 점의 정이나 윤리의식·도덕관념과 같은 사실 자체와 무관한 요소의 개입을 용허하지 않으려 하였다.

그러나 그는 애국자였다. 그러므로 그는 신에 대한 신앙 대신에 애국적 충정에서 역사를 보려 하였고, 신에 의한 천상국가가 이루어지는 날을 기대하는 대신에, 자기가 사랑하는 조국의 영광된 미래를 희구하였다. 그의 이와 같은 방법론과 역사관은 다시 비코로 연결되어 이탈리아 근대 역사사상사의 근원이 된다.

귀치아르디니의 역사서술

마키아벨리의 후계자이며, 유일한 경쟁자는 프란체스코 귀치아르디니(Guicciardini Francesco, 1483~1540)다. 귀치아르디니는 마키아벨리와 마찬가지로 피렌체 출신이다. 그는 1482년 6월 피렌체의 명문가에서 출생하여, 파두아 대학(University of Padua)에서 법률을 공부하였다. 학업이 끝난 뒤, 피렌체에서 법률학 교수가 되었다.

그러나 그는 아카데미적인 연구 생활보다는 실제적인 실천생활을 좋아했기 때문에 곧 교수직을 버리고 관계(官界)에 진출하였다. 그리하여 외교관으로 활약하였는데, 그가 30세 되던 1513년에는 주(駐)스페인 대사가 되어 페르디난드 황제의 궁전으로 파견되었다.

그는 야심이 많고 타산적이고 권력욕이 강한 인물이었다. 그리고 광범한 시야를 가지고 있는 인물이기도 하였다. 그러므로 그는 단지 피렌체라는 작은 도시국가에서 활약하는 것으로 만족하지 않고 전 이탈리아에서 능력과 재능을 발휘하고자 하였다.

이러한 야망대로 그는 로마 교황에게 발탁되어 여러 교황 국가(Papal states)의 총독을 지냈다. 즉 교황 레오 10세(Leo X) 때에는 모데나(Modena), 렉지오(Reggio), 롬바르디아(Lombardy)의 총독을, 클레멘스 7세(Clemens VII) 때에는 로마냐(Romagna)의 부총독을 지냈다.

특히 그의 외교관 생활에서 중요했던 시기는 클레멘스 7세 때인데, 이때 그는 클레멘스 7세의 명에 따라 볼로냐(Bologna) 시와의 불화를 조정하라는 외교적 사명을 띠고 프랑스로 갔다. 그러나 그의 이 같은 외교적 노력이 수포로 돌아가고 1527년에는 로마가 점령을 당하는 비운을 맞이하게 되었다.

이 때문에 그는 교황의 총애를 잃고 삭탈관직을 당하게 되었다. 후에 다시 교황의 총애를 입어 로마냐(Romagna) 총독이 되었다. 그 후 은퇴해서 피렌체로 돌아와서는 피렌체 시의 사무를 관장하는 일을 계속하였다.

메디치 가의 알렉산더가 암살을 당하고 피렌체 공화정이 몰락했을 때, 그는 메디치 가문 중에서 코시모 1세(Cosimo I)의 즉위를 도왔다.

그러나 그는 코시모 1세로부터 불필요한 인물로 따돌림을 당하였다. 이러한 모욕을 당한 귀치아르디니는 그의 별장으로 은퇴하여, 《이탈리아사》를 저술하다가 완성시키지 못한 채, 1540년 5월 사망하였다. 그 외 저술로는 그가 27세의 젊은 나이로 쓴 《피렌체사》가 있다.

《피렌체사》는 1378년에서 1509년까지의 피렌체의 역사를 포괄하고 있는 것인데, 역사서술의 역사에 있어서는 로마 제국이 멸망한 이래 처음으로 진정한 원천 사료에 근거를 두고 쓰이어진 역사서이다.

이 책에서 저자는 교부철학의 역사학이나 초기 휴머니스트들의 역사서술의 방법을 거의 완전하다고 할 만큼 깨뜨려 버렸으며, 고전적 역사학의 인습까지도 초월하는 입장을 취하였다.

즉 옆으로 새는 일이나 불필요하게 세밀한 것에 집착하는 일에서 탈피해 있는 그의 유창한 문체에는 현란한 수사의 자취가 없다. 그는 그 시대의 정치사에 주요 관심을 두고 있었으므로 그 시대에 인습적인 역사서술에서 행해지던 연대 중심 또는 엄격한 연대기적 배열에 집착하지 않을 수 있었으며 뚜렷한 맥락을 가지고 서술해 갈 수 있었다.

그는 마키아벨리에 비하면 철학적 분석에는 별로 관심을 두지 않았다. 그는 사건들을 힘차고 예리하게 서술하고 인간들과 정책들을 공평하게 비판하는 데에 온 신경을 쏟았다. 그는 본질적인 사실들을 선발하는 데 진기한 재능을 가지고 있었다. 그리고 그는 천재적으로 환상 같은 것에 사로잡힐 수 없을 만큼 냉담한 성격을 지니고 있었다.

이 때문에 그는 비교적 역사를 서술함에 있어서 정확하고 불편부당한 입장을 취할 수 있었다. 이러한 요소들 때문에, 푸에터(Fueter)는 '피렌체 역사와 더불어 근대의 분석적인 역사학과 역사에 있어서의 정치학적 추론(ratiocination)은 시작되었다'고 했다. 그리고 대부분의 비판가들은 귀치아르디니의 《피렌체사》와 더불어 서구의 역사서술은 투키디데스와 폴리비오스에 의해서 도달되었던 수준에 이르렀다고 평가하였다. 그러나 이 책이 르네상스시대의 역사서술에 끼친 영향은 별로 없다. 왜냐하면, 이 책은 1859년에 와서야 비로소 출간되었기 때문이다.

귀치아르디니의 역사가로서의 명성을 얻게 하였으며 르네상스시대의 역사학에 심대한 영향을 끼친 것은 그의 만년에 은퇴생활 속에서 쓰이어진 《이탈리아사》다.

이 책은 《피렌체사》보다 앞서서, 즉 저자의 세기라 할 수 있는 16세기에 출판되어 전에 없던 인기를 얻은 책이지만, 쓰이어지기는 그보다 30년이나 뒤늦은 시대의 것이다.

그는 30년간의 공직생활을 통하여, 그의 정치적 신념이 무산되는 슬픈 경험을 지니게 되었다. 이 때문에 그는 이미 27세의 재기발랄하고 청운의 꿈을 꾸던 청년이 아니라, 인생을 비관적으로 생각하며 자신의 과거 정치생활을 회고하는 노년이 되었다. 이러한 처지에서 저술한 것이 《이탈리아사》다.

그러므로 《피렌체사》와 《이탈리아사》는 여러 가지 점에 있어서 차이를 가지고 있다. 이를테면 《피렌체사》를 쓸 때, 귀치아르디니의 조망의 범위는 그 이전에 생존했었던 역사가들이나 마키아벨리의 것과 다름이 없었다. 그는 그들과 같이 지역적인 역사가로서 입장을 벗어나지 못하고 있었다.

그러나 《이탈리아사》를 쓸 때의 귀치아르디니의 세계는 광범위해졌다. 그는 이제 어떤 한 도시의 역사를 쓰는 역사가가 아니라 전 이탈리아 역사를 한 눈으로 보는 이탈리아의 역사가가 된 것이다.

그리고 그는 여기서 자신의 정치생활의 경험을 회고하는 입장에서, 역사 속에서 정치적 교훈을 얻고, 그것을 교시하기 위해서라는 목적을 뚜렷이 하고 있다. 그는 《이탈리아사》 서문에서 다음과 같은 그의 목적을 분명히 밝히고 있다.

> 역사상에는 위대하고 다양한 사물들에 대한 지식이 있다. 이 지식은 모든 일반적인 사람들에게는 물론 특정한 사람들 한 사람 한 사람에게도 많은 건전한 교훈을 제공할 것이다. 그리고 이 교훈들은 막연한 관념적인 것이 아니라, 매우 많은 구체적 사례들을 통해서 실험·

실연(實演)·입증된 것들이다. 그러므로 모든 군주들과 인민들, 그리고 가장(家長)들은 이 책을 읽음으로써 다음과 같은 것들을 알게 될 것이다.

우리는 여기서 로마시대의 교훈적 역사학이 재생하였음을 알 수 있다. 즉 귀치아르디니는 교육, 경계(警戒), 조언을 목적으로 해서 역사를 썼다.

귀치아르디니는 30년이라는 세월을 간격으로 해서 두 개의 저술을 했지만, 이 두 저술에 공통적으로 나타나는 요소가 있다. 그것은 정치적 편파성, 자기중심의 동기에 대한 강조, 예리하고 냉철한 심리학적 분석, 이론적 원칙에 대한 혐오, 그리고 결과에 대한 정확한 평가 등이다.

이상과 같은 점을 생각할 때, 그리고 귀치아르디니는 마키아벨리와 같이 사회·정치에 대한 자기 나름의 철학은 가지고 있지 못해서 사회·정치적 발전에 대한 분석은 하지 못했다 하더라도, 역사적 조망을 넓혔고, 사료 비판의 과학화 및 역사적 사건에 대한 객관적 평가를 함으로써 역사학의 방법론의 발전과 역사적 조망의 확대에 있어서 위대한 공헌을 하였다. 그 때문에 랑케(Leopold von Ranke)는 그를 가리켜, '근대 과학적 역사학에 있어서 가장 먼저 태어난 훌륭한 대표자'라고 했다.

휴머니스트적인 역사학은 마키아벨리와 귀치아르디니에게 와서 어느 정도 성숙된 모습을 나타내게 되었음을 우리는 앞에서 보았다. 16세기라는 시대가 서양사에 있어서 르네상스의 절정기라는 점을 고려할 때, 역사학이 이 시기에 휴머니즘적 역사학의 절정을 이루었다는 것은 극히 당연한 시대적 귀결이라 하겠다.

그런데 여기서 중요한 것은 르네상스의 역사학을 대표하고 있는 두 사람이 각각 지향하고 있는 경향이 또 역사사상의 일반적인 두 개의 조류를 각각 대표하고 있다는 사실이다.

나는 앞서 서술한 여러 개의 장에서 역사의 두 가지 방향을 누차 설명한 바 있다. 그것을 다시금 부언한다면, 역사학의 방향은 역사를 하나의 본체로 놓고 그것의 진면목, 이를테면 역사의 형상, 역사의 발전법칙, 역사의 진행방향 등을 추구하는 경향과 단순이 역사를 과거에 있었던 인간들에 의해서 이루어진 사건·사실을 조사·탐구하여 그 사건·사실에 대한 비판·분석, 또 그 사건 발생의 원인 결과를 논의하고 거기에서 인간 생활에, 특히 정치 생활에 유용한 교훈을 발견하려는 경향의 두 가지로 구별된다는 것이다.

물론 마키아벨리와 귀치아르디니의 역사학의 경향이 칼로 두부를 자르듯, 명백히 두 가지 종류로 구분되는 것은 아니다. 그러나 전자의 경우는 자못 역사이론적인 면에 관점을 맞추어 나가고 있음을 볼 수 있다. 피렌체의 역사를 쓰기 위해서 고대 로마 제국의 역사를 소급한 점이나 역사를 사회가 시간상에서 전개·발전되어 가고 있는 과정으로 이해한 점, 또 역사를 인류의 교육 과정으로 이해하려 한 점 등으로 미루어 볼 때, 마키아벨리는 다분히 역사철학적인 입장에서 역사를 서술한 사람이다.

이에 비하면, 귀치아르디니는 철학이 없다. 그에게서는 역사를 그 자체대로 존재하는 어떤 형체로 이해하려 한 흔적은 전혀 볼 수 없다.

다만 그는 과거에 있었던 사건·사실을 냉철하게 분석하고 이해함으로써 그 속에서 정치적 교훈을 찾으려 했을 뿐이다.

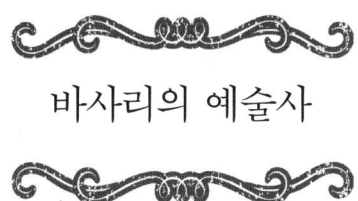

바사리의 예술사

앞에서 우리는 휴머니스트적인 역사학의 대표적 인물로 주로 정치사를 취급하고 있는 마키아벨리와 귀치아르디니를 들어서 설명하였다. 그러나 주지하는 바와 같이, 르네상스의 기본적인 정신은 문학이나 예술을 통하여서 발휘되었다. 이러한 점을 감안할 때, 이 시대에 예술사 또는 르네상스의 주역을 담당했었던 인물들의 전기가 출현하여야 되는 것은 극히 당연한 일이다.

다시 말하면, 르네상스기의 시대적 정황에 따라 휴머니즘적 정신에 입각해서 정치활동에 임하였던 보르지아와 같은 인물을 묘사하는 군주론이 나왔다고 한다면, 그와 같은 휴머니즘 정신에 입각해서 문학·예술 활동을 행한 천재들을 묘사하고, 그들의 천재성의 역사적 연원을 밝히는 문학사·예술사가 출현하지 않을 수 없는 것이다.

실제로 이와 같은 시대적 요청에 따라 휴머니스트적인 역사적 전기물이 나왔다. 그 대표적인 예가 조반니 보카치오(Giovanni Boccaccio, 1313~1375)가 쓴 《단테의 생애(Life of Dante)》다. 이것은 르네상스시대에 활약한 인물에 대한 전기(傳記)라는 점에서, 그리고 그것이 정치적 인물을 취급한 것이 아니라, 문학자의 생애를 서술한 것이라는 점에서, 문학예술사의 일면을 지니는 것이라 하겠다. 그러나 그것은 시작에 불과하고 참다운 예술사라 할 수 있는 것은 르네상스 전성기인 16세기 말, 조르조 바사리(Giorgio Vasari, 1511~1574)에 의해서 이루어진다.

바사리는 1511년 아레초(Arezzo)에서 도기를 만드는 집안에서 출생하였다. 그는 13세가 되던 해에 피렌체로 나와서 메디치 가의 보호를 받으며, 미켈란젤로 등에게 회화를 배웠다. 그 후 그는 로마에서 교황에게, 피렌체에서는 메디치 가에게 봉사하였는데, 그는 스스로 화가이며 조각가이며 건축가라고 믿고 있었으나, 그의 그림은 통속적인 것이었고, 그의 능력은 건축 분야에서 탁월하게 발휘되었을 뿐이었다.

무엇보다도 중요한 것은, 그는 일생 동안 이탈리아의 많은 지역을 여행하면서 초기 르네상스 미술가들의 작품을 감상하였고, 또 당시에 활약하고 있던 동료 예술가들과 친교를 가질 수 있었으며, 또 그들과 비판적인 눈을 가지고 대화를 하였다는 것이다. 그러는 사이에 그는 자기의 은사인 미켈란젤로를, 마치 마키아벨리가 보르지아를 이상적인 군주의 상으로 생각한 것과 같이, 그와 영웅으로 생각하게 되었다.

그 결과, 그는 그가 중년이 된 39세 때 카디날 파르네세(Cardinal Farnese), 파울로 지오비(Paolo Giovi) 등의 영향으로 예술가들의 전기인 《위대한 화가, 조각가 그리고 건축가들의 생애(Lives of the Great Painters, Sculptors and Architects)》를 저술 하였다.

이 책에서 취급하고 있는 예술가들이란 이탈리아, 특히 투스카니(Tuscany)의 예술가들로 제한되어 있다. 그리고 이러한 전기는 그에게서 시작된 것이 아니라, 중세 말에서부터 전통적으로 흘러 내려 온 역사서술의 양식이다. 그러나 이 책에서 그 이전에 출간된 전기에서는 거의 찾아 볼 수 없는 새로운 역사발전 이론이 들어 있다. 그는 그 책의 서문에서 다음과 같이 역사발전론을 밝히고 있다.

> 내가 이 책을 쓰는 것은 다음과 같은 이유에서다. 첫째, 나는 예술에 대한 나의 사랑 때문이며, 둘째는 하나의 조그마한 시작이 어떻게 해서 최고로 고상한 경지에까지 이끌어져 갔으며, 어떻게 해서 그처럼 고상한 상황에서 그처럼 완전한 파괴로 전락하는 것이 가능하게 되었으며, 또 어떻게 해서 이러한 예술들이 우리 인간의 육체에서 보이는 것과 같은 자연, 즉 탄생, 성장, 노쇠, 사망의 과정을 갖는 자연을 닮게 되었는지를 오늘날 나와 더불어 생존하고 있는 사람들에게 보여 줌으로써 그들에게 봉사하고자 하였기 때문이다. 그리고 또 한 가지 바라는 것은 이상과 같은 수단으로 그들로 하여금, 예술의 르네상스 과정을, 그리고 오늘 그 예술들이 도달한 완성(perfection)이 어떤 것인가를 쉽게 인지하도록 하는 것이다.

위 인용문에 명백히 나타나고 있는 바와 같이, 바사리는 역사의 발전과정을 인생의 생·성·노·사(生成老死)의 과정, 또는 자연계의 유기체가 지니는 과정과 일치되는 것으로 이해하였다.

물론 이런 견해는 바사리가 단독적으로 창안한 것은 아니다. 르네상스의 기본정신 중의 하나가 자연과학적 사고의 재생이라고 한다면, 이처럼 역사발전과정을 자연계의 유기체의 생성과정으로 이해하는 것은 휴머니스트로서 당연한 것이다. 바사리의 발전론과는 차이가 있지만, 마키아벨리가 역사를 유기체의 순환 과정과 일치시켜서 이해한 것도 그 범위 안에 속하는 것이라 할 수 있다.

위의 인용문에 나타나고 있는 또 하나의 역사관이 있다. 그것은 바사리가 르네상스 예술의 발전과정을 앞에서 언급한 그의 역사 이론에 따라 설명하고 있는 것이다. 그는 여러 예술가들을 그들의 기법과 연대순에 따라 분류하여, 중세 예술의 조잡성에서 탈피하여 르네상스 예술이 절정에 도달하는 미켈란젤로에 이르기까지의 발전과정을 합리적인 체계에 맞추어 추적하였다.

그에 따르면, 르네상스 예술의 발전과정을 13세기 중기로부터 시작되어 14세기 말기에 이르는 제1기, 15세기에 해당하는 제2기, 16세기에 해당되는 제3기로 구분된다. 그중 제1기의 예술은 많은 미완성의 결점(imperfection)을 지니고 있어서, 완성(perfection)과는 거리가 멀다.

그러나 이 시기의 예술가들은 칭찬을 받을 만한 자격을 가지고 있다. 왜냐하면 그들은 예술의 완성으로 향한 시작을 행한 사람들이기 때문이다. 그들은 비잔틴 양식을 파괴하고, 지오토(Giotto)의 예술로 그것을 대치시켜 놓았다.

제2기의 예술은 테크닉에 있어서 대단한 개선을 보았다. 이 시기에 예술은 비로소 유아기를 벗어나 성숙기에 도달하였다. 이 시기에 브루넬레스키(Brunelleschi)는 건축에 있어서 고전적 기준과 균형을 발견하였고 마사초(Masaccio)는 회화의 기법을 크게 개선하여 회화기법에 새로운 재생을 결과하였다고 스스로 말할 정도였다. 그리고 이 시기에 도나텔로(Donatello)는 생명이 넘쳐흐르고, 사실적인 인물을 창조함으로써 그의 작품은 근대의 것이나 또 고대의 것에 비견할 만한 것이 되게 하였다.

그리고 제3기에 이르러서는 예술이 완전한 완성(full perfection)단계에 이른다. 이 시기를 대표하는 사람은 미켈란젤로인데, 이들의 예술은 자연을 완전히 모사한 것이며, 여기서는 더 이상 발전할 길이 없으므로 몰락에 대한 공포를 느끼지 않을 수 없는 단계이다.

즉 바사리는 그의 역사발전론에 근거할 때, 16세기 예술의 완성은 곧 노쇠·사망으로 연결되는 것이므로, 미래에 대한 비관적 견해를 가질 수밖에 없었다.

이상과 같은 르네상스 예술의 발전과정을 설명하는 바사리의 이론 가운데서 발견되는 또 하나의 중요한 역사의식이 있다. 보통 사람들은, 역사상에서 발전의 시작은 무시하고, 이미 발전되어서 완성된 것에만 깊은 관심을 갖는 것이 일반적인 경향인데, 바사리는 발전의 제1기가 비록 예술 자체에 있어서는 미숙하고 완성에 이르려면 먼 거리에 있음을 인정하면서도, 그 시작이 향한 제1보라는 점에서 칭찬할 가치를 찾았다는 것이다.

이것은 그 이전의 누구에게서도 찾아 볼 수 없었던 훌륭한 역사의식이다. 그리고 이것은 그로부터 수백 년 후에 태어난 크로체가 자유의 발전과정을, 일인의 자유에서 출발하여 소수자의 자유, 그리고 만인의 자유의 발전과정으로 이룩된다는 헤겔의 자유의 역사를, 자기 나름대로 해석하여, 일인의 자유는 자유의 제1차적인 탄생이고, 소수인의 자유는 자유의 성장이며, 만인의 자유는 자유의 성숙이라고 한, 생각의 원천이 되게 한 것이 아닌가 생각된다.

종교개혁과 역사사상

르네상스가 중세 교권체제에 대한 인간주의의 반발해서 이루어진 것이라면, 종교개혁은 르네상스의 생활로 타락한 교회에 대한 반발이며, 참신한 교회세력의 복원을 위한 노력이었다고 할 것이다.

그러므로 르네상스가 기독교 성립 이전의 그리스 로마문화를 재생시키는 것을 이상으로 한다면, 종교개혁은 경직되고 부패·타락하기 이전의 원시기독교로의 환원을 지향한 운동이었다고 할 수 있다.

또 지역적으로 말해서, 르네상스가 이탈리아에서 발생한 근대화 운동이었다고 본다면, 종교개혁은 주로 독일을 중심으로 하여 폴란드, 프랑스, 영국 등 알프스 이북에서 일어난 근대화 운동이었다고 할 수 있다.

이처럼 르네상스 운동과 종교개혁은 다 같이 휴머니즘이라는 사상에 근거하고 있다는 점에서, 그리고 중세 천년을 지배해 온 로마 가톨릭 체제에 대항한다는 점에서 동일한 면을 지니고 있지만, 그것이 각자 지향하는 방향이나 그것의 중심을 이루고 있는 인물 계층에 있어서는 전혀 상이한 측면을 지니고 있다.

그러므로 부르크하르트(Burckhardt)는 르네상스라는 용어는 이탈리아에 대해서만 합법적으로 적용되는 말이라고 믿었으며, 레오폴드 폰 랑케(Leopold von Ranke)는 중세적인 독일은 (르네상스를 거치지 않고) 직접 종교개혁의 시기로 넘어들어 왔다고 생각했으며, 독일적인 휴머니즘의 유형과 같은 것은 존재하지 않는다고 생각하였다.

역사학에 있어서도 이와 같은 양자의 동질성과 차이성은 마찬가지로 나타난다. 르네상스의 역사학은 신의 섭리라든가, 교회사라든가, 성자의 전기라든가 하는 교회적 요소들을 제외하고, 인간다운 인간의 행위를 역사화의 중심에 그려 넣었다.

이에 비하여 종교개혁의 주동자인 루터나 칼뱅의 영향을 받은 프로테스탄트의 역사학과 이에 대한 반발로 등장한 예수회 교단을 중심으로 하는 가톨릭의 역사학은, 종래의 체제에 의해 경직화된 교리나 교회양식에 의해서 질식 상태에서 탈피하여 참신하고 생명력이 넘치는 서술법을 동원하여 각자 자기들의 종교적 입장을 합리화시키기 위하여 제가끔 기독교적 역사학을 재건시켜 나갔다.

그러나 이들의 역사학의 수준, 이를테면 역사서술의 대상 선정, 역사의 체계화 등은 역시 르네상스의 일반적인 역사학의 그것과 대동소이한 것이었다. 다른 것이 있다면, 르네상스의 역사학이 세속적인 인물들의 전기를 중심으로 한데 비하여, 기독교적 역사학에서는 중세의 성자의 전기, 아니면 개혁에서 선구자 역할을 행한 인물들의 전기를 주로 하는 것이었고, 르네상스의 역사학이 인간의 능력, 인간의 천재성을 설명하는데 주안점을 두었다면, 종교개혁의 역사학은 신의 뜻을 강조하는 것이었다.

이러한 차이는 종교개혁이 발발하기 이전에 이미 나타나고 있었다. (어쩌면, 이 같은 차이가 독일에서 이탈리아에서와는 달리 종교개혁을 산출했는

지도 모른다.) 즉 이탈리아에서 마키아벨리·귀치아르디니·바사리 등이 이탈리아 르네상스적인 역사가로서 활약하고 있던 세기(1450~1550)에 독일 및 그 근방인 폴란드 등지에서는 에라스뮈스·로이힐린·멜란히톤 등이 기독교 체제 및 그것을 합리화시키는 모든 이론에 대하여 날카로운 비판을 가하고 있었다.

즉 이탈리아 르네상스의 문필가들은 이미 교회에 대한 관심에서 벗어나 이미 그리스·로마식 지식을 근거로 하여 인간능력의 무한성을 과장해서 표현하고 있을 때, 독일계의 문필가들의 연구의 방향은 종교문제에 집중되어 있었다.

이러한 경향은 로이힐린(Reuchlin)이 《히브리어 문법》를 썼다는데서, 그리고 에라스뮈스(Erasmus)가 《신약성서》에 대한 연구에 전력을 기울였다는 점에서 두드러지게 나타난다.

한마디로 종교개혁에 관련된 사상가·학자들은 어디까지나 종교에 대한 관심에 근거를 두고 휴머니즘을 받아들인 것이다. 그러므로 이에 관련을 가지고 있는 역사학이라고 하는 것도 같은 방향을 따랐다. 즉 프로테스탄트적인 역사서술 및 역사학에 대한 관심은 다음과 같은 목적에 근거를 두고 있는 것이었다.

첫째, 프로테스탄트 역사가들은 역사 자체에 대한 이해를 위해서 역사를 연구한 것이 아니라, 윤리적 도덕적 교육을 위한 역사적인 실례(example)를 찾아내기 위해서 역사를 연구하였다. 프로테스탄트들에게 있어서 중요한 관심은 타락한 로마 가톨릭의 비윤리적이고, 비도덕적인 생활에 대한 공격과 그 응징에 있었다. 그리고 그들의 몰락의 합리적이고 실증적인 이유를 찾아내는 일에 있었다.

그리고 역사적 사례를 들어서 프로테스탄트 교회에 소속된 자들을 교육하고 새로운 교우를 포섭하는 일을 위한 프로파간다(Propaganda) 의 자료로서 이용하였다. 이것은 곧 가톨릭에 대해서 프로테스탄트 교회가 성립하게 된 이론적 근거가 되었으며, 또 그들의 교세를 확장하는 수단이 되었기 때문이다.

둘째, 프로테스탄트 역사가들은 초기 가톨릭교회의 교부 아우구스티누스 등이 생각했던 것과 마찬가지로, 역사도 인간사를 통해서 신의 섭리(Divine Providence)의 작용을 설명해주고 있다고 생각하였다. 그리하여 세바스찬 프랑크(Sebastian Frank)와 같은 사람은 그의 세계연대기(Universal Chronicle)를 역사적 성서(Historical Bible)라고까지 하였다.

이것은 종교 개혁의 목적이 원시 기독교회로의 복귀에 있으며 또 바울이나 아우구스티누스의 사상의 역할에 있다고 할 때, 극히 당연한 일일 것이다.

이 때문에 프로테스탄트 교회의 역사이론은 결국 초기 가톨릭의 역사학에서 창도한 세계사(Universal history)와 교회사(Church history) 의 개념을 재도입했다는 것과, 가톨릭의 역사학에 있어서는 기독교 자체의 기원과 유래를 밝히는 데 주안점을 두었던 것과 같이, 프로테스탄트 교회의 자기인식과 자체의 기원과 가톨릭에 대한 투쟁에서의 승리 과정을 밝히는 데에 주안점을 두었다.

그러므로 역사사상이라는 점에 있어서 프로테스탄트의 역사 이론에는 특기할 만한 것은 별로 찾아 볼 수 없다. 다시 말해서 프로테스탄트의 역사사상은 초기 가톨릭의 역사사상을 이해함으로써 이해할 수 있는 것이다.

따라서 역사사상가에 있어서도 특출한 인물을 발견할 수 없다. 있다면 휴머니스트적인 종교사상가로 유명한 존 카리온(Johann Carion, 1499~1537)과 필립 멜란히톤(Melanchton, 1497~1560) 정도가 있을 뿐이다. 이들이 다 같이 신학자요, 정치에 깊은 관심을 가지고 있는 사람들이었다고 할 때, 결국 '프로테스탄트의 역사학은 프로테스탄트의 신학과 프로테스탄트의 정치학의 시녀가 된 것'이다.

존 카리온의 《연대기(Chronicle)》는 아담으로부터 1532년까지의 세계사인데, 여기서 그는 역사의 과정은 7개 세계가 발전해 온 순환적 단계(World-Cycles)로 구분하였다.

루터의 종교개혁과 더불어 문화사적으로 널리 알려져 있는 멜란히톤의 본명은 필립 슈바르체르트(Philipp Schwarzert)이다. 그는 역사가로서 보다는, 비텐베르크 대학의 그리스어 교수로, 휴머니즘 사상으로 무장된 루터의 동조자로, 그리고 신학교수로 더 많이 알려져 있는 사람이다. 그러므로 그의 저서로는 《신학강요》, 《아우구스부르크의 신앙 고백》 등이 유명하고 역사서로는 알려진 것이 없다.

멜란히톤의 역사사상은 카리온의 《연대기》를 개작하여 새로운 저서를 만든 것 가운데 포함되어 있는데, 여기서 그는 카리온의 역사발전 7단계 이론을 3단계설로 바꾸어 각 단계를 2,000년의 기간으로 확정하였다.

이에 따르면, 제1기, 즉 천지창조로부터 아브라함까지의 2,000년간은, 인간이 무법(無法)의 상태에서 생활한 시기이며, 제2기 즉 아브라함으로부터 예수의 탄생까지 2,000년간은 율법이 통치하는 시기이며, 마지막 1,500년간은 복음의 시기이다.

멜란히톤은 이상의 3기를 설명하는 전거(典據)를, 제1기에 대해서는 성서에서, 제2기에 대해서는 이교적이고 고전적인 작가들에게서, 제3기에 대해서는 기독교의 교부들에게서 찾았다.

또 멜란히톤은 교회사를 취급함에 있어서, 그것을 5시기로 구분하였다. 그중 제1시기와 제2시기는 앞에서 언급한 천지창조에서 아브라함, 아브라함에서 예수의 탄생까지이고, 제3기는 예수의 탄생에서부터 로마가 고트족과 반달족의 침략을 받을 때까지의 시기인데, 이 시기는 오리게네스 파의 탈선이 있은 이후 아우구스티누스가 그것을 정화시켜 나가는 시기이다. 제4기는 그 이후 수도승(monks)들의 시기인데, 이 시기에는 토마스 아퀴나스(Thomas Aquinas)나 둔스 스코투스(Duns Scotus)와 같은 학자들의 지식에 의하여 특징이 지워지는데, 이때부터 교회에는 점차적으로 암흑이 밀려들었던 시기이다.

그리고 마지막 시기는 말할 것도 없이, 교회가 타락하여 교황이 세속적인 압박자로 등장하고, 교회의 참된 본질이 상실된 시기, 즉 종교개혁의 대상으로 교회가 타락한 시기이다.

멜란히톤의 제4시대기로부터 교회가 타락하기 시작하여 그때부터 종교개혁의 필요성이 생겨난 것으로 생각하였다. 그래서 그는 이 시기의 교회는 순수한 교회적 요소로 구성된 것이 아니라, 두 가지의 악, 즉 무지하고 수다스럽기만 한 철학과 우상에 대한 예배가 야만적으로 혼합되어 있는 것이라고 했다. 이것은 바로 그가 스콜라 철학이 교회를 타락시켰음을 지적하는 것으로 종교 개혁의 필연성을 주장하는 것이다.

멜란히톤은 이상과 같은 세계사 및 교회사의 발전단계는 신의 의지에 의하여 이루어지는 것이라고 생각하였다. 즉 그는 '신의 손(The hand of God)이 세계의 제 사건을 형성하는 주도적 힘이다'고 하였다. 이 말을 종교개혁자의 입장에서 이해할 때, 종교 개혁 자체는 인간의 의지에 의하여 이루어지는 것이 아니라, 교회사의 발전 단계에 있어서 필연적으로 있지 않으면 아니 되는 사건이며, 또 교회사를 주도하는 신의 손에 의해서 이루어지는 것이라는 말이 된다.

이와 같이 멜란히톤의 역사이론은 철저하게 종교개혁의 이론적 근거를 마련하고 개혁운동을 전파하기 위한 프로파간다로서 만들어진 것이다.

이처럼 종교개혁의 이론적 근거와 그들의 적인 가톨릭과의 논쟁 및 프로파간다를 위해서 마련된 프로테스탄트의 역사는 멜란히톤 이외에도 수없이 많이 출현하였다.

영국인으로서 루터 파에 소속되어 있었던 로버트 반스(Robert Barnes, 1495~1540)의 《로마 교황들의 생애(The Lives of the Popes of Rome)》, 프랑스의 프로테스탄트였던 장 크레스팡(Jean Crespin)의 《순교자들의 책(The Book of Martyrs)》, 존 폭스(John Foxe, 1516~1587)의 《기독교 순교자들의 행위와 기념물들(The Acts and Monuments of the Christian Martyrs)》, 스코틀랜드의 칼뱅주의자들 중에도 대표적 투사인 존 녹스(John Knox, 1505~1572)의 《종교 개혁의 역사(History of the Reformation of Religion within the Realm of Scotland)》, 그리고 플라치우스(Matthias Flacius Illyricus, 1500~1575)에 의해서 기획되고 편집된 《막데브르크 센추리스(Magdeburg Centuries)》 등이 그 대표적인 것들이다.

그중에서도 가장 야심적이고 유명한 논쟁적인 프로테스탄트의 역사서는 막데브르크 센추리스인데, 이것을 편집한 플라치우스는 알레만(Aleman), 코푸스(Copus), 비간드(Wigand) 그리고 유덱스(Judex)와 같은 저명한 프로테스탄트 학자들의 도움을 받았다.

그들의 방법론은 아우구스티누스파의 역사이론가인 오로시우스(Paulus Orosius)의 것을 답습한 것이었다. 다만 오로시우스는 기독교의 입장에서, 이교도들을 향하여 공격의 화살을 쏘았는데 비하여, 이들은 프로테스탄트의 입장에서 가톨릭을 향하여 쏘았을 뿐이다.

그 밖에도 유명한 프로테스탄트적인 역사서로는 존 슬라이단(John Sleidan, 라틴명 Sleidanus)의 《찰스 5세의 통치하의 정치적 종교적 상황에 대한 비판(Commentaries on Political and Religious Conditions in the Reign of the Emperor Charles V)》, 종교개혁의 선구자인 츠빙글리(Zwingli)의 제자이며, 종교 개혁가였던 하인리히 불링거(Heinrich Bullinger, 1504~1575)의 《종교개혁의 역사(History of the Reformotion, 1519~1532), 저명한 칼뱅주의자이며 휴머니스트 학자인 테오도르 베자(Theodore Beza, 1519~1605)의 《프랑스 왕국의 교회 개혁의 종교적 역사(Ecclesiastical History of Church Reforms in the Kingdom of France, 1580)》, 그리고 추기경 카이사르 바로니우스(Caesar Baronius, 1538~1607)가 막데브르크 센추리에 대한 가톨릭적 답변으로 쓴 《교회의 연대기(Ecclesiastical Annals)》 등이 있다.

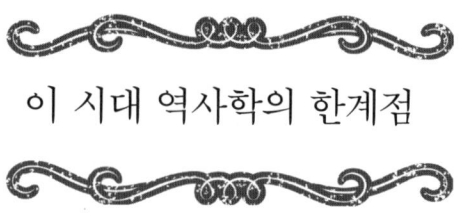

이 시대 역사학의 한계점

　바사리가 갈파하고 있는 바와 같이, 역사의 발전은 처음부터 완성에 도달되는 것은 아니다. 어떠한 하나의 새로운 사조(思潮)가 형성되기 위해서는 그 이전에 있었던, 즉 그 이전에 지배적인 위치를 점하고 있었던, 낡은 사조를 파괴하면서 점차적으로 그 새로운 사조는 성장되어 가게 된다. 앞에 있었던 지배적 사조가 파괴된 자리를 채워가면서 점차적으로 자신의 영역을 넓히면서 힘을 증대시켜 가는 것이다.

　르네상스도 마찬가지다. 르네상스는 그 시작이 어디인지 확인할 수 없는 상태에서 출발하였다. 스콜라 철학이 르네상스의 시작인지, 르네상스가 시작되면서 스콜라 철학이 붕괴된 것인지 조차 확인하기 어려운 상태에서 르네상스의 휴머니즘 사상은 잉태되었고, 성장하여 마침내는 중세의 교권 체제와는 완전히 구별되는 체제를 이루었고, 스콜라 철학과는 전혀 같지 아니한 사상 체계를 이루게 되었다.

　휴머니스트적인 역사학의 전개도 그것은 마찬가지였다. 앞에서도 지적했듯이 초창기의 휴머니즘적 역사학이라고 하는 것은 과연 그것을 휴머니즘적 역사학이라고 호칭할 수 있을까 하는 것 자체가 의심스러운 것이었다. 그러나 그것은 휴머니즘이라는 목표를 향하여 성장하였다.

그 결과 마키아벨리·귀치아르디니, 그리고 바사리와 같은 대가의 출현을 맞이하게 되었다. 바사리의 말과 같이 이탈리아의 르네상스 예술이 미켈란젤로에게서 완성을 보았다면, 르네상스의 역사학은 이들 세 사람에게 이르러 완성을 보았다고 해야 할 것이다.

이들 세 사람에 이르는 과정을 통해서 역사학은 중세의 교회사 중심의 역사서술에서 정치사·문예의 역사로 전환되었으며, 또 중세에 신의 섭리를 예찬하고 또 그것을 추구하는 신학적 역사학에서 인간의 개인적 생활 즉, 천재들의 생활을 예찬하고 그들의 업적을 서술하는 인간주의적 역사학으로 바뀌었다.

다시 말하면, 크로체가 지적하고 있는 바와 같이 이 시대의 역사학은 중세에 신의 섭리를 개입시켜서 행해졌던 설명들이 인간의 특성들과 관심들에 관한 예리한 분석으로 대치되었다. 그리고 심지어 교황들의 행위와 종교적 투쟁들조차도 인간의 공리적(功利的)인 정열에 의해서 이루어진 것으로 해석되었고, 일종의 정치적 행위로 이해되었다.

그러나 르네상스의 역사학은 그 나름대로의 한계성을 지니고 있다. 이 시대의 역사학을 고전시대 역사학의 재생이라고 생각하기 쉽지만, 반드시 그런 것은 아니다. 르네상스의 일반적 개념이 고전에로의 복귀라고 할 때, 이 시대의 역사서술이 그리스·로마적인 고대로의 복귀로써 나타나야만 했었다는 것은 지극히 자연스러운 일이다.

그러나 그것은 하나의 망상이었다. 그리스·로마시대가 아닌 근대의 초창기인 르네상스기 문화가 그리스·로마시대의 문화와 동일할 수 없다는 일반적 논리에 있어서도 그렇다.

물론 르네상스와 더불어 고대의 인문주의적 역사관이 재생된 것도 사실이고, 또 이 당시 역사사상은 인간을 역사화의 중심에다 그려 두게 된 것도 사실이다. 그러나 인간에 대한 르네상스의 생각은 그리스·로마적인 생각과는 근본적으로 상이한 것이다.

 르네상스의 역사가에 의하면, 인간은 고대 철학에 의하여 묘사된 바와 같이 자기의 지성의 힘으로, 자기의 행동을 통제해 나가고, 또 자기의 운명을 개척해 나갈 수 있는 그러한 인간이 아니다. 기독교 사상에 의하여 묘사된 바와 같이 열정과 충돌에 의하여 지배되는 인간이었다. 그리고 이 시대의 역사는 인간의 열정과 충동에 의하여 진행되는 것이었다.

 이런 점에서 르네상스의 역사학은 중세를 거부하고 고대를 수용하는 데서 이루어진 것이 아니라, 고대와 중세의 요소가 종합되는 가운데서 형성된 것이라 할 수 있다.

 또 한 가지 한계점은 부리(Bury)가《진보의 개념》에서 지적하고 있는 바와 같이, 이 시대에는 아직 뚜렷한 진보(Progress)의 개념이 나타나지 않았다는 것이다.

 물론 마키아벨리는 역사를, 용기-평화-안일-무질서-파괴-질서-덕-영광 등의 반복 순환 과정으로 이해하여 역사의 발전을 이야기하고 있으나, 그는 역사의 주체의 인간 세계(the world of human beings)는 언제나 동일한 것이라고 주장함으로써 사회의 진보 발전은 그 자체가 진보가 아니라 붕괴를 전제로 하는 것이라 하여 궁극적인 진보를 부정하였다.

 이와 같은 것은 바사리에게도 마찬가지다. 그의 생·성·노·사의 역사발전과정도 결국 동일한 패턴의 반복일 뿐, 궁극적인 진보는 아니었다. 그러나 이들의 이 같은 한계성은 그 후 비코의 출현과 더불어 극복되어질 것이다.

제6장
이성시대의 역사사상

▲ 장—앙투완 우동의 〈앉아있는 볼테르〉

이성시대의 의의

르네상스와 종교개혁은 서양 사상사에 있어서 근세의 관문을 여는 커다란 돌풍이었다. 이로써 천 년간의 기독교 일색의 사상 체제에는 균열이 생기기 시작하였으며, 가톨릭의 경직화된 체제는 내용이 없는 두꺼운 껍데기에 지나지 않는 것임이 드러났다.

그러나 위의 두 개의 사건은 구체제에 대한 도전이었으며, 구체제가 파괴되고, 신질서 신체제가 생겨나는 맹아는 되었지만, 그 자체가 하나의 체제와 질서는 아니었다.

그러므로 그것은 서양근대사상 운동의 시작이었을 뿐이었다. 이들 운동은 단지 중세 천 년간에 인간 정신을 완전히 지배하고 있던 신이 우상이었음을 공개하였고, 가톨릭 체제가 참된 신에게로 접근하는 길이 되지 못한다는 사실을 공표하였다. 그리고 막연한 신 대신에 인간을, 인간의 능력을 확인한 것이었으며, 어둠침침한 교회당이 아니라, 성서 속에서 하나님을 찾아야 된다는 것을 인지하게 된 것이다.

그러나 17세기에 들어서면서, 상황은 근본적으로 변하게 되었다. 코페르니쿠스(Copernicus)·케플러(Kepler)·갈릴레오(Galileo)·뉴턴(Newton) 등의 출현으로 종래에 사람들이 믿고 있었던 우주론이 근본적으로 전환됨에 따라 지식인들은 그들이 지니고 있는 일반적인 지식에 대해서 회의를 하지 않을 수 없게 된 것이다.

르네상스는 고전의 재생을 목표로 하는 것이기 때문에 그 운동 속에 포함되어 있는 지식이나 사상은 (물론 꼭 같은 것은 아니지만) 이미 고대에 있었던 것이다. 그리고 종교개혁은 궁극적으로 원시기독교에로의 복귀를 주장하는 것이므로, 그것은 아우구스티누스나 바울이 만약 다시 살아나서 그것을 보면 고개를 끄덕이며 이해할 수 있는 것이다.

그러나 코페르니쿠스나 케플러의 천체이론이나, 갈릴레오의 천체망원경, 그리고 뉴턴의 만유인력의 법칙 등은, 비록 그것이 자연과학이라는 점에 있어서 전에 없었던 학문적 풍조는 아니라 하더라도, 그것이 새로이 창안해 놓은 주장이나, 개발해 놓은 지적 세계는 설사 탈레스나 피타고라스나 데모크리토스 등이 다시 살아난다 해도 전혀 이해할 수 없는 것일 것이다.

천체 망원경 속을 들여다보면, 지구가 태양을 돌아가고 있는 것이 분명하고, 또 지구라는 것이 자전을 하고 있는 하나의 공인 것이 분명한데, 그럼에도 불구하고 인간들은 수천 년 동안 그것을 모르고 있었으며, 기독교의 교권과 스콜라 철학의 권위로 해서, 그와 반대되는 것을 진리로 믿도록 강요당하였다는 것을 생각할 때, 이제 약간의 지혜를 가지고 있는 사람이라면, 그와 같이 맹목적으로 권위에 복종하던 시대에 이룩된 일체의 지식 체계에 대해서 회의를 갖지 않을 수 없게 된 것이다.

그리고 이렇게 회의하는 태도를 중시하는 지식인들에게 하나의 새로운 실체가 나타나게 되었다. 중세 교권체제하에서의 실체는 신과 그 신에 대한 신앙이었다. 르네상스에 있어서는 실체가 인간과 그 인간의 격정, 그리고 인간의 능력이었다. 그리고 종교 개혁자들에게는 성서 속에서 새롭게 발견되는 참신한 하나님의 말씀과 그 속에 포함된 진리였다.

그러나 이 시대에 이르러서는 회의(懷疑)의 주체인 이성이 곧 실체로 된 것이다. 이성은 인간 주변에 있는 모든 것에 대해서 회의한다. 그리고 부정한다. 그리고 부정과 부정의 반복을 통해서 일체의 허위와 비합리적 요소를 떨쳐 버리고 궁극적으로 남는 이성 그 자체를 근거로 새로운 지식의 바벨탑을 쌓아 올린다.

베이컨과 데카르트의 반역사적 사상

여기에서 중요시되는 것은 인식론이다. 이 시대의 사상가들은 이제까지 서구 사상계를 지배해 온 아리스토텔레스의 논리학을 배격하고 새로운 논리를 정립하였다. 아리스토텔레스의 논리학은 수사학적인 것이었다. 진리 자체에 대한 추구의 도구가 아니라, 이미 진리라고 판정되어 있는 것을 논리적으로 설득시키는 논리학이었다. 그러나 이 시대의 사상가들은 참된 진리를 추구하고 그것에 도달하는 방법으로서의 논리학을 정립하려 하였다.

이러한 노력을 행한 대표적인 사상가는 영국인 F. 베이컨(Bacon)과 프랑스인 R. 데카르트(Descartes)다. 이들은 자연과학에서 새로운 학문 연구의 방법론을 찾았다. 베이컨은 관찰과 실험을 근거로 하는 귀납법적 경험론을 주장하였고, 데카르트는 기하학적 명증성을 근거로 하는 연역법적 합리주의를 창도하였다.

그러므로 이들은 다 같이 역사학에 대하여서는 별로 관심을 갖지 않았다. 아니, 차라리 역사학을 무시, 내지는 기피하는 자세까지 취하였다. 그래서 베이컨은 역사를 단지 인간의 기억력의 대상 정도로 취급하였고, 데카르트는 역사학을 단순히 '정신에 양식을 주고 판단력을 기르는 데에 도움을 주는 것' 정도로 생각했으며, 좀 더 진지하게 이야기하는 장면에서는 역사학을 매도하는 입장을 취하였다.

그럼에도 불구하고 위의 두 사람은 근대 역사학이 발전하는 데 있어서, 역설적인 것이기는 하지만, 지대한 영향을 끼쳤다.

베이컨은 그 이전에 진리라고 믿어지던 모든 지식에 대해서 재확인할 것을 주장하여 대저(大著),《신체계(Novum Organum)》를 발표하였다. 그리고 그것을 통해서 그는 지금까지 잘못되어 온 자연인식의 방법을 거부하고, '새로운 학문의 출발에 있어서는 보통 사람들의 경험에 나타나는 것과 같은 소박한 의견을 근본적으로 파괴하여야 하며, 동시에 습관과 선입견을 모두 배제할 것'을 제일의 조건으로 내세웠다. 이를 위해서 모든 지식인은 정확한 관찰과 실험을 통하여 다음과 같은 4개의 우상(Idola)에서 탈피하고, 왜곡되지 않은 진리에 도달하여야 한다고 했다.

첫째, 동굴의 우상(Idola specus)이다. 사람들은 개인적인 특수한 성벽(性癖)과 그가 처해 있는 환경과 같은 우연한 것들로 해서 편견을 갖게 된다. 마치 네모난 모양의 입구를 지닌 동굴 속에 있는 사람이 동굴 밖으로 보이는 하늘의 모양을 네모난 것이라고 생각하는 것과 같은 것이다.

둘째, 극장의 우상(Idola theatri)이다. 인간들은 과거에 있었던 역사나 전통 및 교권 등을 과거에 있었던 것이니까 당연히 그럴 것이라는 생각으로 아무런 비판 없이 믿는 데서 갖게 되는 편견이다. 이것은 가장 위험성이 많은 우상이다.

셋째, 시장의 우상(Idola fori)이다. 이것은 사람과 사람의 접촉, 특히 언어에 의한 선입견에서 생겨나는 편견이다.

넷째는 종족의 우상(Idola tribus)인데, 이것은 인류에게 공통되는 것으로서 사람은 자기의 성질, 즉 개인의 성향과 맹목적인 신앙과 관습을 모든 일에 반영시키려고 하는 것이다.

한마디로 베이컨이 주장하는 참된 인식이란 일체의 편견이나 선입견이 배제된, 언제 어디서나 누구에게나 관찰·실험을 행하면 동일하게 인식될 수 있는 인식을 의미하는 것이다. 과연 이처럼 객관적인 인식이 가능한 것인지, 자연과학에서라면 몰라도, 특히 인간과 인간의 생각, 인간의 행위, 그것으로 해서 발생한 사건·사실에 대한 인식이 가능한 것인가? 만약 그리한 인식이 불가능한 것이라면 역사학은 존재할 수 없는 것이다.

우선 역사학의 대상이 되는 과거에 발생한 사건·사실들은 역사가에 의해서 직접적으로 관찰될 수도, 실험될 수도 없는 것이다. 자연의 여러 현상들은 객관적 조건만을 동일하게 갖추어 놓으면 재현이 가능하므로, 관찰과 실험이 가능하다. 그렇지만 역사적 사실은 시간적인 것이기 때문에 시간을 되돌려 놓는 기술이 개발되지 않는 한, 재현될 수 없는 것이다. 그뿐만 아니라 역사적 사실은 복잡다단한 인간의 관계 속에서 만들어진 것이다. 그리고 그 관계 속에서 조성된 상황(Situation)이란 어떠한 방법을 써서도 동일하게 재연될 수 없는 것이다. 한마디로 역사적 사실은 일회적으로 일어난 것이므로, 그것의 관찰과 실험은 불가능하다.

그뿐만 아니라, 이상에서 열거한 4가지 우상에 비추어 보면, 지금까지 서술된 모든 역사서는 휴지통에 집어넣어야 한다.

첫째, 사실의 실행자나 목격자와의 대질심문을 통하여 조사·탐구된 헤로도토스의 역사는 어차피 동굴의 우상과 시장의 우상에 의하여 쓰이어진 것일 수밖에 없다. 왜냐하면 헤로도토스가 아무리 명석하고 투철한 두뇌를 소유하고 있는 사람이라 하더라도 자신의 입장, 자신의 세계관에서 탈피할 수는 없는 인간이다. 그렇다면, 그의 저술도 결국 동굴 속에서 본 역사에 대한 기록일 수밖에 없다. 그에 의해서 기술된 사실들이 아무리 소크라테스적인 대질 심문을 통하여 조사·탐구된 사실이라 할지라도, 모든 대화자를 소크라테스와 같은 인물이라고 할 수도 없고, 또 대질의 대상이 소크라테스의 것처럼 원리적인 것이 아니라, 사실적인 것일 때, 그 당시에 발생했던 모든 사실을 정확하게 발생한 그대로 전달할 수는 없는 것이기 때문이다.

둘째, 교훈을 목적으로 해서 쓰이어진 투키디데스나 폴리비오스·리비우스·타키투스 등의 역사책들도 모두 불쏘시개로 버려져야 한다.

이것들은 역사가들이 자기들 나름대로 생각하고 있었던 정의라든가 논리라든가 하는 것을 전제로 해서 쓰이어진 것이므로 그것들은 결국 동굴의 우상에 의해서 쓰이어진 것이기 때문이다.

그 밖에 신의 섭리를 표현한다고 해서 쓰이어진 아우구스티누스나 그 밖의 기독교적인 역사가들, 또는 르네상스의 역사가들은 말할 것도 없이 4가지 우상의 산물이며, 모든 역사학은 허구의 학문이다.

데카르트의 이론에 의하면, 역사학의 존립성은 더욱 암담해진다. 수학만을 인식의 유일한 근거로 생각하였으며, 우리의 주변을 형성하고 있는 모든 실재적 사물까지도 그 존재성을 회의하고, 그 최종적인 결과로서 '생각한다. 고로 존재한다.(Cogito erogo sum)'라는 명제를 설정한 데카르트에게 있어서는 그의 그 명제를 근거로 한 명증성과 확실성에 근거하지 않는 신(神)·자연·인간 정신에 관한 학문은 모두 억설로밖에는 인정되지 않았다.

다시 말하면, 데카르트에게 있어서 진리의 표준은 명석(明晳)에 있고, 명석은 그 자신 정신에 있어 명백히 나타나는 것이다. 즉 눈에 똑똑히 보일 때에 비로소 그것은 명석하게 보인다고 하는 것이다.

그렇다면 베이컨이 말하는 것처럼, 역사학이 기억력에 의지하는 것이라면, 그 기억의 명석성이란 확인할 수 없는 것이다. 다시 말해서 기억이란 객관적인 확실성이나 명증성을 지니는 것이 아니며, 또 기억되어져야 하는 과거는 눈에 똑똑히 보일 수가 없는 것이며, 그것이 증거를 근거로 하는 것이라 하더라도 엄격히 지식으로서 가치는 인정될 수 없는 것이 된다.

그러므로 데카르트는 역사가를 고국을 떠나 삶으로써 자기 자신의 시대에 대해서 이방인이 되어버린 여행자라고 생각했다. 즉 역사가의 인식은 자기인식(생각하므로 존재하는 자기 자신에 대한 인식)이라는 고향을 떠나서 사물을 주마간산(走馬看山)식으로 보는 피상적인 인식에 불과하다는 것이다.

그러므로 역사적 설화는 견문을 풍부하게 하기 위해서 슬금슬적 알아둘 필요는 있는 것이지만, 그것은 사실이라고 믿을 만한 가치를 갖는 것은 아니라는 것이다.

이처럼 믿을 가치가 없는 역사, 그것을 현재에 행동하고 있는 사람들에게 행동의 조건으로 삼으라거나, 교훈으로 삼으라는 것은 쓸데없는 잔소리가 되고 말 것이라는 것이다. 더구나 명석한 인식에 기초를 두지 아니한 역사에 대한 생각은 필경 실제로 있었던 것보다 몇 배나 더 화려했고 거창했었던 것으로 과장되어 생각되게 마련이다.

이 점을 데카르트는 《방법론서설(Discours de la Méthode)》에서 다음과 같이 피력하고 있다.

> 내가 생각하기로는 나는 고대 언어학 연구에 대해서 그리고 그들의 역사와 신화에 대해서 꽤 많은 노력을 경주한 것 같다. 이런 시대의 인간들과 생활한다는 것은 외국에서 여행하는 것과 같다. 우리가 우리 자신을 편견을 갖지 않고 판단하고 또 전혀 자기 모국 이외에는 다녀 본 적이 없는 사람들처럼, 자기와 상이한 모든 사람들을 업신여기고 조롱하는 일이 없도록 하기 위해서 우리는 다른 나라 국민들의 생활 습관을 알아두는 것이 유용하다.
>
> 그러나 그들 자신의 모국에 대하여 생소해질 정도로 너무 오랫동안 여행을 하는 사람들이나 고대인들의 행위에 대해서 너무 호기심을 가지고 연구하는 사람들은, 오늘날 우리들 사이에서 어떠한 일이 일어나고 있는가에 대해서 무지해지기 쉽다.
>
> 더구나 이러한 설화는 실제로는 그럴 수 없는 것을 마치 그런 것이 발생했었던 것처럼 이야기한다. 그리하여 우리들로 하여금 우리의 힘으로 도달할 수 없는 것을 기도하도록 만들고, 또는 우리의 운명으로서는 이루어질 수 없는 것을 바라게 한다.
>
> 그리고 역사가 설사 진실이고 또 전혀 과장하지도, 사물의 가치를 변경시키지는 않는다 하더라도, 그 역사는 독자들의 주의를 보다 더 환기시킬 수 있게 하기 위하여, 비교적 재미없고 천박한 제 사건을 생략해 버리기도 하고, 보다 가치 없는 일을 가미시키기도 한다.

그 때문에 역사가들이 기술하는 사물들이 바로 역사가들이 기술한 그대로 발생한 것은 아닌 것이다. 그리고 그러한 역사적 사물들을 모범으로 삼아서 자기들의 행동을 하려고 노력하는 사람들은 단독적이고 낭만적인 중세기사와 같은 광기를 부리거나 계획적인 과장된 행위를 시도하려 하기 쉽다.

이상과 같은 데카르트의 역사가에 대한 비평은 비록 그것이 역사에 대한 올바른 이해를 근거로 한 것이 아니며, 또 그가 올바른 역사적 사고를 하는 역사가를 대상으로 해서 행한 비평은 아니라고 하더라도, 자칫 역사학 내지는 역사학자들이 빠지기 쉬운 오류를 명쾌하게 지적한 것이라 할 수 있다.

실제로 우리는 오늘날에도 그러한 역사학자들을 수없이 접하게 된다. 예를 들면 당나라시대의 문학을 연구한다고 하는 학자가 당송팔대가(唐宋八大家)의 시문(詩文)을 말끝마다 입버릇처럼 중얼거린다거나, 로마법을 연구하는 학자가 현재의 사회질서와는 아무런 관계도 없는 법조항이나 명언을 문장마다 인용한다거나 하는 모양을 우리는 흔히 보게 된다.

아무리 당송대의 문장이 명문장이라 하더라도 그것을 현대인이 이해할 수 없는 한문문장으로 암기하며 즐거워하고 있을 때, 그것이 전공자의 즐거움을 가져다주는 것일 수는 있을지 몰라도, 그것은 현재의 지식체계와는 아무런 관계가 없다. 그것은 다만 그것을 읊을 수 있고, 읊고, 그것을 읊음으로써 자신만이 상상의 날개를 타고 당송시대로 날아가는 일에 불과하다. 이것은 꿈을 꾸며, 황제의 용상 위에 앉아 아리따운 공주를 옆에 끼고 큰 소리를 치는 몽유병자 이상이 될 수 없다.

또 로마법이나 바이마르 헌법이 제아무리 법률로서 훌륭한 것이고 이상적인 것이라 하더라도, 그것이 결코 현재와 같이 복잡다단하게 된 사회에 적용될 수 없는 것이라고 할 때, 그것은 현재에 관련시킴도 없이, 단지 그 조문 하나하나가 멋진 조문이라 해서 문장마다 인용하는 자세란 자신을 마치 로마인이나 바이마르헌법의 기초자인 것처럼 생각하는 망상가의 환상에 불과한 것이다.

현재에도 이와 같은 몽유병자와 같은 역사학도가 있다는 점을 감안할 때 데카르트의 비평은 절실한 것이며, 또 역사학도에게 있어 영구적인 경각제의 역할을 해야 할 좌우명이 아닐 수 없다.

그러나 데카르트에게 있어서 이상의 역사가에 대한 비평은 역사학도에게 주는 경각제(警覺劑), 그 이상의 것이다. 데카르트의 이 비평은 역사학 자체를 전면적으로 부정하는 것이었다.

한마디로 데카르트의 사상에 의하면, 역사는 진실로 인식될 수도 없는 것이고, 또 거기에서 어떠한 실용적 가치를 찾을 수도 없는 허황한 하나의 환상적인 건축물이다.

예를 들면, 헤로도토스가 제시한 역사학의 목적, 이를테면 '과거의 인간들이 이룩해 놓은 역사적 업적들을 후세인에게 알려 주기 위해서 기록해 놓는 것'이 역사학의 목적이라고 할 때, 후세인이 실제로 헤로도토스의 그 기록을 보고 그 시대에 있었던 인간의 일들과 그들에 의해서 이룩된 업적들을 올바르게, 참으로 있었던 대로 알 수 있느냐? 하는 의문이 쌓이게 된다.

왜냐하면 헤로도토스가 아무리 유능한 역사가이고, 또 그가 아무리 자기가 보고 들은 바를 포괄적으로, 전체적으로 그리고 상세하게 기술했다 하더라도, 그 시대의 전체적인 분위기와 상황을 완전히 후세인에게 전달할 수는 없는 것이고, 또 그것이 불가능하다고 하면, 그 전체 중의 몇몇 가지 사실들을 기술해서 후세에 남긴 것이 참으로 그 시대에 있었던 대로 묘사된 것인지는 믿을 수가 없는 것이기 때문이다.

우리는 같은 꽃이라 하더라도 어떤 분위기 속에 있는 꽃과 그것을 따로 꺾어 들고 있는 꽃의 모습이 달리 보이는 것을 생각지 않을 수 없다. 데카르트의 인식이론은 종래의 역사학이 지니고 있었던 약점을 핵심적으로 집어낸 것이라 하지 않을 수 없다.

실제로 이상과 같은 인식론적인 입장에서 말할 때 지금까지의 역사학은 극히 허무맹랑한 이야기에 불과한 것이며, 인간의 실제 생활과는 아무런 관계도 없는, 다만 심심풀이를 위한 이야기, 또는 소설, 그것도 별로 재미도 없는 소설 이상의 가치가 없는 것이었다.

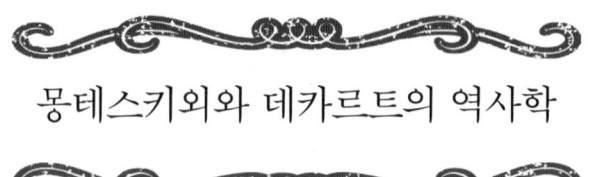
몽테스키외와 데카르트의 역사학

앞에서 언급한 바와 같이 데카르트 자신은 역사학을 멸시하였고, 거침없이 매도하기까지 하였다. 그러나 그가 '모든 과학은 그에 앞선 수많은 과학들의 발전이 있은 후에 발전되는 것'이라고 말한 바와 같이, 그에 의해서 발전된 과학적 사고는 역사학에 있어서 장족의 발전을 이룩하는 데 커다란 촉진제가 되었다.

즉 그의 자연과학적 사고는 우주에 대한 인간의 조망을 넓혀 놓았으며, 진보의 관념을 정립시켜 인간에게 동적(動的)인 개념을 갖게 하였다. 여기에서 역사는 지상에서 생활하고 있는 인간에 대한 기록으로 이해되게 되었다.

그뿐만 아니라, 데카르트의 비평적 자세가 역사학에 도입되어 그 이전에는, 과거에 있었던 기록이라 하면 무조건으로 받아들이는 자세에서 탈피하여, 사료에 대하여 데카르트적 비판을 가하는 새로운 기풍이 진작되었다.

그리하여 이에 영향을 입은 학자들은 데카르트의 과학적 사고와 방법론을 역사학, 정치, 사회 제도, 그리고 경제학에다 적용하려고 하였다. 즉 그들은, 만약 자연계가 수학적으로 구성되어 있는 것이며, 자연계에 일반법칙이 적용될 수 있는 것이라면, 자연의 피조물인 인간도 또한 일반법칙에 의하여 지배될 수 있는 것이라고 생각하였다.

이러한 생각에서 그들은 역사학에다 진보의 개념을 도입하였으며, 역사에 대한 신학적 해석을 배제 하였다.

그리고 이 학파에 속하는 사회과학자들은 현존하고 있는 사회·언어·종교 등의 명석한 근거, 또는 실재적인 근원을 밝히기 위하여 과거를 소급하지 않을 수 없었다.

여기서 그들은 날카로운 이성을 동원하여 중세적 맹목적 신앙에서 탈피하여 역사적 사실을 물 자체(物自體)의 입장에서 관찰하려 하였다. 그러므로 이들이 비록 '역사적'인 정신의 소유자들이 아니라, 자연과학적인 사고로 무장된 사람들이라 할지라도, 역사를 생각하지 않을 수 없으며, 고대 및 중세의 사항들을 취급하지 않을 수 없었다.

데카르트 학파의 역사학에 있어서 가장 위대한 인물을 꼽는다면, 말할 것도 없이 몽테스키외를 언급하지 않을 수 없다. 몽테스키외의 원명은 샤를르 루이 드 스공다(Charles Louis de Secondat)이며, 1689년 1월 8일 보르도 근교에 있는 라 브레드 성(城)에서 법률가 귀족의 아들로 태어났다. 11세 때에 파리 근방에 있는 쥐이리의 오라토리오 교회 학교에서 고전문학을 공부하고, 1708년에는 보르도에 돌아와서 법률을 배웠다. 1714년에는 보르도 고등법원의 판정관이 되었고, 1716년에도 백부의 뒤를 이어 고등법원장이 되었다.

그러나 그는 법률사무에는 흥미를 느끼지 못하고 고전문학·자연과학 등에 몰두하였다. 그러던 중 《페르시아인의 편지(Letters Persians)》를 집필하여 인기를 얻은 후, 관직을 떠나 여행을 즐기며 저술 생활에 몰두하였다. 그 결과 대작(犬作) 《법의 정신(The Spirit of Law)》을 발표하기에 이르렀다.

그러므로 그는 역사학자로서 보다는 법률학자로 더 많이 알려져 있다. 그러나 그는 그 책을 쓰기에 앞서《로마인의 성쇠 원인(considerations sur les causer de la grandeur des Romains et leur decadence)》이라는 불후의 역사서(歷史書)를 저술하였다. 그리고 그의 명성을 떨치게 한《법의 정신》은 이 책을 쓸 때 얻은 지식과 사상을 근거로 쓰이어진 책이다. 그러므로 엄격한 의미에서 그 책도 정치·법률서라기보다 역사서라 해야 할 것이다.

물론 몽테스키외가 종사한 직업은 법률가였다. 그러므로 그의 사상은 그의 직업에 의해서 윤색되어 있다. 그리고 그의 유명한 저서에서 그가 목적한 바는 사회의 과학(a science of society)을 확립하는 것이었고, 그 방법은 이미 수집되어 있는 사실들에서 연역된 것을 기초로 하는 것이었다. 그러나 한편 그는 정치제도의 기원과 발전과정을 설명하는 것을 목표로 삼았다.

이와 같이 몽테스키외는 사회의 기원과 발전과정에 대한 고찰을 통하여 사회의 과학을 확립하려 하였다는 점에서 그는 '아담 스미스를 제외하고는 그 시대에서 그를 추종할 수 있는 인물이 없을 만큼 정치학과 역사사상에 있어 커다란 영향력을 끼친 인물'이 되었다. 그리고 그는 프레더릭 폴록(Frederick Pollock) 경의 말과 같이 '현대 역사 연구의 1번지'가 되었으며, 또 프리드리히 마이네케(Friedrich Meinecke)에 의하여 역사주의의 기초자의 한 사람으로 평가되는 인물이 되었다.

몽테스키외의 역사사상에 기초가 되는 그의 생각은 그 이전 시대에 프랑스의 정치사상에 있어 지대한 영향을 끼친 보쉬에(Bossuet)가 역사의 진행, 권력의 근원이 신에 의해서 이루어진 것이라고 생각한 데 반대하여, 과거에 실제로 있었던 사실들에 근거를 둔 과학적 역사를 확립하여야 된다고 하는 것이었다.

그러므로 그는 로마 제국의 성쇠원인을 구체적 사실에 근거하여 구명하려 노력하였으며, 그것에 개입했다고 생각되어오던 운명이라든가, 신의 섭리와 같은 역사외적 요인을 배제하였고, 대신에 토양 기후 종교 법률 등 자연적 내지는 문화적 요인에 중요성을 부여하였다. 그러므로 그는 그의 《법의 정신》에서 다음과 같이 말하고 있다.

> 인간을 지배하고 있는 것은 많은 사물들이다. 즉 기후, 종교, 법률, 정부의 격언들, 과거의 사례들, 풍속, 습관들이 인간을 지배하고 있는 것이다.

이 인용 구절에 나타난 그의 역사사상은 중세 가톨릭 및 근세 프로테스탄트에 의해서 주장되어 온 기독교적 역사관을 일축해 버렸을 뿐만 아니라, 마키아벨리적인 개인적 영웅주의도 일축해 버리고 있는 것이다.

그에 의하면 인간의 삶이나 법률의 성격을 결정하는 것은 신이나 어떤 개인적 통치자의 의지나 자의가 아니라, 사회와 국가 전반의 정치에 달려 있다고 하였다.

이를 다시 말하면, 인간의 생이나 법률의 성격을 결정하는 것은 인간을 둘러싸고 있는 자연 환경과 문화적 환경이라는 것이며, 또 자연 환경이나 문화적 환경에 따라 인간의 성격, 민족성의 형태가 변경된다는 것이다.

이 같은 그의 이론을 좀 연장시켜 말하면, 결국 인간성과 민족성은 각 시대의 환경에 의해서 조성되고, 이렇게 조성된 인간성과 민족성은 다시 그 시대의 환경, 즉 문화적 환경을 변천시킨다는 역사상 각 시대의 성격·환경에 의하여 조성된 인간성·민족성에 의하여 규정되고, 또 그 환경의 변천이 이루어진다는 이론이 나오게 된다. 이를 입증하는 것으로 《법의 정신》 제 XIX Ch.27에서 이렇게 말하고 있다.

> 기후·토질의 비옥을 포함하고 있는 기후는 인간에게 있어서 모든 제국들 중에서도 최우선적인 것이다. 토질과 기후가 인간의 성격을 규정하는 것과 마찬가지로 법률도 어떤 민족의 형태를 이루는 데 기여한다.

즉 자연 환경은 인간성을 규정하고, 인간성은 문화의 환경을 규정하고, 문화의 환경은 다시 인간성의 변개를 가져 오고 인간성은 다시 자연을 개조하여 자연 환경의 변천을 가져 온다.

이처럼 몽테스키외는 역사발전을 인간이 자연 환경 및 문화 환경과 갖는 관계의 연속으로 이해하였다. 여기서 몽테스키외는 비록 인간에 대해서보다는 자연 환경에 더 강조점을 두기는 했으나, 역사의 원인, 국가(사회)의 흥망성쇠의 원인을 신이 아닌 인간, 그것도 르네상스적인 특수적 천재나, 영웅 등의 개인이 아닌 일반적 인간, 즉 민중을 포함한 인간에게, 그리고 그 인간에 의해서 이룩되는 문화 창조의 과정에서 찾는 실마리를 마련하였다.

한마디로 몽테스키외의 역사사상사에 있어서 공헌이 있다면, 그것은 인간사에 작용하는 신의 섭리나 운명을 거부하고 대신에 자연 환경이나 문화 환경의 영향력을 강조하였다는 것이다.

이 점에 있어서 몽테스키외는 기독교적인 윤리 의식이나 도덕의식을 배제하고, 오로지 자연과학적인 방법론에 입각한 정치기술을 강조하고 환경에 적응하는 덕(Virtue)을 중요시했던 마키아벨리의 생각과 방향을 같이 하였다.

그것은 마키아벨리가 정부의 형태를 군주정·귀족정·민주정으로 구분하고, 그것들이 각각 타락한 형태로 참주정·과두정·중우정이 있음을 지적하고 있는 것과 같이 몽테스키외도 정부의 형태를 공화정(republican)·군주정(monarchial)·전제정(despotic)의 3가지 유형으로 구분하였다는 점에서도 찾아 볼 수 있다.

이상에서 데카르트 학파의 역사학의 대표자로 몽테스키외를 예로 들어 설명하였거니와, 이제 결론적으로 이 학파에 속하는 역사학자들의 공헌을 말하면, 이들 즉 합리주의적 역사학파는 역사적 비판의 새로운 방법을 도입하였으며, 역사학의 내용을 확대시켰다.

다시 말해서 그 이전의 역사학은 주로 인간사의 문제, 그 자체만을 취급하는 것으로 만족하였다. 그러므로 역사라고 하면, 개인의 전기, 교회나 국가 또 왕조의 연대기, 기껏 국가의 흥망성쇠에 대한 피상적 서술 등으로 이해하고 말았고, 신학에 사실을 제공해 주거나 종교적 논쟁, 논리, 도덕적인 교훈의 자료를 제공해 주는 것으로 생각하고 말았다.

그러나 이들, 합리주의자들에 의하여 역사학은 오히려 발전되고 확장된 의미를 갖게 되었다. 즉 이들은 새로운 문제를 역사에 대해서 제기하였다. 인간은 언제부터 이 세계에 존재하게 되었나? 사회는 야만적인 상태에서부터 성장해 온 것인가? 역사상에 황금기(Golden Age)라는 것이 존재했었던 적이 있는가? 원시 사회의 본질이 무엇인가? 가장 이상적인 정부 형태는 어떤 것이었으며 다양한 정부형태들은 어떻게 시작되었으며 발전되었는가? 그리고 마지막으로 온 인류가 행하고 있는 고행(苦行)의 의미는 무엇이며 지상에서 생존하고 있는 인간이 지향하는 목표는 무엇인가?

이러한 역사에 관한 질문에 대답하기 위해서 합리주의적 역사사상가들은 역사학에 자연 환경론, 기후 풍토학, 지리·지질학, 법률학, 정치학, 풍속·관습에 대한 연구, 종교학, 철학적 사고 등을 보조 학문으로 끌어 들이게 되었다.

이제 역사학은 낡은 문헌의 연구나 연대기학이나 개인의 전기나 윤리·도덕의 교훈을 위한 학문이 아니라, 그 자체가 인간의 기원과 발전과정에 대한 학문이며, 인간으로 구성된 사회의 기원과 발전에 대한 연구, 그리고 그 속에서 작용하는 정치·경제·문화·종교 등에 대한 연구 및 그러한 요소들의 유기적 조직체인 사회 체제 자체에 대한 연구가 된 것이다.

볼테르의 역사철학

R. G. 콜링우드의 말에 의하면, 볼테르(Voltaire)는 '역사철학'이라는 용어를 처음으로 사용한 사람이며, 동시에 역사사상사에 있어서 근대적 전환을 이룩한 사람이다. 콜링우드가 이와 같이 볼테르에게 역사학사에 있어 높은 지위를 부여한 것은 그의 역사학적 공헌에도 기인하는 것이겠지만, 그 보다도 더 중요한 것이 있다면, 볼테르는 콜링우드가 설정한 역사사상에 있어서의 3차에 걸친 전환에 있어서 제3차 전환을 이룩한 사람이기 때문이다.

콜링우드에 따르면, 역사학의 역사는 볼테르에 이르기까지 다음과 같은 3차에 걸친 전환기를 거쳤다. 즉

> 제1차 전환 : BC 5세기 헤로도토스에 의해서 역사학이 조사·탐구의 개념으로 생각되게 된 전환,
> 제2차 전환 : AD 4~5세기 기독교적 역사사상이 정립되던 전환,
> 제3차 전환 : 기독교적 사상에서 탈피하여 근대적 역사사상이 성립되는 전환.

이 중에서 제3차 전환을 이룩한 장본인이 볼테르라는 것이다. 즉

볼테르는 자기 자신을 기독교(신·구교를 포함한) 박멸운동의 지도자라 생각하였으며, 그는 "Ecrasez L'infame!(파렴치한을 타도하라!)"라는 표어를 끝없이 반복하였다. 한마디로 볼테르는 역사학을 기독교적 영향으로 부터 완전히 해방시킬 것을 주장하였다.

볼테르의 본명은 아루에(Francois-Marie Arouet)인데 그는 1694년 부유한 공증인의 아들로 태어나 21세에 파리로 옮겨 온 이래, 그는 기지에 넘치는 풍자와 어떤 사상가도 필적할 수 없는 달변과 열정으로 당시의 국가권력과 기독교 교회에 대하여 비평을 가하였다. 여기서 그는 불세출의 천재성을 발휘하였다.

그는 M. 테느(Taine)가 밝히고 있는 것처럼, '지식을 단순화 (Simplifier)시키고 대중화(Popularizer)시키는 데 있어서 세계 무적(無敵)의 인물'이다. 그는 문학적 표현에 있어서 자타가 공인하는 대가이며, 세계에 대한 다방면의 정확한 지식을 지니고 있다는 점에서 아리스토텔레스 이래 추종할 자가 없는 사상가였다.

이러한 그의 문필 활동과 사상은 프러시아의 프레더릭 대왕이나 러시아의 에카테리나 여제와 같은 군주들을 비롯해서 영국의 부르주아지에 이르기까지, 그의 인기를 퍼뜨렸지만 한편 권력자들과의 충돌을 가져와 바스티유 감옥에 감금되는 일도 있게 하였다.

볼테르는 이처럼 다사다난한 일생을 통하여 무려 99권에 달하는 논문과 저서를 남겼다. 그중 역사적 저서로 꼽히는 것으로는《루이 14세 시대사(Siecle de Louis XIV, 1751)》,《샤를마뉴로부터 루이 13세의 사망에 이르는 역사의 원리적 사실들에 관하여(Annales de L'Empire Après Charlemagne, 1953)》,《여러 민족들의 풍속과 정신에 대한 고찰

(Essai sur les Moeurs et l'esprit des Nations, 1756)》,《루이 15세의 통치 대요(Precis Du Siecle de Louis XV, 1769)》,《파리 의회의 역사(Histoire du Parlement de Paris, 1769)》등이 있다.

그중 볼테르의 역사사상을 대표적으로 나타내고 있는 것은《루이 14세 시대사》와《여러 민족의 풍속과 정신에 대한 고찰》이다.《루이 14세 시대사》는 푸에터(Fueter)가《최초의 근대적 역사적 저작》이라고 기술한 책으로 몽테스키외가《법의 정신》을 쓰고 있던 시기에 볼테르가 가장 야심적으로 집필한 역사적 저작이다.

그는 이 책을 쓰는데 무려 20년이나 걸렸다. 다시 말하면, 그는 1736년부터 1756년까지 이 책을 위한 자료 수집을 했고, 수집이 끝난 뒤 실제적인 연구와 저술을 하는데 27개월이 소요되었다. 이 책에서 볼테르는 연대기적 역사서술법을 완전히 깨뜨려 버리고, 화제중심의 체제로 사료를 정리하는 방법을 채택하였다.

볼테르의 역사사상, 즉 볼테르가 그의 역사서술에서 시도한 것은《루이 14세 시대사》(이후에는 시대사로 약칭)의 서론에 잘 나타나 있다.

> 여기서 서술되어야 할 것은 단지 루이 14세의 생애만이 아니다. 내가 여기서 후손을 위해서 서술하고자 하는 더 위대한 대상은 어떤 단일한 한 사람의 행위가 아니라, 과거에 있었던 중에서 가장 계몽된 세기에 살고 있었던 인간들의 정신이다.
>
> 모든 시기는 영웅들과 정치적 지도자들을 산출하여 왔다. 그리고 모든 인민들은 혁명을 경험해 왔으며, 또 모든 역사들은 사실들로 그의 기억을 채워 두기만을 원하는 사람의 눈에 동일하게 보였다.

그러나 사고하는 사람이면 누구나, 또 보다 진기한 것에 호기심을 보이는 사람이면 누구나, 또 취미를 가지고 있는 사람이면 누구나 전체로서의 세계사에 있어서 오로지 4개의 시대를 생각할 것이다. 이러한 4개의 축복된 시대들은 예술이 완성을 보게 된 시대이며, 또 인간정신의 위대성으로 하나의 신기원을 이룩함으로써 후손에게 귀감이 되는 시대이다.

이들 여러 세기들 중, **첫 번째 시대**는 진정으로 영광을 받을 가치가 있는 필립과 알렉산더의 시대이다. 이 시대에는 페리클레스, 데모스테네스, 아리스토텔레스, 플라톤, 아펠레스(Apelles), 페이디아스(Phidias), 그리고 프락시텔레스(Praxiteles) 등이 등장하였다. 이 시대의 영광은 그리스라는 제한된 공간 속에서 한정된 것이었으며, 그 당시에 알려져 있었던 그 밖의 지구상의 지역들은 야만적인 세계였다.

두 번째 시대는 카이사르와 아우구스투스의 시대다. 이 시대는 루크레티우스(Lucretius), 키케로, 리비우스, 베르길리우스, 호라티우스, 오비디우스(Ovidius), 바로(Varro)와 비트루비우스(Vitruvius)의 이름을 통해서 알려진 시대다.

세 번째 시대는 모하메드 2세(Mohammed II)에 의해서 콘스탄티노플이 점령당한 이후의 시대다. 투루크 족에 의해서 그리스로부터 몰려난 학자들을 메디치 가가 피렌체로 불러들인 시기이다. 이것은 이탈리아의 영광의 시대이다. 미술은 생명에 새로운 활기를 가져다주었고, 그리스인들이 지혜(Wisdom)라는 이름으로 불리던 것과 꼭 마찬가지로 이탈리아인들을 덕(Virtue)이라는 이름으로 부르는 명예를 제공하였다.

네 번째 시대는 루이 14세의 시대다. 이 시대는 위의 네 개의 시대 중에서 가장 완성에 가까이 접근한 시대일 것이다. 그 이전에 있었던 세 개의 시대에 발견된 것들에 의하여 풍만해져 있는 시대다. 이 시대는 어떤 장르에 있어서는 위의 세 시대의 것을 모두 다 합친 것보다도 더 많은 것을 이룩한 시대다. 모든 예술이 메디치 가 시대나, 아우구스투스 시대, 알렉산더시대의 것들 보다 훨씬 더 진보된 것은 말할 것도 없고, 인간의 이성일반이 개선되었다.

이상의 인용문에 나타나 있는 바를 중심으로 우리는 볼테르의 역사사상을 다음 몇 가지로 지적해서 설명할 수 있다.

첫째, 볼테르는 역사학의 대상을, 어떤 영웅이나 천재라는 특수한 개인의 행위에서 찾던 것을 여기서는 개인이 아닌 일반적인 인간들의 정신생활에서 찾았다는 것이다. 이 점은 그 자체가 볼테르라는 천재의 개인적 독창물이 아니다. 몽테스키외의 작품과 더불어, 이미 그의 시대 상황이 마키아벨리나 귀치아르디니, 바사리 등과 같은 르네상스기풍에서 진일보하였음을 나타내 주고 있는 것들이다.

둘째, 볼테르는 과거에 있었던 사건·사실을 노련하게 편집하는 것으로 그치지 아니하고, 강력한 국가와 문명화된 사회의 전반적 생활에 있어서의 주요 발전과정을 제시하려고 시도하여 문화 발전의 전체적 흐름으로서의 역사를 파악하고, 그것을 근거로 한 전체적 세계사의 개념을 확립하려고 하였다.

그러나 그의 《시대사》에서는 이러한 시도를 표명하였을 뿐 실현하지는 못하였고, 그것을 실제로 시도한 것은 《시대사》보다 5년 늦게 쓴

《제 민족의 풍속과 정신에 대한 고찰(Essay on the manners and Spirit of the Nations)》에서였다.

여기서 그는 문자 그대로의 보편적 역사(Universal history)로 간주되는 것을 시도했다. 이것은 바로 모든 시대와 모든 인민을 포괄하는 방대한 문화사(Kulturgeschichte)로 기획된 것이다. 이 기획을 통해서 그는 '외국의 역사를 서술함에 있어서 당신들 자신의 나라의 역사를 서술할 때와 동일한 틀에 맞추어 써야 할 필요는 없다'고 하는 세계사의 다양성을 그대로 수용하고자 하는 그의 자세를 실현하였다. 그리고 그는 여기서 고대 문명을 취급하는 것으로 그치지 않고, 근대에 들어서 새로이 발견된 원시적 인민들까지도 취급 하였다.

여기서 말하는 볼테르의 문화는 인간정신에 의해서 이룩된 모든 창조를 말하는 것이다. 그러므로 그에 의하면, 역사는 어떤 방면에서든지 발표 또는 표현되고 있는 모든 인간행위의 기록(a record of human activity in all its manifestation) 즉 예술, 지식, 과학, 풍속, 습관, 음식, 기술, 오락 그리고 일상생활에 대한 기록을 뜻한다.

이와 같이 역사를 전 세계의 인민들에 의해서 이루어진 인간 정신의 표현으로서의 문화의 역사, 즉 보편적 역사로 생각하려 한 시도는 아우구스티누스 이래로는 볼테르가 처음이다.

이런 점에서 볼 때, 볼테르는 비록 기독교의 박멸 운동의 지도자로서 기독교 사상에 대하여 전면적인 도전을 행한 사람이기는 하지만, 그러면서도 역사사상에 있어서는 아우구스티누스의 역사관을 답습 내지는 부활시킨 사람이라 해야 할 것이다.

다만, 아우구스티누스는 이 보편적 역사를 주도해 가는 것이 신의,

또는 신의 섭리라고 한 데 대하여, 볼테르는 역사에서 신의의 개입이나 신의 섭리를 부정하고, 그 대신에 인간의 이성을 강조하였다는 차이가 있을 뿐이다.

만약 이와 같은 필자의 생각이 과히 빗나간 것이 아니라고 한다면, 볼테르는 기독교적 역사관과 르네상스의 휴머니즘을 종합·양기(aufheben)시켜 변증법적으로 근대적 역사관을 정립한 사람이라 해야 할 것이다.

그 결과, 크로체의 말과 같이, 아우구스티누스의 보편역사의 개념이 이원론에 근거한 기독교적 편파의식에 근거한 것이므로 오히려 보편역사의 개념을 해치는 것이라고 할 때, 볼테르의 보편역사는 이원론을 극복한 문자 그대로의 보편역사가 된 것이다.

셋째, 볼테르는 보편적 세계사관을 확립함에 있어서 필연적으로 따르게 되는 역사발전 이론, 즉 역사발전의 목표, 그 목표에로 향한 발전의 단계들과 그에 입각한 시대구분, 그리고 발전의 의미 등을 명백히 하였다.

우선 위의 인용문의 내용을 고찰해 보면, 역사는 미숙한 상태에서 완숙(Perfection)상태로 향하여 발전하고 있는 것이다. 그리고 그 발전 과정에도 네 개의 정점을 이루었다. 그 첫째 정점이 그리스시대이며, 두 번째 정점이 로마 제국의 성립기이며, 세 번째 정점이 메디치 가의 르네상스이며, 마지막이며 최고의 절정 즉 그의 시대에 이르기까지의 역사발전의 완숙기인 루이 14세 시대이다. 즉 역사는 루이 14세 시대의 문화적 완숙을 향해서 3번의 굴곡 과정, 흥망성쇠의 과정을 겪어 오게 되었다는 것을 암시받을 수 있다.

또 그는 이 글에서 이상의 완숙으로 향한 역사의 발전과정은 곧 문화의 누적과정이라는 것을 암시하고 있다. 왜냐하면 그는 4개의 문화사적 정점들 중에서 최종적인 정상의 루이 14세 시대의 문화는 그 이전 3정상의 문화를 포용하고 있는 것으로 생각했기 때문이나.

다시 말하면, 그리스시대에 이룩된 문화의 완숙이 로마 제국으로 전승·누적·융합되어 로마 제국에서의 완숙된 문화를 이룩하고 또 이것은 다시 르네상스시대로 전승·누적·융합되어 피렌체의 메디치 가 문화에서 완숙을 이루고 이것은 또 다시 루이 14세 시대의 프랑스 문화에 전승·누적·융합되어 완숙을 이룩하였다는 것이다.

넷째, 볼테르는 서양 역사사상에 있어서의 처음으로 역사의 발전을 인간이성의 진보과정으로 이해하였다. 즉, 볼테르는 역사에서 신의 섭리를 부정하였으며, 그 대신에 인간의 역사를 진보시키는 것은 인간의 이성이며 공작이라고 하였다.

그에 의하면 역사발전에 있어서 행하여지는 문화의 누적이란 단순히 물리적인 누적이 아니라, 문화의 누적은 곧 인간이성의 진보를 뜻하는 것이다. 다시 말하면 로마인은 그리스 문화를 수용할 뿐만 아니라, 거기에 따른 요소의 문화를 가미시켜서 보다 성숙한 문화를 창조할 만큼 그리스인의 이성에 비하여 진보된 이성을 소유하였고, 르네상스인은 로마 문화를 수용할 뿐만 아니라, 그것을 근거로 더욱 더 성숙한 문화를 창조할 수 있는 이성, 즉 로마인에 비하여 진보된 이성을 소유하게 되었으며, 또 프랑스인은 피렌체의 문화를 루이 14세 시대의 문화로 발전시킬 수 있는 이성을 갖게 되었다는 것이다. 결국 그에 의하면 역사는 이성의 발전역사이며 자기실현의 역사인 것이다.

다섯째, 볼테르는 역사를 후세에 대한 귀감으로 생각하였다. 즉 그가 역사를 쓰게 된 동기는 그의 후세들에게 무엇인가를 가르치기 위한 목적에서였다. 그러나 그가 역사를 귀감, 즉 교육으로 생각하였다는 것은 그리스 말기의 역사가들이나 로마시대의 역사가들이 그랬던 것처럼, 역사적 사실 하나하나가 인간에게 제시하는 윤리·도덕적인 교훈을 뜻한다거나, 또는 종교개혁에 관여한 기독교도들이 그들의 교파의 비호를 위한 논쟁에 사용되는 사례를 제공한다는 의미에서가 아니다.

물론 볼테르는 문필가였고 비평가였기 때문에 역사적 사례를 그의 문필과 비평에 활용하였다. 그러나 그의 역사서술에 있어서는 구체적 사실이나 사건에 집착한 정통적이고 고루한 역사가가 아니라, 역사를 철학적으로 고찰한 역사철학자다.

그러므로 그는 역사를 하나의 과정, 이를테면 미성숙 단계에서 성숙의 단계에로, 미완성의 단계에서 완성의 단계에로 발전하는 과정으로 이해하였다. 그러므로 그가 역사서술을 통하여 후세에게 하고자 한 것은 '그의 시대에 대한 완성된 그림(a complete picture), 즉 그 시대의 예술과 습관, 전쟁과 외교, 과학과 기술 등을 포괄하고 있는 완성된 그림을 보여주는 것이었으며' 이것을 근거로 하는 역사발전의 미래적 전망이었다. 그리고 이 미래적 전망에 입각한 미래적 생활태도와 생활 목표였다.

이상에 논의한 볼테르의 역사사상은 휴머니스트 역사학을 완성시켜 근대적 역사학으로 전환시키는 역할을 하였다는 점에서 탄복할 만한 것이었다.

그러나 그는 직업적인 역사가도, 역사학을 유일한 그의 학문으로 생각하고 거기에 일생을 바친 역사학자도 아니다. 그는 역사가나 역사학자이기 이전에 날카로운 이성의 빛을 번득거리며, 당시 교회 및 국가사회 체제를 비판하는 데 열중했던 문필가였다. 그는 이러한 비평의 수단으로 역사를 공부했고, 또 이용했다. 그러므로 그는 이러한 그의 직업적인 경향에서 운명적으로 지니지 않을 수 없는 역사학자로의 결점을 노출시키지 않을 수 없었다.

첫째, 역사상의 문화적 완숙의 시기를 4개씩이나 설정하여 역사발전의 과정을 설명하고 그것을《시대사》서론에서 언급함으로써 암시적으로 시사하고 말았을 뿐이고, 그 4개의 문화적 정점을 연결시켜 역사의 발전을 구체적으로 설명하지 않았다.(만약 이렇게 했다면, 그는 루이 14세 시대사가 아니라 세계사를 서술하였어야 했을 것이지만)

둘째는 그의 기독교의 박멸운동을 지나치게 외친 결과, 엄연히 역사상의 실재해 있었던 중세사를 전적으로 무시해 버렸다는 사실이다. 그러므로 그가 그의 저서(시대사)의 서문에서는 역사는 과정으로 이해하여야 된다고 하면서도, 마치 로마시대에서 중세 기독교적 사회체제의 역사를 거치지 않고 직접 르네상스시대의 피렌체 문화가 이루어진 것처럼 기술하고 있는 것은 결국 그가 역사의 연결성을 전혀 무시했다는 평을 받지 않을 수 없는 결과를 가져 왔다.

셋째로 그는 역사를 모든 인간행위의 표현에 대한 기록으로 보아야 한다고 주장은 했으면서도 실제로는 심한 편견과 편파의식을 가지고 인간행위의 일부, 예술, 지식, 과학, 습관, 풍속, 그리고 법률·제도·상업·재정·농업 등에 대해서만 관심을 기울였을 뿐, 역사의 발전 및 변천에 있어 지대한 영향을 끼치는 전쟁, 종교교회 활동 등은 의식적으로 무시해 버렸다.

한마디로, 볼테르의 날카로운 이성과 천재적인 착상은 근대적인 역사사상을 논리적으로 제시해 놓을 수 있었다. 그러나 그의 교회에 대한 편견, 전쟁에 대한 혐오, 그리고 역사가로서 보다는 비평가로서 활약한 그의 경력 등은 그로 하여금 근대적 역사를 서술하는 것을 용허하지 않았던 것이다.

그것은 마치 그가 이성을 하나의 신으로 숭상하여 이성의 종교를 개창할 것을 주장한 사람이면서도 감정에 복받쳐 결투를 신청할 수밖에 없었다는 그의 행적과 방불한 것이라 하겠다.

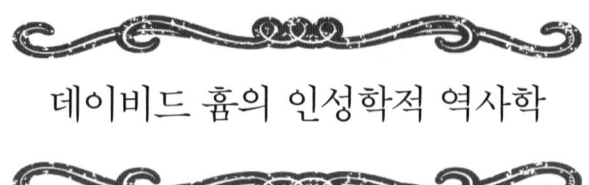

데이비드 흄의 인성학적 역사학

계몽주의 시대에 있어서 볼테르가 구체제의 완전한 파괴를 주장하며, 이성이라는 무기를 휘두른 파괴적 사상가라고 한다면, 흄(David Hume, 1711~1776)은 파괴된 폐허 위에 근대적 사상체계의 건설을 위한 초석을 세운 철학자라고 할 수 있을 것이다. 'Ecrasez L' infame!(파렴치한을 타도하라!)'을 슬로건으로 볼테르는 이성으로 판단할 때 불합리하다고 생각되는 일체의 것은 파괴되어야 한다고 주장함으로써, 이성의 절대성을 주장하였고, 흄은 그 이성을 소유하고 '인간의 본성이 무엇인가?'라는 반성적인 의문을 중심으로 인간의 이성, 인간의 인식에 대한 심오한 고찰을 행함으로써 칸트를 환각으로부터 깨어나게 하였고, 그로써 현대철학의 시발점을 이룩하였다.

데이비드 흄은 스코틀랜드 에든버러(Edinburgh)에서 당시 지주였던 제셉 흄(Jeseph Hume)을 아버지로, 당시 스코틀랜드 최고재판소 소장이었던 데이비드 팔로너(David Falonor)의 딸 케더린(Catherine)을 어머니로 해서 비교적 유복하게 태어났다. 그러나 그의 아버지는 그가 3세 때에 세상을 떠났고, 홀어머니 밑에서 유년기를 보내어야 했다.

그는 12세의 나이로 에든버러 대학에 입학하여 15세까지 인문학에 대한 교양을 쌓았다. 그는 본래 외조부를 따라서 법률학을 공부하려고 하였으나, 그의 인문과학적 소양과 그를 통해서 키케로(Cicero), 세네카(Seneca) 그리고 플루타르크(Plrutarch) 등의 윤리적인 저서를 접하면서 얻은 철학에 대한 관심 때문에 돌연 법률학을 포기하고 철학 연구에 정열을 기울였다.

그 결과 그는 약관 26세의 나이로《인간 본성 이론(Treatise of Human Nature, 1739, 런던 출판)》이라는 대저를 내었다. 이 책은 후세에 흄이라는 인물의 대명사처럼 된 책이지만 출판되던 때, 이 책은 '인쇄기로부터 죽어서 출생한' 책이라는 평을 들을 정도로 인기가 없었다.

이 때문에 학문에 있어서 남다른 야심을 가지고 있었던 젊은 흄으로서는 대단한 실망을 느끼지 않을 수 없었을 것이다. 그러나 그 보다 더, 그리고 그 보다 먼저 그를 실망시켜서 흄으로 하여금 영국인과 영국을 혐오케 한 것은 그의 최고 최대의 소망이었던 에든버러 대학의 교수직을 얻고자 하던 두 번에 걸친 기도가 실패로 끝났고, 기껏 그 대학 도서관의 사서(司書)의 직책을 얻는 것으로 만족하지 않으면 아니 되었다고 하는 사실이다.

그는 별수없이 생계를 위한 직업으로 브리스톨(Bristol)에 있는 어느 상인의 사무실에 취직을 하였다. 그러나 1734년 그의 생애에는 일대 전기가 마련되었다. 그는 프랑스로 가서 3년간 머물러 있게 되었는데, 여기서 그는 대부분의 시간을 연구에 바쳤고, 그 결과로 탄생한 것이《인간 본성 이론》인 것이다.

이 같은 그의 외국생활은 그 후에도 계속되어 1746년에는 성(聖) 클레어 장군의 개인 비서가 되어 오스트리아, 이탈리아 등지로 수행 외교 사절 단원으로 활약하기도 하였다.

그러나 철학적인 천재성을 지니고 있었고, 철학연구에 뜻을 두고 있었던 흄에게 그와 같은 외교관 생활은 만족스러운 것이 아니었다. 그는 2년간의 외교관 생활을 청산하고 거기서 얻은 생활비로 15년간 인식론, 윤리론, 정치학 등에 관한 연구에 몰두하여 많은 저서를 내었다.

그중에서도 뛰어난 것은 1754년에 출간된《영국사(History of England from the Invasion of Julius Caesar to the Revolution of 1688)》였다. 이 책은 흄에게 명성은 물론 많은 재산까지도 갖게 하였다.

1763년에 그는 주 프랑스 영국대사의 개인 비서가 되어 다시 프랑스로 갔는데, 기기서 2년 만에 서기관으로 승진하였으며, 대사가 소환되었을 때에는 새 대사가 임명될 때까지 대리 대사로서 활약하기도 하였다.

이때에 그는 루소와 같은 프랑스의 명사들과 친교를 맺었다. 그 후 1766년에 그는 귀국하여 국무차관으로 임명되어 재직하다 1769년, 2년 만에 은퇴하였다.

한마디로 흄의 생애는 학문을 추구하는 성격을 가진 천재가 학문이 아닌 현실생활에 끌려 다니며, 고민하고 실의를 느끼면서도 그 학문을 저버리지 못한 채 살아간, 학자로서는 불행한 생애였다.

흄의《영국사》는 볼테르가《루이 14세의 시대사》를 출간한지 3년 만에 출판되었다. 흄의 생애에서도 나타나고 있는 것처럼 흄은 영국의 스코틀랜드인이면서도 영국인이나 영국에 대한 애착보다는 프랑스에서의 생활과 그 곳의 많은 사상가들과 친교를 가졌던 사람이다. 그러므로 그는 영국의 계몽주의자로서, 잉글랜드 출신의 로크와 아일

랜드 출신의 버클리보다도 프랑스인들과 친분이 깊었다고 할 수 있다. 즉 흄의 역사학은 그것이 실용주의적이고 합리주의적이고 반형이상학적인 입장을 취하고 있다는 점에서 볼테르의 역사사상과 유사성을 지니고 있다.

그러나 학문적 방향에 있어서 흄은 볼테르와 성격을 달리하고 있다. 볼테르가 문필가요 비평가로서 사회를 비판하여 간 데 비하여, 흄은 보다 분석적이고 회의적인 천부적 철학자의 자세로서 문제에 접근하였다. 그리고 볼테르가 사회체제가 종교의 전당인 교회제도에 대하여 깊은 관심을 가지고, 이에 대해서 날카로운 메스를 가한 사람이라면, 흄은 인간 자체에 대한 과학, 인간 성품 일반에 대한 탐구에다 그의 정력을 집중시킨 사람이다. 그러므로 흄의 연구업적 중 가장 중요한 것은 '인간 본성 이론(Treatise of Human Nature)'과 '인간 본성의 연구(Inquiry into Human Understanding)'였다.

흄은 이와 같이 인간 및 인간 본성에 대한 이해를 위하여 역사학에 관심을 가졌다. 그러므로 그의 역사학은 그의 철학을 역사에다 적용시키는 데서 출발하였다. 그에게 있어서 역사는 인간 정신의 지각(知覺)행위에 대한 기록(a record of the conscious mind), 다시 말하면, '여러 개념(Ideas)들의 기록'이었다. 이 점에 있어서 흄의 역사인식의 방향은 비코의 그것과 유사한 면을 지니고 있다.

그러므로 프랑스나 영국의 계몽주의자들이 유물론적인 경향을 띠우고 있어서 몽테스키외와 같은 사람은 인간의 생활을 지리적 풍토적 조건의 반영으로 생각을 하였는데 반하여, 흄은 그 유물론적 입장을 거부하였다. 물론 흄도 기후와 환경이 인간의 신체적인 면에 대해서 영향을 미칠 것이라는 점을 인정하였다. 그러나 인간 정신의 작용과 오성이 기후나 환경에 근거하는 것이라는 것은 인정하지 않았다. 다시 말하면 인간정신을 변화시키는 것은 자연이 아니라 역사라는 것이다.

흄은 몽테스키외나 볼테르 그리고 기번(E. Gibbon)과 같은 일반적 계몽주의 철학자들과 마찬가지로 인간 정신의 실체, 즉 그리스·로마인들이 생각했던 영구불변의 실체로서 인간정신을 보려는 견해를 타파하고, 인간정신의 가변성을 주장하였다.

그러나 다른 계몽주의자들은 인간정신을 변화시키는 것은 자연 환경, 즉 기후, 풍토 등이라고 하였는데 반하여, 흄은 비코와 마찬가지로 역사적 상황이 인간정신을 규정하는 것이라고 주장하였다.

그에 따르면, 정신이란 별도로 존재하는 실체가 아니라 '생각'이라는 행위와 더불어 존재하게 되는 것이다. 즉 정신의 본질과 정신의 작용은 결코 분리되어서는 아니 되는 것이다. '생각'이라는 행위를 통해서 정신이 존재하게 된다면, 정신의 본질은 생각의 대상이 되는 것들, 시간·공간적인 사항들에 의하여 규정된다. 여기서 자연적 환경이라고 한다면, 그것은 공간적 사항에 불과한 것이고, 여기에 시간의 변천과 더불어 형성된 문화적 환경을 첨가해서 생각한다면, 그것은 역사적 상황을 뜻하게 되는 것이다. 이렇게 해서 정신은 그 자체가 영구불변하는 실체가 아니라, 시간적 변천에 따라 변화, 또는 누적되는 역사적 상황에 따라 규정된다고 하는 결론이 나온다.

이상과 같은 이론을 주장 내지는 암시하고 있는 흄은 실제에 있어서 전문적인 또는 통속적인 의미의 역사가라고 하기 보다는 역사를 근거로 한 철학자라고 하는 것이 정당할 것이다.

그러므로 그는 실제로《영국사》라는 역사서를 저술하였고, 또 그 책이 대중에게 인기가 있었고, 또 문화사적으로 커다란 영향력을 발휘하였던 것은 사실이다.

그러나 그 역사책 자체로 볼 때, 그의 철학적 견해를 억지로 도입시키려 하거나 또는 선입견을 가지고 역사를 보았다거나 하지 않고, 비교적 냉정한 입장에서 쓰이어진 것이긴 하지만, 일반적으로 철학적인 역사가들이 그렇듯이, 흄의 역사학의 커다란 약점은 자료의 결핍, 사실에 대한 심오한 조사연구가 부족하였다는 것이다.

그가 이러한 약점을 지니게 된 것은 물론 그의 천성적인 게으름, 고역(苦役)에 대한 염증 등에도 근거하는 것이었겠지만, 무엇보다도 중요한 원인은 천재성을 지닌 그가 천재를 발휘할 수 있는 직업을 갖지 못했고, 그것과 거리가 먼, 번잡스러운 외교관 생활을 해야 했다는 데서도 찾아 볼 수 있다.

흄은 이와 같은 역사가로서의 약점 때문에 많은 비난을 받았다. 그럼에도 불구하고 그의《영국사》는 현재 역사서술의 이정표가 되었다. 그는 역사를 전쟁의 연대기나 왕실의 계보 이상의 어떤 것으로 만들어 놓으려고 시도했던 최초의 사람이다.

제7장
낭만주의시대의 역사사상

▲ 야콥 슐레징거의 〈헤겔 초상화〉

계몽주의와 낭만주의

 나는 앞에서 서양 역사사상의 역사는, 역사의 본질 및 개념 또는 사물을 하나의 흐름의 과정을 파악하려는 경향과 그에 반대해서 객관적 사실, 즉 하나 하나로 실재했었던 사실을 있었던 대로 조사·파악하려는 경향이 서로 뒤바뀌며 반복해 온 과정이라는 점을 피력한 바 있다.

 서양 근대사상사에 있어서도 이 같은 반복과정은 나타나고 있다. 데카르트로 비롯되는 계몽주의적 경향이 이성적 판단력을 근거로, 사물을 세부적으로 분석하려는 것이었다고 한다면, 그에 반대하고 새로이 등장한 낭만주의적 사고는 이상주의적이고 과학적인 비판을 넘어서서 사물의 변천을 시간의 흐름과 연결된 변천과정으로 이해하고자 하는 것이라 할 수 있다.

 계몽주의 시대에 이성에 대한 신앙은 분명, 체제에 의한 미신을 타파하는데 있어 혁혁한 공헌을 한 것이 사실이다. 볼테르의 '파렴치한을 타도하라!(Ecrasez L' infame!)'는 봉건시대의 잔재인 가톨릭이즘과 절대주의 체제에 맹격을 가하여 시민혁명을 통한 체제의 파괴로 일단 성공하였다.

 그러나 그 파괴는 건설이라는 새 아들을 낳지 않을 수 없는 것이다.

역사상에 있어서 건설은 현실을 냉철하게 관찰하고 현재 눈에 보이는 모순과 부조리를 비판하는 이성으로만 만족될 수는 없다. 역사상에서의 건설은 미래에 대한 비전(Vision)을 요구한다. 차가운 이성의 날카로운 비판이 아니라, 흐뭇하고 따뜻한 정감의 꿈이 요구되는 것이다.

낭만주의는 이 같은 시대의 정신적 요구에 따라 등장한, 이성보다 감정을 중요시하며, 공리주의적 가치기준 대신에 심미적인 가치기준을 들고 나선 사조다.

이러한 낭만주의를 시작한 것은 프랑스의 루소(Jean-Jacques Rousseau)이지만, 그것이 발전한 요람은 프랑스가 아니라 독일이다. 즉 계몽주의가 영국과 프랑스의 특징적인 근대사조라고 한다면, 낭만주의는 독일의 특징적 근대 사조라 할 수 있다.

절대주의 국가라는 형식의 국가발전을 통하여 중세 봉건제도에서 탈피하여 유럽세계에서 선진적인 국가로 등장하였고, 유럽 질서에 있어서 헤게모니를 장악하였던 영국과 프랑스, 이 두 나라는 그 때문에 생겨난 새로운 문제를 안고 있었다.

절대주의 국가, 그것은 분명 중세적인 봉건제도에서 탈피한 데서 생겨난 것은 사실이지만, 그 형체를 돌이켜 보면, 그것은 결국 봉건적 질서의 경화였고, 봉건적 질서의 중앙집권화에 불과하였기 때문이다. 주권이 강화되고 사회 체제가 확대되고 찬란한 문화가 창조되기는 했지만, 그것은 어디까지나 왕과 귀족과 승려라고 하는 특권층의 독점물이었고, 그들의 특수한 권력과 문화를 향유하기 위하여 대중의 자유는 억압되지 않을 수 없었기 때문이다.

이러한 상황 속에서 영국과 프랑스의 양식 있는 사상가들은 비합리적인 전통과 체제를 타도하기 위해서 철저하게 이성으로 무장하고 합리적인 비판을 가하여 전통의 부정과 체제의 타도를 주장하지 않을 수 없었을 것이다.

그러나 독일은 달랐다. 독일은 절대주의 시대를 정식으로 거치지 못하였다. 절대적인 왕권국가를 형성하지 못하고 18세기까지 봉건적 분권국가로 남아있었던 독일은, 그 때문에 로마 교황에 의한 부당한 착취를 당하여야 했고, 프랑스·스페인 등 선진 절대주의 국가들로부터 위협을 받아야 했었다.

더욱이 분산된 독일 민족으로서는 민족적 자각심마저 가질 수 없어, 독일의 젊은이들은 피히테가 '독일 국민에게 고함'에서 갈파한 바와 같이 '회칠한 무덤'처럼 프랑스 문화에 맹목적으로 경도되어 외형적인 지식으로 지성을 가식(假飾)하고 있었다.

다시 말해서, 독일은 영국이나 프랑스처럼 파괴하여야 할 체제나 전통을 갖고 있지 못하였다. 그러므로 그들의 지성세계에는 자기를 상실한 외래적이고 유행적인 사상이 있었을 뿐, 자기에 뿌리를 둔 사상은 없었다. 영국이나 프랑스로부터 도입된 지식의 부스러기들은 있을 수 있었으나, 독일인의 입장에서 체계화된 지식은 없었다. 이를테면 라이프니츠(Leibnitz)의 철학은 있었지만 그것은 데카르트 철학의 연속일 뿐 독일 철학은 아니었다.

이러한 상황에서 독일인은 지적 파괴보다 지적 건설을 추구하였고, 부정적인 비판보다는 부정위에 세우는 긍정적인 체계화가 바람직하게 생각되었고, 사물을 개별적인 입장에서 관찰하려는 데카르트의 생각보다는 사물을 역사적 연계성에 따라 고찰하고자 한 이탈리아의 비코의 사고가 더 구미에 맞았다.

그러므로 프랑스 중심의 계몽주의가 데카르트의 과학사상에 근거한 일종의 과학철학이라고 한다면, 독일을 중심으로 발전한 낭만주의 사상은 데카르트가 인간학, 인간사를 과학적인 입장에서 해석하려는 자세에 대하여 정면으로 도전하여 역사적 해석법을 주창한 비코를 태두로 하는 것이다. 그러므로 낭만주의는 비역사적인 합리화(the unhistorical reasoning)에 대한 반발이며, 합리주의의 형식논리(the formal logic of Rationalism)에 대한 반론이다.

그러므로 낭만주의가 당시까지 무시되고 있던 비코의 역사사상을 이해하고, 이를 그가 죽은 지 50여 년 만에 지상에 알게 해준 헤르더(Herder)에 의하여 비로소 형체를 갖추게 되었다(그 효시는 루소에게 있다고 하지만)고 하는 것은 결코 우연한 일은 아닌 것 같다.

이 점 있어서 독자들은 필자가 낭만주의적 역사학을 소개함에 있어서 비코의 사상으로부터 시작하게 된 점을 이해해 주기 바란다.

비코의 인식론적 역사학

비코의 생애

이상에서 우리는 몽테스키외와 볼테르의 역사사상을 논의함으로써 데카르트 철학이 역사사상에 긍정적으로 끼친 영향을 살펴보았다. 그러는 가운데 우리가 발견할 수 있었던 것은 몽테스키외와 볼테르가 천재적 사상가였으며, 그들의 업적이 근대사상사의 방향을 설정함에 있어서 결정적 역할을 하였다는 것은 틀림없다. 그러나 그들의 사상은 진정한 역사학과는 약간의 거리가 있었다. 아무리 볼테르의 역사사상의 탁월성을 인정하지 않을 수 없다 하더라도, 그의 사고는 역사학을 위한 것이 아니라, 다만 '역사를 실례를 통해 교육하는 일종의 철학'으로 간주했었다. 즉 볼테르는 역사를 위한 학문으로서의 역사학을 생각하지 않고, 철학을 위한 역사를 생각하였으며, 어리석은 시민을 구제하기 위한 수단으로 생각하였다.

이것은 데카르트적 사고를 행하여야 되는 사회철학자로서, 그리고 사회의 부조리를 비판하고 민중을 계몽하는데 정열을 바친 사람으로서 취할 수 있는 당연한 태도였을 것이다.

그러나 이와는 정반대로 역사를 위한 철학을 정립함으로써 근대 역사철학의 원천을 이룩한 이탈리아의 철학자가 있다. 그이가 바로 지암바티스타 비코(G. Vico)다. 비코는 데카르트가 유럽 근대사상사에 있어서 과학적 사고의 원조라고 한다면, 유럽 근대사상사에 있어서 역사적 사고의 원조라고 해야 할 사람이다.

비코는 1668년, 이탈리아 나폴리에서 가난한 서적상의 아들로 태어났다. 때문에 정규적인 학교교육을 받지 못하고 서점 다락방에서 각종의 서적을 남독하는 독학으로 성장 하였다.

그러던 중 점차 로마법과 그리스 철학 연구에 몰두하였다. 또 당시의 진보적이던 철학·과학·법학 이론에 관심을 기울였다. 그 결과 그는 1699년 31세의 나이로 나폴리 대학교의 수사학 교수가 되었다. 그러나 그의 철학교수가 되고 싶은 소망을 달성하지 못하고 수사학 교수로 머물러 있어야 했다. 그는 평생 가난하였다. 그는 대가족을 혼자서 부양하여야 하였다. 그래서 그는 부업으로 귀족들의 가정교사 노릇도 하였다.

그러나 그는 그러한 역경 속에서도 꾸준히 연구 활동을 지속하였다. 플라톤·타키투스·베이컨 그리고 그로티우스에 대한 일련의 연구는 그의 사상을 형성함에 있어서 핵심적인 역할을 하였다. 드디어 1725년에는 그의 서양 근대사상계의 신기원을 이룩하는《신과학(Scienza Nuova: New Science)》을 출간하였지만, 그의 명성은 그가 죽은 지 50년이 지난 후까지 별로 알려지지 않았다.

한마디로 비코의 일생은 가난, 결혼 생활의 불행, 공적 생활에서 도외시됨에 따른 실의로 연속된 비극적인 연구생활, 바로 그것이었다. 그는 67세가 되던 1735년에야 비로소 브르봉의 나폴리 왕가의 왕실사가(史家)로 발탁되었지만, 그것은 그의 업적과 고투 뒤에 온 영광으로서는 너무나 빈약한 것이었고, 또 너무나 늦은 것이었다.

진리는 창조되는 것

비코의 사상은 데카르트의 사상을 비판하는 데서 비롯된다. 즉 비코는 데카르트 철학의 출발점인 '나는 생각한다. 고로 존재한다.(Cogito ergo sum)'에 대해서 '진리는 창조되는 것과 동일하다.(Verum ipsum factum)'는 인식론의 원리를 제시함으로써 데카르트가 사고와 존재를 일치시킨 일에 대하여 진리와 창조를 일치시켜 역사철학의 참다운 길을 열었다.

데카르트적 사고에 의하면, 명석판명(明晳判明)한 인지나 기하학적 연역으로 환원되지 않는 또는 환원될 수 없는 모든 지식은 그 가치나 중요성이 상실된다.

이를테면 증거를 근거로 하는 역사, 아직 수학으로 되지 않은 자연의 관찰, 살아 있는 인간의 마음속에서 경험한 지식에 의거하는 실천적 지혜나 변론, 상상적 표상을 제공하는 시(詩) 등은 가치 있는 지식이 못된다. 그러한 정신적 소산은 데카르트에 있어서는 한낱 환상이며, 혼돈한 공상에 지나지 않는다.

이와 같은 데카르트의 견해에 대하여, 비코는 '진리와 사실은 환위된다.(Verum et factum convertuntur.)'라는 교설로서 대결하였다. 그에 의하면, 'Cogito ergo sum'의 'sum', 즉 존재한다는 것은 생각하는 순간에 생각의 주체자로서 없을 수 없는 '나'의 존재를 의미할 뿐, 그 이외의 자연이나 세계의 존재를 인정하는 것은 못된다.

그러므로 데카르트가 '생각한다' 그러므로 '존재한다'고 한 말은 생각을 통해서 자신의 존재를 발견하고, 그 발견으로써 자신의 존재를 인식하게 되었음을 뜻한다.

이러한 논리에서 비코는 주장한다. 인간은 인간에 의해서 발견·발명된 것, 즉 창조된 것만 인식할 수 있다고. 즉 '어떤 사물을 진리로 인식―여기서 인식(know)이란 단순한 감지(perceiving)가 아니라 이해(understanding)를 의미 한다―할 수 있기 위해서는, 인식의 주체가 인식의 객체를 만들지 않아서는 아니 된다는 것이다. 이 원리에 의하면, 자연은 신만이 인식할 수 있고, 수학은 인간만이 인식할 수 있다. 왜냐하면, 수학적 사고의 객체는 수학자가 구상해 놓은 허구 또는 가정이기 때문이다.'

이 문제를 비코는 그의 《신과학(Scienza Nuova)》에서 다음과 같이 피력하고 있다.

> 우리의 시대와는 너무나도 먼, 태초의 시대를 뒤덮고 있던 짙은 어둠의 밤에, 모든 의심을 넘어선 영원하고 꺼질 줄 모르는 진리의 빛이 비치고 있었다.
> 그 진리는, 시민사회의 세계(the world of civil society)는 인간들에 의하여 만들어 졌다는 것이요, 또 그러므로 그 세계의 제 원리는 우리 자신의 인간정신(Our own human mind)의 한계 내에서 발견될 수 있는 것이다.

이 진리에 대해서 성찰하는 사람이라면 누구든, 철학자들이 자연의 세계, 그것은 신이 만들었으므로 오직 신만이 인식할 수 있는 그 자연의 세계를 연구하기 위하여, 모든 정력을 기울여 왔다고 하는 것, 그리고 인간이 그것을 만들었으므로 인간이 마땅히 인식하기를 기대할 수 있는 국가의 세계(the world of nations)나 시민 세계(civil world)에 대한 연구를 부정하여 왔다고 하는 것을 보고 기이하게 생각하지 않을 수 없다.

이와 같이 비코는 신이 창조해 놓은 자연의 세계는 인간의 인식 한계 밖에 놓여 있는 것이며, 인간의 인식 능력의 한계는 인간이 스스로 창조해 놓은 것만을 포괄할 수 있다고 함으로써, 데카르트의 인식이론을 완전히 전복시켜 놓은 것이다.

설사 데카르트처럼 자연을 인식한다 하더라도 그것은 인간에 의해서 재창조된 자연의 일부분에 불과한 것이다. 이 문제에 있어서 우리는 아인슈타인(Einstein)이 '인간은 연구활동을 통하여 우주의 끝에 접근할 수 있다. 그러나 접근하면 할수록 우주의 끝은 더욱 멀어져만 간다.'고 한 역설적인 말을 생각할 필요가 있다.

그런데 인간이 창조한 것은 문화다. 그것이 설사 자연을 대상으로 창조한 것이라 하더라도 일단 인간의 정신력을 통해서 창조된 것이면, 그것은 문화다.

그러므로 자연은 그것을 창조한 신만이 인식할 수 있는 것이고, 인간이 인식할 수 있는 것은 오로지 인간에 의해서 창조 또는 재창조(자연인 경우, 신에 의해서 창조된 것을 인간이 다시 창조함으로써만)된 것, 즉 문화일 뿐이다.

이와 같은 논지를 따르면, 결국 데카르트가 가장 가치 있는 지식이라고 하는 기하학도 인간정신의 능력영역의 한계 내에서 이룩된 것일 뿐, 완전한 과학, 즉 사물의 근원과 실체를 파악할 수 있는 방법은 아니다.

그리고 신이라고 하는 것도 인간이 인식하고 있으며, 또 인간이 신앙하고 있는 신인 한, 그것은 인간에 의해서 창조된 신일 뿐 신 자체일 수는 없다.

여기서, 비코는 데카르트가 가장 가치 있는 학문이라고 생각한 형이상학이나 신학, 물리학과 같은 과학을 저급한 과학으로 취급함과 동시에 데카르트가 무가치한 지식으로 낙인을 찍었던 역사학, 자연관찰, 인간 및 사회에 대한 경험적 지식·변론, 시와 같은 지식의 형태를 높이 받들었다.

즉 비코에 의하면, 인간이 인식할 수 있는 것, 또는 지식으로 지닐 수 있는 것은 자연 그 자체에 대한 인식이나 지식이 아니고, 인간이 자연을 어떻게 관찰하였나 하는 것이며, 신 자체가 아니고 인간이 신을 어떻게 인식했으며 어떻게 신앙했느냐 하는 것, 다시 말하면 인식의 대상과 인간의 관계가 곧 인식의 주요 대상이라는 것이다.

다시 말해서, 비코는 인식을 신이 인식할 수 있는 것과 인간이 인식할 수 있는 것으로 인식의 대상을 구분하여 인간의 인식이 가능한 것은 인간이 창조한 것, 인간에 의해서 행하여지는 자연 관찰, 인간의 경험을 통한 지식, 인간의 상상력에 의한 변론과 시 뿐이라고 주장한 것이다.

그리고 이러한 문화일반에 관련된 연구는 데카르트 학파의 학자들이 시도했던 바와 같이, 자연의 본성(physical nature)에 대한 연구를 기초로 하는 연구이어서는 아니 된다고 주장하였다.

그래서 그는 이렇게 말하였다. "인간은 자기 자신과 자기 자신이 창조한 모든 것, 즉 인간 문화의 전 영역을 이해할 수 있다. 그러나 인간은 문화에 대한 귀납법적 연구를 기초로 해서만 그것이 가능하지, 자연에 대한 연구를 연장시켜서 문화를 이해할 수 있는 것은 아니다."

이와 같이 비코에 의하면, 문화 과학 및 정신의 형이상학(metaphysics of mind)의 고유한 기초를, 오로지 세계의 상이한 각 부분에서 상이한 시간에, 상이한 상황 속에서 이루어지는 인간 의식과 자연의 만남(encounters)에 대한 역사적 조사·연구에서만 찾을 수 있다.

여기에 비코의 역사사상은 그 뿌리를 두고 있는 것이다. 즉 비코에 의하면, 역사는 인간 개인의 정신적 성장과정이 대우주화(macrocosm)된 것이다. 그런데 인간사는 첫째 숲속에서 생활하는 상태, 둘째 오두막에서 생활하는 상태, 셋째 촌락에서 생활하는 상태, 넷째 도시에서 사는 상태, 마지막으로 아카데미에서 연구하는 상태의 질서를 지니게 된다.

그런데 이 매 단계마다 인간의 정신은 그 단계에 따른 문제, 욕구, 능력, 선입견을 가지고 있으며, 이에 따른 생활 조건과 가치관을 갖게 된다.

이와 마찬가지로, 역사상의 매시대는 그 시대의 문제, 욕구, 그리고 이에 대응할 수 있는 능력을 갖게 되고, 그에 따른 그 시대 고유의 정신·가치 기준, 그리고 이것을 수용할 수 있는 제도 등을 갖게 된다.

그리고 이 같은 각 시대의 문제나 정신·가치 기준 및 제도 등은 역사발전에 따라 변천된 그 시대 인간들의 정신의 수준, 즉 그 시대의 문화를 이룩한 인간의 정신력의 수준에 의하여 결정되는 것이다.

다시 말하면 역사상 매시대의 문제는 그 시대에 형성된 인간 정신에 의하여 제출되고, 그렇게 제출된 문제는 다시 그 문제에 봉착한 그 시대 인간의 정신에 의해서 해결된다. 그리고 그 인간의 정신은 그 시대의 상황―문제, 가치기준―등에 의하여 결정된다.

이상과 같은 정신과 시대적 문제의 연속적 관계에 의해서, 비코의 이른바 나선형적(Spiral) 역사발전 이론이 성립된다. 그의 역사발전 이론을 이해하기 위해서 그의 《신과학(Scienza Nuova)》의 부분을 인용 설명하는 것이 도움이 될 것이다.

다음의 인용문은 가디너(Patrick Gardiner)의 《역사이론(Theories of History)》 12~21페이지에 영문으로 전재된 것 중 12페이지의 것이다.

역사상에는 다음과 같은 세 가지 시기가 있다.

① **제신(諸神)의 시대**다. 이 시대에 이교도들은 그들이 신적인 정부 아래에서 살고 있으며, 모든 것은 세속적 역사에 있어서 최고의 것들인 점이나 신탁에 의해서 지배되고 있다고 믿었다.

② **영웅의 시대**다. 이 시대에 영웅들은 귀족적인 국가(aristocratic commonwealths)를 구성하고 모든 곳을 통치한다. 이때에 그들은 민중들 위에 군림하기 위해서 그들은 스스로 탁월한 본성(a certain superiority of nature)을 지니고 있다고 주장하였다.

③ **인간들의 시대**다. 이 시대에 모든 인간들은 인간적 본성에 있어

서 평등하다고 하는 것을 인지하게 된다. 그러므로 이 시대에는 먼저 대중적 국가(popular commonwealth)가 성립되며, 그 다음에는 군주국가가 성립된다. 이 두 가지 형태의 국가는 모두 인간적인 정부다.

이상 3시대의 시대적 특징은 인간정신의 상태에서 나타난다. 즉 첫째 시대에는 인간정신이 사고의 형태로 표현되지 아니하고 감정의 형태로 표현된다. 그러므로 이 시대는 자연 상태에 있는 야만인의 상황이다.

두 번째 시대의 정신적 상태는 상상적 지식 또는 '시적(詩的) 지혜'로 표현된다. 마지막 셋째 시대는 개념적 지식으로 표현되다. 이상과 같은 타입의 정신의 표현은 각 시대의 사회, 법률, 제도, 언어, 문화 그리고 인간의 성격을 규정한다. 여기서 제1기를 야만적 시대, 제2기를 영웅의 시대라 한다면 제3기는 고전기가 된다.

이상과 같은 3가지 시대의 구분의 실례를 비코는 그리스역사와 로마역사에서 찾고 있다. 즉 그의 주장에 의하면, 그리스역사에 있어서 호메로스 시대는 영웅의 시대이고, 그 이전의 시대는 야만의 시대이고, 그 이후의 시대는 페리클레스의 민주주의 시대다.

그리고 로마역사에 있어서는 공화정 시대가 영웅시대이고 그 이전 시대가 야만, 카이사르 이후 로마 제국 시대가 군주정 시대, 즉 제3의 시대가 되면 또 로마 제국의 붕괴와 야만족(게르만 이동)의 침입으로 중세시대가 도래하게 되는데 중세에 있어서 영웅시대는 단테가 호메로스의 역할을 하는 시대다.

그런데 이상과 같은 3개의 시대의 변천은 반복되는데, 그 반복은 단순한 순환에 의한 것이 아니라 나선형적 형태의 순환인 것이다. 즉 각 시대의 순환은 동일한 순환이 아니라, 동질의 순환이다. 즉 시대가 거듭되고 역사가 진전됨에 따라 확장된 인간정신의 작용 범위에 따라서 세계는 넓어지고, 그 넓어짐에 따라 역사는 보다 보편역사에 가까운 상태로 확장되어 가는 순환이다. 또 그리스, 로마, 중세의 각 사회가 발전하는 과정상의 각 시기의 특징은 동일하지만, 그 동일한 특징적 범위 안에 있는 세 부분의 내용은 상이하다.

즉 그리스역사의 영웅시대에 호메로스라는 시인이 출현하였고, 중세사의 영웅시기에 단테라는 시인이 출현함으로써 영웅시기에 시인이 출현한다는 원리에 있어서는 동일하지만, 그 시인들 자신은 다른 사람이며 그 시인들이 쓴 시의 내용은 각자가 다르다.

그뿐만 아니라, 같은 고전기의 문명이라 하더라도 그리스시대의 것 보다는 로마시대의 것이, 로마시대의 것에 비해서는 중세시대의 것이 더 발전된 것이 된다.

이상과 같은 비코의 역사발전론을 다시 종합하면, 그것은 철저한 정신철학에 근거한 것임이 명백해진다. 즉 역사상 각 시대의 인간 정신은 그 시대 상황에 따른 정신력의 작용을 한다. 다시 말하면 인간정신은 그것이 처하고 있는 시대에서 해결해야 할 과제(problems)를 찾고, 그것을 해결해 감으로써 역사의 진전은 이루어진다.

인간(집단으로서의) 정신이 비문화적인 자연 상태에 처해 있을 때, 그것은 자연적, 즉 야만적 속성으로 나타나게 된다. 원시인들과 같이 문화라든가 제도라든가 법률이라든가 하는 것은 생각하지 않고, 오로지 생존을 위한 생활—먹고 마시고 추위를 피하기에 급급하게 되며, 그 이외의 것은 신에게 미루어 버린다.

그러나 이러한 기초적 생활의 안정을 찾게 되면, 인간의 정신은 새로운 과제를 설정한다. 즉 안정된 기초적 생활에 만족치 않고 자신을 보다 확대시키고, 자신의 생활영역을 넓히고자 하는 의욕으로 자기 이외의 세계에서 적을 찾아 밖으로 진출해 나간다. 여기서 야만적 시대는 영웅적 시대로 전환된다. 야만적 시대의 인간 집단은 대개 개별적인 생활로 일관되는 것이 상례인데 비하여, 영웅적 시대에는 몇몇 영웅·무장·용자들의 지휘통솔력에 의하여 인간 집단은 강력한 조직을 형성하게 되고, 그 응결된 힘은 정복사업을 일으킨다. 그 결과 세계는 확장되고 사회는 대규모화하게 된다. 그리고 이 시대에는 야만적 시대의 인간들이 물질 중심의 현실적 생활을 영위함에 따라, 무인(武人)중심의 귀족정치, 농업경제 발라드식의 문학, 개인적 용맹과 충성심에 근거를 둔 도덕 등이 이 시대의 특징으로 나타난다.

이 시대에 인간의 외형적 활동력은 가장 활발하게 표현되고, 따라서 이 시기에 인간의 정신력 가운데서 가장 중요시되는 것은 실천력이다.

그러나 이렇게 활발한 영웅의 시기에 인간정신이 지향한 과제 또는 목표는 고전기에 있다. 야만적 시대가 인간이 빈곤을 느끼고 그 느낌 때문에 풍만한 생활이 보장된 시대를 이룩해야겠다는 과제를 설정한 시기라고 한다면, 영웅의 시대는 그 과제의 해결을 위하여 실천을 한 시기라 할 수 있고, 고전기는 그 과제가 완성을 보게 된 시기라 할 수 있다. 그러므로 고전기에는 인간의 정신력 중 실천력은 둔화되고 대신에 지성적 사고력이 활발하게 발휘된다. 고로 이 시기에는 사고(thought)가 상상(imagination)을 능가하고, 산문이 시를, 공업이 농업을, 평화에 근거를 둔 도덕이 전쟁에 근거를 둔 도덕을 능가한다.

그러나 고전기가 끝나가는 시기에 인간정신은 지나친 회의에 몰입되게 된다. 그리하여 고전기가 끝난 다음에는 새로운 야만상태로 향한 경향이 나타난다. 그러나 야만상태란 상상이 우세한 영웅적인 야만상대와는 전혀 다른 상태다.

이 시대는 소위 반성의 야만상태(a barbarism of reflection)이다. 야만시대에 설정하고 영웅시대에 그 실현을 위해 노력하였으며, 그렇게 해서 고전기에 이르러 완성을 보게 된 과제, 그리고 그 과제의 해결을 전제로 해서 이룩된 가치관이 고전기에 그 실현을 맛보게 된 결과, 그 과제가 별 것이 아니었음을 인간의 정신은 깨닫게 되기 때문이다.

다시 말해서, 고전기에 이르러 야만기와 영웅기에 동경의 적으로 생각했던 신을 직접 대하고 보니, 그것은 신이 아니라, 우상이었음을 깨닫게 되고, 그 결과 인간의 정신은 실의와 회의에 빠지게 된 것이다.

이러한 시기를 크로체는 역사상 매 세기 말에 나타나는 데카당스기라고 했다. 이 시기에 인간정신은 나태·타락하게 되고 윤리와 도덕은 붕괴되고 사회에는 혼란과 부조리가 판을 치게 되고, 정치는 타락정치의 형태(마키아벨리나 몽테스키외가 지적한)로 나타나게 된다.

비코는 때때로 다음과 같은 방법으로 그의 순환론을 주장하고 있다. 첫째 역사의 지도 원리는 야만적인 힘이고, 둘째는 용감하고 영웅적인 힘, 셋째 용감한 정의, 넷째는 찬란한 독창성, 다섯째 건설적인 반성, 그리고 마지막으로 이미 건설된 것을 파괴하는 일종의 낭비적인 풍요이다.

여기서, 첫째의 힘이 초창기 야만상태에서 인간정신의 작용 형태라고 한다면, 둘째, 셋째의 힘은 영웅기에, 넷째, 다섯째의 힘은 고전기에 발휘되는 인간정신의 작용형태라고 이해할 수 있으며, 마지막의 힘은 데카당스기에 발휘되는 인간정신의 형태라고 할 수 있을 것이다.

이러한 데카당스는 결국 역사상 한 유형의 문명의 종결을 의미하게 되는 것이며, 이를 계기로 그 문명에 이웃해 있는 야만민족의 내침을 받게 되어 역사는 다시 야만의 시대라는 또 하나의 문명 생성과정의 출발점에 서게 되는 것이다.

이상의 발전이론을 유럽사의 발전과정과 연결시켜 실제적 예로 삼아 이해해 보는 것은 도움이 될 것이다. 그리고 우리로서도 비코의 발전이론을 중심으로 서양사의 과정을 해석할 수 있을 것이다.

우선 그리스는 아직 문명의 혜택을 받기 이전의 민족인 도리아인, 이오니아인들에 의하여 야만적 생활에서 그 역사의 시작을 이룩하게 된다. 이때 이들은 발칸 반도 안에서 신정(神政)정치 체제하에서 여러 신들과 연결을 갖는 식물들을 주로 하는 농경생활을 중심으로 생활하였다.

이때에 오리엔트 세계에는 이미 고전기를 거쳐 화려한 문명을 이룩한 페르시아나 이집트가 군림해 있었다. 반도 내에서 어느 정도 생활기반을 이룩한 그리스인들, 특히 이오니아인들은 에게 해 건너편에 펼쳐져 있는 화려한 오리엔트 문화에 자신들을 접근시키고자 하는 당시의 과제를 설정하고, 그것을 향하여 매진해 갔다. 이로써 그리스의 역사는 야만적 시대에서 영웅적 시대로 접어들게 되었다. 이때에는 동방으로 식민지를 개척해 가는 영웅들의 영웅적 행위들이 호메로스의 서사시를 통하여 예찬되었고, 제우스를 비롯한 제신들의 감성적 대립과의 싸움이 중시되었다. 그리고 그 영웅들의 정복활동들을 통하여 그리스는 반도적 세계에서 에게 해를 둘러 싼 보다 대규모화된 세계로 진출하였다.

그러나 이러한 신세력의 대외적 확장과 진출은 필연적으로 이미 성립되어 있었던 기성의 문명, 비록 고전기를 거치고 데카당스기에 접어든 문명이기는 하지만, 그 문명과 일전(一戰)을 하지 않을 수 없었다. 여기서 야기된 일대 사건이 바로 페르시아 전쟁이었다.

그러므로 이 전쟁은 겉으로 보기에는 웅장하고 거대하게 보이나 실제로는 역사상 데카당스기에 처하여 노쇠한 페르시아 문명과 겉으로 보기에는 왜소하고 미약해 보이지만 실제로는 야만적 시대의 소박함에 근거를 둔 영웅기의 참신한 활력이 넘치는 신문명, 즉 그리스 문명과의 대결이었다. 따라서 이 전쟁에 있어서 그리스의 승리는 이미 역사적으로 결정되어 있는 필연적인 것이었다.

그리스 역사에 있어서 페르시아 전쟁의 승리는 그리스 역사에 있어서 영웅기를 종결시키고, 고전기의 시작을 알리는 것이었다. 따라서 아테네에서 이룩된 페리클레스의 민주정치는 영웅기를 통하여 획득된 그리스 역사의 완성이며 동시에 고전기에 핀 문화의 꽃이다.

이때를 중심으로 그리스인의 지적 활동은 절정을 이루어 철학에 있어서 소크라테스·플라톤 등이 등장하고 문학에 있어 소포클레스·

에우리피데스, 과학에 있어서 히포크라테스 등이 등장하였다.

그러나 과제의 해결, 문화의 완성은 결국 데카당스의 시작을 뜻하는 것이었다. 페리클레스 이후에 민주정치는 중우정치로 전락하고 소크라테스를 죽인 소피스트들의 철학은 상대주의, 그리고 회의주의로 전환되어 사회를 이끌어 가는 가치기준은 상실되고 이에 따라 도덕적 타락이 사회를 풍미하게 되었다.

이와 같은 데카당스의 경향은 결국 펠로폰네소스 전쟁을 일으켜 그리스 사회의 붕괴와 이에 따른 야만인의 새로운 대두—마케도니아 및 라틴 민족의 대두—를 초래하여 결국 헬레니즘시대에 야만적인 새 세력으로 등장한 라틴 민족에 의한 새로운 문화, 새로운 역사발전의 나선형적 순환을 시작하게 되었다.

일반적으로 헬레니즘시대라고 불리는 알렉산더 대왕에 의한 세계가 와해되어 생겨난 정치적 다원화시대에 야만적 시대를 체험한 로마인은 곧 영웅시대로 접어들어 이탈리아 반도를 통일하고 지중해 세계로 진출, 이미 지중해 세계의 패자로 군림하고 있었던 카르타고와의 일전인—포에니 전쟁을 치름으로써 지중해 세계를 석권하고, 이어서 카이사르·옥타비아누스를 통하여 이른바 '로마의 대평화(Pax Romana)'의 고전기를 형성한다.

이때에 로마에는 세네카 등으로 대표되는 철학이 성립되었고, 로마법으로 지칭되는 이지적 학문의 금자탑을 세운다. 그러나 이때부터 로마 상류계급 사회에 배태되기 시작한 사치·방종의 생활, 마르크스 아우렐리우스 등으로 대표되는 회의적 스토아 철학은 곧 로마사의 데카당스 시대를 나타내게 되고, 그 결과 게르만 민족이라고 하는 야만민족과 로마문화의 억압 속에서 성장해 오는 기독교 세력과의 야합으로 로마의 역사는 종결되고, 다시 중세사회의 새 역사의 나선형적 순환이 시작된다.

로마에 의하여 정복을 당하던 시기에 게르만 민족은 야만 민족으로 알프스 이북의 땅을 점유하고 있었다. 그러나 로마에 의한 정복을 통하여 그들은 문화를 이해하게 되었고, 그것을 계기로 그들도 로마와 같은 문명을 형성하여야 되겠다는 과제를 설정하였다.

그 결과 그들은 로마의 문명이 데카당스기에 처하여 있을 때 로마로 밀려 들어와 당시 로마에 의하여 억압되고 있던 기독교도와 함께 로마 제국을 몰락시키고, 로마 제국이 이룩한 문명을 기초로 하는 게르만적인 봉건제도에 입각한 중세세계를 형성하는데 성공하였다.

이러한 일련의 활동은 게르만세계의 영웅적 시대를 이룩하였다. 이 시기에 게르만 민족들은 목가적인 정서생활을 즐겨 니벨룽겐 이야기 같은 시적세계에서 생활하였다, 그리고 이러한 중세의 영웅적 활동은 결국, 그리스의 영웅시대의 진전이 페르시아 전쟁을 일으켰고, 로마의 영웅적 활동이 포에니 전쟁을 일으켰던 것과 마찬가지로, 십자군 전쟁으로 연결되지 않을 수 없었다.

십자군 전쟁은 중세의 고전기를 현출시켰다. 이 시대에 스콜라 철학은 절정을 이르게 되고, 동방에서 수학·과학 등을 받아들임으로써 전쟁이전의 신앙—감성에 대한 호소로서 이루어질 수 있는 대중적 신앙—중심의 인간의 정신은 이지적인 데로 방향전환을 이루었다.

그러나 이와 같은 경향은 결국 중세적인 기독교 신앙이 냉각되는 결과를 가져 왔고, 봉건제도와 장원제도의 붕괴를 초래하였으며, 중세의 중추요, 봉건제도의 꽃인 성직자와 기사계급의 타락을 초래하였다. 여기서 다시 서양 중세사의 순환과정은 원점으로 되돌아가게 된 것이다.

비코의 역사발전론을 이상과 같이 이해해 볼 때, 우리는 앞에서 언급한 나선형적 순환과정에 대한 내용 이외에 또 한 가지 발견할 수 있는 것이 있다.

즉 그 순환이 반복되어 나감에 따라 세계의 규모가 변천·확대되어 왔다는 사실이다. 즉 고전기의 학문발달과 더불어 인간의 의식세계가 확장된 의식은 데카당스기를 거쳐 새로운 과제설정에 영향을 미쳐 보다 넓은 세계에로 향한 영웅기의 활동 대상지역을 결정하게 된다. 결국 인간의식 세계의 확장은 인간생활 무대의 확장, 사회의 대규모화, 문화의 광범위를 초래하는 것이다.

여기서 에게(Aege) 해 중심의 그리스적 세계에서 지중해의 로마 세계로, 거기선 다시 게르만 민족 중심의 지중해 세계로, 세계사의 영역은 변천·확대되었다는 것이다. 이것을 그 이후의 세계사는 다시 아메리카와 소비에트의 세력이 대결하고 있는 태평양 세계로, 그리고 '지구적 세계(Global world)'로 진전되어 가게 된 것을 생각할 수 있다.

이상에서 논한 바와 같이, 비코는 인식론적인 면에서, 데카르트에 대하여 철저하게 반대의 입장을 취하였다. 그리고 당시대인들이 탐닉되어 있었던 이른바 과학적인 사고, 과학적 비판 방법을 비판하고, 이른바 역사적 사고와 역사적 비판방법을 창도함으로써 역사주의의 원조로서의 지위를 굳힌 것이 사실이다.

그러나 그렇다고 해서, 그의 사고가 전혀 비과학적이었다고 하는 것은 아니다. 그의 역사적 사고라는 것은 역사의 사실을 인식함에 있어서는 그것을 역사로서 인식하여야 하는 것이지, 자연을 인식하는 식의 과학적인 것이어서는 아니 된다는 것이다. 그러면서도 그의 선배 과학적 사상가들의 과학적 사고를 본 받아 역사학자들이 자칫 범하기 쉬운 오류를 다음과 같이 경계하다.

그 첫째가 '고대에 대한 과장된 의견'이다. 다시 말하면 역사가는 자기가 연구하고 있는 시대의 부강·세력·화려함 등을 과장하고 싶어하는 편견을 가지고 있다는 것이다.

둘째, '민족의 자부심'이다. 자기 민족의 과거사를 취급하는 역사가는 자기 민족의 역사를 자기 민족이 가장 좋아하는 색깔로 채색하려는 편견을 가지고 있다는 것이다.

셋째, 유식자의 자부심이다. 이것은 역사가가 자기 자신을 역사 속의 인물에 투사시키고자 하는 편견이다. 즉 학자적이고 지성적인 사고력을 지닌 역사가는 자기가 취급하고 있는 인물들이 아카데믹한 정신을 가지고 있다고 생각하려 한다는 것이다.

넷째, 자료의 허위성이다. 이 오류는 두 개의 민족이 유사한 사상 또는 제도를 가지고 있을 때, 이 두 민족이 그것을 서로 배워 온 것이라고 생각하는 데서 연유된다. 예를 들면, 일반적으로 중국민족이 일본민족을 가르치고, 그리스인이 로마인에게 가르쳐 주고, 또 로마인이 게르만 민족에게 가르쳐 주었다고 생각한다. 그런데 설사 이것이 사실이라 하더라도, 배우는 입장에 있는 민족은 가르치는 입장에 있는 민족이 가르친 것만을 배워서 자신을 변화시키는 것은 아니다. 실은 그 민족에게도 나름의 역사가 있고, 그 역사를 발전시켜 오는 과정에서 이미 지니고 있는 문화와 문명이 있는 것이다. 그러므로 그 민족이 배우는 것은 그 이전의 역사적 발전과정을 연결시킴에 있어서 필요하다고 생각되는 것만을 배운다고 하는 것이다.

　마지막으로 고대인에게 비교적 더 근접해 있는 시대에 관해서는 우리를 자신보다도 그 시대 인들이 더 많은 지식을 가지고 있다고 생각하는 편견이다. 예를 들어서, 헤로도토스가 오늘날의 학자들보다 이집트에 대해서 보다 더 많은 것을, 보다 더 정확하게 알고 있다고 생각하는데 이는 착각이다. 오늘날의 과학기구를 활용한 고고학적 탐구가 헤로도토스의 기록보다 훨씬 많은 것을 훨씬 더 정확하게 발견·확인해 내고 있음을 우리는 알고 있다.

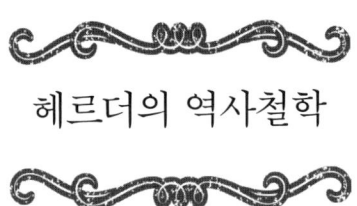

헤르더의 역사철학

근대 서양 역사사상사에서 과학적인 방법으로 철학에 접근해 간 최초의 사람이 데카르트라면, 역사적인 방법으로써 철학에 접근해 간 첫 번째 인물은 비코였다. 그런데 그 비코는 그가 죽은 지 50년이 지나도록 사상계에 별로 알려져 있지 않았다. 이러한 비코를 일약 서양 사상사의 총아로 등장시켰으며, 그리하여 서양 현대 사상사의 신기원을 이룩하도록 만든 사람이 헤르더(Johann Gottfried Von Herder)다.

헤르더는 1744년 8월 동(東)프러시아의 모룽겐(Mohrungen)의 가난하지만 경건한 신앙을 지닌 가정에서 태어났다. 그는 1762년에서 1764년까지 쾨니히스베르그(Koenigsberg) 대학에서 교육을 받았다. 처음에는 의학으로 시작했으나, 신학으로 전환하였다. 여기서 그는 자연·지리·천문학·철학 등을 강의하고 있던 칸트에게 영향을 받고 그의 제자가 되었다.

당시 칸트는 아직까지 계몽주의 사상의 해설자였기 때문에 헤르더는 그로부터 계몽주의의 합리적 사고를 배웠다. 그리고 그 때문에 그는 당시대의 대부분 독일 사람들이 그랬던 것과 마찬가지로, 그 계몽주의의 본고장인 프랑스의 문물에 대하여 선망과 존경심을 가지고 있었다.

그러나 그는 한편 칸트와 계몽주의에 대한 탁월한 비평가인 J. G. 하만(Johann Georg Hamann, 1730~1788)과 친밀한 교제를 갖게 되어 그의 사상적 경향에 일대전환을 일으키는 계기를 맞게 되었다.

하만은 계몽주의 사상의 합리주의적 경향에 대하여 반기를 드는데 선구적 역할을 한 사람이다. 그는 인식능력을 감성과 이성이라는 두 갈래로 분리해 놓았다는 점에 대해서 칸트를 비난하였다. 그리고 그 두 가지의 대립을 지양하기 위하여 이성이 감성적 실존성을 띠게 할 '언어'의 역할을 중요시 하였다.

이 같은 하만의 사상을 스퇴리히(Stoerich)는 하만 자신의 말을 인용하면서 다음과 같이 설명하고 있다.

> 내가 짐작하기에는 모든 철학이 이성보다는 언어에 바탕을 두고 있는 듯하다……. 그런데도 우리는 여전히 이성을 관장하는 문법은 지니지 못한 상태에 있다.
>
> 이렇게 그는 역사를 통하여 나타나는 불가해한 현상들이 이성이 아니라, 언어에 의해서 해명되어야 한다고 보았다. 그렇다면 이성이란 무엇인가? 우리의 이성은 새가 날아가고 있다는 사실을 마치 딸로부터 전해들은 눈먼 테베의 점술가와 비슷하다. 그는 딸의 얘기를 듣고 예언을 했던 것이다.

이상과 같은 하만의 반(反)이성주의 사상에 접하게 된 헤르더는 딱딱하고 도식적인 칸트적 합리주의에 회의를 품게 되었다. 그리고 이것이 계기가 되어 결국 낭만주의라는 새로운 사상의 물결을 일으켰다.

그는 1764년 20세가 되던 해에 쾨니히스베르그를 떠나 리가(Riga)로 가서 학교 선생이 되어 강단에 섰다. 이때에 그는 문학 연구에 열중하였는데, 그 결과 《현대 독일 문학에 대한 단편들(Fragments on Modern German Literature)》이라는 제목의 첫 번째 저서를 출간하였다.

그러나 그는 이에 만족하지 않고, 1769년 리가를 떠나서 프랑스의 낭트(Nantes)로 향한 바다 여행에 나섰다. 이 여행을 통해서 그는 그가 선망하던 프랑스의 많은 철학자들과 접촉을 가졌다.

그 후 그는 1771년 브뤼케부르크(Bückeburg)로 가서 1776년까지 궁정 설교사로 있었다. 이 시기에 헤르더의 사상에는 많은 성숙과 변화가 있었던 것 같다. 즉 이때에 헤르더는 괴테 등과의 만남을 가졌는데, 이 회합에서 벌어지기 시작한 '질풍노도(疾風怒濤, Sturm und Drang)'의 문학운동에 있어서 주도적인 인물이 되었다. 다시 말하면, 이때에 그가 초년에 입은 칸트 철학의 계몽주의적인 합리주의에서 탈피하여 낭만주의적인 경향으로 큰 일보를 내어 디든 것이다.

이때에 헤르더의 사상 상의 변화는 그 대상에 있어서도 일어났다. 즉 종래에 그는 문학과 자연과학에 대해서 갖고 있던 관심을 역사학 방면으로 전환시킨 것이다.

그는 프랑스 여행을 통해서, 여로(旅路)와 인생과 그리고 역사를 유사한 것으로 생각하기 시작하였다. 즉 그는 자기 자신의 인생을 안전한 해안을 버리고 떠나서, 미지의 미래세계로 향하여 항해하고 있는 망망대해에 떠 있는 하나의 쪽배로 생각하였다.

그러므로 자기가 하여야 할 소명은 자기가 살아 온 과거를 돌이켜 생각하고, 그 생각을 통해서 얻어진 직관(insights)을 근거로 앞으로 자기가 살아 갈 미래의 항로를 예측하는 일이라고 생각하였다.

여기에서 그의 역사철학은 비롯되는 것 같다. 다시 말해서, 헤르더의 역사철학은 현재의 상황과 미래의 개연성(Probabilities)을 평가하기 위하여 과거를 이용하고자 하는 그의 시도로부터 성장한 것이다.

헤르더의 역사철학을 대표하는 것은《인간사의 철학에 대한 개념 (Ideen zur Philosophie der Geschichte der Menschheit)》이라는 유명한 저서다. 이 책은 1784년과 1791년 사이에 4권으로 출판되었는데, 이것은 원래 25책으로 기획되었다가 마지막 5책은 쓰이어지지 않은 미완성의 작품이다. 이 책은 헤르더의 역사에 대한 기초적인 사상을 포괄하고 있는 것으로 당시대인들에게 대단한 영향력을 발휘한 걸작이지만, 그것을 요약해서 설명하기는 매우 어렵다.

그의 연구 경력에 보이고 있는 바와 같이, 그는 너무나 시적(詩的)이고 직관적인 사람이기 때문에, 그 저서에는 체계나 논리가 결여되어 있다. 또 그의 시대, 또는 사상사적 위치가 계몽주의에서 낭만주의로 전환되는 시기였으며, 그의 사상 자체가 그 양자의 종합이며, 동시에 교량적인 성격을 지니고 있는 것이므로, 그의 마음은 언제나 극단적인 이성과 극단적인 감성 사이를 오고 갔다.

헤르더의 역사철학은 과거에 발생했던 사실들을 근거로 하는 것이 아니었다. 그는 사변론자(思辨論者)이므로 구체적 자료를 중심으로 역사를 서술하여 그의 역사사상을 표현하고 있는 것이 아니라, 문학연구를 통해서 훈련된 직관력을 근거로 그의 생각을 사변적으로 주장하는 것이다.

헤르더의 역사사상의 뿌리는 한마디로 그의 낭만주의 사상이다.

그러므로 그는 과학적 지식과 이성에 입각한 판단을 지상(至上)의 것으로 생각하는 계몽주의에 대하여 반대에 입장을 취하였다. 즉 그는 계몽주의적인 것과는 다른 새로운 인간관과 지식에 대한 낭만주의적인 견해를 확립하여 역사사상을 형성한 것이다. 그는 경건주의 기독교의 설교사였다. 그러므로 그는 우선 기독교의 타도를 외친 프랑스의 볼테르와 그 사상을 같이 할 수 없었다. 또 그의 경건주의는 도식적인 교리를 인정할 수 없었다. 때문에 그는 계몽주의에 반기를 들어야 했고, 무미건조하고 도식적인 형식 논리에 맹목적으로 순응하는 주지주의적(主知主義的) 입장을 거부하지 않을 수 없었다.

라이프니츠(Leibniz)의 단자론(單子論)은 헤르더의 이러한 사상에 더욱 확고한 기반을 마련해 주었다. 왜냐하면 그 이론을 통해서 헤르더는 실재를 다양성(diversity)과 변화(Change)라는 용어와 일치시켜서 생각하게 되었기 때문이다.

단자론을 따르면, 우주와 만물은 단자(Monad)로 구성되어 있고 그 단자는 각자가 모두 질적으로 상이한데, 그것들은 영구적인 발전 상태에 있다.

헤르더는 이 단자론을 근거로 해서 '세계에는 결코 두 개의 동일한 순간이 존재할 수 없다'는 결론을 얻었는데, 이는 마치 그리스의 헤라클레이토스가 '동일한 물에 두 번 발을 들여 놓을 수 없다'는 말과 마찬가지로, 모든 만물을 역사적으로 이해한 말이다.

이런 의미에서 헤르더는 헤로도토스나 투키디데스와 같은 역사가가 아니라 헤라클레이토스와 같은 역사철학자다. 그러므로 그는 역사적 사실이나 사건을 조사·탐구해서 그것을 서술하려 하지 않고, 이미 조사·탐구된 사실들과 사건들, 즉 수많고 다양한 사건·사실들 속에 일관하고 있는 통일성(Unity)을 발견하고, 변화하는 사물들 속에서 작용하고 있는 지속적인 원리를 인식하는 것이 역사학자의 기능이라고 그는 믿었다. 이러한 생각을 근거로 해서 헤르더가 역사의 발전원리로 발견한 것이 발생학적인 역사발전론이다.

그는 자연의 법칙과 인간사의 법칙을 동일시하고 있다. 즉 그는 이러한 그의 입장을 다음과 같이 말하고 있다.

> 내가 역사에서 찾는 신은 자연의 신과 동일하다. 왜냐하면, 인간은 전체의 작은 부분에 불과하며, 인류의 역사는 얇은 체반 위에서 생활하고 있는 누에의 생활사와 유사하다. 그러므로 신이 자신을 현현(現顯)하는 자연법칙은 인간에게 있어서도 마찬가지로 적용된다.

헤르더는 자연과학을 중요시하던 시대에 태어난 경건파의 설교사였다. 그러므로 그의 역사사상에는 자연계에서 발생하고 있는 사실사건들을 유추해서 인간사를 이해하려는 방법을 썼고, 또 그 인간사로 연결된 역사를 이해하는 데는 기독교적 역사관, 즉 교부시대에 설파되었던 섭리의 사관을 기초로 하였다.

그뿐만 아니라 그는 특히 역사를 구약시대, 즉 아담과 하와에게까지 소급하여 생각하기까지 하였다. 그러나 그는 전통적인 기독교적 역사해석을 단순히 재천명하는데 만족하지 않았다.

헤르더의 역사관은 우선 자연의 역사에서 비롯되는데, 그에 의하면, 자연계의 일반적 성격은 그 자체 내에서 보다 높은 유기체로 특수화, 또는 발달해 가려고 하는 어떤 유기체인 것이다.

이를테면 우주의 일반적 성격은 태양계라는 유기체로 특수화되고, 태양계는 지구라는 유기체로, 그것은 다시 지리적 유기체(대륙들)로 각각 특수화 되려는 성격을 지닌다. 그리고 지리적 유기체의 특수성격은 그 지역의 식물적인 생명의 특수한 성격을 규정하고, 그것은 다시 동물적인 생명의 성격을 규정한다.

여기서 헤르더는 찰스 다윈보다 무려 반세기나 앞서서 진화론을 전개시키고 있다. 즉 식물적인 생명의 특수화는 동물적인 생명을 낳고 동물적인 생명의 특수화는 인간적인 생명을 낳고 인간적인 생명의 특수화는 유럽인을 만들었다는 것이다.

여기에서 인간의 발전론이 따르게 되는데, 헤르더는 인간을 이해함에 있어서 이성만을 가지고 문제 삼을 것이 아니라, 이성은 물론, 의지 및 감정을 포함한 다양한 제 요소들의 총화로써 이해하여야 된다고 주장하였다.

그는 이러한 총화로써의 인간의 요소를 인간의 영혼이라는 말로 표현하고 있는데, 그에 의하면 역사상에 나타나는 제 사건들은 영혼에 의한 내적 생활의 외적인 표현 이외에 아무것도 아니다.

헤르더는 이상과 같은 인간성의 총화인 영혼의 표현 방법의 발전과정에 따라 역사의 발전과정을 3단계로 구분해서 설명하고 있다.

그에 의하면, 인류의 역사에는 첫째 단계로서 시적(詩的) 단계가 있다. 이 시기에 인간들은 노래로써 그들의 영혼을 표현하고 서사시로써 그들의 기억을 보존하였다. 이에 대해서 헤르더는 다음과 같이 쓰고 있다.

> 그들은 매일 생활을 노래하였다. …… 그 언어는 감각적이었고, 그들의 이미지에는 용기가 넘쳐흘렀다. 그러나 아직 그것은 감정의 표현이었다. …… 이때에는 아직 산문적 저술가들이 있지 아니했으므로, 시인들이 시를 통해서 가장 중요한 사건들을 불멸화하였다. 그 시인들은 노래를 통해서 교육을 하였다. 그러므로 그 시대의 노래들 속에는 전쟁과 승리, 이야기와 격언들, 그리고 법률과 신화가 포함되어 있다.

둘째 단계로서 산문적 단계가 있다. 이 단계는 시적단계 뒤에 오게 되는 단계인데, 이 단계에서 인간은 그의 영혼을 산문으로 표현한다. 이때에는 시적단계에 비하여 감정보다 이성이 발달하게 된다. 이것을 헤르더는 남성적 속성의 발달로 표현하였다. 헤르더는 이 단계의 시대적 특징을 다음과 같이 서술하고 있다.

> 젊은이가 보다 성숙해지면 성숙해질수록, 지혜와 정치적 성숙도가 본질(Character)에 가까워지면 가까워질수록 그는 보다 더 남성적으로 되고 젊음은 끝나간다. 그의 남성적인 시대의 언어는 시가 아니라 아름다운 산문이다.

다음 역사의 세 번째 단계는 철학적 단계다. 헤르더에게 있어서 영혼은 그 자체가 진화하는 것이었다. 그에 의하면 영혼은 모든 인간적 경험의 총화인데, 이것은 시간의 경과에 따라 얻어지는 총화이고, 이것이 완성된 상태가 철학적 단계이다.

이런 의미에서 헤르더는 역사를, 인류를 위한 일종의 교육 과정으로 이해하였다. 즉 역사의 발전은 인류의 경험의 증대과정이며, 또 미숙한 상태에 있던 인류가 성숙해 가는 과정이다. 이러한 과정을 통해서 최종적으로 인류가 성숙된 철학적인 단계를 그는 다음과 같이 표현하고 있다.

> 성숙의 시대인은 아름다움 대신에 예의를 안다. …… 세속적인 지혜가 미분화되면 될수록, 그리고 그것이 유사성을 거부하면 할수록, 그 만큼 더 비예의적인 단어대신에 예의적인 단어를 받아들일 수 있는 능력이 커진다.

이상에서 설명한 바, 헤르더의 역사발전론은 여러 모로 비코의 것을 모방한 점이 많다. 역사의 발전을 인류의 경험의 축적, 인간성의 발달과정으로 이해한 점이 비코가 역사를 인간 개인의 정신적 성장 과정이 대우주화 된 것으로 이해하였다는 것과 유사하며, 그 발전단계를 3단계로 나눈 것이 비코가 역사의 단계를 신의 시대, 영웅시대, 인간시대로 나누고 당시대의 특징을 인간정신의 표현 양식의 차이로 구분한 점 등이 또한 유사하다.

물론 헤르더는 비코의 역사사상에 영향을 받기에 앞서서 칸트를 스승으로 모신 사람이다. 그러므로 비코가 역사를 주로 인간사를 중심으로 이해하려 하는 데 비하여 헤르더는 자연사와 인간사를 동일시함으로써 역사발전의 문제를 인종이론(人種理論)으로 이끌어 나가는 결과를 초래하였다.

콜링우드가 지적하고 있는 바와 같이, 헤르더는 상이한 인종의 인간들 사이에 상이점이 있으며, 인간의 본성이란 동일한 것이 아니라, 각자 다른 종류의 것이라고 하는 것을 인식한 첫 번째 사상가다.

인간의 문화나 제도·법률 등이 오로지 각 지역이 지니고 있는 지리적 특수성에 따라서 규정된다고 한 몽테스키외의 주장을 극복하고 인간이 생래적(生來的)으로 지니고 있는 인간성이 있음을 주장한 것은 헤르더에게 있어서 큰 공훈 중에 하나다.

그러나 유럽인종의 특유한 장점이 유럽 이외의 전 세계를 지배하기에 적합한 것이라든가. 영국 민족의 생래적인 성질이 제국주의를 그 임무로 삼게 했다든가, 게르만 민족의 순수성이 게르만 문화의 순수성에 필수적인 것이라든가, 하는 등의 주장은 결국 현대의 비극을 초래한 장본인 쇼비니즘을 창출한 결과를 낳았다.

물론 모든 사상가는 자기의 나라에서 자기의 시대를 산다. 그러므로 그의 나라와 그의 시대에 충실한 사색을 하고 그 결과로서 사상을 낳게 마련이다. 이런 의미에서 헤르더 자신도 그의 나라와 그의 시대의 산물일 수밖에 없는 것이다. 다시 말해서 당시 독일의 역사적 상황은 헤르더를 철저한 민족주의자로 만들 수밖에 없었다.

18세기의 독일은 한마디로 유럽 열강국가들 사이에 끼어 있으면서 중세적 분단과 지리멸렬 상태에서 탈피하지 못하고 있었으며, 사상적으로 프랑스와 영국의 것을 맹목적으로 존숭하는 사대주의에 빠져 있었다.

그러므로 헤르더도 초창기에는 프랑스 혁명을 환영하였고, 프랑스식의 민주주의를 찬양하였다. 그러나 피히테가 그랬던 것처럼, 프랑스 혁명과 프랑스식의 민주주의가 독일의 통일과 발전을 위한 것이 아니라, 오히려 프랑스의 독일침략을 위한 프로파간다에 불과하였다는 것을 깨달았다.

여기서 헤르더는 마치 도시국가들의 분열과 내부적 갈등 속에 빠져 있어서 국가와 민족이 위기에 당면하고 있었던 현실을 직시하고, 그 타개책으로써 《군주론》을 썼던 이탈리아 마키아벨리처럼, 독일국민의 정신적 자존심과 민족적 긍지를 높여서 독일의 통일과 국가적 발전을 도모하고자 하는 애국적 충정을 갖고 있었을 것이다. 그러므로 헤르더에게 있어서는 자유주의와 민족주의가 상호 모순되는 것이 아니라, 병행되는 것이었다.

그는 우선 문학 활동에 있어서 민족주의를 주장하였다. 그는 맹목적으로 과거의 것을 모방하는 것을 원칙으로 하는 고전주의자들을 매도하였다.

'관용적인 작가가 됩시다! 독창적이 됩시다! 우리 자신의 언어로 우리 민족을 위해서 글을 씁시다! 고전이냐 아니냐 하는 것은 문제가 되지 않습니다. 우리는 후손을 위하여 길을 열어야 합니다.'

이것은 헤르더의 고전주의로부터의 해방선언이며, 그것은 다시 당시 독일인들이 당하고 있었던 프랑스의 문화적 식민주의의 질곡으로부터의 해방선언이다. 외식과 허위와 모방, 그리고 실제에 있어서 자기와 자기민족의 삶과는 별로 관련도 없는, 진실성을 상실한 무미건조한 지식을 떨쳐버리고, 독일인으로서의 자기를 발견하고 자기 자신의 존재가치를 확인하고 독일인으로서의 긍지를 가져야 한다고 하는 헤르더의 절규—설사 그것이 쇼비니즘으로 흘러버렸다 하더라도—

그것은 그 시대를 솔직하고 책임 있게 살아간 헤르더에게는 그 이상의 진실이 있을 수 없었을 것이다.

이와 같이 사상가가 그의 나라와 그의 시대의 목적에 충실하기 위해서 그의 사상을 구상하였다고 할 때, 헤르더의 인종이론(人種理論)은 변명할 여지가 있다.

그러나 역사학적인 입장에서 볼 때, 그의 이 같은 인종이론은 근거가 없다. 헤르더의 인종이론에 근거하면, 각 인종의 사회적 정치적 제도의 상이성은 그 인종의 역사적 경험에서 유래하는 것이 아니라, 내적·심리학적 특성에서 유래하는 것이다.

그리고 이 같은 헤르더의 주장은 그가 주장한 역사이론과도 일치되지 않는 것이다. 그의 이론대로 역사가 인간의 경험의 축적 과정이요, 인간성의 발달 과정이요, 또 인간의 교육과정이라고 한다면, 인간의 성품과 사회 및 정치의 제도는 그 과정상의 위치 즉 역사적 상황에 의해서 규정되는 것이지, 결코 개체적인 인종이나 민족의 생리적 또는 심리적 특성에 의해서 규정되는 것은 아니기 때문이다.

그럼에도 불구하고 헤르더가 그의 역사이론과 모순되는 인종주의를 내세운 또 한 가지 이유는 그가 칸트로부터 영향을 입은 자연과학적 사고에 있다. 즉 인간의 역사는 역사로 이해하려 하면서도 인간 자체를 자연과학적 본질이론을 가지고 해석하려한 모순된 사고가 그와 같은 모순된 이론을 전개케 한 것이다.

그러나 근대 역사사상사에 있어서 헤르더가 점하는 위치는 중대하다. 그는 지금까지 역사를 개인에 의해서 이룩된 사실, 하나의 국가에서 일시적으로 발생했다가 꺼져버린 사건을 낱개로 파악하려던 종래의 프랑스나 영국식의 역사의식을 벗어나서, 비코의 역사사상을 도입하여, 역사를 하나의 과정으로, 다양하고 수많은 사건·사실들로 구성되어 있는 어떤 실체로 인식하려고 시도함으로써 앞으로 있을 헤겔·마르크스 등의 역사철학의 초석을 마련한 사람이다.

칸트의 9개 명제

칸트의 사생활

역사사상사에 있어서 칸트(I. Kant)를 계몽주의 사조에서 다루어야 될 것인가, 아니면 낭만주의에서 다루어야 될 것인가 하는 것은 매우 애매한 문제다. 왜냐하면, 칸트의 일반적인 철학사상으로 볼 때, 그는 계몽주의 철학 또는 이성중심의 철학을 완성시킨 사람인데, 이에 반해서 역사사상은 그의 제자이며, 낭만주의의 사상의 창시자라 할 수 있는 헤르더의 영향에서 출발한 것이기 때문이다.

그러나 본서의 집필 목적은 역사사상의 흐름과 그 맥락을 살피는 데 있다. 그러므로 필자는 칸트를 헤르더의 제자로 보았고 낭만주의적 역사사상가의 한 사람으로 보기로 했다.

칸트는 너무나도 잘 알려진 바와 같이, 동부 독일 쾨니히스베르그(Königsberg)에서 태어나 죽을 때까지 한 번도 타 지역으로 이전한다거나 여행하는 일도 없었고, 결혼도 하지 않은 채 일생을 학구적으로 생활한 사람이다.

그는 1724년 마구사(馬具師)의 아들로 태어나 스코틀랜드 출신의 어머니의 영향을 받아 어렸을 때부터 엄격한 경건주의자로 자라났다.

그러므로 그는 프리드리히 고등학교에서 7년 과정을 밟는 동안, 기도·찬송·성서 연구에 몰두하였다. 그 후 그는 쾨니히스베르그 대학에 입학한 후에도 처음에는 신학을 공부하였으나, 드디어는 부모와 교수들의 교권주의에 저항하여 신학을 포기하고, 수학과 과학, 그리고 철학 강의에 몰두하기 시작하였다.

그는 처음부터 학문에 뜻을 두었고, 교수가 되는 것을 소망으로 삼았다. 그러나 그와 같이 비천한 신분의 그로서는 그것이 그리 쉬운 일이 아니었다. 그는 대학을 졸업한 후 9년간이나 쾨니히스베르그 근방에 있는 어느 귀족의 농장에서 가정교사를 하면서 생계를 유지하며 혼자서 철학적 교양을 넓혀가야 했다.

31세가 되던 1755년, 그는 드디어 박사학위를 취득하고 대학의 전임강사로 취임하였다. 그 후 15년 뒤에 그는 그가 소망하던 논리학과 형이상학 담당의 교수가 되어 말년까지 계속 그 직위에 있었으며, 그 40여 년에 걸친 교수생활을 통하여 위의 두 과목 외에 수리물리학, 지리학, 인류학, 자연과학, 도덕론, 그리고 자연법 등을 강의하였다.

초창기 그의 강의는 학생들에게 조롱을 당하는 일도 있었으나, 그는 스스로 강의법의 연구와 숙달을 이룩하여, 명강의로 이름을 떨쳤다. 다음은 그의 제자인 헤르더의 서간문 중에 나타나 있는 칸트의 강의 장면이다.

> 발랄한 시절의 칸트는 젊은이만이 지닐 수 있는 경쾌함을 띠고 있었다. 곧잘 깊은 생각에 잠긴 듯한, 그의 넓은 이마에는 명랑한 희열이 사라지지 않았으며, 그의 입술을 타고 쏟아지는 심원한 사상의 달변

에는 해학과 재치와 변덕 같은 것이 떠날 줄을 몰랐다. 한마디로 그의 교훈적인 강의는 큰 즐거움의 통로였다. 누구에게나 가벼운 마음으로 어느덧 스스로 명상에 잠기지 않을 수 없게 하였다.

칸트의 사생활에 있어서 또 하나의 중요한 이야깃거리로 되는 것은 정해 놓은 일과를 마치 기계처럼 지켜나갔다고 하는 것이다. 이에 대한 어느 전기 작가의 말을 인용해 보자.

> 잠자리에서 일어나 커피를 들고, 집필을 하고, 강의안을 읽은 다음, 식사를 하고 산책을 하는 등, 모든 것이 정해진 시간에 따라서 행하여졌으므로, 이웃 사람들은 회색 연미복을 걸친 임마누엘 칸트가 스페인 제 스틱을 들고 대문을 나서서, (오늘도 그를 추념하는 뜻에서 철학자의 길이라고 불리는) 보리수가 늘어선 길을 산책하는 것을 보면, 그때가 바로 오후 3시 반이라는 것을 분명히 알 수 있었다. 그는 4계절 중 어느 때나 똑같은 산책로를 여덟아래위로 거닐었다.

칸트가 이와 같이 정확한 시간생활을 행하게 된 근본적인 원인은 그의 건강 때문이었다. 그는 체질적으로 허약한 사람이었다. 그 때문에 학자로서 대성하기를 바랐던 그로서는 무엇보다도 건강관리에 정성을 기울여야 했을 것이다.

그러나 그는 그와 같은 정확한 시간생활, 그리고 산책을 통해서 사색의 세계를 걸었고, 거기에서 자연, 이성, 법의 원리를 터득하였다. 그는 그의 생활을 통해서 선(禪)의 경지에 도달한 것이다.

칸트의 역사철학

칸트 철학은 그의 생활경력으로 보나, 또는 그의 학술활동으로 보나 자연에 대한 관심에서 출발한 것이다. 그것은 그의 시대가 계몽주의 사조가 절정기에 이르렀던 시기에 그가 활동을 하였다고 하는 것을 뜻하는 것이기도 한다. 그러나 그는 당시대의 일반적인 계몽주의 사조가 반기독교적인 것인데도 불구하고 초년 시대에 그의 깊은 관심을 끌었으며, 어느 정도 교양을 갖게 한 것이 경건주의적인 기독교 신앙이었다는 것도 간과할 수 없는 중요한 사실이다.

한마디로 칸트는, 결국에 탈피하기는 하였으나, 기독교 신앙심 위에 계몽주의 사상을 도입하여 자기 나름대로의 형이상학을 확립한 철학자다. 그러므로 그는 역사와 우주를 이해하는 데 있어서 기독교적(특히 아우구스티누스의 신학에 입각한)인 입장을 근본적으로 취하면서도 계몽주의적이고 자연과학적인 그의 사상 때문에 신을 제외하고, 그 대신에 자연을 내세워 대치시키는 입장을 취하게 된 것이다.

칸트의 역사철학은 주로 〈세계 시민적 견지에서 본 보편사의 이념 (Ideen zu einer allgemeinen Geschichte in Weltburgerlicher Absicht, 1784)〉이라는 짤막한 논문 한 편에 집약되어 있다.

칸트는 이 논문의 제명에서도 암시하고 있는 바와 같이, 역사를 하나의 보편적 과정으로 이해함으로써 코스모폴리턴적인 보편사를 주장하였다. 자연현상, 즉 구체적이고 다양한, 그리고 헤아릴 수 없이 많은 수의 현상들로 구성된 자연현상이 그것이 창시된 때부터 무한한 변천을 해 가고 있는 바와 같이, 다수의 그리고 다양한 다종의 인간의 행위들로 구성된 인류(human race)의 역사과정은 자연현상이 따르고 있는 자연법칙에 따라 진행되어 가고 있는 것으로 그는 생각하였다.

다시 말하면, 그는 자연에 대한 그의 이해에서와 마찬가지로, 역사발전의 문제에 있어서도 불변하는 법칙의 원리를 가정하는 데서 출발하였다.

그의 자유의지론에 의하면, 인간의 제반 행위는 다른 자연적 현상(Physical Phenomena)과 마찬가지로, 자연의 보편적 법칙의 통제 아래에 있다. 즉 칸트에게 있어서 역사는 미리 정해진 법칙(pre-arranged law)에 따라 인간성(humanity) 속에서 작용하고 있는 내면적 제 세력들(inward forces)의 외면적 형태이다.

여기서 '미리 정해진 법칙'이란 태양계의 질서와 응집을 가능케 하는 법칙과 같은 법칙이며, 외면적 형태는 인간에 의해서 관찰은 될 수는 있으나, 규정될 수는 없는, 자연 속에서 이루어지는 전체적인 진화과정을 뜻한다. 이것은 통계학에 의해서 해명된다. 생사(生死)나 결혼을 기록한 등기부를 보면, 이러한 사건들이 일기의 주기적 변화와 꼭 같이 자연법칙에 일치되어 발생하고 있음을 알 수 있다는 것이다.

또 칸트는 자연의 여러 가지의 자연현상들로 구성되어 하나의 자연을 이룩하고 있는 것처럼, 역사도 여러 인간의 행위의 연속으로 이루어지고 있는 것으로 생각하였다.

그에 의하면, 홀로 있는 것으로, 그리고 개별적인 것으로 인간의 행위를 보면, 그것들은 지리멸렬하고 무법칙적인 것으로 보인다. 그러나 그들을 연결시켜서 보면, 다시 말해서 개인 행위가 아니라 인간 종족(human species)의 행위로 보면, 그것들은 하나의 계통적인 경향의 흐름을 나타내고 있음을 볼 수 있다.

개별적인 민족이나 개별적인 인간들은 그들 자신의 모순된 목적을 추구하면서 무의식적으로 그들이 감지하지 못한 어떤 과정을 추진시키고 있는 것이다.

여기서 철학자의 과제는 인간의 제반 행위들의 무감각한 흐름 속에서 어떤 의미를 찾아내는 것이며, 그 때문에 아무런 자신의 계획도 추구하지 않는 피조물들의 역사는 어떤 체계적인 형태를 받아들이게 된다. 그리고 이 형태의 실마리는 인간의 자연(성품)의 성향(Predisposition)에 의해서 제공된다고 하는 그의 주장이 성립된다.

또 여기에서, 진정한 철학과 역사에 대한 칸트의 견해가 나온다. 즉 칸트에 의하면, 진정한 철학은 모든 사실들의 역사를 통하여 어떤 사실의 다양한 형태를 추적하는 것이고, 역사는 철학과 같이, 시간을 통한 지속적인 과정의 일부로 최종적으로 문명과 자유를 지향하고 있는 것이다.

칸트는 이상과 같은 그의 보편사의 원리를 9개의 명제에 대한 해설을 통하여 단계적이고, 논리적으로 설명하고 있다. 그것을 종합하면, 모든 자연은 자신의 특유한 능력을 지니고 있으며, 그 능력을 실현해야 한다는 목적을 위해서 존재하고 있는 것이다.(제1명제)

그리고 자연의 일종인 인간도 다른 자연물과 마찬가지로 능력을 지니고 있으며, 그것을 발휘해서 이룩할 목적을 지니고 있는데, 그 능력은 이성이다.

그러나 아무리 인간은 이성이라는 특유한 능력을 지니고 있다고 해도, 개인의 이성만으로 그 목적을 완수할 수 없고, 여러 종류의 이

성을 동원한 역사적 전개과정을 통해서만, 그 완수가 가능하다.(제2의 명제)

자연은 그의 의지를 여러 가지 종류(諸種)의 자연의 능력 발휘, 목적 추구를 통해서 실현되는데 인간의 자연성은 이성과 그 이성에 기초를 둔 의지의 자유다. 즉 자연은 인간의 이성과 그것에 기초를 둔 의지의 자유를 통하여, 그것의 목적을 수행해 가고 있는 것이다.(제3의 명제)

그런데 인간의 의지의 자유들 간에는 상호 적대 관계(antagonism)가 성립될 수밖에 없다. 자연은 이러한 인간들의 적대관계를 이용하여 인간들에게 심어져 있는 모든 능력을 발휘시키고, 그렇게 해서 자연은 자신의 최종적 목적을 실현시켜 가는 것이다.(제4의 명제)

여기에서 칸트의 사회 발전이론은 성립하는 것이다. 즉 칸트에 의하면, 인간들의 적대관계는 인간의 사회성(Sociability)과 그의 이기심(利己心, Selfishness) 간의 내적 갈등에 의해서 성립되는데, 이 두 가지의 갈등이 사회발전의 근거가 된다는 것이다.

즉 인간은 타인들과의 교제를 통해서 자신을 사회화시키려는 경향(성향)을 지니고 있지만, 그러나 그는 반사회적인 힘에 의하여 이끌려져 가고 있다는 것이다.

이처럼 칸트는 소위 인간의 모순된 자연적 성향의 흐름(a stream of tendency)과 '자연의 목적(a natural purpose)'을 일치시키고 있다.

또 칸트는 이렇게 말한다. "인간은 조화를 희구한다. 그러나 자연은 인간 종족들을 위해서 무엇이 더 좋은 것인가를 더욱 더 잘 알고 있다. 그리고 그 자연의 의지는 불화를 갖도록 한다. 자연은 그의 목적을 실현하기 위하여 인간이 원하지 않는, 더구나 인간을 악으로 몰고 가는 비사회성(Unsociableness)과 일반적 적대 관계를 조정하는 것이다."

다시 말하면, 칸트는 사회의 발전, 역사의 발전을 인정하고 있는데, 그것은 인간의 개성과 사회 속에서 전개되고 있는 이기심(selfishness)과 이타심(altruism)간의 투쟁―개인주의(Individualism)와 집단주의(collectivism)간의 투쟁을 통해서 이루어진다고 했다. 여기서 전자의 요소는 진보를 낳고 후자의 요소는 질서를 낳는다. 그리고 문명이란 이 두 가지 요소의 통합(Union)이다.

그러면 그 자연이 지향하는 최종적인 목표는 무엇인가?

칸트는 자연이 추구하는 사회발전의 최종적 형태를 법에 의하여 보편적으로, 그리고 정당하게 통치되는 시민사회로 보았고, 그것을 건설하는 것이 인류에게 주어진 최종적인 과제라고 하였다.(제5의 명제)

그러나 이러한 시민사회를 건설한다고 하는 인류에게 주어진 과제는 인간에게 있어서 가장 해결하기 어려운 것이다. 그러므로 그 과제의 해결은 인간사의 발전과정이 최종적인 단계에 이르렀을 때에 비로소 가능한 것이다.(제6의 명제)

왜냐하면 인간은 동물이다. 이기심과 동물적 본능에 따라 움직이는 동물이다. 이러한 인간으로 구성된 사회에는 필연적으로 갈등과 혼란이 있을 수밖에 없다. 이러한 갈등과 혼란이 없게 되려면, 그것을 제압하고 그 사회를 통솔해 나가야 할 지도자가 있어야 한다.

그런데 그 지도자라고 하는 자도 인간이다. 이기심과 동물적 본능을 지니고 있는 인간이다. 그러므로 그는 사회를 이끌어 가도록 그에게 주어진 권력을 자기의 이기심과 동물적 본능을 충족시키기 위해서 남용한다. 이러한 상태에서 시민 사회를 건설한다는 인류의 과제는 해결할 수 없는 것이 된다.

이러한 과제, 즉 완전한 시민적 제도의 확립이라는 과제가 해결되기 위해서는 국가와 국가 사이에 법에 따른 외적 관계의 규정이라는 과제가 해결되어야 한다.(제7의 명제)

이것은 칸트가 생각해 낸 국제연맹인데, 이것은 칸트의 이상적인 완전한 국가, 즉 완전한 시민사회를 뜻하는 것으로, 여기서는 최대의 창조적 개인주의가 질서를 유지하기 위한 최소의 국가 통제와 연결된다. 즉 이 사회에서는 제아무리 국가가 자유를 허용한다 하더라도 아무리 자유의 한계를 엄격하게 규제하는 것과 꼭 같이 느껴지게 되는 사회이다.

이러한 사회를 형성하는 것은 정치가들의 과제다. 그리고 이러한 사회가 이룩되면 영구적인 평화(Perpetual peace)가 이룩된다. 이러한 이론에 입각해서 칸트는 '전쟁의 포기는 이상적인 문명국가 실현의 요체다.'라고 주장하였다.

그러나 이러한 국가의 형성은 하나의 이상일 뿐이다. 그것을 건설하여야 하는 것은 인간인데, 인간은 앞에서 논한 바와 같이, 이기심과 동물적 본능을 가지고 타인과 투쟁관계를 맺지 않을 수 없는 것이다.

여기서 칸트의 윤리이론은 성립된다. 즉 그가 설정한 이상의 사회의 건설을 위해서 인간은 이기심이나 동물적 본능에서 탈피하기 위한 윤리적 생활을 하여야 된다. 그리하여 이상사회가 형성되었을 때,

인간은 그의 자유를 규제하는 법이 없더라도 스스로 사회 질서를 파괴하지 않는 윤리생활을 할 수 있는 단계에까지 인간은 윤리적으로 교육이 되어야 한다. 이러한 의미에서 칸트의 역사발전과정은 동시에 인간의 윤리적 교육 과정이기도 하다.

이와 같이 역사의 최종 목표인 이상사회의 건설은 인간이 스스로 윤리적으로 교육되고, 사회의 순화를 통하여 이룩되어야 하는 것이지만, 그러한 목적의 실현은 어느 특정한 인간이나 인간의 그룹에 의해서 이루어질 수 있는 것이 결코 아니다.

칸트에 의하면 그것은 자연 자체의 계획이며, 자연 법칙에 따라 이루어지는 것이다. 즉 칸트에게 있어서 인류(human race)의 역사는, 전체적으로 볼 때, 내적으로나 외적으로(내적인 것을 위한 것이지만) 완전한 정치제도, 이를테면 여기에서는 자연이 인류에게 심어놓은 모든 능력들이 완전히 현현될 수 있는 유일한 국가, 그리고 그 안에서는 모든 인간의 완전한 윤리적 생활이 이루어지는 국가를 만든다는 자연의 숨은 계획을 실현하는 과정으로 생각될 수 있다.(제8의 명제)

이상에서 언급한 칸트의 역사사상을 돌이켜 볼 때, 그것은 아우구스티누스의 것과 매우 유사하다. 그 근본적인 차이가 있다고 한다면, 아우구스티누스의 역사관 중에서 언급되고 있는 신의 개념을 칸트는 자연이라는 말로써 대치해 놓았다는 것뿐이다.

그 이유를 따지자면, 앞에서 언급한 바와 같이 칸트는 원래 초년기에 기독교 신앙에 깊이 영향을 받았고, 학문적인 입장에서 자연과학 계통의 것을 답습한 사람이기 때문이라 할 수 있을 것이다. 어쨌든 칸트의 역사관과 아우구스티누스의 역사관은 충분히 도표로서 비교해

아우구스티누스	칸트
신	자연
신의 의도 계획 섭리	자연의 의지 계획 자연의 법칙
천상도시와 지상도시의 대립	사회성과 비사회성의 대립
인간의 자유의지 선악의 개념이 없어지는 천상도시의 실현	인간의 자유의지 이기심이나 동물적 본능이 초극되어 완전 자유 (아무리 자유를 누려도 질서를 파괴하지 아니하고 아무리 자유를 규제해도 부자유를 느끼지 않는 국제연맹의 실현) - 영구적 평화(Perpetual Peace)

도 타당한 정도다.

우선 칸트는 코스모폴리턴적인 보편사의 성립과 그 형성이 가능하다고 믿음으로써(제9의 명제) 태초로부터 시작해서 종말에 이르는 하나의 커다란 과정으로 역사를 이해한 아우구스티누스의 기독교적 역사관과의 일치점을 보이고 있다.

다만 그는 앞에서도 언급한 바와 같이 기독교적 역사관에서 신의 개념을 배제하고 대신에 자연을 역사의 주체로 보았다는 것이다. 여기에서 그는 아우구스티누스 사관에 있어서의 신의 의도·신의 계획·신의 섭리를 자연의 의지·자연의 계획·자연 법칙으로 대치시켰고, 천상도시와 지상 도시의 대립투쟁관계를 사회성과 비사회성의 대립으로 전환시켰고, 그리고 신의 계획이 완전히 실현된 상태, 즉 인간계에 있어서 선악의 개념이 없어지는 천상도시의 실현을 사회의 부조리와 모순의 원인이 되는 인간의 이기심과 동물적 본능이 완전히 순화되어 인간에게 완전 자유, 아무리 자유를 누려도 사회질서를 파괴함이 없고, 아무리 사회가 개인의 자유를 규제해도 부자유를 느끼지 않는 이상적인 사회, 즉 국제연맹의 실현으로 바꾸어 놓았다.

한편 칸트는 헤겔의 역사철학에 직접적인 영향을 주었다. 역사를 제 사건의 비유기적(非有機的)인 집합으로 보지 아니 하고, 아프리오리(a priori, 先驗的)적인 사유에 근거하여 역사를 하나의 유기적인 어떤 것으로 보고, 그 유기적인 진행과정상에서 전개되는 인과(因果)관계를 밝힘으로써 헤겔의 변증법적 역사발전론의 단서를 마련해 주었다. 한 마디로 칸트는 신을 자연으로 대치한 아우구스티누스의 역사관을 받아 들여, 헤겔에게 전승시켜 근대 역사사상의 절정을 이루게 하였다.

헤겔의 역사철학 강의

비코의 영향을 받은 헤르더에서 비롯된 독일의 낭만주의적 역사철학은 칸트를 거쳐 헤겔에서 그 완성을 보게 된다.

칸트의 철학은 그 시작이 자연철학에 있었기 때문에, 인간의 생활로 이루어진 역사를 취급함에도, 자연을 주체로서 생각하였다. 그뿐만 아니라, 역사의 과정까지도 자연법칙과 연결시켜서 생각하였다. 이에 대하여, 헤겔은 칸트의 자연을 대신해서, 인간의 정신을 주체로 생각하여, 역사를 인간정신의 역사로 생각하였다. 그렇게 함으로써 헤겔은 현대 역사철학을 완성시켰다.

헤겔의 생애

헤겔(Hegel, Georg Wilhelm Friedrich)은 1770년 8월 27일 슈투트가르트(Stuttgart)에서 경건한 프로테스탄트인 세무관리의 아들로 태어났다. 그는 슈투트가르트 문법학교를 거쳐서, 그의 부모의 소망에 따라, 목사가 될 생각으로 투빙겐(Tübingen) 대학에 입학하였다. 여기서 그는 2년간 철학과 고전을 배웠으며, 그의 초년 철학에 심대한 영향을 끼친 셸링(Schelling)과 친교를 맺었다. 이때에 그는 신학과정을 밟았지만, 그 선생들의 지나친 교권주의에 실증을 느껴 신학을 제쳐놓고, 철학에 더 몰두하였다. 졸업 후에도 그는 그가 자격을 소유하고 있는 성직(ministry)에 취임하지 않고, 철학과 그리스 문학 연구를 위한 여가를 얻고자 생각하여 가정교사가 되었다.

그리하여 그는 3년간 가정교사 생활을 하면서 베른(Bern)에서 살았는데, 여기서 좋은 도서관을 출입할 수 있어, 장래를 위하여 자유스러운 시간을 가졌다. 이때에 그는 기번(Edward Gibbon)의 《로마 제국의 멸망역사》와 몽테스키외의 《법의 정신》을 읽고 크게 감명을 받았다.

그 뒤, 그는 부친의 사망으로 6,000마르크의 유산을 받았는데, 이것으로 그가 원하던 학문연구에 전념할 수 있었다. 헤겔은 친구인 셸링의 권고에 따라 바이마르 근교에 있는 예나(Jena) 대학에 논문을 제출하고, 그것으로써 사강사(私講師)에 취임할 수 있었다. 이로써 헤겔은 당시 그 곳의 역사학 교수였던 쉴러(F. Schiller), 철학 강의를 담당하였던 피히테(Fichte)와 셸링 등과 친교를 맺고, 더불어 강의를 하면서, 그의 사상을 정리해 갈 수 있는 기회를 얻었다. 여기서 헤겔은 피히테를 통해서 칸트의 철학을 전수받았고 쉴러를 통해서 역사를 배웠다.

헤겔은 1801년부터 1806년까지 예나대학에 봉직하면서 셸링과 함께 '철학비판 잡지'를 출판하기도 하였다. 그러나 1806년 나폴레옹군의 점령으로 예나대학은 폐쇄되자, 헤겔은 포성을 들어가며 그의 첫째 거작인 《정신 현상학(Phänomenologie des Geistes)》 원고를 들고 피난을 하지 않으면 아니 되었다.

이때에 그는 직접 나폴레옹을 목격하였는데, 그때의 느낌을 이렇게 표현하고 있다.

> '말에 올라 앉아 세계를 넘나 보면서 이를 송두리째 지배하고자 오직 한 가지 일에만 몰두하는 위대한 개인을 여기서 바라본다는 것은 실로 말할 수 없는 감흥을 주는 것이었다.'

그 후 그는 뉴른베르크의 고등학교 교장(1806~1816)과 하이델베르크대학 교수(1816~1818)직을 거쳐서, 피히테가 죽자, 그의 뒤를 이어 베를린 대학 교수가 되었고, 1829년부터 1830년까지는 동 대학의 총장을 역임하기도 하였다.

그는 비록 말솜씨가 매우 서투르고 말하는 도중 간간히 막히기조차 하는 언어 표현의 장애를 가지고 있어서, 일생을 통해서 그를 괴롭히는 요소가 되었지만, 그의 철학 강의는 당시 프러시아의 많은 저명인사들에게 감명을 주었으며, 드디어는 프러시아의 국가 철학자(Preusschen Staatsphilosoph)로 공인된 독일 철학의 태두가 되었다.

헤겔의 역사철학의 사상적 배경

헤겔의 역사철학을 담고 있는 책은 헤겔의 생전에는 출간되지 못하였다. 그는 전 후 5회에 걸쳐서 베를린 대학에서 역사철학을 강의하였지만, 이것을 출판할 수 있는 기회를 얻지 못하고 콜레라에 걸려 죽고 말았다. 그러므로 헤겔의 역사철학이 후세에 전하게 된 것은 그의 제자인 에두아르트 간스(Eduard Gans, 1788~1838)의 손에 의해서 집필된 것에 의해서다.

헤겔의 사상적 편력은 칸트의 것과 약간의 유사성을 지니고 있다. 우선 헤겔은 칸트와 마찬가지로 신학을 지망했다가 신학 교수들의 교권주의에 저항감을 느껴 그것을 포기하고 철학에 몰두하였고, 그러면서도 다 같이 아우구스티누스적인 철학체계에 자신들의 철학을 접근시켜 가고 있다는 점에서 그렇다.

그러나 그 깊이에 있어서는 두 사람이 좀 다르다. 물론 헤겔이 칸트 철학의 전수자이고, 또 헤겔의 철학이 칸트의 철학 없이는 있을 수 없는 것이겠으나, 기독교에 관한 한, 헤겔은 칸트에 비하여 더 가까이, 그리고 더 구체적으로 접근해 있었다.

이 점을 브리타니카에서는 헤겔의 칸트주의로부터의 해방(Emancipation from Kantianism)이라 표현하고 있다. 즉 헤겔은 기독교 교회는 거부하였지만, 기독교 신학 자체를 부인하지는 않았다. 오히려 그의 정신철학은 기독교 신학의 성령(Holy Spirit)의 원리에 의해서 자극받은 것이다.

그는 인간의 영혼(Spirit), 인간의 이성은 주님(Lord)의 촛불이라 하였다. 이처럼 헤겔의 이성에 대한 신앙은 종교적 근거를 가지고 있는 것으로, 그것은 그의 모든 저작에 활력소가 되고 있는 것이다.

이처럼 헤겔의 사상은 애초부터 기독교 사상의 깊은 영향을 받고 있는 것이다. 때문에 헤겔은 자연과학의 영향을 깊이 받고 있는 칸트의 사상과는 방향을 달리하고 있는 것이다.

헤겔의 역사철학이 칸트의 것에 비하여 탁월성을 지니고 있는 것은 바로 이점 때문이다. 역사학은 그 자체가 자연과 구별되는 인간의 생활과, 그것을 통해서 생겨난 사실사건을 대상으로 하는 것인 데 비하여, 자연과학은 비역사적인 자연을 대상으로 하는 것이기 때문이다. 이런 점에 있어서, 칸트와 헤겔의 관계는 마치 데카르트와 비코의 관계와 유사하다.

헤겔이 칸트에 비해서 기독교 신학을 바탕으로 하고 있다고 하는 것은, 헤겔이 칸트에 비해서 그가 더 아우구스티누스의 사상에 접근해 있었다고 하는 말로도 될 수 있다.

칸트가 역사철학의 체계만을 아우구스티누스에게서 본받았다고 한다면, 헤겔은 그 체계는 물론 그 체계 속에서 작동하고 있는 요소들에 대한 견해까지도 아우구스티누스의 것과 유사하다. 다만 헤겔은 아우구스티누스의 사상에 비코에게서 산출된 역사 속에서의 휴머니즘적 요소를 첨가했다. 헤겔의 역사철학을 편집·집필한 에두아르트 간스는 헤겔의 역사철학이 성립된 배경을 설명하는 과정에서 다음과 같이 피력하고 있다.

> 18세기 초두까지 우연적인 사건의 계기로 간주되든가, 혹은 신앙상의 문제이어서 인간에게는 알 수 없는 신의 일로 간주되고 있었던 역사의 근저에, 비코는 근원적인 법칙과 이성이라고 하는 사상을 부여하려는 기도를 시작하였다.

여기서 간스 교수는 아우구스티누스에 의해서 '신의 일'로 간주되었던 역사의 진전 원리를 법칙과 이성의 일로 대치시킨 비코의 사상을 헤겔이 흡수하고 있는 것으로 간주하였으며, 또 '역사철학은 자연, 정신, 법률, 예술이라고 하는 것들의 로고스(logos)가 있는 것과 같은 의미에서 역사의 로고스를 서술한다고 하는 것을 본분으로 삼는 것이다.'고 하였다. 그리고 아우구스티누스가 신의 섭리라는 역사의 로고스를 설정한 것과 같이 헤겔이 '역사의 로고스'를 설정하고 있음을 지적하였다.

물론 이처럼 헤겔이 역사 속에 내재하면서 역사발전을 주도하고 있는 이른바 '역사의 로고스'를 설정하였다는 것이 반드시 아우구스티누스에게서 유래하는 것 이라고 단정할 수는 없다.

그러나 로고스의 원리가 그리스 철학 특히 신플라톤주의에서 비롯된 것이고, 아우구스티누스가 신플라톤주의에 깊은 영향을 입었고, 또 거기에서 로고스의 원리를 기독교에 도입하여 신의 섭리로 대치시켜, 그의 신학적 역사철학을 발전시킨 것이라 한다면, 어찌했든 헤겔의 역사철학은 아우구스티누스의 그것과 노선을 같이 한다고 보아도 무리는 아닐 것이다.

나는 앞에서 역사사상사에는 대체로 두 개의 주류가 있음을 지적하였다. 즉 사건·사실을 중심으로 하는 계열과 그 사건·사실으로 엮어져서 형성된 흐름. 즉 어떤 원리나 로고스에 따라서 어떤 본체를 이루고 있는 것으로서의 역사를 가정하고, 그것의 진면목에 접근하려는 학풍이 있다.

그렇다면 헤겔은 말할 것도 없이, 후자에 속하는 사람이다. 어차피 일반적 의미의 역사학자가 아니라, 철학자로서의 헤겔에게는 이것이 극히 타당한 일이다.

역사학의 3구분

앞에서 말한 바와 같이 헤겔은 철학자적인 역사학자이지만, 그는 단지 역사를 추상적이고 철학적으로 이해하거나 또는 그것의 도식화로 끝낸 사변적인 역사학자만은 아니다. 헤겔은 누구보다도 역사적 사실과 역사학 자체에 대하여 해박한 지식을 소유하였던 사람이다.

그러기에 그는 칸트나 헤르더와 피히테 등이 그랬던 것처럼 역사를 그들의 철학을 위한 자료, 또는 대상으로 삼기 위해서 그것에 관심을 보낸 것이 아니라, 역사학 자체를 위해서 역사에 관심을 가졌던 것이다. 오히려 그의 역사철학은 그의 모든 철학의 귀결이기까지 하다.

다시 말하면 그가 전 생애를 통해서 이룩한 철학, 인간과 인간 사회에 대한 철학—정신철학, 사회철학, 법철학, 국가론 등은 그의 역사철학을 위한 전제 조건이 된 것이다.

우선 헤겔은 역사서술의 형태를 사학사적으로 구별·분석·이해하는 데서 그의 역사철학을 시작하였다. 그에 의하면 역사 고찰의 종류는 다음 3가지로 구분된다.

첫째, 근원적 역사(die ursprungliche Geschichte)다. 이것은 본서의 제2장에서 언급된 헤로도토스나 투키디데스 등의 역사학을 뜻한다. 여기서 역사가란 자신이 직접 눈으로 사건의 현장을 보거나, 또는 자신도 그 행위에 가담하여, 그 사건이나 행위, 정세 등에 대한 기록을 하는 사람이며, 이렇게 해서 얻어진 기록물을 역사라고 하는 것이다.

이러한 역사를 오늘날 우리는 원천사료로 취급하고 있는 것이며 동양이나 우리나라에서 이것은 사관(史官)의 일이며, 실록이다. 그런데 이것을 헤겔은 '이를 서술한 역사가들은, 무상하게 사라져버리는 재료를 결합하여서 이것을 기억의 전당 안에 안치하여 그것을 불멸의 것으로 한다.'고 표현하고 있다.

어쨌든 헤겔이 말하는 이 근원적 역사는 역사학의 기초가 되는 것이며, 광부에 의해서 채굴된 원광이 없이는 강철이 나올 수 없듯이, 이러한 역사가 없이는 어떠한 종류의 역사도 있을 수 없는 역사학의 근원이기도 하다.

이에 속하는 역사가로서 헤겔은 헤로도토스와 투키디데스 이외에 《일만 인의 퇴각기》를 쓴 크세노폰(Xenophon), 《갈리아 전기》를 쓴 카이사르(Caesar), 중세의 교회의 연대기 작가들, 그리고 르네상스시대의 귀치아르디니(Guiciardini) 등을 들고 있다.

둘째, 반성적 역사(Die reflektierte Geschichte)다. 이것은 주로 로마시대에 폴리비오스나 리비우스 등에게서 시작된 것으로 사건·사실 자체를 조사·탐구해서 기술하는 것이 아니라, 역사가 자신의 정신, 즉 그 사건·사실이 발생했던 시대를 초월한 역사가 자신의 정신에 입각해서 사료를 수집하고 그 사료를 역사가의 정신에 알맞게 가공해서 쓰는 역사를 말한다.

그러므로 이 역사에 역사가의 어떠한 목적하에서 세계의 발전을 묘사하고자 서술되는 보편사와 교훈적 목적에 입각해서, 즉 동양식으로 말하면 온고지신(溫故知新)이나 귀감(龜鑑)으로 쓰이어지는 실용적 역사(die pragmatische Geschichte)와 역사의 역사, 그리고 역사적 설화의 비평 및 그것의 진실성·확실성의 연구인, 즉 비평의 자료로서 과거의 사실을 활용하는 비판적 역사(die Kritische Geschichte), 그리고 인간생활의 특수 부문의 발전과정이나 과거 사실을 취급하는 예술사·법률사·종교사 등의 전문적 역사(die Spezialgeschichte)가 있다.

세 번째 형태의 역사는 철학적 역사(die philosophische Geschichte)다. 헤겔의 역사철학은 이에 속하는 것인데, 여기서 대전제로 되는 것은 인간이 다른 동물과 구별되는 것은 인간이 사유하는 동물이라는 것, 헤겔의 말을 빌리면, '감각에 있어서나, 지식과 인식에 있어서나, 충동과 의지에 있어서나, 그것이 인간적인 것인 한, 거기에는 사유가 포함되어 있다'는 것이라는 것이다. 즉 인간은 사유하는 존재이며, 그 사유를 통해서 역사를 창조하는 것이다. 그러므로 우리가 그 역사를 이해하려면 그 사유를 이해하지 않으면 아니 된다. 그런데 우리는 인간의 사유행위를 철학이라 한다. 그러므로 사유의 역사는 철학적 역사라는 말로 이해할 수 있다.

아우구스티누스의 역사철학과의 비교

여기에서 헤겔의 역사철학은 비롯되는 것이다. 즉 역사는 사유의 역사이고, 사유의 주체는 이성이다. 헤겔의 말을 빌리면, '이성이 세계를 지배하고 있으며, 세계사도 역시 이성적으로 진행되어 가고 있다. 그리고 이성은 실체이며, 모든 현상은 이성에 의해서, 이성 안에 그의 존재와 존립(근거와 지반)을 가지고 있다. 따라서 헤겔에게 있어서 역사학은 역사 속에서 이성이 어떻게 존재해 왔으며, 어떻게 작용하여 왔는가 하는 것을 파악하는 것이다. 그러므로 헤겔은 그의 청강자들에게 다음과 같이 이성에 대한 신념을 가질 것을 호소하고 있다.

> 여러분들! 원컨대 여러분들 중에서 아직도 철학에 통달하지 못한 분들은 이성에 대한 신념을 가지고, 이성의 인식에 대한 갈망을 가지고, 이 세계사의 강의에 임해 줄 것을 바랍니다.
> 물론 각종 학문연구에 있어서 주관적인 요구로서 전제되지 아니하면 안 될 것은, 이성적 통찰과 인식에 대한 요구입니다. 단순한 지식의 수집에 그쳐서는 안 됩니다. 즉 사상을, 이성의 인식을, 미리 가지고 세계사에 임하지는 못한다 할지라도, 적어도 세계사 안에는 이성이 존재한다고 하는 확고부동한 신념, 또 지성과 자의적 의욕의 세계란 우연에 맡겨질 수 있는 것이 아니고, 자각적 이념의 광명 안에서 자기를 틀림없이 나타낼 것이라고 하는 신념을 가져야 할 것입니다.

여기에서 우리가 명백히 해야 할 것은 헤겔이 말하는 이성이 무엇인가 하는 것이다. 헤겔의 이성을 우리는 대체로 2가지로 분류해서 생각할 수 있을 것 같다. 그 하나는 인간 개개인이 지니고 있는 인간적 이성이고, 또 하나는 그 인간들의 생활로 연결되어서 이루어진 세계사의 이성이다.

여기서 세계사의 이성이란 헤겔 자신의 말을 빌리면, '섭리가 세계를 지배하고 있다고 하는 종교적 진리의 형태를 취하는 경우이다.' 그리고 인간의 이성이라고 하는 것은 이 세계사의 이성의 실현을 위해서 세계사 속에서 작용하는 것으로, 이것은 인간의 정열·인간의 천재, 인간의 활동력 등으로 나타나는 것의 총칭이니, 이것은 아우구스티누스에서 언급한 바 있는 인간의 자유에 해당한다.

여기서 나는 독자들이 헤겔의 이성론을 이해하는 데 도움이 되도록 아우구스티누스의 섭리이론과 비교하고자 한다.

우선 헤겔은 아우구스티누스가 신이라고 한 것을, 세계사를 지배하는 이성이라 하였다. 그러므로 아우구스티누스가 말한 바, 역사를 통해서 신이 실현하고자 하는 의도·계획·섭리는 헤겔에게 있어서 세계사의 이성, 또는 세계정신의 행정(行程)이다.

그러므로 헤겔은 '이성이 세계를 지배하고 있으며, 지금까지도 세계를 지배해 왔다.'고 하는 명제는, 신의 인식가능성의 문제와 관련성을 가지고 있다고 말하지 않을 수 없다.'고 했고, '세계사의 실체를 이루는 것은 정신과 그것의 발전과정이다.'고 했다.

그리고 세계사의 과정은 세계사의 정신이 스스로 자기 자신을 현현(現顯)시켜 나가는 과정이라 했다. 즉 세계사의 정신은 자신의 미완성적인 현현의 상태에서 보다 완전한 현현의 상태로, 그리고 최종적으로 그 세계사의 정신이 완전히 실현된 상태, 즉 절대 정신이 실현되는 상태에까지 세계사는 발전되어 나가게 된다.

그런데 이 세계사 정신의 이 같은 발전은 개개인의 인간정신의 작용을 통해서 이루어진다. 즉 인간은 다른 동물들과 달리 역사를 창조하는 유일한 동물인데, 인간이 이와 같이 역사를 창조하는 동물이 된 것은 그가 정신을 소유하고 있는 동물이기 때문이다.

그런데 그 정신의 본질은 자유이다. 그의 말에 의하면, '물체는 지구의 구심점을 향하여 작용하는 중력을 가지고 있고, 이와 마찬가지로 인간정신은 자유의지를 지니고 있다'는 것이다.

다시 말해서 세계사의 정신은 이 본질인 인간정신의 자유의지를 교묘하게 활용하여서 세계사 속에서 자신을 현현시키며, 그것을 통해서 자신의 최종적 목적인 절대정신의 실현을 이룩한다는 것이다.

이상과 같은 헤겔의 역사발전론을 우리는 쉽게 아우구스티누스의 것과 비교하여 도표를 만들 수 있다.

아우구스티누스	헤겔
신의 의도 계획 섭리	세계사의 자유
천상도시와 지상 도시의 대립	正(낡은 세력)과 反(새 세력)의 대립
인간의 자유의지	인간의 자유의지
선·악의 개념이 없어지는 천상도시의 실현	正·反·合의 대립, 종합의 개념이 없어지는 절대정신, 절대자유의 실현

변증법적인 세계사의 도정

헤겔에 의하면, 세계사정신의 자기현현으로서의 세계사의 발전과정은 동방세계에서 시작하여 게르만의 서방세계를 향하여 진행되며, 그 과정은 그 세계에 있어서 얼마나 많은 사람이 자유를 인식하느냐에 따른 자유의 발달과정으로 나타난다. 다음은 이에 관련된 그의 주장이다.

> 동양인은 아직도 정신 또는 인간, 그 자체가 그 자체로서 자유라는 것을 알지 못하였다. 그들은 이것을 모르기 때문에(현실에 있어서) 자

유롭지 않다. 그들은 단지 한 사람(Einer)이 자유라고 하는 것을 알고 있을 뿐이다. 그렇기 때문에 이와 같은 자유는 단순한 자의, 횡포, 둔감, 또는 그 자신 단순한 하나의 자연적 우연, 또는 자의(恣意)에 불과한 열정의 유화(柔和), 순종이다.

그러므로 이 한 사람은 전제군주이지, 자유로운 성인(成人)은 아니다. 그리스인에 있어서 자유의 의식이 비로소 나타났다. 그리고 그 때문에 그리스인은 자유였다. 그러나 그리스인도, 로마인도 다 같이 약간의 사람(Einge)만이 자유라고 하는 것을 알고 있었을 뿐이었고, 인간이 인간 그 자체로서 자유라고 하는 것을 알지 못하였다.

플라톤도, 아리스토텔레스도 이것을 알지 못하였다. 그러므로 그리스인은 노예를 소유하고 그들의 생활과 그들의 아름다운 자유의 유지를, 이 노예의 힘에 의지하고 있었을 뿐만 아니라, 그들의 자유 그 자체도 역시 일면에 있어서는 단순한 하나의 우연적이고 일시적이고 제한된 꽃이었었고, 다른 면에 있어서는 자유는 동시에 인간적인 것, 인도적인 것의 가혹한 예속이었었다.

게르만세계의 제 국민에 이르러서 비로소 기독교 안에서 인간이 인간으로서(모든 인간이 Alle) 자유이며, 정신의 자유가 인간의 가장 고유한 본성을 이루는 것이라고 하는 의식이 획득되었다.

    이와 같이 헤겔에 의하면, 세계사는 그 세계 속에 살고 있는 사람들이 얼마만큼 자유를 가지고 있는가 여하에 따라 그 발전 여부가 규정되는 것이다.

    또 앞에서 인용한 헤겔의 논리를 연장시키면, 전 세계인류가 다 같이 자유를 갖게 될 때, 즉 아무리 개인이 자유를 마음껏 향유한다 해도 사회질서가 파괴됨이 없고, 또 국가가 아무리 통제를 가한다 하더라도 개인의 자유를 침해하지 않는 자유의 단계에 도달했을 때, 비로소 세계사의 정신은 완성이 된, 이른바 절대정신이 실현된, 완전자유의 상태가 된다. 다음의 헤겔 자신의 말을 인용해보자.

> 자유는 자유가 수행하는 자기의 목적이며, 정신의 유일한 목적이다. 사실 또 이 궁극의 목적은 세계사가 이룩하고자 하는 목표이며, 지상의 광대한 제단 위에서, 긴 시간이 경과되면서, 이 목적 앞에 모든 희생이 바쳐진 것이다. 이 목적이야 말로, 전 과정을 일관하여 최후에 실현되어야 할 것이며, 또 일체의 사건과 상황이 변천되어도, 오로지 변함이 없이, 진행되어가야 하는 궁극의 목표다. 또 이 궁극의 목표는 신이 세계사에 구하는 목적이다.

그러면 이처럼 인간정신의 본질이며, 동시에 세계사에 궁극적인 목적인 자유는 무엇이며, 그것은 세계사 속에서 어떻게 작용하여 세계사의 발전을 이루어 나가는가? 이 점에 대해서 헤겔은 다음과 같이 말하고 있다.

'세계사의 행정(行程)의 고찰'이 그것이다. 옛날부터 대체로 역사에 있어서 일어나는 추상적인 변화라고 하는 것은 동시에 '보다 더 나은 것보다 더 완전한 것'에로의 진전을 의미한다고 하는 방식으로 파악되어 왔다.

자연계의 변화는 아무리 다종다양할지라도 순환의 끊임없는 되풀이 이상의 것은 아니다. 자연에 있어서는 '태양 밑에서는 아무런 새로운 것은 없다'라는 것이다.

그리고 이러한 한계 안에서 자연이 연출하는 여러 가지 자태 변화의 흐름은 권태롭다. 새로운 것은 오직 정신의 무대[地盤] 위에서 진행되는 변화 안에서만 생긴다.

이 정신세계에서의 변화현상(現像)은 인간이라는 배우에 의해서 연출되는데, 단순한 자연적 사물에 있어서의 연출과는 전혀 다른 모습을 보여 준다. 즉 자연적 사물에 있어서는 항시 변함없는 일정한 배우만이 등장하고, 어떤 변화도 결국은 모두 동일한 결말로 환원된다.

이에 반하여 정신계에 있어서는 실제로 사물을 변화할 수 있는 능력(手腕, eine wirkliche Veranderungs fäligkeit)보다는 더 나은 것에로의 변화의 가능성―완전성에로의 행동(eine Trieb der Perfektivität)을 보여 준다.

앞에서 인용한 헤겔의 말에 의하면, 자연계의 변화와 정신계의 변화는 다르다. 자연계의 변화는 순환적이고 반복적인 변화이고, 정신계의 변화는 '보다 더 나은 것'보다 '더 완전한 것'에로의 변화다.

그런데 정신계의 이러한 변화가 있을 수 있는 것은 정신의 본질이 바로 그 자체가 처하여 있는 현재의 상황에 대해서 만족하지 않고 보다 더 나은 것, 보다 완전한 것을 추구하는 속성, 즉 자유 의지이기 때문이다.

그리고 세계사의 행정은 이로해서 이룩되어 가는 것이다. 즉 앞에서 인용한 '자유는 자유가 수행하는 자기의 목적이며'라는 말에서 자유가 그의 목적을 수행할 수 있는 것은 그것의 작용이 현재 상태에 만족하지 않고, 보다 완전한 것(자유)을 추구하는 동력에 의해서 이루어지는 것이다.

이러한 정신의 본질로서의 자유의지에 의하여, 세계사의 행정이 이루어진다면 여기에서 도출되는 세계사의 발전법칙은 당연히 변증법적 발전법칙이 된다.

인간 정신은 일단 '자기 앞에서 펼쳐져 있는 역사적 현상(현재에 주어진 현 상황)' 즉 'an sich, 正'에 만족치 아니하고 그것이 아닌 새것(für sich, 反)을 추구한다.

그리고 그 새 것을 이루기 위하여 노력 또는 투쟁한다. 그러나 그 노력이나 투쟁의 결과는 어쩔 수 없이 먼저 있었던 것[正]을 포함하는 것(an und für sich, 合)이 아닐 수 없고, 또 그것은 그 위에서 새로이 태어난 정신에 대해서 또 하나의 '현재에 주어진 현 상황(an sich, 正)'이 아닐 수 없다. 그렇다면, 그 정신은 또 그 상황[正]에 대해 또 새로운 것[反]을 추구하지 않을 수 없게 된다. 이와 같은 정·반·합의 연속적인 반복 과정이 세계사의 발전 원리가 된다.

이를 사실을 들어서 실제 역사에 적용시켜 보는 것은 보다 더 이해를 쉽게 하는 데 도움이 될 수 있을 것이다.

서양 세계의 역사는 오리엔트 문명에서 비롯된다. 오리엔트 문명이 화려한 빛을 발하고 있을 때, 유럽 대륙에서 그리스 민족(아이올리스인·이오니아인·도리아인)이 그 문명의 빛을 향하여 발칸 반도로 왔고, 거기에서 오리엔트 문명을 배우고 또 식민 활동을 통하여 오리엔트 세계에 대하여 도전의 기치를 들었다.

이 두 문명, 즉 정(正)으로서의 오리엔트 문명과 반(反)으로서의 그리스 문명은 페르시아 전쟁을 통하여 대결하였고, 그 결과로서 세계사의 주도권은 1인의 자유인인 전제군주에 의하여 지배되던 오리엔트 세계에서 소수의 자유인에 의하여 지배되는 그리스로 이관[合]되었다.

그러나 이로부터 그리스인은 그 자체가 에게 해 세계를 지배하는 입장에 서게 되었고[正], 여기서 그들은 다시 그들이 야만인(Barbaroi)이라고 멸시하던 마케도니아인들의 도전을 받게 되었다.[反] 여기서 그리스 세계는 마케도니아의 필립 II세에 의하여 붕괴되고 알렉산더에 의한 동방원정을 통한 이른바 헬레니즘[合]의 형성을 보게 된다.

알렉산더의 사망으로 헬레니즘 세계의 통일성은 완화되지만 이 세계에서 현실적 지배권을 장악하고 지중해의 패자로 군림한 것은 페니키아인을 주축으로 하는 카르타고(Cartage, 正)였다. 이처럼 카르타고가 지중해를 석권하고 있을 때, 이에 도전해서 성장의 승세를 타고 있었던 것이 티베리우스 강변에서 조그마한 도시국가로 출발한 로마[反]다.

결국 카르타고와 로마는 일대 접전인 포에니 전쟁(Punic War, 合)을 벌이고 젊고 패기에 찬 로마는 노쇠한 강국 카르타고를 무찌르고 지중해의 지배권을 장악하였다.

그러나 로마는 이에 그치지 않고 더욱 정복의 박차를 가하여 게르만 민족을 첨가하는 고대 문명의 전 세계를 포괄하는 이른바 로마 제국의 세계를 형성[合]하였다.

로마가 이 같은 제국으로 되고, 지중해를 둘러싼 3개 대륙(유럽·아시아·아프리카)의 패자로의 군림하게 된 것은 그리스 이래 추진되어 온 고전적 휴머니즘의 승리요, 또 그 완성이었다.

그러므로 로마 제국에서는 인간인 아우구스투스가 신으로 추앙을 받게 되었으며, 그를 둘러 싼 귀족들은 인간으로서는 최고의 부(富)와 귀(貴)를 누렸다. 이는 소수자의 완전 자유가 실현된 것이었다.

그러나 황제의 신격화와 귀족들의 부귀의 이면(裏面)에는 빈곤과 억압으로 신음하는 빈민계급이 존재하지 않을 수 없었다. 그리고 라인 강과 다뉴브 강변 습지대에서 목가적인 생활을 즐기던 게르만 민족은 로마 제국의 침략으로 로마인에 의한 편파적인 호칭인 야만족(Barbaroi)이라는 소리를 들으며 굴욕과 수모를 겪어야 했다.

그러나 이처럼 로마 제국에 의해서 압박을 당하게 된 두 개의 세력은 그 압박에 자극을 받아 또 하나의 새로운 세력으로 등장하게 되어 로마 제국에 대하여 도전의 기치를 들었으니, 그 하나가 로마 빈민의 상징인 예수 그리스도의 등장이요, 다른 하나가 게르만 민족의 이동이다.

결국 이 두 개의 새로운 세력은 상호 결탁하여 이른바 가톨릭 체제를 형성하여 마침내는 로마 제국을 붕괴시키고, 지중해 세계와 유럽 중·북부를 포괄하는 지역에 게르만에 의한 가톨릭적인 봉건체제의 세계를 형성하였다.

그러나 십자군 전쟁을 계기로 하여 가톨릭은 또 하나의 제국주의로 변모하였고 인간성을 억압하는 폭력자로 인간들(개인들) 위에 군림하였다. 여기서 가톨릭 체제는 또 하나의 정(正)으로서 휴머니즘이라는 반조정(反措定)의 도전을 받지 않을 수 없었고, 그 결과 르네상스라는 또 하나의 합(合)을 이룩하였다. 그러나 르네상스의 결과로 얻어진 휴머니즘의 휴먼, 즉 인간이란 무엇인가? 그것은 가톨릭에서 주장한 휴먼이 보편적 개념으로서 인간을 말하는 것이었는데 비하여, 개별적 인간을 말하는 것이었고 가톨릭 체제와 대결할 수 있는 능력을 소지한 개인, 즉 군주나 이와 능력을 비견할 수 있는 만능의 천재, 이를테면 과학자나 예술가들을 뜻하는 것이었다.

그러나 이들 만능의 천재들의 역할이 군주의 권력을 행사하는 데 필요한 보좌적인 것이었다면, 결국 르네상스를 통하여 얻어진 인간의 승리한 군주의 승리를 뜻하는 것이었다.

이제 르네상스라는 합(合)의 결과로 얻어진 새로운 정(正)은 군주 특히 절대군주체제를 말하는 것이 되었고, 또 이에 반대하는 새로운 세력은 그 군주들이 절대적 군주권을 확립하는 데 있어 재정적 보좌를 맡았던 부르주아지(Bourgeoisie)의 세력이다.

이들 정(正)과 반(反)은 결국 시민혁명을 통해서 합(合)을 이루었고, 영국 산업혁명을 통해서 여실히 나타난 부르주아지의 노동자들 위에서의 군림을 통하여 새로운 정(正)의 성립이 되었다.

헤겔은 역사발전의 논리로서 이상과 같은 변증법적 논리를 제시하고 있으나, 그것을 앞에서 필자가 사례로 들어서 설명한 것처럼 체계적으로 설명하고 있지는 않았다. 따라서 위의 사례적(事例的) 도식(圖式)은 필자 나름대로 이해한 것임을 독자는 충분히 감안해 주기 바란다.

영웅주의사관

헤겔은 예나를 점령해 온 나폴레옹을 목격하고 감명하여 그 느낌을 다음과 같이 표현하였다.

> 말에 올라앉아 세계를 넘나 보면서 이를 송두리째 지배하고자 오직 한 가지 일에만 몰두하는 위대한 개인을 여기서 바라본다는 것은 실로 말할 수 없는 감흥을 주는 것이다.

이것은 헤겔의 영웅사관을 단적으로 표현하고 있는 말이다. 그는 나폴레옹과 같은 영웅적 인물들을 가리켜 세계사적 개인 또는 역사적 인물이라 했다.

그리고 이를 세계사적 개인 또는 영웅(차후 영웅이란 용어를 쓰기로 하자)은 단순히 자기 자신의 삶이나 또는 국가나 민족의 운명만을 목적으로 두고 있는 인물들이 아니라, 세계사적 목적을 수행하고 있는 인물들이다.

카이사르도 이와 같은 영웅인데, 이 영웅은 표면적 또는 외형적으로 볼 때는, 자기 자신의 지위, 명예, 안전을 위하여 싸운 것처럼 보이나 실은 세계사의 진전을 촉진시키고자 하는 세계사의 목적을 수행한 것이다.

예를 들면, 나폴레옹은 그의 야심, 이를테면 그가 젊은 시절 위인전이나 영웅전을 읽으면서 생각한 야심, 또는 자기 아버지가 행하다 실패한 코르시카의 독립을 위한 싸움을 위해서 사관학교를 갔고, 또 프랑스 혁명이 발발하고 제1회 대불동맹이 맺어져 프랑스가 위태롭게 되자, 혁명 정부의 명령에 따라 이탈리아 원정을 떠났다.

이때 나폴레옹은 결코 그가 황제가 되리라 생각지 못했다. 그러나 그는 황제가 되었고 또 혁명전쟁을 다시 침략전쟁으로 성격을 바꾸었고, 그 결과 초기에 나폴레옹을 영웅으로, 또는 구체제로부터 인민을 해방시키기 위해서 나선 해방자라고 생각하던 프러시아인이나 스페인인 등으로 하여금 오히려 그에게 저항하도록 만들었고, 그 결과 프러시아나 스페인에서는 자유전쟁을 수행하였다. 결국 나폴레옹은 자기 자신의 의도와는 전혀 관계없이 프랑스 혁명에서 시작된 자유주의를, 정복과 그에 대한 저항이라는 묘한 관계를 통하여 전 유럽에 확산시켰다. 이것은 영웅 나폴레옹의 행동의 결과로 이루어지기는 했지만, 나폴레옹의 의도가 아닌 세계사의 의도를 실현하였을 뿐인 것이다.

헤겔의 말처럼, 이들 영웅들은 '그들의 목적 안에 이념일반에 관한 의식을 가지고 있지는 아니 하였다. 그러나 그들은 실천가요 정치가였으며, 동시에 시대의 요구와 시대의 추세에 관한 통찰도 하고 있던 사상가였다.'

이들의 생애는 개인적인 입장에서 볼 때, 불행하며 악전고투로 연결된 생애였다. 그러므로 개인적으로는 불행한 사람들이다. 세계사의 정신은 이들의 이 불운하고 악전고투로 연결된 생애를 이용하여 자신을 역사 속에서 현현한다. 그리고 세계사 정신은 이러한 목적이 이루어졌을 때, 마치 꽃을 피우고 씨를 맺은 후에 풀을 말려 버리듯, 그 영웅들을 죽여 버린다. 알렉산더가 이렇게 죽었고, 카이사르가 이처럼 브루투스에 의해 피살되었고 나폴레옹은 센트 헬레나의 고혼이 되었다.

  이렇게 볼 때, 영웅들이 일반적으로 갖는 명예심이나 정복욕은 결코 세계사의 정신 또는 세계 이성이 그의 목적을 실현하기 위하여 그 영웅을 조정하는 충동질이다. 이것을 헤겔은 '이성의 교지(狡智)'라고 했다. 다시 말하면 영웅은 이성의 교지에 이용당하고 있는 것이다.

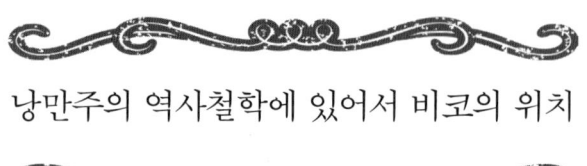

낭만주의 역사철학에 있어서 비코의 위치

우리는 위와 같이 헤겔의 역사철학을 이해하였다. 그런데 중요한 것은 헤겔의 역사철학의 많은 부분은 이미 그보다 100여 년 앞선 비코에 의해서 주창된 것이라는 점이다.

분명 헤겔은 비코의 역사이론을 받아들였고 참고하였을 것인데, 그럼에도 직접 비코에 대한 언급을 하지 않았다. 하기야 그의 저서 《역사철학 강의》가 헤겔이 직접 쓰고 탈고·교정하여 이룩된 것이 아니라, 그의 사후에 그의 제자인 간스 교수가 그의 강의노트를 정리해서 만든 저서이므로 언급을 할 수 없었을 것임을 이해는 할 수 있다.

다만 간스 교수가 그 책의 머리말에서 비코의 이름을 명시하였다는 것으로 헤겔이 비코를 이해하고 있음을 헤아려야 할 것이다. 그러므로 비코의 사상이 어떤 경로를 통해서 헤겔에게 이르게 되었는지를 살펴보는 것은 헤겔을 이해함에 있어서도 크게 도움이 될 것이다.

때문에 필자는 박사학위 논문 〈신이상주의 역사사상〉을 작성하는 과정에서 하나의 장으로서 마련하였으나, 규정 분량의 초과로, 보류하였다가 서울대학교 사범대학 역사교육과의 이원순 교수의 정년퇴임 기념논문집에 기고하였던 부분을 원본 그대로 여기에 전재(轉載)·삽입하여 독자들의 이해를 돕고자 한다.

자연과학적 사고와 인문과학적 사고의 대립 과정

지금까지 서양의 일반적 철학사상을 논의해온 사람들에 따르면, 서양의 사상사는 두 개의 조류, 즉 R. 데카르트에 뿌리를 두고 있는 스피노자, 라이프니츠로 연결되어 칸트에게 이르는 대륙관념론과 F. 베이컨에게서 비롯되어 T. 홉스, J. 로크 그리고 D. 흄을 거쳐서 칸트에 이르는 영국경험론의 2대 조류로 구별해서 생각하는 것이 보통이었다. 그러나 비코의 사상과 그 영향을 이해한다면, 이와 같은 상식은 변경되지 않으면 아니 된다.

비코와 그의 사상계통에서 취급하고 있는 사고의 방법이나 형태, 또는 대상에 비추어 볼 때, 대륙관념론과 영국경험론은 같은 부류의 사상으로, 같은 색깔의 사고형태로 보일 수밖에 없기 때문이다.

주지하는 바와 같이, 데카르트적 사고의 형태나 베이컨의 사고형태는 그것들이 연역적 논리에 입각한 것이냐? 귀납적 논리에 의한 것이냐? 에 따른, 논리학적 의미에서 구별되는 것이다.

그러나 그것들이 다 같이 수학적 원리나 직접경험 직접체험을 강조하는 자연과학적 사고를 중요시하여, 심지어 인간사의 문제, 이를테면 정치, 사회, 경제 등에 관한 문제에 이르기까지, 수학적 공리에 맞추어 생각하고, 또 수학적으로 공식화시키는 것을 이상으로 생각하는 학문적 경향을 지니고 있었다는 점에서, 그것들은 같은 길을 걷는 학파들이라고 해야 맞다.

그러나 비코의 사상은 처음부터 이들과 궤를 달리하였다. 그뿐만 아니라, 이 같은 자연과학적 사고에 반기를 들고, 이른바 인문과학적 또는 역사과학적 사고를 개창한 것이다.

따라서 사고의 근본적인 패턴을 놓고 볼 때, 서양사상사의 흐름은 논리적 방법론에 의해서가 아니라, 사고의 근본적 방향에 따라 분류되어야 하며, 또한 서양사상사는 자연과학적 사고와 인문과학 또는 역사과학적 사고의 2대 조류로 이해되는 것이 마땅할 것이다. 실제에 있어서도 이에 따라 명백히 구별되는 사조의 특징을 우리는 쉽게 찾을 수 있다.

자연과학적 사고의 결실로서의 계몽주의운동이 일어났으며, 인문과학적 역사과학적 사고의 결실로서의 낭만주의운동이 일어났다는 것이 그것이다. 이런 점에서 데카르트와 베이컨이 계몽주의의 기초자라 한다면, 비코는 낭만주의의 원조로서의 위치를 갖는다.

그런데 J. W. 톰프슨(Thompson)이 지적하고 있는 바와 같이, 낭만주의는 비역사적 논법, 합리주의의 형식논리의 반작용이었다. 따라서 역사학적 입장에서 볼 때, 낭만주의는 역사학의 재생이라 할 수 있다. 그러므로 이거스(G. G. Iggers)는 역사주의를 18세기의 계몽주의, 특히 그중에서도 자연법의 원리에 대한 독일인들의 반작용으로 보았다. 이에 따르면 낭만주의와 역사주의는 동일한 것으로 볼 수 있고, 이 때문에 비코는 낭만주의의 원조이면서 동시에 역사주의의 원조가 되는 것이다.

19세기의 낭만주의 운동의 여명을 알리는 나팔수이며, 이 시대의 도래를 예언한 예언자이며, '문지기'는 헤르더였다. 헤르더는 원래 칸트의 제자로서, 그의 자연철학적 사상을 교육받은 사람이다. 그러나 계몽주의에 대한 비평가인 하만(Haman)과 친밀한 교제를 갖게 되면서, 지나친 합리주의에 반감을 느끼고 있었고, 그러던 차에, 비코의 《신과학(Scienza Nuova)》을 접하는 기회를 가져, 그가 낭만주의와 역사주의의 원조임을 밝힌 사람이다.

그뿐만 아니라, 헤르더는 그의 스승인 칸트에게, 그의 역사철학을 전달하여, 그 이전까지 오로지 자연철학적 입장에 서 있던 칸트로 하여금 역사사상에 관심을 갖도록 만들었다.

이런 점에서 헤르더는 비코에서 비롯된 인문과학적 또는 역사과학적 사조를 계몽주의의 완성자인 칸트에게 전달하고, 그렇게 함으로써 독일 낭만주의의 꽃이라 할 수 있는 헤겔의 역사철학이 있을 수 있게 한 중개인이었다고 해야 할 것이다.

그러므로 헤르더, 칸트 그리고 헤겔 및 마르크스를 비롯한 헤겔학파에 속하는 사상가들에게서 비코의 사상적 영향, 또 그 흔적을 살펴보는 것은, 비코의 사상을 이해하는데 있어서나, 또는 그의 사상이 현대사상 속에 어떻게 전승되어 들어오고 있는지를 이해하는데 도움이 될 것이다.

비코와 낭만주의

필자는 비코의 역사사상에 대한 연구에서 그의 역사사상이 대개 5가지 요점들로 요약될 수 있다는 결론을 얻었다. 따라서 본고는 그 요점들을 낭만주의 사상가들의 사상에 투영시켜봄으로써, 그 속에 비코의 요소가 얼마만큼 어떻게 포함되어 있으며, 표현되고 있는가 하는 것을 살펴보는 방법을 취하고자 한다. 비코의 역사사상을 요약하면 대개 다음과 같다.

첫째, 비코의 인식방법이다. 그는 'Verum ipsum factum(진리는 창조되는 것과 동일하다.)'는 명제를 내세워, 신이 창조한 것은 신만이 인식할 수 있고, 인간은 인간이 창조한 것만을 인식할 수 있다는 인식론적 주장을 펼쳤다.

둘째, 비코의 역사에 대한 생각이다. 실제로 비코는 "역사란 무엇인가?"에 대한 직설적인 답변을 하지 않았다. 그러나 그의 모든 저작은 그것을 전제로 하는 것이다. 그는 'Ideal Eternal History(이상(理想)을 향한 영구적 발전의 역사:필자 의역)'를 주창하여 역사를 인간의 창조적 생활의 연속적 과정으로 이해하였다.

이 원리에 따르면, 그가 생각한 역사는 인간정신의 자기표현 과정이며, 동시에 선험적으로 존재하고 있는 진리가 이와 같은 인간정신의 표현을 통하여 스스로 현현(顯現)되는 과정이다. 즉 진리는 초월적인 존재인데, 이것은 인간정신의 자기표현 과정을 통해서 스스로를 실현시킨다.

그리고 인간정신은 역사상 매시대마다 그 시대의 고유한 특징, 한계성 등을 지니고 표현된다. 그리고 그 표현된 특징에 따라서 역사상 각 시대의 특수성 또는 고유성, 그리고 그 시대 나름대로의 역사적 의미를 갖는다.

이러한 시대적 특징을 중심으로 시대를 구분할 때, 역사는 대체로 야만시대(신화 또는 시적 시대), 영웅시대(형이상학적 시대), 인간의 시대(경험과학의 시대)로 구성되며, 이 3가지 형태의 반복적 과정(동일표현의 반복이 아니 나선형적 순환과정)으로 역사는 진전되어 간다.

셋째는 비코의 사상 속에서 보이는 정신변증법적 논리의 맹아이다. 보통 변증법적 논리의 방식이 소크라테스의 대화의 논리에서 시작되었고, 이것이 역사의 발전이론으로 도입된 것은 헤겔에 의해서라고 알려져 있다. 그러나 실은 이미 비코에 의해서 인간정신이 역사상상에 표현되며, 이에 따라 역사가 진전되어가는 논리로 암시되어 있다.

넷째, 비코에 의하면, 역사의 인식은 각 시대를 산 인간정신에 대한 인식이다. 역사가 창조의 연속적 과정이며, 창조의 주체가 인간정신이며, 역사상 각 시대가 그 인간정신의 특징적 표현이라고 한다면, 역사에 대한 인식은 곧 그 시대 시대를 산 인간의 정신에 대한 인식이다.

다섯째, 비코의 섭리와 역사발전의 관계에 대한 문제다. 한 사람의 기독교인으로서의 비코는 신과 신의 섭리를 절실하게 믿었다. 그에 의하면, 신은 진리 그 자체이며 역사는 이 진리가 인간에게 각 시대적으로 당시대의 상황에서 규정되는 인간정신의 수준 위에서 인식되는 과정이다. 그런데, 인간이 이 진리, 즉 신의 진리를 인식하기 위해서는 신과 인간 사이에 있는 넓은 간격(Gulf)에 교량이 있어야 하는데, 그것이 바로 섭리다. 절대 진리로서의 신은 섭리를 통하여 그 진리를 인간에게 전달하고, 인간은 섭리를 통하여 매시대마다의 특징적인 진리를 터득하게 된다.

비코와 헤르더

비코는 죽은 지 50년이 지나도록 유럽 사상계에서 그의 이름을 기억해주는 사람이 거의 없었다. 그처럼 불우한 철학자를 일약 유럽 사상계의 총아로 만들어 놓은 사람이 바로 헤르더였다. 이 점을 생각할 때, 비코와 헤르더의 관계는 순치보차(脣齒補車)의 관계라 하지 않을 수 없다. 그리고 이 두 사람은 이거스(G. G. Iggers)가 지적하고 있는 것처럼, 역사주의의 공동원조라는 점에서, 그리고 독일 낭만주의의 원천을 형성하였다는 점에서 중요한 관계를 이루고 있다.

두 사람이 다 같이 언어학에 깊은 관심을 가지고 있었으며, 거기에 그들의 모든 학문과 사상의 뿌리를 두고 있었다는 점에서 공통점을 지니고 있을 뿐 아니라, 역사이론 문제에 있어 헤르더는 대체로 비코의 그것을 답습하고 있다. 그것을 살펴보면 대개 다음과 같다.

첫째, 헤르더는 역사의 발전론에 있어서 비코의 것을 따르고 있다. 우선 헤르더는 역사를 보편적인 인간발달의 과정(Universal human development)으로 이해하려 함으로써 비코가 내세우고 있는 "Ideal Eternal History"의 개념을 답습하고 있으며, 다음으로 그는 역사의 발전과정을 신의 자기현현 과정으로 봄으로써 비코가 역사를 진리의 자기표상 과정으로 본 것과 유사한 생각을 나타내고 있다.

그는 역사의 발전과정을 인간개인의 심리적 성장과정과 일치시킴으로써 인간의 성장이 어린아이시대-청년시대-노년시대로 구분되며, 이러한 각 시대의 심리적 특징이 시적인 것-산문적인 것-철학적인 것인 것으로 나타나는 것과 마찬가지로 역사도 원시시대의 시적 단계에서 산문적 단계, 그리고 근대의 철학적 단계로 발전되어 온 것으로 이해하였다.

이것은 헤르더가 시적인 것을 원초적 인간의 본성으로 보고, 인간정신은 그것에서 비롯되어 성장, 발전되는 것으로 생각하는 그의 정신철학에 근거를 둔 것이다. 비코가 역사를 인류의 경험축적의 과정, 인간성의 발달과정으로 이해하여 역사를 신화 및 시적 단계(야만시대), 형이상학적 단계(영웅시대), 경험 과학적 단계(고전적 시대)로 나눈 것과 유사한 구분법을 취하고 있는 것이다.

즉, 비코에 따르면 절대적 존재로서의 진리는 처음부터 완전하게 인식되는 것이 아니라, 인간의 인식능력에 의해서 부분적으로 표현되는 것이므로, 인간정신의 인식능력 또는 그 주안점이 역사과정의 매 단계에 변천됨에 따라, 진리는 역사상 매단계마다 그 단계의 역사적 상황에 따라, 다르게 표상된다는 것이다. 그리고 그의 주장에 의하면, 이와 같이 진리가 역사상 매시대가 진전되어감에 따라 인간정신은 원초적 단계의 원시적 표상에서 시작하여 보다 고등의 것으로 표상되어 감으로써 역사는 발전하게 된다는 것이다.

헤르더는 이와 유사한 주장을 펼친다. 그에 의하면, 인간은 누구나 합리적으로 생각할 수 있고, 또 그럴 수 있는 이성을 가지고 있다. 그러나 '합리적으로 생각한다는 것이 반드시 완전히 성장될 이성으로 생각한다는 것을 뜻하는 것은 아니다.(To think reasonably does not necessarily imply to think with full grown reason.)'

즉 이성은 미숙한 이성이 있는 것이다. 어린아이나 원시인의 이성이 있고, 어른이나 현대인의 이성이 있는 것이다. 어린아이가 그의 이성을 다하여 합리적으로 생각하지만, 그것은 어른의 이성으로 합리적이라고 생각하는 것에 비하면, 미숙한 이성에 의해서 비합리적인 것으로 보이게 된다.

여기서 중요한 역사이론이 도출될 수 있다. 원시인은 그들의 입장에서 최선최고의 이성을 동원해서 가장 합리적으로 생각한다. 그리고 그들은 거기서 얻어진 지식을 절대불변의 진리라고 믿는다. 그러나 그리스 로마 등 고대인의 이성에 비추어볼 때, 그것은 비이성적이고 비합리적이고 진리가 아닌 거짓으로 생각된다. 그리고 다시 고대인들이나 중세인들이 그들의 최고최선의 이성을 동원하여 여러 사물들, 예를 들어서 우주나 지구 또는 태양계 등에 대하여 가장 합리적으로 생각한다. 그리고 거기에서 얻어진 결과들을 그들은 절대불가변의 진리라고 생각한다. 그러나 다시 근대인들에게 있어서 그것은 어처구니없는 것으로 이해된다.

물론 헤르더의 주장과 비코의 이론이 서로 일치한다는 것이 동일한 것이라는 것을 뜻하는 것은 아니다. 비코가 살아 있었던 역사적 단계와 그 시대의 강조점이 헤르더의 그것들과 같지 않으므로, 그 이론이나 주장에 있어서 구체적이고 상세한 면을 살피면, 서로 다른 점들을 발견하게 된다.

예를 들면, 두 사람이 다 같이 역사를 3단계로 구분하고 있으면서도 비코는 최종 단계로서 경험 과학적 단계를 생각했는데, 헤르더는 철학적 단계를 최종단계로 생각했다는 것이다. 그러나 그 이유는 명백하다. 비코가 살고 있었던 17~18세기가 경험과학을 강조하였던 시대인데 비하여, 헤르더가 살았던 19세기는 철학을 최고의 학문으로 본 독일 관념론 또는 낭만주의가 꽃을 피워가고 있었던 시대였다는 것이다.

둘째, 인식이론에 있어서 두 사람은 일치한다. 이상과 같은 비코와 헤르더의 공통된 역사발전론은 당연히 공통된 역사적 상대주의에 입각한 인식에 기초를 둔 것이다. 헤르더는 비코의 'Verum ipsum factum(진리는 창조되는 것과 동일하다)'라는 명제와 극히 유사한 '인간이 생산하고 창조하는 것만이 개인적 인생관의 표현으로서 생각되어야 한다.(What men produce and create must be as expressions of individual visions of life.)'라는 명제를 제시하였다.

비코는 'Verum ipsum factum'을 근거로 신은 신이 창조한 것만을 인식할 수 있고, 인간은 인간이 창조한 것만을 인식할 수 있다고 주장하였는데, 인식 또는 창조가 진리의 표상, 정신의 자기표현을 의미하는 것이라는 점을 이해하면, 결국 두 사람의 이 두 가지 명제는 서로 완전히 일치되는 것이다.

헤르더는 "인간의 본성은 그것이 가능한 만큼 많은 행복을 얻으려 하는 것인데, 그 행복이란 유연성이 있는 찰흙과 같은 것으로 변화하고 있는 상황, 필요 그리고 압력하에서 상이한 모양으로 그 형태를 취할 수 있는 것이다."라고 말하여 상황의 변화에 따라 진·선·미의 기준이 변화된다고 하는 생각을 표현하고 있다. 즉 헤르더에 의하면, 모든 지식과 모든 가치는 구체적인 문화적 및 역사적 배경에 관련된 것이지 단독적으로 절대적인 진리는 없다. 진리, 가치 그리고 미는 하나가 아니고 여럿이다. 그것들은 역사 안에서만 발현되며 민족정신에서만 스스로 표현한다. 이러한 생각을 헤르더 자신은 그의 논문에서 다음과 같이 말하고 있다.

> 어떠한 두 사람도 아주 정확하게 동일한 방법으로 말 할 수는 없다. 어떠한 두 사람의 화가나 시인도 정확하게 동일한 방법으로 동일한 주제를 취급할 수 없다. 설사 그들이 전혀 동일한 하나의 대상을 접하고 있다 하더라도 그것은 마찬가지다.

이러한 생각은 오히려 헤르더가 비코의 생각, '진리는 그 시대의 특징에 따라 특징적으로 표현된다.'고 하는 생각을 개인적 인간성 또는 인간의 개별성에 적용시켜 정신과학적으로 분석한 것이라 할 것이다.

이와 같은 인식론적 문제에 있어서 이 두 사람은 특히 개념보다 이미지를 중요시하였고, 주의나 주장보다 언어 그 자체를 강조하였으며, 사실보다 신비적인 예언을 앞세운 철학자들이었다는 점에서 유사하였다.

비코와 칸트

비코의 역사사상은 헤르더를 통해서 칸트에게 전달되었다. 칸트는 헤르더의 스승이지만, 반대로 그의 제자인 헤르더를 통해서 역사에 대한 관심을 갖게 된 사람이다. 그렇게 해서, 그는 골스턴(W. A. Galston)의 말과 같이 계몽주의에 대한 반발로서의 역사철학의 개념(The Idea of Philosophy of history)을 공식화시킨 최초의 사상가로 되었다.

이처럼 칸트가 비코철학의 영향을 입어 역사철학을 연구하게 된 것은 헤르더의 중개를 통한 것이기 때문에, 그리고 로텐스트라이크(N. Rotenstreich)가 지적하고 있는 것처럼 두 사람(비코와 칸트)의 관계는 전기적(biographical)이거나 사실적인 기초 위에서 이루어진 것이 아니기 때문에, 우리가 비코와 칸트의 사상적 유사점이나 관련성을 찾는다는 것은 칸트 사상의 빛 속에서 비코를 해석하는 방법을 통하는 수밖에 없다. 이러한 방법으로 두 사람의 사상적 유사성을 지적하면, 대개 다음과 같은 몇 가지를 생각할 수 있다.

첫째, 칸트는 비코와 같은 입장에서 데카르트의 'Cogito ergo sum'을 비판함으로써 그와 인식론적 견해를 같이 하고 있다. 데카르트는 '생각한다. 고로 존재한다.'고 하여 '생각', 즉 Cogito가 '존재', 즉 Sum의 원인, 즉 Causa인 것으로 취급하였다. 이에 대해서 칸트는 다음과 같은 이론을 펼치고 있다.

> 나는 나의 현존을 스스로 행동하고 있는 존재(a self-active being)로서의 현존이라고 규정할 수 없다. 내가 할 수 있는 것은 오로지 나 자신에게 나의 사고의 자율성, 즉 결정의 자율성을 보여주는 것뿐이다. 그리고 내가 현존한다는 것은 아직도 감각적으로, 즉 현상으로 나타나 있는 현존으로서 결정될 수 있을 뿐이라는 것이다. 그러나 내가 스스로 인지하고 있다고 하는 것은, 이러한 자율성 때문이다.(I can not determine my existence that of a self-active being; all that I can do is to represent to myself the spontaneity of my thought, that is, still only determinable sensibly, that is, as the existence of an appearance. But it is

owing to this spontaneity that I entitle myself an intelligence.)

위의 문구 중에서, 'I can not determine of my existence that of a self-active being'을 데카르트의 말에 비추어 의역해서 내가 현존하고 있다는 것을 내가 '생각한다'는 행동을 하고 있기 때문에 현존하고 있는 것이라고 규정할 수 없다고 하고, 그 나머지 부분의 문장을 내가 할 수 있는 것은 오로지 나 자신(생각한다는 행동을 시작하기도 전에 이미 현존하고 있는)에게 나 스스로가 사고하고 있다는 자율성을 보여주는 것뿐이라고 의역한다면, 그것은 다시 비코가 데카르트를 비판하면서 내세우고 있는 주장, 즉 '생각'이 나의 존재의 원인이 될 수 없고, 그러므로 '생각한다. 고로 나는 존재한다.'라는 명제는 결국 '나는 생각한다. 나는 그 생각을 통해서 내가 존재하고 있음을 발견한다.'라는 말과 같은 의미로 이해될 수 있을 것이다.

칸트는 이와 같이 데카르트를 비판하는 입장을 취함으로써 비코의 명제 'Verum ipsum factum.(진리는 창조되는 것과 동일하다.)'과 일치되는 인식론을 전개시키고 있다.

칸트에 따르면, 이 세계는 모든 인간들에게 공통적이고, 그것은 과학에 의하여 개발된다. 그러나 그 세계는 자체대로 존재하는 사물들(things as they are in themselves)의 세계가 아니라, 다만 우리에게 나타난 대로의 사물(things as they appear to us)의 세계일뿐이다. 이 문제에 관련해서 칸트는 다음과 같이 말한다.

"만약 직관(intuition)이 직관의 대상들의 구조(constitution)에 따라야만 하면, 선험적인 대상들 중에서 어떤 특정한 것을 우리가 인식할 수 있다는 가정은 그 근거를 상실하게 된다. 반대로 그 대상들이 우리의 직관능력 체계를 따라야 한다면, 선험적 대상들에 대한 인식의 가능성을 생각하기란 어려울 것이 없다."

이를 풀어서 말하면, 우리가 어떤 선험적인 대상들을 인식한다고 하는 것은 결국, 우리가 설정한 구조 안에 그것을 넣어서, 우리의 직관이 가능한 범주 안에 맞도록 재창조함으로써만 가능하다는 것이다.

또 로텐스트라크는, 칸트의 이 문제와 관련해서, "인식은 우리가 그 인식을 근거로 해서, 우리의 오성(understanding)을 발견한 선험적 제 형식을 우리 자신 안에서 발견할 수 있을 때만 가능하다."고 풀이하였다. 만약 이와 같은 풀이가 정확한 것이라고 하면, 칸트는 비코의 주장, 즉 'Verum ipsum factum(진리는 창조되는 것과 동일하다)'의 원리를 그대로 답습하고 있는 것이다.

이상과 같은 칸트의 생각을 돌이켜 볼 때, 우리는 그에게서 다음과 같은 비코의 생각을 발견하게 된다.

첫째, 세계란 인식의 주체자의 감각의 범주 안에서 재창조, 즉 현상(phenomenon or appearance)으로서 감관을 통해서 인식 주체가 스스로 발견함으로써 존재하게 된다는 것이고,

둘째, 감각을 초월한 선험적(先驗的) 존재에 대한 인식은 그 인식 주체의 직관능력의 범주 안에 들어 온 대상에 한한다는 생각이다.

이와 같은 두 가지 생각은, 결국 그것이 경험적 인식이 되었든 또는 추리적 인식이 되었든 관계없이, 그것의 인식은 인식 주체가 감각적

인식능력이나, 직관능력에 근거하여 스스로 재창조함으로써만 가능한 것이라는 결론을 얻게 된다.

이것을 역사문제에 적용시키면, 칸트와 비코의 유사성은 더욱 뚜렷해진다. 즉 칸트는 선험적 역사의 존재가 어떻게 가능한가? 라는 자문에 대하여, 인간은 자기가 예언하고 있는 사건을 스스로 야기(惹起)시키든가, 만들어 낸다면, 그 예언은 가능하다고 자답함으로써 비코의 'Verum ipsum factum.(진리는 창조되는 것과 동일하다.)' 원리를 반복하고 있다.

이상에서 살펴 본 바에 따르면, 칸트는 주로 인식론적 입장에서 비코와의 일치점을 지니고 있다. 물론 이 문제를 중심으로 로텐스라이크가 한편의 독자적인 논문을 작성할 수 있었을 만큼 이 문제는 중요하고 큰 것이다.

그러나 이 문제를 보다 깊이, 그리고 보다 확대해서 언급하는 일은 칸트 철학에 관한 일이고, 특히 인식론 자체에 관한 일이므로, 본고에서는 줄이기로 한다.

다만 아쉬운 것은 칸트의 역사이론 속에 비코의 사상이 얼마만큼 영향을 끼쳤는가? 하는 점인데, 주지하는 바와 같이 칸트는 역사이론 문제에 있어서는 《세계 시민적 견지에서 본 보편사의 이념(Ideen zu einer allgemeinen Geschichte in Weltbuergerlicher Absichit, 1789)》이라는 짤막한 논문밖에는 쓰지 않았고, 여기서는 비코의 요소를 발견하기 어렵다는 것이다.

비코와 헤겔

이상에서 언급한 바를 돌이켜 생각하면, 비코의 사상은 헤르더를 통해서 주로 역사에 관련한 부분이, 칸트를 통해서 주로 인식이론에 관련된 생각이 전수되었음을 파악할 수 있다.

그런데 이 두 가지의 사상적 흐름은 결국 헤겔이라고 하는 탁월한 역사철학자에게로 모여들었고, 여기서 비로소 역사철학의 꽃은 활짝 피게 된다. 그러므로 비코의 사상이 헤겔에게서 어떻게 표현되고 있으며, 무엇이 어떻게 변질되었는가를 살펴보는 것은 비코의 사상을 재음미함에 있어서나 헤겔의 역사철학을 이해하는데 있어서 크게 도움이 될 것이다.

의심할 나위 없이 헤겔에게서 독일 낭만주의철학은 절정을 이루었다. 데카르트와 베이컨에게서 비롯된 자연철학적 사조가 칸트에게서 완성되었다고 한다면, 비코에 뿌리를 두고 있는 인간정신의 과학은 칸트 철학을 전수하여 그것을 정신철학으로 변질시킨 헤겔에게서 완성되었다 할 수 있다.

그러면 이와 같은 헤겔 철학 속에 비코적 요소는 어떤 것이 얼마만큼 살아 있으며, 그것은 또 어떻게 변질되어 있는가?

이 문제를 해결함에는 몇 가지 장벽이 가로 막고 있다. 첫째, 헤겔이 비코와 직접적인 학문적 교류를 갖고 있는 사람이 아니라는 것이다. 헤겔의 제자로서 그의 《역사철학》을 편집한 간스 교수가 그 책의 서문에서 헤겔이 비코와 관련을 갖고 있음을 언급하고는 있으나, 헤겔의 저서 중에 직접적으로 비코를 인용하거나 각주를 단 것을 발견할 수 없으므로 현재로서는 그것을 확인하는 방법은 없다.

그러므로 우리가 할 수 있는 것은 앞에서 비코와 칸트와의 관계에서도 언급한 바와 마찬가지로, 비코의 사상의 빛 속에 헤겔을 비추어 보고 헤겔의 빛 속에서 비코의 모습을 밝혀 보는 방법에 의할 수밖에 없다.

Verum-factum의 원리와 헤겔

앞에서도 누누이 언급한 바와 같이, 비코의 사상에서 가장 획기적이고 특이한 것 'Verum-factum(진리는 창조되는 것과 동일하다)'의 원리, 즉 '신이 창조한 것은 신만이 인식할 수 있고, 인간은 인간이 창조한 것만을 인식할 수 있다.'고 한 명제다. 칸트가 자연철학적인 입장을 청산하고 낭만주의의 물결 속으로 뛰어든 것도, 그가 이와 유사한 인식론을 지니게 되었다는 데 있을 것으로 추리된다. 그렇다면, 낭만주의 철학의 절정에 이른 헤겔의 정신철학이 비코의 이 인식이론과 깊은 관계가 있을 것이고, 있어야만 된다고 하는 것은 추리하기 어렵지 않은 것이다.

로텐스타라이크(Nathan Rotenstreich)는 '헤겔의 체계는 비코와 칸트의 일종의 종합으로 생각되어져야 한다.'는 것을 전제하고 다음과 같이 말하고 있다.

> 헤겔은 'Verum-factum'의 테마의 변형으로 생각될 수 있는 이성(vernunft)과 실제(Wirklichkeit)의 전환을 생각하였다. 헤겔은 인간오성(human understanding)의 유한성에 대한 칸트의 생각을 마음속에

가지고 있으면서—이것을 그가 알고 있었던 또는 모르고 있었던 간에—그리고 그 원인을 자연에 적용시킬 가능성에 대한 비코의 비판을 마음속에 가지고 있으면서, 어떻게 그러한 입장을 주장할 수 있었는가? 이 맥락에 있어서는 두 가지 점이 본질적인 것으로 생각된다. 그 하나는, 헤겔 변증법의 일면에 관한 것이다. 즉 우리가 우리의 오성의 유한성을 알고 있다는 바로 그 사실은, 우리가 이미 그 유한성 위에 또는 그것을 넘어서 있다는 것이다.

둘째, 변증법의 문제점은 자연에 관한 것이다. 표면적으로 볼 때, 자연은 이성에 또는 정신에 소외되어 있다. 그리고 이 때문에 Verum-factum의 원리는 그것에 적용될 수 없다. 이점에서 헤겔은 소외(estrangement, Entfremdung)의 개념에서 위안을 구하고 있다. 왜냐하면, 이 개념으로 해서 그는 자연을 정신이 현현(manifestation)되는 반조정적 표현으로 보게 되었기 때문이다. 이것은 비코와 칸트에 의해서 윤곽이 잡힌 문제의 상황을 극복하고 헤겔이 시도한 종합의 길로 향하기 위해서 설정한 두 가지의 생각이다.

여기서 우리가 생각할 수 있는 것은 헤겔이 그것을 그의 형이상학적 추리로서 극복을 하였는지, 아니었는지는 관계없이, 비코가 데카르트에 반대해서 인간이 자연의 근원적 진리를 인식할 수 없고, 다만 인간이 인식할 수 있는 것은 유한한 인간의 인식능력이 허락하는 범위 내에서 인식이 가능한 것만을 인식할 수 있다는데 따른 문제를 가지고, 그의 인식론의 문제로 삼을 수 있었다는 사실이다.

헤겔에 있어서 인간정신의 자기실현과 비코의 창조

헤겔이 자연과 정신의 관계를 생각함에 있어서 자연을 정신의 현현의 반조정 또는 자연을 정신이 작용하는 대상으로 생각했다고 하는 것은 정도나 방향의 차이는 있어도 본질적인 점에서 볼 때 문제의 착안은 유사한 것으로 볼 수 있다.

다시 말해서 비코에게서 정신의 한계성이 미치는 범위 내에서 자연 속에 감추어진 비밀을 찾아냄으로써 그것을 진리로 인식할 수 있다는 것이고, 헤겔에게 있어서는 인간정신이 자연을 대상으로 해서 자기실현을 이룩한다는 것이니, 이것은 결국 용어상의 차이가 있을 뿐 내용상의 차이는 없다.

다시 말해서, 인간이 자연을 대상으로 해서 자기를 실현한다는 것이 무엇을 의미하는가? 그것은 결국 인간정신이 자연 속에 감추어진 비밀을 찾아내고, 또 자연물에 인간정신을 투영시켜서 그것을 자연 자체가 아닌 인간적인 것, 인간을 위한 것, 이를테면 문화를 창조한다는 말로 받아들일 수 있는 것이라면, 인간정신의 자기실현이란 결국, 비코의 창조라는 의미와 동일하게 된다.

그리고 그것은 다시, 또는 역으로 종래에까지 인식할 수 없었던 자연을 인간정신이 창조함으로써 인식할 수 있는 자연으로 만든다는 것도 된다.

여기서 분명한 것은, 헤겔이 아직도 칸트적인 영향에 따라 자연을 인간정신의 인식대상으로 세우고 있었다는 것이다. 그러나 헤겔의 제자이며, 헤겔 철학의 특수적인 면을 확대발전시킨 사상가, 즉 헤겔 좌파의 거두인 포이어바흐(Feuerbach)는 그 대상을 신으로 세우고 신학이론을 전개시켰다. 그렇게 함으로써 마르크스의 이른바 변증법적 유물론의 단서를 마련한 것이다.

진리의 자기표상 과정으로서의 역사와 헤겔의 역사관

비코는 역사를 진리가 또는 인간정신이 매시대마다 그 시대의 시대적 단계, 시대적 특징에 따라 표현되고 있는 과정으로 이해하였다. 그리고 이것을 다시 인간정신에 의한 창조과정으로 보았으며, 진리의 표현양식에 따라 각 시대의 특징이 나타나는 것으로 생각하였다. 이에 대해서 헤겔은 '세계사의 실체를 이루는 것은 정신과 그것의 발전 과정'으로 보고 세계사의 과정을 세계사적 정신 또는 이성이 스스로를 현현시켜가고 있는 과정으로 이해하였다.

그리고 더 구체적인 문제를 가지고 대비시켜보면, 비코는 매시대에 표현되는 진리의 양식, 즉 역사일반, 즉 인간본성, 법과 정부의 형태, 언어, 문자, 생활상태 등의 특징을 규정한다고 주장했는데, 헤겔은 이를 시대정신이라는 한 마디로 설명하였다.

헤겔에 의하면 각 시대의 시(詩), 조형미술, 과학, 심지어 철학까지도 그 특질을 규정하는 것이 있는데, 그것은 그 시대의 시대정신(the Spirit of his Time)이다. 그리고 역사일반(History in general)은 그 시대상에서 정신이 전개되는 과정(the development of Spirit in Time)인데, 이것은 자연이 공간상에서 이데아가 전개되는 과정이라는 것과 같다.

여기서 우리는 위와 같은 두 사람의 생각을 중심으로 몇 가지 점을 비교—검토해 볼 필요를 느낀다.

첫째, 비코가 말하는 '진리의 자기표현'과 헤겔의 '세계사적 정신의 자기현현'인데, 이 두 말은 용어상의 차이는 있을지 몰라도 역사 자체가 무엇이냐? 하는 문제에 있어서는 일치점을 지니고 있는 것이다. 조금 더 소급해서 비코가 말하는 진리가 궁극적으로 신을 의미하는 것이고, 헤겔도 그가 말하는 세계사적 정신이라는 것이 신에게 귀결된다는 사실을 묵인하였다는 점에 있어서 그 일치점은 더욱 명백해진다.

둘째, 비코의 '인간정신에 의한 창조과정으로서의 역사'에 대한 생각인데, 헤겔은 '정신의 본질, 바로 그것은 행위다. 그것은 그것의 잠재능력을 실현하여 스스로 그 자체의 행동을 하며, 그 자체의 작업을 한다.'고 확언하여, 세계사의 정신은 행동과 작업을 통하여 자신의 미완성적인 현현(顯現)의 상태에서, 보다 완전한 현현의 상태로, 그리고 최종적으로는 그 세계사의 정신이 완전히 실현된 상태, 즉 절대정신이 실현되는 상태에까지 세계사는 발전되어 나가게 된다는 것이다.

그리고 비코는 다시 역사의 전개과정을 인간정신의 계발정도에 따라 여러 신들(諸神)의 시대, 영웅의 시대, 그리고 인간들의 시대로, 또는 진리가 시(詩)나 신화로 표현되는 시대, 그리고 경험과학으로 표현되는 시대 등으로 구분하여, 처음 시대에 비하여 마지막 시대에, 인간정신이 보다 계발된 것으로, 또는 진리가 보다 명백하게, 보다 보편적으로 표현되어 가는 과정으로 이해하였다.

이에 대해서, 헤겔은 이것을 자유의 발달과정, 즉 인간이 스스로 이성을 갖고 있으며, 그것에 따라 사물을 판단하고, 그 판단에 따라 행동해야 하며, 그럴 수 있는 용기를 갖는다는 의미의 자유의 발달 과정으로 이해하였다. 즉 헤겔에 따르면 자유는 일인(一人)만이 향유할 수 있는 오리엔트의 일인의 자유에서, 그것을 소수자가 향유하는 그리스 로마의 소수인의 자유로, 그리고 만인이 그것을 누리는 게르만인의 자유의 세 가지로 구분하고, 역사를 이것들이 순차적으로 진전되어가는 과정으로 보았다.

여기서 자유의 의미를 무지(無智)로부터의 자유로, 이성이 비이성적인 상태로부터의 자유로, 진리가 표현되지 아니한 상태에서 표현되는 상태로의 이행의 자유로, 자유를 이해·해석될 수 있다고 한다면, 여기서도 비코와 헤겔의 역사관의 일치점을 찾을 수 있을 것이다.

변증법의 문제

그러나 역사발전의 문제에 있어서, 무엇보다 중요한 것은 변증법의 문제다. 변증법을 역사발전의 논리로 도입한 것이 헤겔이라는 것은 주지의 사실이다. 그러므로 변증법적 역사발전론이라고 하면, 그것은 헤겔에 의해서 창시된 것으로 간주되어 왔다.

물론 '변증법적 역사발전'이라는 용어를 처음으로 사용하기 시작한 것은 헤겔일 수 있다. 그러나 역사를 그러한 발전 논리에 따라 이해하기 시작한 것은 그보다 훨씬 더 오래된 그리스의 밀레토스 학파의 역사사상가인 헤라클레이토스였다.

그리고 필자가 졸저《모든 역사는 현재역사다》(구:《신이상주의 역사이론》) 제2장에서 밝힌 바와 같이, 비코는 보다 더 구체적으로 역사에 있어서의 변증법적 논리를 적용하고 있는 것이다. 특히, 우리는 위의 책에서 비코의 변증법적 논리가 마르크스의 것과 유사한 것이라는 점을 밝힌 바 있고, 그러면서도 그것은 유물론에 입각한 것이 아니라 정신을 주체로 생각한 것으로, 이점에 있어서 헤겔의 것과 관계가 있을 수 있음을 명백히 하였다. 그러므로 여기서 구태여 재론할 필요는 없다. 그러나 그 곳에서의 부족하였던 점을 보충하는 의미에서 몇 가지 점을 더 피력하기로 한다.

비코는 역사의 변증법적 전개에 있어서 개인의 역할을 강조하였다는 점이다. 이 점에 있어서 비코는 오히려 마르크스보다 헤겔에 가까우며 마르크스의 형식적이고 구조적 논리에 비하여 보다 개인적인 것이라 할 수 있다. 그런데, 헤겔도 이 점에 있어 궤를 같이 한다. 헤겔은 변증법적 전개의 원동력을 개인의 정신의 본질로서의 자유에서 찾았다. 그는 '물체는 지구의 구심점을 향하여 작용하는 중력을 가지고 있고, 이와 마찬가지로 인간의 정신은 자유의지를 지니고 있다.'고 하여 인간정신의 본질을 자유로 규정하고, 그것을 역사를 움직여 나가는 힘으로 규정하였다.

그러면 자유란 무엇이며, 그것은 역사를 어떻게 움직여 가는가? 그는 이에 대한 답으로써 '세계사의 과정'에 대한 설명을 해 나가는 중에, '역사가 제시하고 있는 변화(mutation)는 오래 전부터 일반적으로 보다 낫고 보다 완전한 어떤 것으로의 전진으로 특징 지워져 왔다.'고 했는데, 이것이 역사의 움직임이고, 그리고 그 움직임을 가능케 하는 것이 자유라고 한다면, 결국 자유란 인간정신이 지니고 있는 보다 낫고 보다 완전한 어떤 것으로 지향하는 속성이라고 이해될 수 있다. 헤겔은 이러한 정신의 본질을 '시간은 감각적 세계의 부정적 요소다. 사고는 마찬가지로 부정적인 것이다.' 라는 말로 설명한다. 그러므로 보다 쉽게 자유를 설명하면 자유란 보다 나은 것 보다 완전한 것을 지향하는 정신의 속성이며, 이것은 언제나 현재적인 것에 대한 부정에서 그 출발점을 찾는다는 것이다 된다.

이것을 다시 헤겔의 정(正, an sich)-반(反, fuer sich)-합(合, an und fuer sich)의 공식에 대입시켜 보면, 정신은 그 앞에 펼쳐져 있는 현재적 상황(an sich)에 대하여 만족치 않고, 보다 낫고 보다 완전한 어떤 것을 희구하는 본질 즉 자유의식을 발휘하고(fuer sich), 그렇게 해서 새로운 창조를 이룩한다(an und fuer sich). 그리고 이 같은 세계의 과정의 반복으로 역사는 진전되어 같다는 결론을 얻을 수 있다.

헤겔의 변증법의 개요를 이렇게 이해하는 것이 가능하다면, 우리는 여기서 더욱 비코의 사상과의 유사점을 발견할 수 있게 된다. 왜냐하면 우리는 헤겔의 자유의식을 비코가 말하는 바, 인간정신이 매시대의 현재적 상황에서 느끼는 유용성(utility)과 필요성(need)과 일치시킬 수가 있기 때문이다.

영웅과 대중

영웅과 대중, 인간정신과 사회구조에 관한 생각이다. 자유의식의 문제는 필연적으로 자유의식이 남달리 강하여 사회적으로, 역사적으로 두드러지게 나타나는 인물, 즉 영웅과 그렇지 못한 대중과의 관계에 대한 문제를 수반하게 되며, 또 그 영웅으로 상징되는 인간정신과 그것이 생활하는 분위기, 또는 근거로서의 사회구조의 관계에 대한 문제로 전개된다.

그런데 이 문제에 있어서 비코는 앞에서 밝힌 바와 같이 헤겔과 궤를 같이 한다. 즉 비코에 의하면, 역사가 어느 상황 또는 어느 단계에서, 다른 상황 또는 다른 단계로 이행되어 가는 것은 전적으로 탁월한 개인의 힘에 의한 것이다. 그리고 한편 그 개인, 즉 영웅은 여러 가지 개념들(Ideas)과 마찬가지로 시대의 요구, 즉 역사적 상황, 또는 당시대의 사회구조에 의해서 탄생되는 것이다.

그런데 헤겔을 따르면, 세계사적 정신 또는 이성은 개인, 특히 세계사적 개인으로서의 영웅을 간지(奸智)로서 조종하여 그 시대의 시대정신을 실현한다. 즉 개인들 한 사람 한 사람은 스스로 자기 자신의 행동의 궁극적인 이유나 목적 등을 인지하지 못한 채 행동을 하더라도, 그 행동은 결과적으로 그 시대의 정신 또는 세계사적 이성의 뜻을 실현시키고 있다는 것이다.

이처럼 두 사람이 함께 영웅의 역사적 역할을 강조한 점에서 비코와 헤겔은 같은 계통이다. 그러나 헤겔에게서는 대중의 역할, 사회구조의 문제에는 언급이 없다. 그런데, 비코에게서 이 문제를 끌어내어 특히 강조하는 일을 하는 것은 마르크스였다. 그러므로 이면에서 비코의 역사발전의 두 가지 특성이 헤겔과 마르크스 양인에 의하여 분류되어 각각 특징적으로 발전된 것으로 보아 무난할 것이다.

섭리의 문제

마지막으로 섭리와 역사발전의 관계에 대한 문제다. 앞의 장에서 우리가 명백히 밝힌 바와 같이, 비코는 역사에 있어서 신의 섭리를 매우 중요하게 취급하였다. 그리하여, 그는 그가 역사를 통하여 표상된다고 주장한 그 진리를 신과 동일시하기까지 하였으며, 그 진리의 표상방법 또는 수단으로서의 섭리를 설명하였다.

그러나 서구의 근대사상사의 맥락은 반기독교 또는 탈기독교적인 경향을 지니는 것이었다. 계몽주의 운동은 특히, 이와 같은 경향을 대표하는 운동이었다. 따라서 섭리의 문제에 있어서도 마찬가지로 도외시되어 온 것이 사실이다.

그러나 필자의 생각으로는 이와 같은 경향이 결코 사상적 전통을 근본적으로 바꾸어 놓을 수는 없다는 것이다. 때문에 계몽주의적 철학의 완성자라 통칭되고 있는 칸트라 할지라도 아우구스티누스의 섭리사상을 그대로 답습하여 아우구스티누스의 신을 대신해서, 자연을 내세우고, 신의 의도, 신의 계획으로서의 섭리를 자연의 의지, 자연의 계획, 자연의 법칙 등으로 대치시켜 놓는 정도로 끝났으며, 그것들에 의하여 이끌어져 나가는 역사의 발전은 내용상으로 볼 때, 또 관념화시켜 볼 때 아우구스티누스의 그것과 큰 차이가 없다는 것을 주장하였다.

이 점은 헤겔에 있어서도 마찬가지다. 아니, 오히려 헤겔은 칸트보다 더 아우구스티누스에 가까운 섭리사상을 포함하고 있는 사람이다. 헤겔은 아우구스티누스의 신을 세계사 이성, 또는 세계사정신으로 대치시켜 놓고, 신의 의도, 신의 계획, 신의 섭리를 세계사의 자유로 대응시켜 놓고 있으며, 이에 따라 역사의 전개과정을 설명하고 있다.

그뿐만 아니라, 그는 자신의 역사철학에 있어 최상최고의 개념으로 사용하고 있는 정신 또는 이성의 절대적 목적을 섭리와 동의어로 표현하고 있다. 다음은 이에 대한 인용구다.

> 세계의 역사는, 그것을 기초로 하여 도덕이 그것의 고유한 위치를

지니는 것보다 높은 근거를 점하고 있는데, 그것은 개인적인 성격—
개인의 양심—그 개인들의 특수한 의지, 그리고 행동의 양식이다.
이것 때문에 이들은 이들에게 고유한 가치, 비난, 포상이나 형벌을
갖는다. 정신의 절대적 목표(the absolute aim of spirit)가 요구하고 완
성하는 것—섭리가 하는 것—은 책무를 초월하는 것이고, 비난에 대
응하기 위한 행동과 선하거나 악한 동기 때문에 생기는 것이다.

이상과 같은 헤겔의 섭리에 대한 생각, 그리고 그것에 근거한 역사
발전에 대한 생각이 반드시 비코에게서 연유된 것이라고 단정 짓기
는 어렵다. 왜냐하면 헤겔 자신이 원래 신학도(神學徒)였으며, 그것을
지망한 사람이었기 때문에 스스로 성 아우구스티누스에게 접할 수
있었을 것이기 때문이다. 그러나 우리에게 중요한 것은 헤겔이 직접
적으로 비코의 영향을 입었느냐 아니냐가 아니다. 우리의 관심의 대
상이 되는 것은 비코와 헤겔의 사상이 같은 부류에 속하는 것이며, 동
일 맥락을 지니고 있다는 점이다.

결어

어떠한 사상도 특정한 사상가가 무(無)에서 유(有)를 만들어내듯 하
는 것이 아니다. 처음에는 잘 보이지 않는 작은 씨가 발아하기 시작하
여, 점차 성장하고, 늙어 시들어 죽고, 그 죽은 자리에 또 새로운 씨가
떨어지고, 그것은 다시 죽은 사상을 양분으로 하여 성장한다. 헤겔 철

학의 꽃이라 할 수 있는 그의 역사철학도 이 원리를 크게 벗어난 것은 아니다.

그것의 사상적 뿌리를 소급해 보면, 멀리 로마 말기의 아우구스티누스에게, 그리고 더 소급해가면 플라톤이나 그 이전의 헤라클레이토스에게까지 갈 수 있다. 그러나 근대사조라고 하는 범주 속에서 그의 사상과 철학의 뿌리를 찾는다면, 비코에게서 찾을 수 있다.

헤겔을 우리가 근대 낭만주의 철학자로 볼 때, 그것의 원조 또는 선구자인 비코에게서 그 뿌리를 찾는다는 것은 극히 당연한 일이라 해야 할 것이다.

더욱이 보통 독일관념론이라 부르는 독일철학의 꽃으로서의 헤겔 철학은 칸트와 헤르더의 철학과 무관할 수 없다. 특히 역사사상의 경우 헤르더의 것이 비코의 그것에 크게 영향을 입은 것이고, 더 나아가서 비코의 역사상을 도입함으로써 이루어진 것이기 때문이다.

이 때문에 본고는 비코의 역사사상을 5가지로 그 요점을 정리하고, 그곳에 헤르더 칸트 그리고 헤겔의 역사상을 비추어봄으로써 그 관계를 도출해보고자 한 것이다.

그 결과 우리가 발견할 수 있었던 것은, 첫째, 헤르더에게서는 ① 역사의발전론과 ② 역사적이고 상대주의적인 인식이론이, 둘째, 칸트에게서는 'Verum-factum(진리는 창조되는 것과 동일하다)'에 입각한 인식이론에서 특히 비코의 짙은 영향을 찾아 볼 수 있다.

그러나 이것들은 비코의 역사사상이 헤겔에 이르는 도입과정에 불과했다. 왜냐하면, 헤겔의 '역사철학'은 비코 철학의 번안에 가까운 해설서라 할 정도로, 그 요점에 있어 비코의 것과 일치를 보이고 있

다. 즉, 헤겔의 역사철학에는,

① 인식론에 있어 비코의 'Verum-factum'의 원리가 그대로 나타나 있고,

② 인간정신의 자기실현이라는 문제에 있어서 비코의 창조에 대한 개념과 일치점을 보이고 있으며,

③ 특히 역사의 발전과정을 세계사정신의 자기실현과정으로 이해함으로써 비코가 진리의 자기표상으로 이해한 것과 동일한 이해방법을 취하였고,

④ 역사발전의 주체에 대한 문제에 있어 영웅사관을 취함으로써 비코의 역사발전과정 상에서의 현인 또는 문명인의 역할에 대한 견해를 수용·발전시켰다.

⑤ 다만 섭리의 문제에 있어서는 이견을 보이고 있으나, 그래도 전혀 섭리와 같은 것은 역사발전에 관한 문제에서 전혀 제외시킨 다른 사상가들에 비하면, 그것을 문제로 삼았다는 점에 있어서 헤겔은 비코에 가까이 접근하고 있는 것이다.

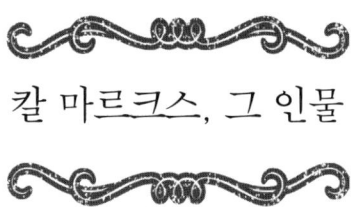

칼 마르크스, 그 인물

마르크스의 역사학사적 위치

르네상스를 통하여 비롯된 서구의 근대화 운동을 정치·경제·종교·사상적인 입장에서 볼 때, 그것은 중세적 체제와 그 잔재인 절대주의 체제 및 가톨릭을 파괴하는 것을 목적으로 하였던 계몽주의 운동과, 그 파괴로 인해 펼쳐진 황무지 위에 새로운 체제를 건설하려 한 낭만주의 운동으로 설명될 수 있을 것이다.

계몽주의인 상징인 볼테르는 'Ecrasez L' infame!(파렴치한을 타도하라!)'는 표어를 반복해서 외치며 가톨릭이즘과 그것에 뿌리박고 새롭게 힘을 떨치는 봉건적 전제 군주제의 파괴를 부르짖었다.

이 같은 부르짖음의 결과 프랑스 혁명이 일어났다. 그리고 이 혁명 중에 신성로마 제국이 공식적으로 해체되었다. 이로써 중세적 세계는 종언을 고하게 된 것이다.

물론 파괴는 건설을 전제로 해서 이루어지는 것이다. 그러므로 혁명 중에도 그로 인한 폐허 위에 새로운 체제를 구축하려는 작고 많은 노력이 있었다. 새로운 입헌을 한다거나 정체(政體)를 구상한다던가 하는 것이 그것이다. 그중에도 비교적 광대한 스케일을 지니고 새로운 체제를 모색했던 사람은 나폴레옹이었다.

나폴레옹은 근대인답게 고전시대의 영웅들, 이를테면 알렉산더 대왕이나 카이사르를 모델로 하여 자신을 그들과 일치시키려(identify) 하였다. 이런 점에 있어 나폴레옹은 르네상스인인 동시에 낭만주의자였다고 해야 할 것이다.

그러나 그의 이 같은 여러 가지 시도는 시대를 앞선 선구적 시도였을 뿐, 그의 그 시도가 실현되기에는 아직 역사적 상황이 무르익지 않았던 것이다. 왜냐하면 그의 배경을 이루고 있었던 사상, 즉 계몽주의는 하나의 새로운 체제를 동경하며 행해진 파괴를 위한 사상이었지, 새로운 생명을 잉태하기 위한 거름주기(施肥)는 아니었기 때문이다. 파괴로 폐허된 황무지에는 씨앗이 맹아를 배태하지 못한 것이다. 설사 나폴레옹이 낭만적인 꿈을 가지고 있었다 하더라도, 그것은 한 사람의 행동인의 꿈에 불과한 것일 뿐. 그 자체가 역사적 상황의 성숙을 뜻하는 것은 아니었다.

계몽주의로 인한 폐허 위에 새로운 체제를 세우기 위해 이룩된 노력이 낭만주의이다. 물론 역사는 매듭을 중심으로 단계적으로 진전되어 가는 것은 결코 아니다.

르네상스 운동의 출발점과 종착점을 시간적으로 규정할 수 없는 것이 사실이듯이 유럽의 새 질서 새 체제를 세우기 위한 노력이 반드시 일상적으로 말하는 낭만주의의 시조 헤르더나 또 루소에게서 시작되었다고 단언할 수는 없다.

이 같은 시도는 르네상스기, 즉 중세적 체제에 대한 반발 또는 저항운동과 더불어 개인적으로 시작된 것이다. 파괴를 위한 움직임과 동시에 건설을 위한 사상적 시도가 있었다. 근대 사상의 비조(鼻租)라 하는 베이컨이 그의 저서의 제호를 《신체제(Novum Organum)》라 한 것이나, 비코가 또한 《신과학(Scienza Nuova)》을 쓴 것이 모두 그 예로 취급될 수 있는 것들이다.

그러나 이들은 다만 사상 자체에 있어서의 시도였을 뿐 역사의 새로운 해석, 새로운 형태의 역사가의 제시를 통한 신세계의 질서에 대한 포괄적인 구상은 아니었다. 이러한 구상이 시작된 것은 낭만주의 철학자들이 그들이 철학하는 대상으로 역사를 선정한 데에서부터이다.

경직화되고 부패된 중세적 가톨릭이즘을 극복하고 새로운 교회를 형성한 프로테스탄트나 자체 수정을 통하여 내실을 정비한 개혁 가톨릭이 등장하여 새 질서를 추구하였으나, 그것은 유신론(有神論)이라는 인간의 이성과 배치되는 요소를 지니고 있었기 때문에, 신을 빙자하여 천년 왕국을 건설하고, 그 속에서 인간적 제 요소를 탄압해 온 중세 가톨릭에 혐오를 느껴 온 근대 유럽인의 이성에게는 중세적 가톨릭과 별로 다른 것이 없는 것이다. 이성적이지 못하고, 자아를 상실한 미몽인(未蒙人)들에게라면, 중세적인 미신으로서의 기능을 발휘할 수 있었겠지만, 적어도 휴머니즘이라는 새로운 신앙을 갖게 된 유럽의 사색인들에게는 전혀 호소력을 발휘할 수 없었다.

물론 외형상으로 볼 때, 종교개혁 이후 유럽의 프로테스탄트의 여러 세력들은 번성하였다. 그들이 정치·경제·사회·문화적으로 막강한 실력을 발휘한 것도 사실이다.

그러나 종교개혁 이후의 기독교는 중심이 하늘에 있지 아니하고 땅에 있었다. 국가별로 세워진 교회는 정치에 이용되었고, 상공시민들의 상업정신과 결탁을 하게 된 프로테스탄트의 논리는 하늘나라가 아닌 부르주아지의 창고를 채우는 일과 그것을 후원하고 있는 위정자들의 궁정을 장식하는 데에 사용되는 재화를 만드는 일을 위해 지켜졌다.

그 결과로 기독교는 예수나 그의 제자들, 그리고 초대교회 시대의 피압박 대중들처럼, 인간으로나 신의 피조물로서, 당해서도 아니 되고 당할 수도 없는 비인간적이고 무자비한 사회적 대우를 받고 있는 피압박자들을 압박하기 위한 합리적 원리로 적용되었다.

이러한 기독교로서는 기독교 그 자체에 대해서 너무나 잘 알고 있는 양식 있는 유럽인들에게는 중세적 가톨릭이즘이나 다를 것이 없었다. 그러므로 이 새로운 기독교와 가톨릭이즘은 유럽 외의 세계로 번져 나아가 기독교를 알지 못하는 사람들 속으로 파고들었다. 그러나 그것은 결코 기독교가 중세에 이룩했던 중세 유럽적인 질서를 재건하는 일은 될 수 없었다.

따라서 유럽에서 유럽을 중심으로 하여 새로운 세계질서, 새로운 세계적 획일 체제를 형성해 보고자 하는 유럽인들의 노력은 신을 배제한 또는 신을 다른 명색으로 윤색한 이론의 정립을 통해서만 가능하다고 생각하였다.

그러므로 휴머니스트의 대표자요 계몽주의의 선구자인 볼테르는 신 대신에 이성을 내세웠고, 칸트는 자연을, 헤겔은 절대정신을 각각 내세워 신의 자리를 차지하게 하려 하였다. 그리고 '신은 죽었다.'고 외치며, 새로운 성서의 필요성을 부르짖은 니체는, 《차라투스트라는 이렇게 말했다(Also sprach Zarathustra)》를 쓰기에 이르렀다.

그러나 중세의 기독교는 이론만의 종교도, 이론으로 구성된 체제만도 아니었다. 기독교는 이론에 앞선 실천의 종교였다. '원수를 사랑하라'는 말을 강조하는 종교가 아니라, 스스로 원수가 만들어 놓은 십자가에 못 박혀 죽음으로써, 실천의 모범을 보임으로 시작된 종교다.

기독교는 예수를 신앙하는 종교이지만, 예수 개인의 죽음으로 인해서만 이루어진 종교가 아니다. 기독교는 로마의 말기적 현상으로 나타난 빈익빈 부익부(貧益貧 富益富)의 사회적 현상 속에서, 예수가 십자가에 목 박혀 당하는 듯한 고통, 즉 로마의 관료들에 의한 행정적 압박과 로마 귀족들의 사치와 방종을 위해 수탈해가는 재정적 압박, 그리고 로마의 황제 숭배사상의 강요에 따른 정신적 핍박 등으로 고통을 당하고 있는 로마의 하층 계급 인들의 공통적인 이해관계를 중심으로 단결된 조직에 의하여 로마 제국을 뒤엎고 세계사의 패권을 장악한 종교다.

그러므로 칸트나 헤겔 그리고 니체의 이론이 아무리 정교하고 진실을 담고 있는 것이라 하더라도, 그 이론을 힘으로 전환(轉換)시킬 수 있는 능력이 수반되지 않는 한, 그리고 그리한 능력을 수반할 수 없는 이론(지나친 관념론, 즉 힘의 주체인 대중이 이해할 수 없는 이론)인 한 그것은 탁상공론 아니면 강단 철학으로 끝나고 마는 것이었다.

마르크스의 사상은 이러한 사상사적 위치에서, 특히 낭만주의적 사상의 전통 위에서 성립된 것이다. 아니 마르크스의 사상은 이러한 마르크스 이전의 모든 사상을 종합하여 당시 사회적 상황을 반영하여, 당시대의 피압박자를 구제하겠다는 그의 이상주의를 피력한 것이다.

마르크스는 기독교의 박멸(撲滅)과, 구체제의 파괴를 부르짖은 점에 있어 볼테르의 정열을 이어 받았고, 역사의 발전과 사회변동의 동력을 자연법칙적인 자연성에서 찾고, 그리고 그 필연성을 주장함에 있어서 칸트의 자연철학적인 역사관을 답습하였으며, 헤겔로부터는 자유의 논리인 변증법을 수용하였으며, 헤겔 좌파의 거두인 포이어바흐(Feuerbach)로부터는 무신론을 흡수하여 무신론적 신기독교로서의 마르크시즘을 형성한 것이다.

그리하여 그는 무신론적이고 유물론적인 사상을 바탕으로 하면서, 원시기독교의 포교나 세력 확장 과정을 하나의 정치적 조직과 정치운동으로 이해하였다. 그리고 그것을 모방하여 산업혁명의 부산물로 나타난 여러 사회문제들과 그 사회문제들로 해서 생성된 노사관계(勞使關係)와 여기에서 피압박대중으로 전락한 프롤레타리아트를 조직하고, 그들에게 새로운 신앙을 투입시킴으로써, 스스로 현대적 예수 그리스도가 되려 한 것이다.

인도주의자로서의 마르크스

칼 마르크스는 1818년 5월 5일 프로시아의 라인 주(州)에 있는 트리에르(Trier) 시에서 유대인을 양부모로 해서 7남매 중 맏아들로 태어났다.

1818년은 프랑스 혁명(1789)이 일어난 지 불과 29년이 지난 때이며, 나폴레옹 전쟁이 끝난(1815)지 3년이 지난 때이다. 그리고 한편 영국에서는 산업혁명(1770~1820)이 한창 진행되고 있었던 시기이다.

이와 같이 마르크스는 대륙에서는 정치적 혁명으로, 영국에서는 경제적 변혁으로 세계가 온통 소용돌이치는 혼란 중에 태어났고, 그 여파로 대륙에서는 메테르니히에 의한 복고적인 반동체제와 이에 저항하는 자유주의운동이 전 유럽으로 확산되고 있던 시기에 교육을 받으며 성장하였다.

그의 부모는 원래 유대교 인이었지만 기독교로 개종하여, 그는 6살 때 기독교세례를 받아 기독교인이 되었다. 마르크스는 학교시절, 깊은 신앙심에 근거하여 인간을 위한 자기희생을 하여야겠다는 순수한 생각을 가지고 사회를 관망하였다. 그러나 그가 1835년 본 대학(University of Bonn)에 입학하여서는 기독교적인 희생심이나 인문주의적인 교양에 불만을 품고 학업보다는 학생운동에 열을 올렸다.

마르크스가 그의 소년시절, 그의 정신을 지배하였으며, 그의 이상으로 삼고 인간을 위해 자기희생을 생각했던 기독교에 대해서 염증을 느끼게 된 이유가 어디에 있는지는 확실히 알 수 없다.

그러나 분명한 것은 당시 또는 그보다 조금 이전의 사려 깊은 사상가들, 예를 들면 칸트나 헤겔, 쇼펜하우어나 니체 등과 같은 사람들이 대부분 초창기에 그들의 정신을 지배하고 있었던 기독교로부터 탈피하려고 노력을 하였다는 것이며, 또 대부분 기독교와 반대되는 어떤 체제나 진실을 추구하였다고 하는 사실이다.

문헌적으로 증거자료는 없어도(필자가 입수한 범위) 후에 그가 관심을 갖게 된 대상이나 경위를 볼 때, 적어도 당시의 기독교로서는 마르크스가 생각한 인류의 구제가 불가능하다고 생각되었기 때문이었을 것으로 추측된다. 왜냐하면 서구의 역사적 전통은 인류에 대한 사랑을 좌우명으로 하는 기독교에 의해서 이룩된 것임이 분명하다.

그런데 그 전통의 결실로 그의 시대에 당면해 있는 역사적 현실은 그렇지가 않았다. 프랑스 혁명과 나폴레옹 전쟁, 그리고 해방전쟁, 자유전쟁 등의 이름으로 불리는 일련의 전쟁들, 거기서 죽은 것도, 죽인 것도 모두가 기독교를 내세우고 있는 자들이었다.

자유·평등·박애라는 이름의 기치 아래에서 이러한 전쟁에 의한 죽임과 죽음이 합리화되었다고 하자. 그런데 전후 다시 등장한 신성동맹이니 하는 기독교의 이름을 내건 보수와 반동세력에 의한 억압은 누가 누구에 대해 행하는 억압인가?

그 뿐인가? 혁명에서 성공을 거두었다고 하는 영국의 부르주아들에 의한 제3차 혁명인 산업혁명의 결과는 무엇인가? 인간을 기계의 부속물로 또는 부르주아의 단순한 경제적 욕구의 충족을 위한 생산의 도구로 전락한 노동자들의 참상, 그리고 그 노동자들의 등에 채찍을 가하는 부르주아가 들고 서서 외우고 있는 성서의 구절, 이러한 당시의 상황을 연상한다고 한다면, 기독교 정신에 입각한 인류의 구제를 생각했던 날카로운 비판력의 소유자인 마르크스가 그 기독교에 대한 환멸을 느낄 수밖에 없었을 것이라는 것은 상상하기 어렵지 않다.

더욱이 세기적인 천재적 사상가로서의 자질을 타고 난 마르크스에게 있어서, 또 성격적으로 극단적이고 열성적인 쟁론의 대가(爭論大家)인 마르크스에게 있어서는 기독교를 단순히 거부하거나 반대하거나 하는 입장을 취하는 것이 아니라, 그것을 하나의 적으로써 간주하지 않을 수 없었을 것이다. 이러한 마르크스의 기독교에 대한 태도에 불을 붙이게 된 계기가 그의 베를린 대학 수학(授學)에서 이루어졌다.

마르크스는 본(Bonn)에서의 학생생활을 마치고 베를린 대학으로 가서 법학과 철학을 공부하였다. 여기서 그는 헤겔 철학을 접할 수 있게 되었고, 그때부터 그는 스스로 젊은 헤겔학도(young Hegelian)가 되었다. 그러나 그는 곧 헤겔의 이론에 대하여 염증을 느끼고, '박사회의(Doctor club)'라고 하는 사회단체에 가입하여 이 단체의 회장이며, 베를린 대학에서 신학을 강의하던 젊은 강사 브루노 바우어(Bruno Bauer)로부터 무신론적인 영향을 받았다.

이때에 바우어는 기독교 성서(Christian Gospels)는 역사의 기록이 아니라, 인간의 감정적인 요구에서 야기된 인간적인 환상에 대한 기록이며, 예수도 역사적으로 실재했던 인물이 아니라는 생각을 전개시켰다. 또 마르크스가 직접 청강한 예언자 이사야에 대한 강의에서는 기독교가 출현할 때보다도 더 무서운 새 사회로의 전환이 이루어지고 있다고 하는 미래 세계에 대한 예시적인 주장을 하기도 하였다.

마르크스가 바우어로부터 이사야 강의를 들었다는 것은 그의 앞으로의 생활에 있어 매우 중요한 비중을 차지하는 것이다. 왜냐하면, 이사야 자체가《구약성서》에 있어서 가장 적극적인 혁명서(革命書)이기 때문이다.

만약 우리가 바우어의 이사야 강의 노트를 얻을 수 있다면, 마르크스의 마음을 휘어잡았고, 그의 사상적 투쟁사를 전개시켜 나가게 한 계기를 이해하는 데 도움이 될 것이다.

그러나 현재의 필자의 입장으로서는 마르크스의 사상과 관련이 있다고 생각되는 〈이사야〉의 몇 구절을 인용하고 그것을 중심으로 당시 마르크스의 마음을 이해하는 것으로 만족할 수밖에 없다.

아. 너희가 비참하게 되리라.
악법을 제정하는 자들아.
양민을 괴롭히는 법령을 만드는 자들아!
너희가 영세민의 정당한 요구를 거절하고 내가 아끼는 백성을 천대하여 그 권리를 짓밟으며, 과부들의 재산을 털고 고아들을 등쳐먹는구나.
너희는 어떻게 하려느냐?
벌을 받게 되는 날, 먼 곳에서 태풍처럼 재난이 닥쳐오는 그 날에 누구에게 피하여 도움을 청하고, 그토록 소중히 여기던 재산은 어디에다 숨겨 두려느냐?
포로들 틈에 끼어 쪼그리고 앉았거나, 시체들 사이에서 뒹굴 수밖에……. 그래도 그의 분노는 사라지지 않아 그 드신 손을 내리시지 않는다.

이것은 〈이사야〉 10장 1절에서 4절까지의 시다. 여기서 우리는 하나의 국가나 하나의 문화가 말기적 단계에 이르렀을 때, 위정자나 지배자가 또는 상류계층에서 생활하는 자들이 철저한 이기심에 노예가 되어 자기들의 현세적 향락을 위하여 헐벗고 허약하고 의지할 곳이 없는 자들을 억압하고 수탈하는 사회적 참상을 살펴볼 수 있다.
분명 마르크스는 바우어의 강의를 듣는 중, 이 구절을 읽었을 것이고, 그리고 이 같은 참상을 그가 살고 있던 시대의 사회적 참상과 비교했을 것임이 틀림없다.

그리고 여기서 그는 그가 소년시절에 가졌던 고상한 꿈, 기독교정신에 근거하여 인류의 구원자가 되려한 꿈이 너무나도 허망한 꿈임을 깨달았을 것이다.

그런데 이사야의 예언은 이처럼 광폭한 지배자들에 의하여 억압받고 있는 피압박자들을 구원할 메시아가 나타나 그의 나라를 세우게 될 것을 다음과 같이 말하고 있다.

> 어둠 속을 헤매는 백성이 큰 빛을 볼 것입니다. 캄캄한 땅에 사는 사람들에게 빛이 비쳐 올 것입니다.
> 당신께서 주시는 무한한 기쁨, 넘치는 즐거움이 곡식을 거둘 때에 즐거움 같고 전리품을 나눌 때의 기쁨 같아 그들이 당신 앞에서 즐거워할 것입니다. 당신께서는 그들이 짊어진 멍에와 어깨에 멘 장대를 부러뜨리시고 혹사하는 자의 채찍을 꺾으실 것입니다. 마구 짓밟던 군화, 피투성이 된 군복은 불에 타 사라질 것입니다.
> 우리를 위하여 태어날 한 아기.
> 우리에게 주시는 아드님.
> 그 어깨에는 주권이 메어지겠고 그 이름은 탁월한 경륜가, 용사이신 하느님 영원한 아버지,
> 평화의 왕이라 불릴 것입니다. 다윗의 왕좌에 앉아 주권을 행사하여 그 주권을 강대하게 하고 끝없는 평화를 이루며, 그 나라를 법과 정의 위에 굳게 세우실 것입니다. 이 모든 일은 만군의 야훼께서 정열을 쏟으시어 이제부터 영원까지 이루실 일이옵니다.

역사, 또는 하나님의 섭리는 결코 압박자들의 편이 아니라, 그들에 의하여 억압을 받고 신음하며 그 억압과 그 질곡으로부터 해방될 날에 대한 소망을 가지고 사는 피압박자들의 편이며, 또 그들의 이 같은 소망을 실현시켜 나감으로써 역사는 그 자체의 목표를 향하여 발전하여 가고 신은 그의 뜻을 실현한다.

마르크스는 당시에 지배자나 부르주아에 의하여 압박받고 신음하며 질곡에서 고통을 당하고 있는 하층 인민들, 이를테면 프롤레타리아트들이 영원히 이 같은 질곡에 머물러 있을 수는 없다고 생각했을 것이다. 언젠가는 메시아가 나타나서 그들을 해방시키지 않으면 역사는, 또는 신의 섭리는 결코 잘못된 것이라 생각하지 않을 수 없었을 것이다.

그런데 이사야는 그에게 이 같은 메시아 사상을 가르쳤다. 인류를 구원하겠다는 그의 어린 시절 꿈은 스스로 그가 이 메시아가 되지 않으면 안 된다는 결심을 하게 되었을 것이다. 그리고 그는 그가 메시아로서 행해야 할, 아니 만들어야 할 이상적인 세계에 대한 환상을, 또한 이사야에게서 얻었을 것이다. 다음은 이사야가 예언한 '장차 올 평화스러운 왕국'에 대한 묘사다.

> 이새의 그루터기에서 햇순이 나오고
> 그 뿌리에서 새싹이 돋아난다.
> 야훼의 영이 그 위에 내린다.
> 지혜와 슬기를 주는 영
> 경륜과 용기를 주는 영

야훼를 알게 하고 그를 두려워하게 하는 영이 내린다.

그는 야훼를 두려워하는 것으로 기쁨을 삼아 겉만 보고 재판하지 아니하고 말만 듣고 시비를 가리지 아니하리라.

가난한 자들의 재판을 정당하게 해주고 흙에 묻혀 사는 천민의 시비를 바로 가려 주리라.

그의 말은 뭉치가 되어 잔인한 자를 치고 그의 입김은 무도한 자를 죽이리라.

그는 정의로 허리를 동이고 성실로 띠를 띠리라.

늑대가 새끼 양과 어울리고

표범이 수염소와 함께 뒹굴며

새끼 사자와 송아지가 함께 풀을 뜯으리니, 어린아이가 그들을 몰고 다니리라.

암소와 곰이 친구가 되어 그 새끼들이 함께 뒹굴고, 사자가 소처럼 여물을 먹으리라.

젖먹이가 살모사의 굴에서 장난하고 젖 뗀 어린아이가 독사의 굴에 겁 없이 손을 넣으리라.

나의 거룩한 산 어디를 가나 서로 해치거나 죽이는 일이 다시는 없으리라. 바다에 물이 넘실거리듯 땅에는 야훼를 아는 자식이 차고 넘치리라.

이상과 같은 억압받는 자의 구제와 해방을 약속하는 내용의 메시아 사상을 담고 있는 이사야에 대한 강의를 마르크스는 기독교적 신앙을 전제로 하는 설교사에게서가 아니라, 무신론적 입장을 취하며 사회 운동에 앞장섰던 바우어에게서 들은 것이다.

그런데 이상의 예언서에서 신, 즉 야훼신을 제외했을 때에 남는 것은 무엇이겠는가? 현실적인 압박으로부터 탈피해서 완전히 해방된 자유로운 상태에로 나아가는 길은 현재의 압박자, 지배자들을 제거하는 정치투쟁이요, 이러한 투쟁을 주도하며, 그 해방의 목적을 향하여 접근케 하는 메시아는 혁명적 투사일 수밖에 없다.

다시 말해서 마르크스는 기독교 자체를 무신론적으로 이해하였다. 즉 기독교 자체가 어떤 절대적인 신에 대한 신앙에서 비롯되는 것이 아니라, 어떠한 역사적 상황 속에서, 이를테면 지배계급과 피지배계급 간에 야기되는 갈등을 극복하기 위한 노력의 결과로 이루어진, 일종의 정치적인 결과로 이루어진 일종의 정치적인 운동이다.

그런데 마르크스는 스스로 자인하는 실증주의자(Positivist)이다. 더욱이 그의 시대는 사회운동에 있어 깊은 영향을 끼친 생시몽의 제자인 오귀스트 콩트(1789~1857)가 실증주의적 역사철학의 기준이라 할 《실증주의적 달력(Positivistic Calender)》을 출판하여 자연과학적인 법칙성이나 수학적인 일반성 및 반복성이 사회과학에 적용될 수 있다는 것을 주장하고 있었으며, 또 이것이 대부분의 지식인들에게 큰 영향을 주고 있었던 때다.

그런데 이 주장에 따르면, 사회의 변동이나 역사의 발전에는 반복되는 법칙이나 공식이 있다. 그러므로 마르크스가 이러한 실증주의자임을 자처하였다고 한다면, 그가 자신이 생존하고 있던 시대나 사회적 정황의 역사적 유사성을 과거에서 찾았을 것이고, 또 그가 강의를 듣고 또 깊은 관심을 갖고 있었던 《구약성서》〈이사야〉에 기록된 역사적 현장을 출발점으로 하여 예수의 시대, 그리고 자신의 시대에 반복되고 있는 역사의 현상으로 이해할 수 있었을 것이라고 추측해 보는 것은 무리가 아닐 것이다. 다시 말해서 마르크스에게 있어서는 이사야에 기록된 제 사회적 정황이 로마말기, 기독교의 성립 당시에 전개되어 있었던 것이다.

로마는 원래 군국주의적인 국가로서 정복을 통해서만 국가의 방대한 재정과 귀족들의 사치스러운 생활을 유지할 수 있었다. 그러나 이른바 로마의 대 평화(Pax Romana)가 이룩된 이후, 더욱이 이것이 오래 계속되어 로마인의 정신이 나태, 타락하여 군국주의적 기상이 상실된 이후, 로마의 왕실과 그 측근을 이루고 있었던 귀족들의 사치생활을 유지하기 위한 재정을 오로지 국내의 민중으로부터 수탈하지 않으면 대책이 없게 되었다.

여기에서 로마의 사회는 부자인 귀족과 가난한 자인 플레비안(Plebian)으로 대립되고, 이어서 대립지경에 이르렀다. 물론 그 대립은 일방적인 귀족의 억압과 착취 및 수탈과, 그로 말미암은 플레비안의 피압박과 피착취 및 피탈이라는 관계로 이루어지는 것이었다.

여기서 나타나는 사회적 정황은 당연히 앞에서 인용한 바, 이사야의 예언서에 담긴 내용을 그대로 재연시키는 것이었다. 그러므로 이 시대에 플레비안을 규합함으로써, 아니, 이들 플레비안의 처참한 생을 기초로 하여 조직된 기독교는 결국 그들을 억압하였던 로마 제국을 붕괴시키고 가톨릭이즘에 근거한 새로운 세계의 질서를 이룩했던 것이다.

이와 같은 사실은 예수가 《구약성서》 중 어떤 부분보다도 〈이사야〉를 중요시하였으며, 또 대중 앞에서 자주 읽었다는 것으로도 입증될 수 있는 것이다.

이러한 입장, 즉 기독교를 하나의 종교 그 자체로 보는 것이 아니라, 압박세력을 타도하고 새로운 사회체제로 구성한 하나의 사회세력으로 보는 입장에서 볼 때, 분명 예수는 신의 아들이 아니라, 신의 아들임을 자처하고 민중을 불러 모아 하나의 당을 이룩한 위대한 정치 지도자이든가, 아니면 반스가 지적하고 있는 바와 같이 기독교의 실질적인 조직자요 확립자인 바울이 내세운 일종의 상징적인 존재에 불과한 비역사적인 인물이 될 것이다.

아무튼 자신이 결코 신의 아들임을 자처할 수도 없고, 그 당시 사상적으로 과학 사상이 전 세계를 풍미하고 있던 시대에 자신을 신화적 존재로 성화시킬 수도 없는 시대에 태어나서, 예수가 행한 바, 억눌린 자들, 즉 프롤레타리아트의 구세주가 되고자 했던 마르크스로서는 역으로 예수를 인간화시키거나 아니면, 그의 업적과 역사를 하나의 정치적인 것으로 세속화시킴으로써 자신과 그를 동일시(Identify)하는 데 마음이 내켰을 것이다.

마르크스의 사상 구조의 배경

이와 같이 마르크스가 자기가 처해 있는 역사적 상황을 이사야 예언서에서 표현되고 예수시대에 로마의 말기적 시대상황과 일치하는 것으로 생각하였다고 할 때, 당연히 귀결되는 것은 그가 그의 일, 즉 프롤레타리아트를 구출한다고 하는 일을 위한 철학, 즉 그의 정치철학에 기초가 되는 사상적 틀, 즉 역사발전 형식을 기독교 사관에서 빌지 않을 수 없을 것이라는 점이다.

그리고 이 시대에 기독교 역사관의 재생을 위한 시도는 이미 마르크스 이전에 칸트나 헤겔에 의하여 행하여진 것이다. 여기서 우리는 마르크스의 역사발전의 틀과, 형식에 대한 생각을 아우구스티누스, 칸트, 헤겔의 것과 비교함으로써 그 공통성을 찾아보기로 한다.

앞에서 언급하였듯이, 서구의 근대사상사는 파괴와 건설이라는 과제를 안고 출발하였다. 계몽주의는 중세적 잔재의 완전한 파괴를 위하여 이성이라는 해머를 휘둘렀고, 낭만주의는 그 위에 새로운 체제를 구성하기 위하여 정열을 기울였다.

그런데 파괴자인 계몽주의는 중세의 중심 세력이었던 가톨릭이즘의 모든 것을 파괴하려 하였지만, 새로운 건설을 담당한 낭만주의는 무(無)에서 새로운 질서를 건설할 수는 없었다. 그들은 어차피 새로운 건축물을 위한 자재를 그들의 과거에서 찾아야 했고, 그 건축물의 설계도를 기독교에서 찾아야 했다.

이 같은 서구의 사상적 경향을 영국 성공회의 신부요, 중세 사학자인 C. 도슨은 다음과 같은 문장으로 설명하고 있다.

> 지금까지 이성의 빛은 조직화된 종교 속에 포함되어 있는 미신과 무지의 어두운 세력에 의하여 은폐되어 왔다는 것을 설명할 필요가 있었다. 그러나 이제는, 계몽(The enlightenment)이라고 하는 것도 새로운 묵시(revelation) 이외에 아무것도 아니다. 그리고 그것은 승리를 얻기 위하여 그것이 어떤 철학자들의 학파라 불리는 교회이든 또는

자연신교(illuminati)의 비밀결사나 또는 프리메이슨(freemason, 공제·우애를 목적으로 하는 비밀조직)이나 또는 정당이라 불리는 교회이든, 새로운 교회를 만들고 그 곳에 새로운 신도들을 모아 조직할 필요가 있었다.

사실 이것은 현실적으로 일어났던 것이며, 이 새로운 합리주의자들의 교회들은 과거의 종파들보다 못지않은 편협성과 도그마를 지니고 있음이 입증되었다.

이 묵시들—관념론자, 실증주의자, 사회주의자들은 그들 나름대로의 예언과 그들 나름대로의 교회를 가지고 있었다. 그러나 이들 중 오늘날 잔존해 있는 것은 오로지 마르크스주의적인 묵시뿐이다. 이것이 이렇게 잔존할 수 있었던 것은 주로 그것이 지니고 있는 교회적인 조직(ecclesiastical organization)과 사도들의 탁월한 능력 때문이다.

도슨은 이같이 당시의 사상적 경향이 중세적 기독교 교회의 모방을 추구하고 있었다는 사실을 개괄적으로 설명하고 있으나, 우리가 조금 더 당시 대표적 철학, 계몽주의와 낭만주의를 종합해서 서구의 철학을 집대성했다고 하는 칸트나 또 그의 철학을 일보 발전시켜 현대 철학의 근원이 되었다고 하는 헤겔의 역사철학을 살피면 보다 구체적인 시도가 나타나고 있음을 알 수 있다.

역사관의 문제에 있어서 기독교 교회적 또는 가톨릭이즘적인 것이라고 하면, 그것은 결국 아우구스티누스에 의해서 이룩된 역사관을 뜻하게 된다. 왜냐하면 기독교의 역사가 근대 교회에서 종교개혁에 이르기까지 무려 1,500년이라는 기간을 포괄하는 것이고, 또 그 동안 많은 사상적 변천(교리 또는 신학상의 변천)이 있었다고 하나 역사관에 관한 한, 아우구스티누스 이후 별 다른 변화나 발전이 없었기 때문이다.

그러므로 서구 사상사에 있어서 중세적 가톨릭이즘의 파괴라고 하면, 역사관의 문제에 있어 아우구스티누스의 역사관의 파괴를 뜻한다.

그런데 계몽주의자들이나 종교 개혁가들은 그들의 휴머니즘적 입장에서, 또는 그들의 이성이라는 무기를 동원해서 가톨릭이즘의 교권 체제에 대한 도전을 했고, 또 그 파괴 내지는 갱신을 주장했으나, 아우구스티누스의 역사관, 즉 기독교적 역사관에 대한 근본적인 부정은 할 수 없었다.

아니, 오히려 종교 개혁가들은 그것의 부활을 주장하기까지 하였다. 그리고 기껏 기독교에 반대하고 새로운 역사관의 구성을 시도한 사람들도 단지 그 역사관에서 신의 개념을 자연이나 이성 또는 물질 등의 다른 개념으로 변조했을 뿐, 역사발전의 이원론적 구조나 역사의 시작과 종말, 그리고 그 사이의 과정 등으로 이루어지는 직선적 발전이론 등 역사관을 이루고 있는 얼개 또는 틀(frame work)은 아우구스티누스의 것을 그대로 답습하고 있다.

즉 아우구스티누스는 역사의 주체를 신이라 하였는데 비하여, 칸트는 자연, 헤겔은 세계사의 이성이라 하였으며, 아우구스티누스는 역사발전과정이 신의 의도 또는 섭리의 실현을 위한 것이라 한데 대하여, 칸트는 자연의 의지 또는 자연의 법칙, 헤겔은 세계사의 자유를 실현하는 과정이라 하였으며, 아우구스티누스가 세계를 천상도시와 지상 도시로 구분하고, 역사과정이 두 개의 도시가 대립 투쟁해 가는 과정이라 한 데 대하여, 칸트는 사회성과 비사회성으로, 헤겔은 정(낡은 세력)·반(새 세력)으로 각각 구분하고 역사는 이들의 대립 투쟁으로 진전되어 간다 했으며, 또 아우구스티누스는 역사의 종말 또는 목표를 선악이 없어지는 천상도시의 실현단계로 보았는데 비하여, 칸트는 인간의 이기심이나 동물적 본능이 초극되어 영구평화가 이 땅에 실현되는 단계로, 헤겔은 정·반·합의 대립과 종합의 변증법적 개념이 없어지고 절대정신, 절대 자유가 실현되는 단계로 각각 보았다.

아우구스티누스에게 있어서 천상도시가 승리하는 단계, 칸트에게 있어서 영구평화가 실현되는 단계, 헤겔에게 있어서 절대정신, 절대 자유가 실현되는 단계란 무엇인가?

아우구스티누스에게서는 영원불변·불사·생명·진리·선·미·능력·지복(至福)·정신 등으로 표현되는 신의 계획이 실현되는 단계요, 칸트에게 있어 이 단계는 완전한 시민체제(a perfect civil constitution)가 확립되어, 이를 근거로 국가와 국가 간에는 국제연맹(foedus amphictronum)이 결성되어 국제간에는 전쟁이 없는 영구평화가 이루어지면, 인간과 인간 사이에는 그들이 지닌 비사회성(unsocialness)이 사라져 각자가 통제되지 않는 자유로운 태도(the attitude of uncontrolled freedom)로 생활해도 압박자와 피압박자의 구별이 없는 그러한 사회가 실현되는 단계이며, 헤겔에게 있어 이 단계는 개인이 아무리 자기와 자유 의지를 발휘하더라도 그것이 국가의 의지 또는 보편 의지에 배치됨이 없고 국가가 아무리 국가의 목적을 위하여 국가의 의지를 시행하려 하더라도 개인의 자유를 침해하지 아니하는 국가가 형성되는 단계를 뜻한다.

이상의 모든 사상가들이 생각한 역사발전의 목표, 인류의 이상은 결국 현실적으로 전개되고 있는 인간 사회와 국가와 국가 간에 야기되는 갈등과 알력이 없어지는 단계, 다시 말하면 역사상에 있어 현실적으로, 그리고 불가피하게 전개되고 있는 이원적이고 대립적인 제 관계의 종식에 두고 있는 것이다.

이것은 바로 앞서 인용한 구약 중 예언자 이사야가 읊은 '장차 올 평화스러운 왕국'의 반복이다. 야훼의 영이 내려 지혜와 슬기 경륜과 용기, 정의롭고 공평한 재판이 이루어져 늑대가 새끼 양과 어울리고, 표범이 수 염소와 함께 딩굴며, 새끼사자와 송아지가 함께 풀을 뜯으며, 암소와 곰이 친구로 되고, 젖먹이가 살모사의 굴에서 장난하는 그러한 사회의 도래를 기대하고 이루어진 역사철학들인 것이다.

다만, 다른 것이 있다면 이사야의 야훼가 아우구스티누스에게 신(God)이라는 보편적 개념으로, 칸트에게서 자연으로, 헤겔에게 있어서 정신 또는 이성으로 변경되었을 뿐이다. 다시 말하면 본질은 같으나 다만 사상가들이 처하고 있었던 역사적 상황에 따라 그들이 갖게 된 관심의 차이에서 표현의 차이, 관심 대상의 차이 등으로 다르게 나타난 것이다.

이상과 같은 논리에서 마르크스의 역사관을 이해한다면 비록 그가 '무신론적' 또 '유물론적'라는 형용사가 수반되는 역사관을 지니고 있다 하더라도, 그것이 결국 기독교적 역사관의 틀을 그대로 적용하고 있다는 것이 괴이하게 생각되지 않을 것이다. 이러한 입장에서 우리는 마르크스의 역사관의 틀을 분석해 보기로 하자.

도슨은 그의 저서 《세계사의 원동력(The Dynamics of World History)》에서 마르크스적 역사사상의 연원이 가톨릭에 있음을 다음과 같이

이사야	아우구스티누스	칸트	헤겔
야훼	신(God)	자연	세계사의 이성 또는 정신
야훼의 손길 및 영	신의 의도, 섭리	자연의 의미 자연의 법칙	세계사의 자유와 정신의 변증법적 법칙
지배자와 피지배자의 대립투쟁	천상 도시와 지상 도시 및 이들 도시에 속한 자들의 대립	사회성과 비사회성의 대립 투쟁	신 세력[反]과 낡은 세력[正]의 대립 투쟁
압박자와 피압박자의 대립이 야훼의 영에 의해 해소 (늑대, 표범, 사자, 독사 등의 약탈자와 새끼 양, 수염소, 송아지, 어린아이 등의 공존)	천상 도시와 지상 도시의 통일, 선과 악의 개념이 없는 천상 도시의 복귀	개인적으로 비사회성(이기심 동물적 본능)이 초극되어 완전자유를 얻고 국제간에 전쟁이 없는 영구평화의 국제연맹의 실현	正·反의 개념 및 그 대립이 없어지는 절대 자유의 실현

설명하고 있다.

　　마르크스적인 사회주의와 그 근본적인 교리로 되어 있는 역사의 유물론적 해석은 한편으로 혁명적 전통의 지식이며, 또 한편으로는 독일관념론의 아들이다. 그리고 그것은 다시 계몽주의자라는 철학과 프로테스탄트의 경건주의라는 종교의 부정한 결합의 결과로 태어난 사생아이다.
　　그리고 계몽주의라는 철학은 가톨릭적인 전통에서 역사적 보편주의

(historic universalism)을 얻어냈으며, 경건주의의 전통은 정신적 종교 개혁자들과 정신적 프란체스코 교단을 거쳐서 기독교적인 천년왕국 이론과 묵시록에 그 뿌리를 두고 있는 것이니, 결국 이 두 가지는 다같이 가톨릭을 조상으로 삼고 있는 것이다.

이와 같이 도슨은 서구의 사상적 전통을 소급하여 마르크스의 유물사관의 뿌리가 가톨릭에 있음을 지적하고, 한 걸음 더 나아가서 마르크스의 역사관에 있어 이원적인 대립구조의 기본적인 요소를 다음과 같이 기독교의 것과 비교 설명하고 있다.

> 유태식의 역사적 태도에는 세 가지의 기본적인 요소들―선택받은 인민과 이방인(the Gentile)세계 간의 대립, 메시아적 왕국이 도래했을 때, 이방인에 대한 무자비한 신의 심판과 선민의 구원―모두에서 마르크스의 혁명적 신앙에 상응하는 제 원리가 발견된다.
> 여기서 부르주아는 이방인의 위치를 취하고, 경제적 빈자―프롤레타리아트는 구약의 정신적 빈자에 해당된다. 이와 같은 방법으로, 사회 혁명, 즉 인간의 힘이나 의지에 의해서가 아니라, 역사의 내재적인 변증법에 의하여 수행되는 사회혁명이라는 앞으로 다가오고 있는 대(大)격변(The approaching Cataclysm)은 야훼의 날(The Day of Yahweh)과 이방인에 대한 심판에 상응한다. 그리고 메시아적인 왕국은 프롤레타리아트의 독재, 즉 그것이 모든 지배권과 권위와 권력을 장악하여 결국 만민 속에 만민이 있게 될 미래의 무계급 무국가의 사회에 그 독재권을 물려줄 때까지 통치하게 될 프롤레타리아의 독재와 명백한 유사성을 갖는 것이다.

도슨도 지적했듯이, 마르크스의 유물론적 역사해석은 그가 생존해 있던 혁명적 시대라는 토양 위에 기독교적 혈통을 지닌 독일 관념론, 다시 말하면 칸트와 헤겔의 사상이 심어져서 이룩된 것이다.

혁명적 시대의 제 상황이 어머니라고 한다면, 칸트와 헤겔 등 독일 관념론, 즉 기독교적 혈통은 아버지라 비유할 수 있다. 그러므로 도슨은 그것이 처음부터 기독교의 것을 그대로 답습 또는 상응시킨 것이라고 하나, 이러한 혈통 관계를 염두에 두고 볼 때, 마르크스의 유물사관의 틀(frame work)은 아우구스티누스, 칸트, 헤겔의 과정을 거쳐서 마르크스에게 넘어 온 것으로 이해하여야 할 것이다.

특히 마르크스에게 직접적인 영향을 준 것은 말할 것도 없이 헤겔이다. 마르크스는 스스로 자기는 헤겔의 정신변증법을 유물 변증법으로 전환시킴으로써 헤겔의 역사철학을 극복하였다고 자처하고 있는데, 이는 다른 면으로 해석할 때, 그의 유물사관이 헤겔에 직접적인 관계를 가지고 있음을 의미하는 것이다. 이 점을 감안하여 우리는 다음과 같이 헤겔의 역사관의 틀과 마르크스의 것을 비교하는 도표를 만들어 볼 수 있을 것이다.

다음의 도표를 놓고 볼 때, 마르크스의 역사관의 틀은 헤겔에서 연유한 것이 틀림이 없고, 또 마르크스가 현실적으로 관심을 가지고 있었으며, 그가 스스로 그들의 구원자가 되고자 했던 프롤레타리아트, 다시 말하면 당시 영국의 산업혁명의 결과로 나타난 구제받지 않고는 아니 될 절망적 인간들, 부르주아에 의해 일방적인 수탈을 당하여 절망적인 상황(desperate condition)에 처하여 있는 노동자 계급에게 희망을 주고, 그들에게 행동방향, 투쟁목표를 제시하는 것으로 전환시

헤겔	마르크스
세계사의 이성 또는 정신	사회·경제적 제 관계
세계사의 자유와 정신의 변증법적 법칙	유물변증법의 법칙
낡은 세력[正]과 신 세력[反]의 대립투쟁	부르주아에 대한[正] 프롤레타리아[反]의 계급투쟁
正·反의 개념 및 그 대립이 없어지는 절대정신·절대자유의 실현	프롤레타리아트의 독재로 성립되는 무계급·무국가의 사회

킨 것이다.

마르크스 자신의 말마따나 아카데믹한 학자, 강당 철학자들이 관념적으로 논의하는데 그치고 있었던 서구의 전통적인 이원론적 대립의 철학을 실생활에 있어서 생존을 위해 투쟁을 하지 않으면 아니 되는 프롤레타리아의 생활철학(이들에게 있어서는 투쟁이 생활이어야 했다)으로, 즉 하늘의 철학을 땅의 철학으로 전환시킨 것이다.

이런 점에서 마르크스의 사상은 칸트나 헤겔의 것에 비하여 보다 더 기독교의 것에 가까웠다. 그것은 칸트나 헤겔이 대중 운동에 직접 간여하지 아니한 관념적 또는 아카데믹한 강당철학자들이었는데 비하여, 애초의 기독교는 로마의 귀족들의 수탈과 억압에 의한 질곡에 신음하고 있던 플레비안을 대변하고, 그들을 조직하고 그들의 해방을 부르짖은 것이며, 또 마르크스가 대변하고, 조직하고 해방을 약속한 프롤레타리아트가 바로 기독교 플레비안과 동일시될 수 있는 존재들이었기 때문이다. 또 한 가지는 칸트나 헤겔이 단지 이론이나 강의로 끝난 데 비하여, 마르크스는 혁명가의 입장에서 실천, 즉 정치적 투쟁을 강조하였으며 몸소 그 대열에 섰었다고 하는 점에서, 초대 기독교의 입장과 노선을 같이 할 수밖에 없었기 때문이다.

이상과 같은 점들로 해서 마르크스의 입장은 기독교와 다음과 같은 점에 있어 공통적인 실천적 방향을 갖게 된 것이다.

첫째, 로마시대의 초대 기독교도들이 자기들의 교리나 이상 이외의 것은 무조건하고 이교도나 이단자로 규정하고, 전혀 타협할 수 없는 적으로 간주하였던 것과 같이, 마르크스와 마르크스주의자들은 편협한 당파의식을 내세워 일체의 다른 당이나 다른 사상에 대해서는 철저한 적개심을 갖도록 고취하였다는 점이다.

둘째, 기독교가 로마의 억압을 극복하고 드디어 밀라노 칙령으로 로마 제국의 공인을 받기까지 로마 제국의 억제와 맞설 수 있었던 것은 기독교의 예언적 요소, 즉 메시아 사상이었다. 즉, 이교도의 세력(Gentile power)이 붕괴되고, 이스라엘의 해방이 올 것이라는 메시아적 소망(Messianic hope)과 예언이 있었는데, 마르크스는 현 세계에서 압박받고 있는 프롤레타리아트가 혁명을 통하여 그들의 적인 부르주아를 타도하고 프롤레타리아트에 의한 독재가 이룩될 것이며, 그것이 이룩되면 낙원이 건설될 것이니 전 세계의 프롤레타리아트는 단결하여 이 독제체제를 형성할 때까지 목숨을 내어놓고 투쟁을 전개해야 된다. 메시아적 소망의 제시와 광신적 신앙의 고취로써 그 당원들을 투쟁 대열에 끌어들였다고 하는 것이다.

셋째는, 이것을 원동력으로 하여 초대교회, 특히 사도 바울에 의하여 실시되었던 세포조직을 실시해 나갔다고 하는 점이다.

마르크스 사상과 마르크시즘의 구별

마르크스 사상의 강점은 그의 철학의 구성이나 깊이에 있지 아니하고, 마르크스 자신이 스스로 생각한 것을 현실에 반영시키고, 또 그 현실에서 몸소 체험해서 얻은 지식을 자기 나름대로 체계화시키는, 다시 말하면 철저하게 실천적인 생활과 관련되어 있는 것이라는 점에 있다.

마르크스는 칸트나 헤겔과 같은 강단철학자가 아니다. 그는 학교가 아닌 언론계에서 지적(知的) 활동을 하였으며, 그 활동을 위해서, 또는 그 활동을 통해서 학문을 연마하였다. 이론을 위한 이론이 아니라, 실천적 활동을 위한 이론이었다.

이러한 그의 활동은 그의 생애를 점점 더 정치투쟁적인 방향으로 이끌어 갔다. 다시 말하면, 그의 사설 논조는 프러시아 정부를 자극하여 신문은 징간되고, 마르크스는 프랑스 파리로 망명을 하게 만들었다. 여기서 그는 공산주의를 배웠고, 또 그것을 위한 저술과 실천적이고 투쟁적인 정치 생활을 하게 된 것이다.

그 후 그는 그의 뒤를 그림자처럼 따라다니는 프로시아 정부의 압력과 빈곤이라는 위협을 몸으로 느끼면서 끊임없는 정치투쟁을 지속하였다. 그러나 그에게는 정치적인 성공이라는 것은 맛도 보지 못하였다.

다만, 그의 이와 같은 투쟁의 결과는 《공산당 선언》, 《자본론》 등으로 대표되는 저작을 남긴 것뿐이다. 그는 자본론을 집필하던 중 1883년 8월 5일 파란만장한 65년의 생애를 끝마쳤다.

마르크스의 생애는 예수가 33년으로 끝마친 생을 2배로 늘려서 산 것이라고 할 수 있다. 예수의 고난은 빌라도의 군대에 체포되면서 십자가에서 숨지는 동안의 순간적인 것이었으나, 마르크스의 고난은 그 순간적인 것을 인간의 일평생으로 연장시킨 것이었다. 그런데 그 고난의 결실은 무엇인가?

결론부터 말해서, 만약 마르크스가 현재에 태어난다면 분명히 그는 반(反)공산주의자로서 공산주의, 마르크스주의의 타도를 외치며 또 한 번의 정치 투쟁적 생애를 살려고 할 것이다. 그 이유를 들면,

첫째, 마르크스의 개인적인 성격과 그의 생애를 살펴볼 때, 그가 살아있을 당시 유럽사회에 퍼져 있었던 일반 공산주의자들과 마르크스 자신의 사상은 일치되는 것이 아니었다.

마르크스는 당시 사회주의자들이나 공산주의자들 가운데서 독불장군이었다. 그의 사상은 그 이외의 공산주의자들에 실질적으로 납득, 또는 공감이 가지 않는 것이었을 만큼 독선적인 것이었으며, 또 이상주의적인 것이었기 때문이다.

그러므로 마르크스는 죽을 때까지 논쟁적인 생애를 살았을 뿐, 정치적으로는 전혀 성공을 거두지 못하였다. 다시 말하면, 마르크스는 그가 죽을 때까지 엥겔스를 제외하고는 자기와 사상이나 이상의 일치를 본 사람이 없었다. 그러므로 그는 애초부터 공산당원이나 마르크스주의자는 못되었다.

그럼에도 불구하고 그가 죽은 뒤에 그의 사상이 공산주의자들의 교조(敎條, doctrine)로 받아들여지게 된 것은, 프롤레타리아트라는 피압박계급을 정치세력으로 하여 정치권력을 획득하고자 한 직업적인

정치가, 또는 혁명가들이 프롤레타리아트를 선동하고, 그들의 집권을 합리화하기 위한 방편으로 삼았고, 또 당원들의 교육을 위해서 마르크스에 의해서 체계화된 이론을 이용할 필요가 있었기 때문이다.

이 때문에 그 후의 마르크스주의자들은 마르크스의 이름을 내세우고 계속적으로 그 이론을 수정하여 자기들의 정치적 목적과 수단을 합리화 시켜 갔으며, 그 결과 소련을 중심으로 하는 공산당 진영의 제국가들이 내세운 마르크스주의는 실제로, 마르크스의 사상이나 이상과는 전혀 같지 아니한 것으로 변질되어 있기 때문이다.

둘째, 마르크스의 개인적인 기질과 그가 추구한 사회적 이상으로는 공산주의 체제를 인정하지 못할 것이기 때문이다. 그의 일생이 말해 주고 있는 바와 같이, 마르크스에게 있어서는 오늘날 공산주의 체제와 그 체제 속에서 일어나고 있는 부조리와 반인간적인 행위에 대해서 참을 수 없는 것일 터이기 때문이다.

1917년 레닌의 볼셰비키 혁명의 성공으로 마르크스주의는 박해받던 입장에서 당당히, 그것도 러시아라는 광대한 국가의 정권을 장악한 정치세력으로 세계사에 군림하게 되었다. 그 이전까지 기성권력이나 기성질서에 의해서 억압을 받고 있던 위치에서 일약 스스로 기성 권력자로, 하나의 기성질서의 입장으로 변태된 것이다.

이렇게 러시아를 중심으로 정치적 권력을 장악한 공산당은 마치 서양 중세의 기독교적인 세계에서 로마 가톨릭과 마찬가지로 그의 세력권을 조직과 선언을 통하여 확장시켜 나아갔고, 그 결과 오늘의 공산세계를 형성하는 데 성공하였다.

그리고 그것의 세계적인 조직은 또한 로마 가톨릭의 중세적 조직과 마찬가지로 소련 공산당을 중심으로 하는 각 국가의 공산당의 연결 조직으로 되어 있는 것이다. 이같이 하여 현대의 공산당은 마르크스의 이름을 빌어 하나의 커다란, 그리고 강력한 조직을 구축함으로써 세계지배를 지도하였다.

여기에서 우리는 조직과 인간이 추구하는 이상과의 관계를 논의하지 않을 수 없다. 돌이켜 보건데, 예수와 그의 제자들에 의한 기독교의 성립은 가난한 자들이 로마의 귀족들의 사치와 방종생활에 의하여 희생당하고 있었다고 하는 역사적 배경 속에서 있을 수 있었던 것이며 또 그 같은 사회적 모순과 부조리를 극복하고자 하는 노력에서 출발한 것이다. 그러나 그것이 로마의 압제를 벗어나 로마정부의 공인을 얻고 드디어는 로마의 국교로 둔갑을 한 뒤, 기독교는 현실적으로 변태되지 아니할 수 없었다.

그 자체가 하나의 거대한 조직을 갖게 되고, 그 조직을 통해서 거두어들이는 막대한 재력을 지니게 되고, 또 그 조직을 운영함에 있어서, 또는 운영하기 위해서, 막강한 권력이 산출됨에 따라, 기독교는 예수나 그의 제자들이 당한 가난이나 피압박의 여러 참상들은 망각하게 되고, 오히려 로마 가톨릭이라고 하는 조직체에 기생하고 있는 종교적 귀족층이 그들의 부(富)와 권력을 행사하며, 역으로 가난한 자와 피압박자들 위에 군림하게 하는 현실적 이유를 제공해 주는 것으로 그치고 말았다.

그러므로 근대의 르네상스인들과 계몽주의자들은 그러한 부조리, 가난에 시달리고 권력자의 억압에 의해 십자가에 못 박혀 죽은 예수와 그의 제자들의 이름을 빌어 현세적인 권력과 부를 향유하는 타락한 권력자들의 행패를 거부하고, 또 그 체제의 파괴를 부르짖었던 것이다.

그런데 이제는 이와 같은 계몽주의의 혈통을 이어받고, 프롤레타리아트의 해방을 부르짖으며, 평생의 고난을 감내해 가며, 이룩한 마르크스의 이론과 사상이 공산당이라는 이름을 내건 권력자들에 의해 이용당하여, 오히려 프롤레타리아들은 노예로 되어 비인간적인 삶을 강요당하고 있지 아니한가?

그러면서도 그 프롤레타리아트들은 서양 중세 말기의 무지한 기독교인들처럼, 공산주의라는 미신에 사로잡혀 그들의 압박자요 수탈자인 공산당 간부들에게 복종하고 있으니, 이는 가톨릭이즘 체제를 예수의 이름으로 숭배하는 미신적인 난센스를 재연하고 있는 것이 아닌가?

기독교에 있어서 예수가 말하는 천국이 현실세계에 실현될 수 없는 하나의 종교적인 이상인 것처럼, 마르크스가 주장하는 무계급, 무국가의 공산사회는 현실적으로, 또 역사가 지속되고 있는 한에 있어서는, 결코 실현될 수 없는 인류의 영원한 정신적 이상일 뿐이다. 만약 아우구스티누스가 설정한 종말이나, 칸트가 설정한 영구평화의 국제연맹이나, 헤겔이 주장하는 절대이성 또는 세계사의 절대정신의 실현이 있으면 몰라도, 현실적인 인간들에 의해서 이루어지고 영위되지 않을 수 없는 사회에 있어서는 결코 그와 같은 사회는 도래할 수 없다.

그것은 현실적으로는 늑대와 새끼 양이 어울릴 수 없고, 표범이 수염소와 함께 뒹굴 수 없으며, 새끼 사자와 송아지가 함께 풀을 뜯을 수 없다고 하는 진리와 같은 것이다.

그럼에도 불구하고 그러한 사회의 도래를 희망하고 그것을 예언하는 것은, 좋게 이야기해서 현실적으로 절망한 사람들에게 미래적 희망을 제시함으로써 현재의 고난을 정신적으로 극복하자는 것이며, 나쁘게 말하면, 이러한 실현 불가능한 이상을 제시함으로써 대중의 정신을 현혹하여, 그 대중을 어떤 지배자나 정치인들의 목적에 동원, 이용하고자 하는 프로파간다의 수단일 뿐인 것이다. 인간의 역사는 언제나 이상이라는 신을 설정하고 그것을 잡으려는 노력에 의하여 진행되는 것이며, 또 그 이상이 환상이었으며 그 신이 우상이었음이 폭로되면, 새로운 이상, 새로운 우상을 설정하고, 또 그것을 추구하는 일의 연속으로 이루어지는 것이기 때문이다.

또 역사상의 모든 이상이라고 하는 것은 애초에 역사적인 현재의 문제(가난, 억압 등)를 해결하고자 하는 지성인의 노력에 의하여 형성되나, 그것이 일인의 사상가에서 소수인의 사상가의 것으로 발전하고, 드디어 다수인의 것으로 되었을 때, 그것은 반드시 정치인이나 위정자들에게, 다시 말하면 권력자들에게 이용되고, 그렇게 되면 그 이상은 본래의 이상이나 순수성, 그리고 휴머니티를 상실하고 권력자들의 이기적인 야수성에 의하여 희생하게 된다.

그러므로 인류의 역사는 언제나 권력체제에 대한, 또는 지배자에 대한 끊임없는 도전과 투쟁을 통해서 스스로를 키워가고 있는 것이다.

칼 마르크스의 변증법적 유물론

필자는 지금까지 마르크스의 역사관의 구조가 기독교에 연원을 두고 있는 것이라는 점을 밝혔다. 그런데 여기서 다시 제기되는 또 하나의 문제가 있다.

'그러면 마르크스의 역사관과 기독교적인 역사관은 같은가? 또는 유사한 것인가?' 하는 문제다. 물론 포이어바흐의 논리대로 양자(兩者)간의 차이성을 배제하면, 양자는 동일한 것이 될 수 있다. 그러나 이 양자 간의 차별성이 너무나 근본적이고 본질적인 것이라면 문제는 달라진다.

이들 양자의 어느 것을 불교나 유교와 같은 동양적인 어떤 사상에 비교할 때에 나타나는 차별성에 비하면 별 차이가 없다고 하겠지만, 같은 서양사상적인 범주 내에서는 근본적인 차이를 갖는 것이다.

그러면 그 차이는 무엇인가? 한마디로 그것은 유신론(有神論)과 무신론(無神論)의 차이이며, 정신사관과 유물사관의 구별이다. 따라서 우리가 마르크스의 역사사상을 이해함에 있어서 무엇보다 중요한 것은 그의 무신론 및 유물론을 이해하여야 한다고 하는 것이다.

무신론이냐? 유신론이냐? 하는 것은 유무(有無)의 논쟁이다. 때문에 이 문제는 존재론에서 취급되어야 마땅할 것이다. 그러나 그 존재론 자체가 인간과의 관계를 통해서만 가능한 것이니, 존재의 유무는 결국 인간이 그 존재에 대해서 어떻게 인식하고 있느냐, 또는 인식이 가능하냐 하는 문제, 즉 인식론의 문제로 낙착되게 된다.

그런데 이 존재와 인식의 문제는 서양 근대사상사에 있어서 중대한 문제로 논의되어 왔다. 데카르트가 '생각한다. 고로 존재한다.(Cogito ergo Sum)', 즉 사고와 존재를 동일시하는 이론을 전개시킨 데서 비롯되어, '진리는 창조되는 것과 동일하다.(Verum ipsum factum)'는 비코의 인식이론이 등장하였고, 이것은 다시 칸트와 헤겔을 거쳐서 포이어바흐의 '신학의 비밀은 인간학이다'라는 이른바 잠정적 명제와 '신은 인간의 자기소외였다'고 하는 인간 소외이론에 근거하는 무신론에까지 이른 것이다.

따라서 필자는 마르크스의 유물사관의 기초가 되는 포이어바흐의 무신론을 역사인식론, 특히 비코의 인식론에서부터 추론해 보고, 이것을 근거로 하는 마르크스의 유물사관, 특히 그의 저서 《도이치 이데올로기(Die deutsche Ideologie)》에 포함되어 있는 이론들을 분석 비판해 보고자 하는 것이다.

비코의 인식론과 결정론

비코의 사상은 한마디로 데카르트의 철학에 대한 반대, 또는 반조정(反措正)으로 비롯된다. 즉, 비코는 데카르트 철학의 출발점인 '생각한다. 고로 존재한다.(Cogito ergo sum)'에 대해서 '진리는 창조되는 것과 동일하다.(Verum ipsum factum)'라는 인식론의 원리를 제시함으로써, 데카르트가 사고와 존재를 일치시킨 일에 대하여 진리와 창조를 일치시킨 사상가다.

그러면 진리와 창조가 일치된다는 말은 무슨 말인가? 비코는 그의 저서《신과학(Scienza Nouva)》에서 다음과 같은 말을 거듭함으로써 그의 인식이론과 형이상학적 이론을 전개시키고 있다.

> 시민사회는 확실히 인간에 의하여 만들어졌다. 그러므로 …… 그 것의 여러 원리들은 우리 자신의 인간정신(Human mind)의 한계(modification) 내에서 발견될 수 있다. 그러나 철학자들이 자연 세계의 연구를 위하여 그들은 모든 정력을 기울인다는 것은 다만 기이한 일일 뿐이다. 왜냐하면 자연 세계를 만든 것은 신이므로, 자연 세계를 알 수 있는 것은 오로지 신뿐이기 때문이다.

이 말은 곧 창조자만이 그의 피조물을 인식할 수 있다는 말이다. 여기서 우리는 '창조(Creation)'라는 말을 음미하지 않을 수 없다.《웹스터 사전(Webster's Third New International Dictionary)》에 의하면, 창조(creat)란 'to bring into existence; make out of nothing and for the first time'라 하였다. 즉 창조는 무(無)에서 유(有)를 만들어 낸다는 점에 있어서, 또 처음으로 만들어 낸다는 점에서, 이미 고안된 것을 양적으로 확대시키는 행위로서의 생산(Production)과 구별되는 것이다. 그런데 무에서 유로, 첫 번째로 만들어 낸다는 것은 결국 발명과 발견을 뜻하게 된다.

그렇다면 비코의 주장, 즉 인간이 인식할 수 있는 것은 인간이 창조한 것뿐이라고 하는 주장은 이해될 수 있다. 인간에 의해서 발명되지 않은 일체의 사물을 인간이 인식할 수 없으며, 아무리 원초적으로 존재해 있었다 하더라도 그것을 인간이 발견하지 못했을 때, 그것은 인간에게 있어서 존재하지 아니하는 것이다.

예를 들면, 우리가 현재 사용하고 있는 문명의 이기들이 현재에는 아무리 생활과 밀접한 관계를 맺고 있고 익숙해져 있는 것이라 하더라도, 그것을 인간이 발명하기 이전에는 존재하지 않았던 것들이며, 아메리카 대륙도 콜럼버스가 발견하기 이전에는 유럽인들에게 있어 존재하지 않은 것이다.

또, 지금 우리가 존재하는지 않는지 관심조차 가질 수 없는 미래적 문명의 이기나 미지의 세계가 지금 우리에게는 존재하지 않는 것이지만, 앞으로 그것은 인간이 발명하거나 발견하게 될 경우, 그것들은 그때에 가서 존재하게 되는 것이다.

지금 우리는 흙을 먹을 수 없는 것으로, 즉 흙 속에는 인간의 식생활에 유용한 물질이 존재하지 않는 것으로 생각하지만, 과거 몇 백 년 전 석탄이나 석유에서 생활용품을 산출할 수 없었다는 것을 생각할 때, 미래의 어느 시기에 인간은 흙을 먹고 사는 시기, 즉 흙 속에서 영양을 섭취할 수 있는 기계의 발명, 또 섭취 방법이 발견될 경우, 흙 속에는 영양이 존재하게 된다는 것이다.

이것은 다른 말로 표현하면, 비코의 말대로 '인간 정신의 한계(modification of human mind)'가 확장되어 감에 따라서 인간의 창조영역(발명과 발견의 숫자와 분야를 포괄하는)은 확대되고, 그에 따라 인간의 인식의 영역과 심도는 깊어진다.

그리고 이와 같은 인간정신의 한계의 확대나 창조영역, 그리고 인식의 범위와 심도의 확대과정은 곧 역사의 발전과정이 된다. 다시 말하면, 시간이 경과되고 이에 따라 역사가 발전되면, 그에 따라 인간정신의 한계는 넓어지고, 발명품과 발견품의 숫자는 누적되고, 또 인간의 인식의 능력이나 범위 및 심도는 점차 확대되어 간다.

이상과 같은 논리를 따를 때, 우리는 신이라고 하는 존재도 또한 인간의 피조물이라는 결론에 도달하게 된다. 신이 실제로 어떤 모습으로 어디에 어떻게 존재하고 있는지에 대해서는 모르지만(이것은 칸트의 아프리오리의 인식대상) 일단 인간에게 인식되고, 인간의 마음속에서 믿어지고 있는 신은 어차피 인간의 인식범위 안에 들어온 신이며, 인간의 마음속에 들어온 신이다. 다시 말하면, 그것은 인간의 인식능력에 대하여 인간의 마음속에서 발견 또는 발명된 신이다. 이것을 다시 미제스(Ludwig von Mises)의 말을 빌려 설명하면 다음과 같다.

> 우주와 실재의 진정한 본성이 있든 없든, 인간의 정신(mind)의 논리적 구조(logical structure)가 그에게 이해할 수 있게 만들어 줄 때에 한해서만, 그것에 관하여 배워 알 수 있다. 인간의 과학과 철학의 유일한 도구인 이성은 절대적 지식과 최종적인 지혜를 전달할 수는 없다. 궁극적인 사물들(ultimate things)에 대하여 추측하는 것은 헛된 일이다.

여기에서 포이어바흐의 '신이 인간을 만든 것이 아니라, 인간이 신을 만든 것이다.'라는 명제는 성립된다. 종교의 역사는 실제로 이 명제를 입증해 주고 있다.

예를 들면, 인간의 의식이나 이성 또는 정신력이 오늘날과 같이 작용할 수 있을 만한 문화적 상황이 아직 형성되어 있지 않았던 원시시대의 인류는 자연에 대하여 그들 나름대로 느끼는 공포심이나 경외심에 근거하여 모든 자연물과 자연현상의 과정을 신앙의 대상으로 삼았다(Animism).

그 후 인간이 정착 생활을 하게 되고 유목이나 농경생활을 하게 됨에 따라 그들의 식생활과 밀접한 관계를 갖는 동물이나 식물을 토템으로 삼아 그것을 신앙하였다.

그리고 종족의 집단이 국가의 형태로 발달했을 때, 그들의 신은 국가권력의 상징으로 되어 태양신이나 천신(天神) 등 초자연적, 초현실적 신으로 변모하게 되며, 한 국가가 다른 국가를 병합하거나 왕조가 변천하게 되면, 먼저 지배권을 장악하고 있던 국가나 왕조의 신에 자기네의 신을 동시에 병합하는 경우가 있다. 예를 들어, 반스의 말을 인용하자.

> 국가적 종교가 형성된 첫 번째 단계는 헬리오폴리스(Heliopolis)의 제사장들이 그들의 태양신 '라(Ra)'를 내세웠을 때였다. 테베가 정치적 군사적 특권을 장악했을 때, 그들의 신인 아르몬(Armon)이 인정되지 않을 수 없어 이집트의 최고신은 아르몬라(Armon-Ra)로 되었다.

한마디로 신의 형상이나 개념, 그리고 그것의 능력은 인간의 의식의 확대, 인식능력의 심화, 또 인간권력의 확대와 인간 사회범위의 확대과정에 따라 변모, 확대, 심화되어 가는 것이다.

이러한 입장에서 볼 때, 기독교도 결국 하나의 종교로서, 종교사의 발전과정상에 나타난 특수형태의 종교에 불과하게 된다. 애니미즘이 석기시대적인 역사적 단계에 나타날 수 있으며, 나타난 종교의 양식이며, 토테미즘이 청동기시대 또는 씨족이나 부족사회라는 역사적 단계에서 산출될 수 있는 종교의 형태이며, 태양숭배 사상을 전제로 하는 이집트의 종교나, 형이상학적 존재로서의 하늘 천(天)을 숭배의 대상으로 하는 중국의 숭배사상이 여러 종족들이나 여러 국가들의 지배자들과 그 인민들을 통합하여 중앙집권적인 국가체제를 이끌어 나가야 되는 역사적 단계의 종교체제라고 한다면, 기독교는 로마 제국이라는 역사적 상황, 즉 로마 제국이 성립되기 이전에 이집트, 바빌로니아, 페르시아, 헤브라이, 그리스 등 여러 문명권에서 창출, 발전된 문화의 물길을 모두 흡수한 고대 문화의 호수와 같은 역사적 상황 속에서 이룩된 세계주의적 종교의 한 형태인 것이다.

그러므로 브루노 바우어의 주장대로 기독교의 예수라는 인물은 역사적으로 실재했던 역사적 인물이 아니라, 기독교인들에 의하여 가상적인 또는 허구적으로 만들어진 인물이든가, 아니면 세계가 로마 제국에 의하여 통일되고 지배되고 있던 시대에, 그 로마의 통치영역 중 극히 비천한 지방인 베들레헴이라는 마을의 보잘 것 없는 무당에 불과했던 인물에 불과했는데, 이를 철학자인 사도 바울이 미화시키고 신성화시켜서 신격화시킨 것이라는 결론을 얻게 된다.

포이어바흐와 무신론

이상과 같이 비코의 인식론과 그와 유사한 결정론을 근거로 해서 기독교를 역사학적인 견지에서 논의할 때, 기독교의 신은 결국 인간에 의해서 창조된 것이 된다. 그런데 이와 같은 이론을 마르크스에게 주입시킨 것은 포이어바흐다. 즉 포이어바흐는 이상과 같은 생각을 보다 철저하게, 보다 철학적으로, 보다 논리적으로 설명하고 있다.

포이어바흐에 의하면, 신은 인간의 자기소외였다. 신은 본래 인간적인 것인데, 인간이 신이라고 하는 공상적인 초월적 존재를 가정해 놓고, 그중에서 자기 본래의 모습을 상실해버리고, 자기와 별다른 것으로 만들어버린 것이다.

이 말을 쉽게 풀이하면, 인간은 자신의 인식의 범위와 깊이에 따라 만들어진 그릇이 허락하는 범위에서 가능한 공상을 통해서, 신이라는 존재를 만들어 놓았는데, 실제로 그것은 자기 자신의 형상인 것이다. 그런데 그것에 신이라는 이름을 붙이다보니, 초월적인 존재로 만들게 되었고, 그것을 인간과 구별되는 또는 인간으로부터 소외된 존재로 생각하고, 떠받들어 그것에 인간을 종속시킴으로써, 인간은 스스로 자신의 본래적인 모습을 상실하게 되었다는 것이다.

이 이론의 기본이 되는 명제로서 그는 '신학의 비밀은 인간학이다.'라는 말과 '신은 인간의 자기소외다.'라는 말을 하고 있다, 따라서 우리는 그의 종교사상과 마르크스의 유물사관의 관계를 보다 더 자세히 이해하기 위해서는 위의 두 가지 명제에 입각한 그의 사상을 음미 내지는 소개하지 않을 수 없다.

신학의 비밀은 인간학

포이어바흐에 의하면, 인간이 다른 동물에 비하여 갖는 본질적인 차이는 의식을 지니고 있다는 것이다. 동물의 생활은 육체와 종족의 유지를 위한 생활, 즉 외적인 생활로 끝나고 마는데, 인간은 그러한 외적 생활 이외에 내적 생활, 즉 사유(思惟)생활을 한다는 특징을 지니고 있다. 그리고 이러한 사유생활로 해서 인간은 종교를 갖는다. 고로 다른 동물과 구별되는 인간의 본질은 종교를 갖는다는 데 있다.

그런데 종교란 인간이 사유의 대상을 무한자(無限者)에게서 찾을 때 생겨난다. 고로 포이어바흐는 '종교란 무한자에 대한 의식이다.'라고 정의하고, 또 '종교란 인간이 자기의 본질, 즉 유한하고 제한된 본질이 아니라, 무한한 본질에 대하여 갖고 있는 의식이며, 그 이상도 그 이하도 아니다.'고 단언적으로 설명하고 있다. 그런데 무한자에 대하여 의식함에 있어서는 의식하는 자신의 본질이 의식의 대상으로 된다는 것이다.

그러면 여기에서 의식하는 자는 무엇인가? 포이어바흐는 그 의식의 주체자로서 이성·사랑·의지의 삼위일체로서의 인간정신을 내세웠다. 즉 그는 그것을 이렇게 설명하였다.

> 이성(상상력·표상·공상·이념)과 사랑, 그리고 의지는 인간이 소유하고 있는 힘이 아니다. 왜냐하면 그것들이 없으면 인간들은 무(無)이며, 인간이 인간일 수 있는 것은 단지 이성과 사랑 그리고 의지가 있음으로서만 가능하기 때문이다.

그러므로 종교가 무한자에 대한 의식이라고 할 때에 의식하는 자는 자신의 본질인 이성·사랑·의지를 의식의 대상으로 삼는 것이다.

그러므로 포이어바흐는 다시 이상과 같은 인간의 절대적 본질, 다시 말하면, 인간 개개인의 이성·사랑·의지가 절대화된 것을 신이라 규정하였고, 다시 신은 인간자신의 본질이라 하였다. 따라서 종교는 인간이 신을 대상으로 삼을 때 성립되는데, 인간이 대상으로 삼고 있는 것은 결국 자신의 본질인 것이다. 그러므로 포이어바흐에게서는 신에 대한 연구는 인간에 대한 연구를 통해서 가능하며, 따라서 신학자는 인간학자로 되어야 한다.

신은 인간의 자기소외(自己疏外)

이처럼 포이어바흐에게서 신은 인간의 본질에 불과한데, 실제의 종교, 특히 기독교에 있어서는 초인간적 존재로 간주되고 있다. 그 이유가 어디에 있는가? 이에 대해서 포이어바흐는 앞에서 언급한 인간의 본질을 다음과 같이 설명하고 있다.

> 사랑과 개개의 인간은 어느 것이 더 강할까? 인간이 사랑을 소유하고 있는 것일까? 아니면 오히려 사랑이 인간을 소유하고 있는 것일까? 사랑은 인간을 움직여서 즐거이 애인을 위하여 죽음에 이르게 한다. 이때에 죽음을 초극하는 이 힘은, 그 사람의 개인적인 힘인가? 아니면 오히려 사랑의 힘 때문인가? 만약 당신이 깊은 사색에 빠져서 당신 자신 및 당신의 주위의 것을 잊어버렸다면 그때에 당신은 이성을 지배하고 있는 것일까? 아니면 당신이 이성에 의하여 지배

되어 먹혀 버리고 있는 것인가?

여기서 포이어바흐의 소외이론이 나온다. 즉 사랑·이성·의지는 분명히 인간을 이루고 있는 인간의 본질인데, 위의 인용문에서 보이는 바와 같이, 그 본질이 그 인간 자체를 지배하게 되고, 또 이것이 절대적인 본질, 즉 신으로 부각될 때, 그것은 인간으로부터 소외되어 인간에 대한 지배자의 위치에 서게 된다는 것이다.

그러므로 이것은 비단 신에 한정되는 것은 아니다. 군주는 엄연히 일반 민중과 동일한 인간인데, 그가 군주라는 위치에 섬으로써 민중으로부터 소외되었을 때, 그는 민중에게 신적인 존재로 생각하게 되는 것이다.

마르크스의 변증법적 유물론의 기초

이상과 같은 이론에 근거해서, 포이어바흐는 자신이 해야 할 일은 '인간을 신학자로부터 인간 학자에게, 신을 사랑하는 사람으로부터 인간을 사랑하는 사람에게, 피안(彼岸)의 학사 후보생으로부터 차안(此岸)의 학생에게, 천계지계(天界地界)의 군주정치, 귀족정치의 종교적 종복으로부터 지상의 자유로운 자기 의식적인 인민에게 보내는 것'이라 하여 그의 휴머니스트로서의 입장을 굳히고 있다.

이는 마치 그리스 초기에 자연철학, 즉 우주와 만물의 아르케(Arche)를 찾으러 하늘만을 쳐다보고 있던 철학을 '인간은 만물의 척도'라는 명제를 내세워 철학을 하늘에서 인간에게로 끌어내려 소피스트적인 '지적 혁명'을 창도하였던 프로타고라스(Protagoras)의 선언과 같은 것이며, 또 르네상스 이래 중세적 가톨리시즘와 교권체제에 대항하여 무한한 투쟁을 전개시켜 온 근대 휴머니스트 사상가들의 최종적인 선언이라 해야 할 것이며, 정치사적으로 볼 때, 중세적 잔재인 전제 군주체제와 귀족주의의 억압 밑에서 신음하고 있던 민중의 해방선언이기도 하다.

그러나 여기에서 더욱 중요한 것은 포이어바흐가 정식으로 기독교적인 신에 대해서 부정적 자세를 보여 가톨릭이든 프로테스탄트이든, 모든 기독교인들이 지금까지 믿어 오던 신의 개념을 완전히 전도(顚倒)시켰다고 하는 사실이다.

이처럼 종래의 서구사회를 이끌어 오던 기독교 사상의 중심 개념으로서 신의 개념이 전도되어 한낱 인간의 개념으로 변질되고 말았을 때, 기독교와 기독교적인 체제 및 기독교인이 종래에 하나님을 위하여 취해온 온갖 행위는 무엇으로 변질되겠는가?

다시 말해서 전장(前章)에서 저자가 밝힌 바, 기독교적인 역사관, 기독교적인 조직체계, 기독교적인 메시아 사상, 기독교인들의 유일신 사상에 근거한 철저한 당파의식은 무엇으로 전환되겠는가?

마르크스의 유물변증법 사상과 계급투쟁의 이론적 기초는 바로 여기에서 찾을 수 있는 것이다. 즉, 마르크스는 신을 상실한 기독교적 역사관, 기독교적인 조직 체계, 기독교적인 메시아 사상 등에다 그가 설정한 새로운 신으로서의 물질적 생산관계를 대입시킴으로써, 그 역사관과 조직, 메시아 사상 등에 새로운 활력을 불어 넣은 것이다.

그러므로 그는 '하늘에서 땅으로 내려온 독일 철학에 정반대로 철학을 땅으로부터 하늘로 끌어 올린다'고 하였다. 물론 이 말은 독일 철학자들에 의하여 하늘로부터 땅으로 내려와 있는 철학을, 그 땅에 근거를 두고, 즉 하부구조(下部構造)를 기초로 하여 위를 향하여 세운다. 즉 상부구조(上部構造)로 향한다는 말로 이해되어야 할 것이지만, 그러나 마르크스가 구태여 이런 표현을 했다고 하는 것은 그의 사상이 포이어바흐의 사상을 기초로 해서 출발하였다는 것을 뜻하는 것이다.

'하늘에서 땅으로 내려 온 독일 철학의 정반대로, 철학을 땅으로부터 하늘로 끌어 올린다.'고 한 마르크스의 말이 갖는 의미는 그가 의도적으로 유물사관을 구성하려 하였음을 나타내고 있는 것이다.

마르크스에게 있어서 이성의 문제나 정신의 문제를 중심과제로 다루는 헤겔 철학이나 종교의 본질, 기독교의 본질 등을 논의의 대상으로 삼은 포이어바흐의 신학이론은, 비록 그것들이 종래의 기독교적인 신의 개념을 인간의 개념으로 전환시켜, 하늘의 철학을 땅의 철학으로, 신에 대한 학문을 인간학으로 전환시키는 일에 있어 공헌을 하였고, 또 여기서 마르크스가 커다란 영향을 입었다 하더라도, 그것들은 마르크스에게 있어서는 한낱 공상을 동원하여 아무런 현실적인 힘으로써 작용도 할 수 없는 관념의 희롱으로밖에는 생각되지 않았다.

왜냐하면, 스스로 프롤레타리아트의 구원자이기를 바랐으며, 또 그들의 대변자로 활약을 한 바 있는 그에게 있어서 중요한 관심의 대상이 된 것은, 철학이나 신학이 하늘의 것이냐? 땅의 것이냐? 신의 것이냐? 인간의 것이냐? 하는 것 등 그 자체가 일종의 형이상학적인 논의

일 수밖에 없는 것이 아니라, 당장 현실적으로 부닥쳐 있는 프롤레타리아트들의 생존권에 관한 문제였기 때문이다.

다시 말해서 마르크스에게 있어서 헤겔의 철학이나 포이어바흐의 신학의 문제는 이미 배가 불러 있는 사람들이 심심풀이로 논의할 것이지, 당장 빵을 구하여 먹고 사느냐, 아니면 죽느냐 하는 생존 여부의 문제가 절실하며, 또 처참한 노동조건과 비인간적인 대우 속에서 생명권 자체에 대한 위협을 느끼고 있는 프롤레타리아트에게 있어서는 큰 관심의 대상이 될 수 없는 것이었다.

이와 같이 마르크스가 종래의 철학이나 신학, 그리고 대부분의 체계적인 지성이 사회에 있어서 상층을 점하고 있는 계층 인들이나 관심을 두는 것이었다는 데 대하여 반발을 느끼고, 새로이 착안하고 새로운 관심을 던지게 된 것이 당시 사회에 있어 하층을 점하고 있으며, 상부계층 인들에 의하여 부당한 대우를 받고 있는 프롤레타리아트였다고 할 때, 그가 이원론을 적용(이것은 앞서 말한 바와 같이 유럽정신사의 일반적 전통이니 만치 그가 그것을 그의 사상에 적용한다는 것은 자연스럽다)시킴에 있어 그것이 하층계급을 의식한 이중구조 이론으로 나타나게 되는 것은 당연한 일이라 하겠다.

상부구조의 본질은 하부구조에 의하여 규정된다

마르크스의 이중구조(二重構造) 이론은 인체상의 이중구조, 가치 설정의 기준이 되는 욕망상의 이중구조, 생활상의 이중구조, 사회상의 이중구조, 존재론적인 이중구조 등으로 구별해서 생각할 수 있다.

이를테면 인간의 신체는 횡격막을 중심으로 하여, 머리와 가슴이 포함되는 상부와, 소화를 통하여 에너지를 생산하는 소화기 계통과 생식행위를 통하여 자손을 생산하는 생식기를 포함하는 하부로 구분된다.

여기서 머리와 가슴으로 된 상부는 공상적 욕망을 느끼고, 하부의 소화기에서는 식욕을 느끼고, 생식기에서는 성욕을 느낀다. 이러한 구별들은 인간의 생활에서도 나타난다. 정신과 감정에 따른 생활은 상부에 속하고 생계를 위한 활동은 하부에 속한다.

그리고 이러한 구별은 사회적으로도 적용된다. 사회에 있어 의식의 역할을 담당하는 부르주아 계급과 생산을 담당하는 프롤레타리아 계급으로 구별된다. 그리고 이것을 총괄적으로 또는 존재론적 입장에서 말하면, 세계는 정신적 세계와 물질적 세계로 구별되게 된다.

그런데 이상 두 가지로 구별되는 구조, 즉 상부구조와 하부구조는 각각 그 본질을 지니게 되는데, '상부구조의 본질은 하부구조에 의하여 규정된다.' 즉 신체상의 상부구조의 본질인 의식은 육체적 욕구인 생활에 의하여 규정되고, 사회상의 상부구조인 이데올로기는 생산의 제 관계(relations of productions)에 의하여 규정되며, 또 부르주아지 운명은 프롤레타리아트에 의하여 규정되고, 궁극적으로 정신세계는 물질적 세계의 반영에 불과하다.

이상과 같은 하부구조 중심의 이원적 이론의 배경에도 마르크스 나름대로의 가치관이 도사리고 있다. 마르크스에게 있어 가장 중요한 가치는 인간이 개인으로서 존재해야 된다는 일이다. 여기서 존재

(existence)라는 말은 관념론자들이나 이상주의자들이 말하는 바, 고상한 인간적 존재성, 이를테면 데카르트가 말하는 '존재'와 같은 형이상학적 의미의 존재가 아니라, 극히 소박하고 육체적인 의미의 존재, 즉 '살아 있다'고 하는 것, 다시 말해서 생존을 의미하는 것이다. 그러므로 마르크스는 《도이치 이데올로기(Deutsch Ideology)》에서 다음과 같이 말하고 있다.

"모든 인간사의 첫째 전제는 살아있는 인간개인의 존재(existence)다. 그러므로 확보되어야 할 첫 번째 사실은 이러한 개인들의 신체적 기관(the physical organization)과 그것들의 기타 자연과의 연속적인 관계다."

여기서 마르크스가 말하는 '자연'이란 물질, 더 구체적으로 말하면, 인간이 생존하는데 필요한 의·식·주의 조건들이다. 그러므로 마르크스에게 있어 가장 가치 있는 것, 제일 먼저 확보되어야 할 것은 개인들이 생존하기 위해서 신체적으로 요구되는 물질, 즉 의·식·주의 조건들이다.

이것들이 충족되지 않는 한, 인간 개인들은 존재할 수 없고, 이같이 이들이 생존해 있지 못할 때, 역사는 있을 수 없는 것이다. 그러므로 인간이 역사를 만들기 위해서는 먼저 마시고, 먹고, 입고, 또 주거를 가져야 하며, 그 때문에 기본적 생활 수단, '물질적 생활 그 자체'의 생산은 제1의 또는 기본적인 역사적 행위인 것이다.

여하튼 마르크스에게 있어서 가치를 규정하는 것은 정신이 아니라 물질이며, 진(眞)이나 선(善)이나 미(美) 또는 도덕적 행위나 정의, 그리고 철학적이고 고상한 이상이 아니라, 동물적이고 신체적인 욕망을 충족시키는 일이며, 이를 위해 요구되는 현실적인 경제행위이다.

이와 같은 물질적 가치를 추구하는 인간의 행위, 즉 경제적 생산행위와 그로 인하여 성립되는 제 생산관계에 의해서 역사는 만들어지는 것이다.

다시 말해서, 역사는 의식을 만드는 일을 담당하는 철학자나 신학자나 법률가들과 같은 엘리트로 구성되는 사회적 상부구조에 의해서가 아니라, 물질을 생산하는 자, 신체상의 에너지와 종족을 생산하는 하부구조에 의해서 만들어지는 것이다. 그리고 역사의 발전은 공상을 일삼고 있는 부르주와지가 아니라, 자연물에 효용가치를 더해 주는 프롤레타리아트들에 의해서 이루어지는 것이다. 한마디로 역사의 주체는 사회적 하부구조이며, 정신에 대립되는 물질이라는 것이다.

역사의 발전은 생계수단의 발전

여기에서 마르크스의 역사발전이론은 비롯된다. 우선 마르크스의 역사이론은 인간에 대한 진화론적 기원을 전제로 하는 인간과 자연과의 원초적 관계를 논의하는 데서 비롯된다.

그러므로 마르크스는 '역사서술은 언제나 역사의 자연적 기초에서 비롯되어야 하며, 또 역사의 과정에 있어서의 인간행위를 통한 역사의 변천(modification)을 논의하는 데서 시작되어야 한다.'고 했다.

그러면 어떻게 해서 인간은 역사를 만들게 되었는가? 즉 역사의 자연적 기초가 무엇인가? 그것은 이미 앞에서 언급한 바와 같이 인간의 생존이다. 생존하기 위해서 의·식·주의 문제를 해결하여야 하고, 이를 위하여 노동하여야 한다고 하는 것이다.

그러나 이것은 자연의 많은 동물들 중에서 인간만이 행하는 일은 아니다. 역사가 인간의 특유한, 다시 말해서 인간만이 역사를 만든다는 점에서, 우리는 인간이 다른 동물과 비하여 다른 점이 무엇인가를 구명하여야 한다. 그런데 마르크스는 이에 대하여 다음과 같이 설명한다.

인간은 의식과 종교와 그리고 당신들이 좋아하는 다른 어떤 것들을 가지고 있다는 점에서 동물들과 구별되고 있다. 그들은 스스로 그들이 그들의 육체적 기관에 의해서 조건 지워진 단계에서 생계의 수단을 생산하기 시작하면서 동물들과 구별되기 시작하였다. 생계의 수단을 생산하므로 인간들은 직접적으로 그들의 실질적 물질생활을 생산하고 있다.

여기에서 '인간이 의식에 의하여 동물과 구별될 수 있다'고 하는 말은 포이어바흐의 말을 그대로 옮겨 놓은 듯한 말이다. 그러나 포이어바흐는 이 말로 시작하여 인간이 종교를 만들게 되었음을 설명하는 데 비하여, 마르크스는 이를 근거로 인간이 그들의 생계수단(means of subsistence)을 시작하였음을 암시하고 있다는 것이다.

여하튼 마르크스에 있어서 인간과 동물이 구별될 수 있는 기준은 그들의 생계의 수단을 생산할 수 있다는 데 두었으며, 바로 이것은 인간의 신체적 조직에 의해서 규정되는 단계로 역사발전의 첫 번째 단계로서 인류의 실질적인 물질생활의 시작인 것이다.

이와 같이 생계의 수단들의 생산은 기본적인 단계의 인간의 욕망을 충족시키게 되는데, 이와 같은 제1의 욕망에 대한 충족은 새로운 욕망을 낳고, 그것에 의해 그들의 생산을 위한 조건들을 창조하게 된다. 이것이 인간의 역사의 제2의 관계다.

여기에서 '창조'라 함은 정신의 활동을 뜻하며, 따라서 여기서 말하는 인간역사의 제2의 관계는 상부구조를 뜻하게 된다. 즉 제1의 욕망인 생존의 수단들이 생산되어 제1차적인, 또는 가장 기본적인 역사발전의 기초 조건이 성립되면, 그것에 의하여 제2의 욕망이 규정되고, 그 욕망을 충족시키기 위한 정신의 활동으로서의 공상은 규정되고, 그 공상은 발명을 낳는다.

예를 들면, '생산 과정에 있어서 상호 간에 인간이 교통하려는 욕망에서 언어가 발생한다.' 즉 여기서 사상 첫 번째로 하부구조를 규정하게 되는 것이다.

이와 같이 처음으로 동물과 구별될 수 있는 조건, 즉 생존수단의 생산과 그것을 근거로 해서 야기되는 새로운 욕망을 충족시키기에 필요한 새로운 창조가 가능하게 된 상태는 곧 인구가 증가될 수 있는 상태를 의미하며, 인구의 증가는 사회를 낳아 인간은 사회적 동물로서 새로운 공상의 생활을 하게 된다. 다시 말하면 인간 개인들의 생존수단의 확보는 종족번식의 조건의 충족을 뜻하며, 그 결과 인구의 증가는 사회의 발달을 유도한다. 이에 대해 마르크스는 이렇게 말한다.

"최초에 유일한 사회적 관계였던 가족은 후에 이르러 다양화 한 욕망이 새로운 사회적 관계를 낳고, 증가된 인구가 새로운 욕망을 낳게 되자, 종속적인 성질을 얻게 되었다."

이처럼 인구의 증가로 인한 사회의 발달은 또한 생산방법의 변화를 유도한다. 즉 사회의 발달로 나타난 대인간의 교통의 발달, 언어, 의사교환의 발달은 인간들 간의 분업을 낳고 그 결과 생산의 교환관계와 사회적 계급관계를 낳게 된다.

예를 들면, 농업과 목축의 분업(엥겔스에 의하면 이것은 최초의 커다란 분업이다.)은 각 업(業)마다 잉여생산물을 만들게 되고 그것은 교환을 필연적인 것으로 만든다.

그리고 최초의 사회인 씨족은 인구의 성장에 따라 대가족으로 갈라지고, 대가족들 중에는 재산을 소유한 가족과 소유하지 못한 가족이 생기게 되며, 여기서 사유재산이 출현되고 이 같은 재산상의 불평등은 두 개의 계급, 소유자와 비소유자, 착취자와 피착취자의 출현이 생기게 된다는 것이다.

이러한 이론을 마르크스와 사상을 같이 하는 엥겔스는 《반(反) 두링론》에서 다음과 같이 설명하고 있다.

> 유물사관은 다음의 명제에서 출발한다. 즉, 생산 및 생산에 뒤이어 생산물의 교환이 모든 사회 질서의 기초라는 것, 역사상에 나타난 일체의 사회에 있어서, 생산물의 분배 및 이에 따르는 사회의 계급적 또는 신분적인 구성은 무엇이 어떻게 생산되고 또 그 생산된 것이 어떻게 교환되는 가에 따라 규정된다는 것, 이것이다.
> 이 견해에 의하면, 온갖 사회적 변동과 정치적 권력의 궁극의 원인을 인간의 머리에, 즉 영겁의 진리라든가 정의에 대한 인간의 통찰

의 증진에서 구할 것이 아니라, 오히려 생산방법이나 교환방법의 변동에서 구해야 할 것이며, 그것을 철학에서 구할 것이 아니라 당시대의 경제에서 구해야 할 것이다.

유물사관의 요점

이상에서 논한 유물사관에 따른 역사의 시작과 그 발전에 대한 이론을 보다 쉽게 필자가 이해한 대로 요약 설명하면, 대개 다음과 같은 것이 될 것이다.

첫째, 인체상의 구조나 사회의 구조는 하부구조와 상부구조로 구분이 되는데, 여기에서 하부구조는 인체 상에 있어서나 사회에 있어서나 생산을 담당하는 부분이며, 상부구조는 의식구조를 뜻한다. 그런데 이 두 개 구조의 상호관계는 상부구조가 하부구조에 의하여 규정되는 것으로 성립된다.

둘째, 이 두 개 구조의 상호작용, 즉 변증법적인 작용에 의하여 역사는 시작되고 발전하게 된다. 즉 태초에 지상에 존재하게 된 인간은 먼저 생존해야 했고, 생존하기 위해서는 먹고, 마시고, 주거를 갖고 …… 하는 이른바 하부구조에서 느끼는 욕망을 충족시켜야 했다.

그러나 이 욕망의 일차적인 충족은 새로운 욕망, 즉 의·식·주를 생산하는 데 중요한 수단(도구)을 생산하고자 하는 욕구를 낳고, 이러한 2차적 욕구가 충족되면, 즉 의·식·주를 생산하는 데 필요한 물질적 조건으로서의 노동 용구(用具)의 생산은 그것을 근거로 하는 새로운 욕구, 즉 사회의 형성 및 생산의 분업은 사유재산제와 계급제도를, 또 이것은 다시 사회의 발달, 이를테면 유산자이며 착취계급인 지배자가 무산자이며 피착취 계급인 피지배자를 지배하기 위한 기구로서의 국가의 성립 등으로 발전하여 왔다는 것이다. 이것을 다시 변증법적인 도식에 맞추어 보면 다음과 같이 설명할 수 있을 것이다.

① 인간은 생존을 위한 욕망을 인체상의 하부구조, 즉 위부에서 느낀다. …… 정(正)
② 위부(胃腑)에서 느끼는 의·식·주에 대한 욕망을 충족시키기 위하여 그 의·식·주에 필요한 물질을 생산할 수단을 인체상의 상부구조인 머리(공상)로 만들어낸다. …… 반조정(反措定), 여기에서 머리, 즉 생각은 위부에서 느끼는 욕망에 의하여 규정된다.
③ 머리로써 만들어낸 생산의 도구를 사용하여 보다 많은 재화를, 보다 손쉽게, 보다 안전하게, 획득하게 된 상태(合)에서 인구는 증가하게 된다. 이 인구의 증가는 새로운 욕망, 즉 사회의 구성 및 생산의 분업화에 대한 욕망을 일으킨다.(사회적 하부구조, 正)
④ 사회의 구성과 생산의 분업화라는 사회적 하부구조 위에서는 사회를 다스리는 자의 출현과 분업의 결과로 야기되는 사유재산제에 따른 지배자 또는 유산자라는 사회적 상부구조가 구성되게 된다.

이 같은 과정의 반복은 곧 역사의 발전과정으로 나타나, 사회는 가족사회에서 원시공산제인 씨족사회로, 이것은 다시 생산의 분업화와 더불어 국가사회로 발전되어 갔으며, 경제는 자급자족의 경제형태의 채취경제에서 비롯되어 농업과 목축의 분업이 이루어지게 되었다.

여기서 다시 사유재산의 출현과 더불어 나타난 유산자와 무산자, 착취자와 피착취자로 대별되는 계급구조를 낳고, 목축 농업 및 수공업의 발달이라는 경제의 발달은 노동자의 수요를 증가시켜 노동자의 획득을 위한 전쟁을 야기시켰다.

이 전쟁으로 말미암아 지배자의 부(富)의 획득·축적은 증가되게 되고, 이에 따라 사회 내에는 계급, 이를테면 노예 소유자와 노예, 부자와 빈민, 특권소유자와 무권리자(無權利者)의 차등이 증대하게 되고, 이 같은 계급 간의 불화를 기초로 하는 전쟁이 발생하여 전 사회를 파괴시킬 위험이 있게 되자, 이를 방지하기 위하여 계급 간의 충돌을 완화할 수 있는 권력이 필요하게 되었다.

그리하여 '이 사회에서 출생되었으면서도 그 위에 초월적으로 군림하여 차츰 그 사회로부터 소외되어 간 권력이 국가이다.'고 한 엥겔스의 말과 같이 국가가 성립되게 된 것이다.

셋째, 마르크스에게 있어 학문적 이중구조는 다시 상부구조로서의 철학과 하부구조로서의 경제학으로 구성되게 된다.

앞에서 언급한 바와 같이 사회의 성립이나 또는 국가의 성립이 고매한 진리를 추구하고, 고상한 이상을 설정하고 높은 도덕적 삶을 모색한다거나 정의로운 사회를 구성하겠다는 사람들에 의해서 이루어지는 것이 아니라, 자기 앞에 펼쳐진 삶의 현실적인 문제를 극복하고 생존을 위해서 생활하는 사람들에 의해서 만들어지는 것이라고 할 때, 역사발전을 위해서는 철학이 중요한 것이 아니라, 어떻게 생존해가야 하는 문제를 다루는 경제학이 중요하다고 하는 것이다.

유물사관의 허구성

 지금까지 필자는 마르크스의 유물사관의 구조와 그 원리에 가급적 가까이 접근하여 이해하려고 하였다. 그러나 여기에서 필연적으로 발견되는 모순점을 몇 가지 지적하지 않을 수 없다.
 첫째, 마르크스는 스스로 헤겔의 정신사관을 뒤집어엎고 그 반대 개념으로서의 유물사관을 정립하였다고 공언하였으나, 그러한 마르크스의 유물사관은 다시 정신사관으로 환원되지 않으면 아니 된다는 점이다.
 앞에서 요약·정리한 바와 같이 마르크스는 인간이 역사를 만들기 위해서는 먼저 먹고 마시고 주거를 가져야 한다. 즉 생존을 하여야 한다고 하는 것을 그의 유물사관의 기초로 삼고 있다.
 그런데, 이것은 결코 유물사관의 기초가 될 수 없다. 왜냐하면 역사관의 문제에 있어서 중요한 것이 인간이 단순히 생존하느냐 못하느냐 하는 데 있지 않고, 인간이 역사를 만드는 동물이냐 아니냐 하는 데 있기 때문이다. 그런데 자연 속에는 수많은 동물이 생존하고 있다. 그러나 그것들은 생존은 하였고, 또 하고 있지만, 역사는 만들지도 못하였고, 만들고 있지도 않다. 실제로 인간과 다른 동물들과의 근본적 차이가 있다면 그것은 역사를 만드는 자와 못 만드는 자의 차이이다.
 그런데 마르크스 자신도 '인간들이 동물들과 구별될 수 있는 것은 의식에 의해서'라고 하였다. 따라서 인간이 역사를 만드는 것은 인간이 단순히 생존하기 위해서 물질을 구하는 욕구 때문이 아니라, 생존을 위한 물질을 구하되, 보다 좋은 물질을 보다 편하게, 보다 안전하게 구하는 방법을 창안해 낼 수 있는 의식, 다시 말하면 정신의 작용을 가지고 있기 때문이다.

이와 같이 인간이 역사를 만들 수 있는 것이 다른 동물이 갖고 있지 못한 정신작용을 가지고 있기 때문이라고 한다면, 설사 마르크스가 도식화시킨 변증법적 역사발전론이 올바른 것이라 하더라도, 거기에서는 유물(唯物)이 배제되고 오히려 '정신'이 대치되어야 될 것이 분명하다. 그리고 마르크스의 유물변증법은 정신변증법으로 환원되어야 한다.

둘째, 하부구조가 상부구조를 규정한다는 명제의 허구성이다.

인간의 의식이나 정신이 결코 엽록소를 지닌 나뭇잎이나 풀잎이 아니고, 또 보호색을 써서 은신을 해야 하는 토끼의 털색과 같은 것이 아니라고 할 때, 생활이나 생활조건에 따라 일방적으로, 그리고 피동적으로 규정되는 것은 아니기 때문이다. 또 앞서 논한 바와 같이, 인간의 정신이 역사를 만드는 주체라고 할 때, 주체인 정신이 외부적 또는 물질조건 또는 주변 환경에 의하여 전적으로 규정되는 것은 아니기 때문이다.

물론 정신은 대상으로서의 하부구조를 지니게 되고, 그 하부구조의 조건에 따라 자체의 성격을 조정한다. 이를테면 크로체가 주장하는 바대로 정신은 '현재 생의 관심'에 따라 작용한다. 즉, 정신은 그것이 현재에 주어진 상황에서 해결해야 할 과제를 제기하고, 그것을 해결해 나가며 이 같은 과제의 설정과 해결 과정의 연속으로서 역사가 이루어진다고 할 때에, 이 명제는 타당성을 갖게 된다.

그러나 만약 마르크스가 생각한 대로, 인간의 의식이 오로지 생활에 의하여 규정되는 것이라고 한다면, 다시 말해서 의식이 자율적인 속성을 지닌 것이 아니라, 전적으로 하부구조, 즉 생활 자체에만 의존적으로 작용하는 것이라고 한다면, 이 명제는 타당성을 잃게 된다. 아니 오히려 그 역이 된다.

즉 마르크스의 말대로 '생활이 의식에 의하여 규정되는 것이 아니라, 의식이 생활에 의하여 규정되는 것'이라고 한다면, 가난한 사람은 언제나 가난한 상태에 있어야 할 것이며, 무지한 가정에서 태어난 사람은 언제나 무지한 상태로 머물러 있어야 할 것이다.

그럼에도 불구하고 가난했던 사람이 오히려 부자가 되고, 무지한 가정의 출신이 학자가 될 수 있는 것은, 인간은 결코 생활에 의해서 피동적으로 생활을 유지하지 아니하고, 그 생활을 극복하려는 정신적 의지(생활 목표에 대한 착상, 그 착상을 실천하려는 계획, 그 계획을 실현하려는 정신적 노력)를 가지고 투쟁(자기 내적 투쟁, 대인간의 경쟁)을 하기 때문이다.

그러므로 보다 정신력이 강하고 두뇌작용이 활발한 인물은 비록 생활 조건이 나쁘더라도 그것을 극복하고, 정신력이 약하고 두뇌작용이 둔탁한 인물은 자기에게 주어진 생활 조건에 만족하고 반(半)동물적 생으로 일생을 마친다. 개인적으로 볼 때 역사를 창조하는 자는 전자이며, 후자는 외형은 인간의 형체를 지녔으나 동물에 가까운 존재로 남는다.

그러므로 역사는 상부구조인 인간의 정신이 하부구조인 역사적 현실을 극복하고자 하는 작용으로 나타날 때에 비로소 만들어지는 것이다. 이것은 사회적 구조에 있어서 마찬가지로 적용된다. 즉 사회의 상부구조를 점하고 있는 특히 정신력이 강한 사람들, 지적인 사람들이 사회의 하부구조, 즉 당시대에 펼쳐져 있는 역사적 현실을 보고, 그것을 근거로 하여 착안한 문제를 제시하고, 그것을 해결하기 위한 노력을 함으로써 사회의 개혁은 이루어진다. 그리고 이 개혁의 반복으로 역사는 발전하는 것이다. 이러한 이론을 가장 잘 설명하고 있는 것은 크로체다. 여기에 그의 저서 《자유의 이야기로서의 역사(History as the Story of Liberty)》의 문장을 인용한다.

> 역사는 자유의 역사라고 하는 헤겔의 유명한 말은 전반적인 이해 없이 널리 반복되어 왔고, 그리고 미슐리에와 다른 프랑스 작가들에 의해서 전 유럽으로 확산되었다. 그러나 헤겔과 그의 제자들은 그 말을 우리가 위에서 비판한 의미, 즉 자유의 탄생, 자유의 성장, 자유의 성숙, 그리고 그것이 더 이상 발전할 수 없는 일정한 시대에 이르면 안정된 완성이 이루어지는 역사라는 의미를 가지고 사용하였다. (이 공식은 오리엔트 시대, 고전적인 시대, 게르만의 시대=일인의 자유, 소수인의 자유, 만인의 자유이다.) 이 말은 여기서 다른 의미와 내용으로 이해될 수 있다. 그것은 과거에 있지 않았으나 미래에 있을 자유를 창조한다는 과제를 역사에 위임하기 위한 것이 아니라, 자유란 역사의 영원한 창조주이며 그 자체가 모든 역사의 주제라고 하는 것을 주장하기 위한 것이다.

여기에서 크로체가 이해하고 있는 자유(liberty)는 우리가 상식적으로 생각하는 무엇으로부터의 해방된 상태를 뜻하는 것이 아니다. 이는 이성을 동원하여, 현재에 주어진 역사적 현실 속에서 문제를 발견하고, 그것을 해결하려는 데서 생겨나는 이상·가치·사상의 설정을 뜻하는 것이다.

그러므로 그러한 문제를 발견하고, 그것을 해결할 미래적 이상을 설정하는 사람은 1인에서 비롯되고, 그것은 소수인으로, 그것은 다시 만인으로 확대되어 간다.

1인의 자유는 자유의 탄생이고, 소수인의 자유는 자유의 성장이며, 만인의 자유는 자유의 성숙이 되는 것이다. 그리고 이것은 탄생과 성장과 성숙의 반복 과정으로 역사는 발전하는 것이다.

역사 속에서 실례를 들어보자. 우선 소크라테스는 부패된 소피스트 중심의 아테네 중우정치라는 역사적 현실 속에서 '이래서는 안 되겠다'는 문제를 발견하고, 그 모순을 제시하고, 그 시정책, 즉 이상국가론 등을 주장하다 소피스트의 고발로 죽었다. 그는 1인의 자유인이었다. 그러나 그의 죽음은 그의 제자들, 즉 소수인의 자유인들을 만들었으며, 그들의 교육 및 연구 활동은 결국 새로운 세계(알렉산더로 비롯되어 로마에 이르는)를 건설하였다.

예수의 생애와 그의 제자들의 활동과, 그리고 기독교 세계의 성립, 르네상스의 선각자들과 서양 근대사, 그리고 마르크스와 공산주의 운동과 오늘의 공산세계의 형성 등 그 모두가 이 주장을 입증해 주고 있다. 아이러니컬한 이야기이지만 마르크스는 노동자도 프롤레타리아도 아닌 고도의 지식인이었으며, 무서운 정신력의 소유자였다.

한마디로 역사를 만드는 것은 하부구조에 속해 있는 대상이 아니라. 정신력이 강하고 지성이 발달한 엘리트이며, 대중은 다만 엘리트들의 정신적 지적활동의 대상이며, 그 엘리트를 키워 주며, 또 그들에 의해 경작되는 밭에 불과하다.

제8장

실증주의 시대의
역사학

실증주의

낭만주의 시대의 역사학은 인류의 역사를 하나의 실체, 즉 보편적 개념의 인간이 지상에 태어난 이래, 현재에 이르도록 생활해 온 과정, 그 자체로 이해하도록 촉진 시켰다. 그리고 그 과정으로서의 역사가 어떻게 발전하여 왔는가 하는 것을 논리적으로 정립하기까지 해서 변증법적 발전론을 제시하는 데까지 이르렀다.

그러나 낭만주의적 역사학은 그것의 이 같은 공적에 못지않게 또 중대한 문제점을 포함하고 있는 것이었다. 지나치게 역사를 관념론적으로 이해하려 한 나머지 과거 어느 시기에 엄연히 물 자체(物自體, Ding an sich)로 발생해 있었을 객관적 사실까지도 역사가의 관념에 예속화시켜 짙은 주관적 채색을 하는 사태까지 현출시킨 것이다.

이를테면 헤르더가 게르만 민족의 국수주의적 입장에서 인류의 진화론을 내세운 일이라든가, 헤겔이 게르만 민족 중심의 자유 발전과정을 피력했다던가, 또는 당시에 유행하고 있던 민족주의 운동에 역사학이 이용된다던가 하는 일이 나타나게 된 것이다.

여기서 역사학은 다시 자신의 본 위치를 재확인하는 운동이 일어났다. 때마침 이 시기는 일반적인 사상계에 있어서도 오귀스트 콩트(Auguste Conte)가 출현하여 '실증철학의 체계(Systeme de La philosophie possitive)'를 공표함으로써 열기와 흥분으로 가득 찬 낭만주의 사상에 대해서 찬물을 끼얹었다. 이의 영향으로 역사학도 이른바 실증주의적 역사학이 성립되게 된다.

그러면 실증주의적 역사학이란 어떤 것인가? 이 의문에 대한 답을 얻기 위해서 우리는 먼저 실증주의에 대한 이해가 필요하다.

콩트가 처음으로 사용한 실증주의라는 명칭은 형이상학에 대한 거부의 뜻을 안고 있다. 즉 콩트는 인간의 역사를 ① 종교적 단계, ② 형이상학적 단계 그리고 ③ 과학적 단계의 3단계로 구분하고 있는데, 이는 그가 당면하고 있던 시대의 사조가 낭만주의라는 이름의 형이상학적 단계에 있음을 시사하고, 자신은 그것을 극복하고 새로운 발전적 단계 즉 과학적 단계를 여는 사상가임을 암시하고자 하는 것이다.

여기서 과학적 단계의 지식체계는 이른바 실증주의이다. 그런데 실증주의의 기본적 주장은 ① 사실에 관계된 모든 인식은 경험의 '실증적(positive)' 자료(data)에 근거하여야 된다는 것이며 ② 사실을 초월한 인식은 순수한 수학에 근거한 것이어야 된다는 것이다.

또 실증주의의 원리로 삼고 있는 것은, 첫째 현상계를 통하여 주어진 일체의 사실을 있는 그대로 받아들이고, 둘째 이 주어진 사실들을 일정한 법칙에 따라 정리하며, 셋째로 여기서 인식된 법칙을 토대로 앞으로 현상계에 나타날 제 사실들을 예견하여 그에 대처할 준비를 갖추는 것이다.

다시 말하면, 실증주의란 자연과학적 방법론을 뜻하는 것으로, 마치 자연과학자가 실험이나 관찰을 통하여 자연계의 현상을 객관적으로 파악하고 거기에서 그 현상 속에서 작용하는 법칙을 발견함으로써 그것을 자연의 개발 및 그 이용에 적용시키는 것과 동일하게, 사회 또는 역사적 사실을 인식하고자 하는 자세를 뜻한다. 따라서 실증주의적 역사가에게는 주어진 사실을 놓고 그것의 본질이나 실제적 원인을 묻는다는 것은 무의미하다. 역사가는 그에게 주어진 사실을 있는 그대로 시인하고 그 사실이 갖는 다른 사실들과의 관계만을 살피면 된다. 다시 말하면 주어진 사실들이 발생하게 된 조건을 확인하고 그것들의 상호 유사성이나 계기성(繼起性) 내지는 연속성이라는 원리에 따라 서로 결합시키기만 하면 된다.

이상과 같은 실증주의적 원리에 입각한 역사학의 연구를 추구한 대표적 역사가는 마르크스(K. Marx)와 레오폴드 폰 랑케(Leopold von Ranke)다. 이 두 사람 중 마르크스는 자칭 과학적 사상가임을 강조하면서 오히려 낭만주의적 역사철학의 완성자인 헤겔의 변증법적 역사관을 답습하면서 거기서 소위 실증주의에서 강조하는 법칙성을 역사발전론에 강력히 부각시켰으며, 랑케는 사실에 대한 객관적 인식을 강조하여 '과거에 있었던 대로(wie es eigentlich gewesen ist)'라는 명제를 내세워 실증주의적 역사학의 대변자가 되었다.

랑케의 실증주의적 역사학

랑케(Leopold Von Ranke)는 낭만주의적 역사학이 갖는 단점, 즉 역사적 사실을 어느 철학자의 관념에 예속시켜 그것을 왜곡시켜서 해석하는 자세에 대하여 일대 반격을 가하고 역사학을 철학으로부터 독립시켜야 된다는 것을 주장함으로써 근대 역사학의 아버지이며 동시에 거장, 즉 역사가들의 장로(Nestor of historians)가 된 사람이다.

그는 일생 동안 무려 60여 권의 역사책을 발간하였을 뿐만 아니라 역사방법론을 공식화시켰으며, 또 근대 유럽사의 통일의 개념을 형성함으로써 그의 명성을 떨쳤다. 그리하여 랑케 이후의 모든 역사가, 또는 역사에 관심을 가지고 있는 모든 사람들은 그에 대하여 찬성을 하는 입장에서든, 반대를 하는 입장에서든 언급을 하지 않고는 아니 되게 되었다. 한마디로 랑케 사학에 대한 이해가 없이는 현대의 어느 역사학자라도 역사학의 연구는 불가능하게 되어 있는 것이다.

그러면 랑케의 역사사상은 어떤 것인가? 우리는 이 문제를 풀어 나가기 위해서 앞으로 그의 생애와 그의 저서들의 서문 또는 단편적 기록을 통해서 상세히 논급하여야겠지만, 우선적으로 여기서 언급해야 할 것은 그가 역사사상사의 흐름 속에서 어느 측면에 소속되어 있는 사람안가 하는 것을 먼저 밝히는 일이다.

나는 앞에서 누차 언급했거니와 역사사상의 역사는 두 개의 흐름이 변증법적 과정에 따라 이루어지고 있다는 사실이다. 하나의 흐름은 역사를 사실 중심으로 생각하는 것이고, 또 하나의 흐름은 역사를 어떤 하나의 실체로 보고 그 실체의 형체, 그 실체의 움직임 등에 대하여 근접해 가고자 하는 것이다.

이 중에서 랑케는 어떠한 부류에 속하는 사람일까? 말할 것도 없이 랑케의 역사는 그것이 비코-헤르더-칸트-헤겔 등으로 연결되는 이른바 낭만주의적 역사사상가들이 생각한 역사의 실체를 전제로 하는 역사관에 대한 반발로 나온 것이다. 따라서 랑케는 당연히 전자에 소속되는 역사가다. 구태여 그의 흐름을 소급해 본다면, 그는 헤로도토스와 투키디데스-폴리비오스와 리비우스와 마키아벨리, 귀치아르디니 등 르네상스 역사가들과 계몽주의시대의 역사가들의 선으로 연결되는 계열이다. 그러므로 그는 헤라클레이토스-아우구스티누스-낭만주의적 역사사상가들로 구성되는 대열에 대치되는 입장을 취하는 역사가라 할 것이다.

생애

랑케는 1795년 12월 21일 지금 동독에 위치해 있는 투링기아(Thuringia)에서 루터파의 신심 깊은 중류 가정의 유복한 아들로 태어났다.

그의 아버지는 법률가였는데 그의 어릴 때 가정 분위기는 엄격하고 진지한 루터교적인 것이었으나 위엄 있고 학자적인 것이었다. 그는 프로테스탄트의 유명한 초등학교(합숙 학교임)를 마치고, 1814년 라이프치히 대학(University of Leipzig)에 입학하였다.

여기서 그는 주로 언어학과 신학을 공부하였다. 특히 신화학에 있어서 그는 베크(Beck)와 헤르만(Hermann)의 강의를 들었으며 이를 위해서 고전에 몰두하였다.

그는 또 철학 강의도 경청하였다. 당시 랑케가 열성적으로 연구한 칸트의《순수 이성 비판》은 그의 사상에 깊은 영향을 주었고, 또 랑케는 피히테의《독일 국민에 고함》에 대하여 '끝없는 찬사'를 보내었다. 그는 당시 최고의 명성을 지니고 있던 괴테를 또한 찬양하였지만, 자신이 그렇게 되려고 하지는 않았다. 그는 루터를 연구하였는데 그것은 그를 통하여 독일인을 배우기 위해서였다.

그러나 이때까지 랑케는 역사학에 대해서는 아무것도 아는 것이 없었다. 그는 '끝없이 많은 무미건조한 노트'들 때문에 역사에 대한 관심을 가질 수 없었다고 술회하고 있다. 라이프치히의 역사학 교수였던 스텐첼(Stenzel)이 역사학을 연구하도록 권유하였으나, 그때 랑케의 답은 부정적인 것이었다.

이처럼 랑케는 그의 학생시절에 역사학에 대해서 무관심하였다. 그러나 그의 언어학에 대한 연구열과 이를 위해서 필요한 고전에 대한 호기심은 결국 그의 관심을 역사학으로 돌리지 않을 수 없게 하였다.

그는 라이프치히 대학을 졸업한 후에 오데르(Oder) 강변에 있는 프랑크프르트(Frankfurt)로 가서 1881년부터 1825년까지 7년간 그 곳에 있는 고등학교(Gymnasium)에서 라틴 및 그리스 고전을 가르치는 교사가 되었다. 거기에서 그는 호메로스(Homeros), 오라스(Horace), 버질(Vergil)과 고전 문학사를 가르쳤다. 여기서 그는 순수하게 문학적인 작가들 속에 포함되어 있는 것보다 더 깊은 과거에 대한 지식이 필요하다는 것을 느꼈다. 이때에 그는 다음과 같이 자문하였다.

"나는 어떻게 나의 지식(information)을 얻을 수 있는가? 교과서를 읽어서? … 그와 같은 문학이란 얼마나 애매한 것인가?"

여기서 젊은 선생님인 랑케는 비로소 고대의 역사가들에 대한 체계적인 연구를 시작하였다. 그는 이전부터 그의 아버지의 서재에서 알고 있었던 투키디데스를 읽었다. 전보다 더 주의 깊게 그것을 읽었다. 그리고 헤로도토스, 크세노폰, 리비우스, 할리카르나수스의 디오니시우스(Dionysius of Halicarnassus), 아피안(Appian), 디오 카시우즈(Dio Cassius), 살루스트(Salust), 키케로(Cicero), 카이사르(Caesar), 타키투스 등을 라틴어와 그리스어로 읽었다.

그는 그가 읽은 것들을 노트했다. 그리고 다음에 자기가 발견한 것들을 최근 주석자들의 것과 비교하였다. 그는 뮬러(Ottfried Müler)의 것과 비교하는 가운데서 '너무나도 엄청난 신화'를 발견하였다. 그리고 그를 만족시킬 만한 주석은 다만, 니부어(Niebuhr)에게서만 발견하였다.

여기서 랑케는 점차적으로 원초적인 역사 연구에 매혹되어 가게 되었다. 그가 연구한 고대 로마의 역사는 그를 중세 게르만의 역사로 이끌어 갔다. 그리하여 랑케는 고대 로마가 어떻게 중세 게르만 세계로 이행되어 갔는가를 연구하기 시작하였다.

그가 중세 후기의 시대사를 연구하던 도중 월터 스콧 경(Sir Walter Scott)이 쓴 전기소설(傳奇小說, romance)들을 '생동하는 흥미를 가지고' 읽음으로써 그것에 심취하기 시작하였다. 그러나 거기에서 랑케는 비록 소설 속에 나타나는 것이라 하더라도 사실에 대한 부정확성에 대하여 반감을 느꼈다.

다음에 인용하는 문장은 랑케가 스콧 경의 저술을 읽고 객관적 사실을 근거로 하는 역사서술의 필요성과 의의를 깨닫게 된 계기를 나타내고 있는 것이다.

> 다른 것들 중에서(랑케는 이야기 했다.) 나는 그가(스콧) 그의 켄틴 더 워드(Quentin Durward)에서 찰스 용공(勇公, Charles the Bold)과 루이 11세를 취급한 것에 비위가 틀렸다. 왜냐하면, 그가 취급한 찰스 용공과 루이 11세의 이야기는 역사적 자료와는 완전히 모순되는 것이었기 때문이다. 아주 상세한 부분까지도 달랐다. 나는 이 작가의 최근 출판물에 인용된 콤민스(Commines)와 당시의 기록들을 연구하였다. 그리고 스콧에 의해서 묘사된 바와 같은 찰스 용공과 루이 11세가 존재하지 않았다는 것을 확인하였다. 나는 그가 존경할 만하고 유식한 작가라는 것을 알고 있었다. 그러나 그가 그의 이야기 속에 전혀 비역사적인 내용을 나타내었고, 그렇게 함으로써 마치 자기는 그것을 역사적으로 존재해 있었던 것으로 믿고 있는 것처럼 생각하게 하였다는 것은 결코 용납할 수 없었다. 나는 이상의 스콧의 이야기를 실제의 사료와 비교해 봄으로써, 실제의 역사적 사료가 전기적인 허구(romantic fiction)보다 오히려 더 매력적이고, 어떤 경우에

는 더 흥미가 있다는 것을 확신하게 되었다. 그러므로 나는 이것(허구)으로 부터 눈을 돌렸고 나의 작품 속에서는 어떠한 꾸밈말도 어떠한 허구도 피하고 진지하게 사실에 충실하겠다는 생각을 갖게 되었다.

이처럼 랑케가 본격적으로 역사연구에 몰두하기 시작한 것은 역사적 사실을 가공적으로 날조하거나 왜곡하는 역사가 또는 소설가들에 대한 반발에서였다. 그리고 그가 스스로 역사적 사실 그 자체에 대해서 커다란 흥미와 즐거움을 느낄 수 있음을 발견한 때문이었다.

이러한 역사연구의 결과, 랑케는 1824년 그에게 국가적인 명성을 가져다주었으며 그를 일개의 고등학교 교사직에서 베를린 대학 교수직으로 옮기게 한 저서, 《로마적 제 민족과 게르만적 제 민족의 역사(Geschichte der romanischen und germanischen Völker)》를 써내었다.

이로부터 랑케는 베를린 대학에서 역사학 교수로 재직하면서 수많은 저작을 했을 뿐만 아니라, 최초로 토론식 역사 강의 방법을 실시함으로써 학생들이 스스로 사료의 비판적 연구에 임할 수 있는 능력을 함양케 하였다. 그 결과 랑케에게는 후에 랑케 학파로 불리는 수많은 제자를 양성해 내는데 성공하기도 하였다.

기록에 따르면, 랑케는 감동을 주는 강사는 아니었던 것 같다. 그러나 그는 그가 처음 베를린 대학에서 강의를 하게 되었을 때, 당시 자기보다 더 유명해 있었던 라우머(Raumer) 교수의 강의실이 거의 텅 빈 상태에 있었는데, 자기의 강의실에는 학생이 평균 30여 명씩이나 차 있었다는 것을 자랑하였다. 랑케가 죽은 뒤에 그의 위대한 제자인 폰 지벨(Von Sybel)은 그의 은사에 대해서 다음과 같이 기록하고 있다.

> 랑케가 강단에서 보여 준 첫 번째 인상은 확실히 경이로운 것이었다. 검은 색의 곱슬머리, 그의 큰 머리는 작은 신체 위에 놓여 있었다. 빠른 제스처와 더불어 생각이 진행됨에 따라 행해지는 끊임없는 몸 움직임은 어떤 때는 강의자 자신이 적당한 표현 방법을 찾으면서 서있는 것이었고, 어떤 때는 무모할 정도로 빠른 속도로 앞으로 달려 나가는 것이므로, 귀만 가지고는 그의 강의를 알아듣기가 매우 어려웠다. 어쨌든 이렇게 이상하게 보이는 모든 것들은 그렇게 매력 있는 것은 못되었다.
> 랑케는 매우 자유롭게 말하였다. 그러나 그는 자기가 강의할 주제를 미리 짜가지고 하였기 때문에 그의 구두 표현 때문에 생기는 이해가 되지 않는 것을 완전히 극복할 수 있었다. 그에게 있어서 강의는 주로 젊은이를 위한 일반적인 교육이었다. 그러므로 그는 인간의 운명과 연결시켜서 정신적 내용을 설교하였다. 그는 매 학기마다 세계사의 넓은 분야와, 15세기 독일인의 생활을 취급하였다.

랑케가 독자적으로 세미나식의 강의법을 착안하게 된 것은 아마 이와 같이 그의 주입식 강의가 별로 인기를 얻지 못했기 때문이었는지도 모른다.

여하간 랑케는 강의 보다는 저술에 더 능했던 사람이다. 그는 일생 동안 60여 권의 저서를 남겼다. 그중 유명한 것들을 나열하면 다음과 같다.

① 로마적 여러 민족들과 게르만적 여러 민족들의 역사(Geschichte der romanischen und germanischen Völker, 1824)

② 근대 역사가에 대한 비판(Zur Kritik neuer Geschichtschreiber)

③ 남부 유럽의 여러 군주들과여러 민족들(Fürsten und Völker von Südeuropa in Sechzehnten und Siebzehnten Jahrhundert)

④ 로마교황의 역사(The History of the Popes, 1834~1836)

⑤ 종교개혁 시대의 독일사(German History in the Time of the Reformation, 1839~1843)

⑥ 프랑스사(History of France)

⑦ 이탈리아사(History of Italy)

위에 나열한 저서에서도 찾아볼 수 있는 바와 같이, 랑케는 일생 동안 연구와 저술에 파묻혀서 산 사람이다. 그는 83세의 노령에도 붓을 놓지 않았다. 붓을 놓기는커녕, 그는 이때에 《세계사(Weltgeschichte)》를 씀으로써 인류에 대한 그의 방대한 지식을 요약하려는 엄청난 계획을 생각하였고, 그것을 집필해서 1880년 그 제1권을 발간한 이래 평균 1년에 1권의 꼴로 써서 1886년 그의 죽음이 임박했을 때, 제6권을 써내는 노익장(老益壯)의 정력을 보이기도 했다.

그가 이처럼 정력을 바쳐 저술을 한 것은 그 일이야말로 신이 자기에게 준 소명이라고 생각했기 때문이다. 그러므로 그는 말년에, '나는 신과의 협약을 맺었었다. 신은 나에게 저술을 위해서 아직까지도 5~6년의 시간을 주실 것이다. 그러므로 나는 즐거이 저술을 계속할 것이다.'라고 말하고 91세의 나이로서 또 역사철학이라는 새로운 저술을 시작하였다.(그러나 이것을 쓰지는 못하였다.) 그리고 그가 1886년

91세를 일기로 작고하게 되자, 독일인들은 물론 전 유럽인들이 마치 국상이 난 것처럼 슬퍼하였다.

사상적 배경

랑케는 역사가의 임무는 '과거에 있었던 그대로의 사실을 묘사하는 것'이라 하며 객관적인 역사학의 기치를 들었다. 그러나 그도 한 사람의 사상가요, 또 그 나름대로 사상적 경향을 지니고 있었으며, 그러한 사상을 지니게 된 사상적 성장기를 거치지 않을 수 없었던 사람이다.

학력이나 경력으로 보더라도 그는 역사가이기에 앞서 신학도였으며, 철학도였다. 그러므로 그가 그 나름대로 역사이론, 즉 'Wie es eigentlich gewesen ist(실제로 있었던 그대로)'을 주장하였지만, 이것 또한 그의 철학 및 신학적 입장의 표현이었다. 즉 그는 우선 역사가로서가 아니라 신학도의 입장에서 역사를 보려했다.

그러므로 그는 '모든 역사 속에 신이 거주하여 있고, 살아있고 또 보이고 있다. 모든 인간의 행위는 그(Him)를 입증하고 있으며, 모든 순간은 그(His)의 이름을 설교하고 있다. 그러나 그것은 대체로 나에게 역사의 연속성으로 나타나고 있다'고 하였으며, 또 그는 '나의 모든 시도는 살아있는 신의 감지를 위해서 받쳐져야 한다.'고 하였다.

이와 같이 랑케에서 있어서 역사는 그 자체가 신의 역사(役事)의 과정이며, 역사가의 목표는 역사(歷史)를 연구함으로써, 역사 자체를 인식하는 것이 아니라 신을 감지하는 일이다.

그리고 그에 의하면, 역사 속에 생존하고 있는 인간은 오로지 신의 의(神意)에 따라 신의 계획을 집행하는 신의 노예일 뿐이다. 그러기에 그는 '내가 생각하기로는, 내가 무엇이든, 내가 무엇을 생각하든, 또 내가 무엇을 원하고, 무엇을 욕망하든, 거기에는 아무런 의지도, 특히 자유의지는 존재하지 않고, 다만 마땅히 그렇게 될 뿐인 당위성(es ist ein Muss)만 있을 뿐이다'고 했다.

랑케는 이와 같이 그의 루터교의 경건주의의 입장에서 역사와 인간을 생각하고 있는데, 이른바 낭만주의자들(역사가나 철학가나 소설가)들이 그 신을 무시한 채, 역사를 제 나름대로 해석하고 사실에 윤색하는 것을 알았을 때, 그는 크게 반감을 느끼지 않을 수 없었을 것이라는 것은 이해하기 어렵지 아니하다.

그러기에 랑케는 역사를 천박하게 취급하는 자는 신으로부터 벌(Divine punishment)을 받아야 된다고 했고, 또 당시의 왜곡된 역사서술을 행하는 역사가들을 향하여 다음과 같이 비탄하였다.

"불행은 점점 더 깊어가고 생명의 불은 점점 더 꺼져 가며, 사고는 점점 더 마비되어 간다. …… 내부적으로 살아 있는 정신(神)은 복수를 할 것이니, 이는 그것이 멸시를 당하였기 때문이로다!"

여기서 랑케는 참된 역사가의 사명을 내세우게 된다. 한낱 인간에 불과한 역사가가 신의 역사(役事)인 역사를 자기 멋대로 조작한다거나 날조한다거나 또는 윤색을 해서는 아니 되며, 역사가는 마치 칸트가 자연과학에서 자연적 사물을 물 자체(Ding an sich)대로 인식하여야 된다고 주장한 것처럼, 역사적 사실을 사실 자체대로 표현하여야 된다는 주장을 하기에 이른 것이다.

한마디로 랑케는 역사인식의 목표를 신의 작품인 역사를 그 자체대로 인식함으로써 그 속에 내재하고 있는 신을 감지하는데 두었으며, 그 방법은 칸트의 자연인식론의 방법인 물 자체대로의 인식, 즉 객관적 인식 방법을 추구하였다.

역사사상

역사사상사에 있어서 랑케의 중요한 공헌은 그가 60여 권의 저술을 남겼다는 데도 있겠으나, 그보다도 더 그를 유명하게 만들었으며, 그 이후에 태어난 모든 역사학도들로 하여금 그의 이름을 입에 담지 않으면 아니 되게 만든 근본적인 것은, 첫째 그의 《로마와 게르만 세계의 통일론(the unity of the Romano-Germanic World)》을 제시하였다는 점과, 둘째로는 역사적 사료에 대한 냉엄한 비판을 가함으로써 근대 비판사학을 창조하였다는 점, 그리고 셋째로는 '작가는 wie es eingelntlich gewesen ist로서의 역사를 제시하려고 해야 한다'는 유명한 선언이다.

이상 세 가지 중요한 랑케의 사상은 주로 그가 29세 때에 서술한 저서 《로마적인 여러 민족들과 게르만적인 여러 민족들의 역사(Geschichte der romanischen und germanischen Völker)》와 그 부록으로 후에 출간된 《근대 역사서술가의 비판에 대하여(Zur Kritik neuer Geschichtschreiber)》에 피력되어 있다.

그러면 첫째로 랑케가 생각한 로마와 게르만 세계의 통일이란 어떤 것인가? 이 문제를 해결하는데 있어서 우선적으로 생각하여야 할 것은, 랑케가 생각한 통일(Unity)의 개념이 무엇인가 하는 것이다. 랑케는 인습적으로 받아들여지고 있었던 통일에 대한 개념을 거부하였다. 그는 다음과 같이 통일에 대하여 자문자답(自問自答)하고 있다.

> "유럽에는 어떠한 통일이 있었는가? 보편적인 기독교 세계? 아니다. 왜냐하면 그것은 유럽인이 아닌 아르메니아인들(Armenians)을 포함하고 있기 때문이다. 그러면 유럽인의 통일이 있었는가? 아니다. 왜냐하면 유럽인의 통일이라고 하면 여기에는 터키인과 러시아인들이 포함되어야 하기 때문이다. 그러면 라틴계의 기독교 세계의 통일인가? 여기서는 슬라브족, 레트족(Lette), 마기야르족(Maggyrs)을 제외시켜야 된다는 어려움이 있는데 이들을 제외시킨다면 무엇이 남는가?"

이러한 자문에 대한 랑케의 자답에 의하면, 유럽의 문명은 로마적인 요소들과 게르만적인 요소가 융합된 것이라는 것이며, 소위 '야만들(barbarians)'은 쇠망하고 있는 로마 제국의 많은 문화적 요소들을 물려받아 그것들은 자기들 자신의 문화적 요소와 연결시켰다는 것이며, 이러한 방법으로 유럽이라는 토양 위에 국가(State)와 교회(Church), 즉 신성 로마 제국(Empire)과 교황권(Papacy)으로 알려진 특징적인 제도를 발전시키게 되었다는 것이다.

이와 같이 랑케가 생각한 '로마적 여러 민족들과 게르만적 여러 민족들의 통일'이란 종교적 통일이나 지역적 통일이나 또는 인종적 통일을 의미하는 것이 아니라, 문화적 통일이다. 이와 같은 중세 유럽세계의 성립과 그 성격에 대한 이해는 그 후 나라의 정통적인 학설이 되어 있음을 우리는 그 후의 많은 중세사를 읽을 때 쉽게 발견되고 있는 것이다.

둘째로 랑케는 어떠한 방법으로 역사적 사료에 대한 비판을 하였는가? 우선 랑케는 다음과 같은 질문으로 그 비판의 서두를 열었다. 제1차적 지식(first hand information)은 어떠한 사료에 포함되어 있는가? 다음에 그는 한때 가장 커다란 명성을 얻었던 역사서술가 특히 마키아벨리와 귀치아르디니를 선정해서 그들에 대하여 가차 없는 천착(穿鑿)을 가하였다. 그렇게 함으로써 그들이 복사하였고 조작해내고 잘못 표현하고 있는 것을 밝혀냄으로써 그들이 지니고 있는 이탈리아 역사가로서의 명성을 거의 파괴해 버리는 결과를 이끌어 내었다.

그리고 결론적으로 그는 '어떤 역사가가 그의 책을 쓰려면, 그 전에 그가 지니고 있는 지식(information)이 원천적인(original) 것인지, 아닌지를 알아보아야 하며, 그것이 원천적인 것이 아니라 다른 인용서(引用書)에서 빌려 온 것일 경우에는 그것이 어떠한 방도를, 그리고 어떠한 종류의 조사 연구를 통해서 수집된 것인지를 알아보아야 한다.'고 하는 그 나름대로의 역사적 비판의 이론을 제시하였다.

즉 랑케의 역사적 비판이론에 따르면, 일반적인 역사서들은 사료로서는 거의 무용한 것이며, 그와 같은 무책임한 자료를 피하기 위하여 역사가는 마땅히 옛 기록(archives)과 기록문서(documents)를 직접 사용하여야 되는 것이다.

그는 지면(紙面) 위에서 볼 수 없는 것은 전적으로 불신하였다. 그러므로 그는 문헌을 발견할 수 없는 고대사나 경제사에 대해서는 전혀 아무 것도 쓰지 않았다. 그리고 그는 신비나 사변(思辨)을 싫어하였다.

세 번째 랑케는 어떠한 생각에서 역사가의 목표는 '과거에 있었던 대로 묘사 하는 것(Es will bloβ zeigen wie es eigentlich gewesen ist)'이라고 하는 선언을 하게 되었는가? 하는 것이다. 그것은 우선 앞(사상적 배경)에서 논의한 바와 같이 랑케가 독실한 루터교의 신자였으며, 그 신자의 입장에서 역사를 신의 작품으로 이해하고 있었다는 데, 그 선언의 궁극적인 이유가 있는 것이다. 신의 작품인 역사를 인간인 역사가가 자의적으로 조작 내지는 윤색을 함으로써 신의를 거역하고 신의 작품에 때를 묻힌다는 것이 랑케에게는 용납될 수 없는 것이었다. 그러므로 그의 'wie es eigentilch gewesen ist(실제로 있었던 그대로)'는 곧 '신이 이룩해 놓은 대로'라는 말로도 되는 것이다.

그 때문에 랑케는 역사를 이론화시키는 것을 거부하였으며 '사건(matter)이 지니고 있는 진실(truth)에 접근하라. 그러기 위해서 사료에 대하여 철저히 연구(penetrate)하라!'고 하였으며, 또 그는 그의 학생들에게 '모든 문서(document)는 주관적인 요소를 포함하고 있다. 역사가의 의무는 그 주관적인 것으로부터 객관적인 것을 분리해 내는 일이며, 이를 달리 말하면, 본질에로 돌아가는 일'이라고 하였다. 그리고 그는 역사가로서의 의무를 행하기 위하여 다음과 같은 방법을 썼다. 톰프슨(Thompson)의 말을 인용한다.

그의 조수들과 작업하는 그의 방법은 흥미롭다. 조수들은 공문서 보관서(archives)로부터 문서들을 가져와서 그것들을 랑케에게 읽었다. 랑케는 조용히 경청한다. 그리고 갑자기 외친다. '그것은 생략! 그것은 본질적인 것이 아니야' 또는 '멈추어! 그것은 의미 있는 거야! 그러니 우리는 그것을 정확하게 복사를 해야만 해!' 이렇게 그는 문서들 속에서 의미 있고 본질적인 자료를 끌어내어서 그것을 역사로 서술하였다.

어쨌든 랑케 사학의 특징 또는 그 이상은 사료에 대한 냉엄한 비판을 통하여 그 사실의 정확성을 판단하고 그렇게 하기 위해서는 많은 사료를 철저하게 연구하여야 되는 것이며, 그렇게 함으로써 역사를 신이 이룩해 놓은 작품 그대로 인식해야 되는 것이다.

랑케는 이상과 같이 역사의 객관적인 서술을 주장하는 이외에 '그 사실들이 아무리 무조건적이고(unconditional) 아름답지 못한(unbeautiful) 것일지라도, 그 사실들이 엄격히 표현하고 있는 것은 절대적 법칙(supreme law)이다.'라고 함으로써 역사 속에서 신의 섭리가 하나의 절대적 법칙으로써 작용하고 있음을 말하고 있다.

이처럼 랑케가 말하는 절대적 법칙이 신의 섭리를 뜻하는 것이라 하더라도, 여하튼 그가 역사 속에서 어떤 법칙성을 인정하였다는 점에서 그는 실증주의자임을 또한 명백히 하고 있는 것이다.

그러면 랑케가 파악한 역사의 발전법칙은 어떤 것인가? 랑케는 그의 사상적으로 볼 때, 기독교적 사관을 취하면서도 아우구스티누스와 같은 역사발전의 목표는 거부하고 있다. 아니 그는 차라리 역사의 목표는 인간에게 있어서 불가지(不可知)의 것이다. 바바리아 왕(King of Bavaria) 맥시밀리안(Maximilian) 2세 앞에서 행한 강의에서 다음과 같이 그의 역사발전에 대한 생각을 피력하고 있다.

"만약 우리가 많은 철학자들과 마찬가지로, 모든 인류(all of humanity)가 어느 주어진 원초적 상태에서 어떤 절대적인 목표를 향하여 발전하고 있다고 생각하기를 원한다면, 우리는 그것을 다음의 두 가지 방법으로 생각할 수 있을 것이다. 어떤 보편적인 지배적 의지가 인류를 어느 점으로부터 다른 점으로 발전하도록 촉진시켰다든가 또는 인간성 속에서 나타나고 있는 어떤 정신적 요체(要諦)의 행적이 사물들을 어떤 일정한 목표를 향해서 휘몰아 가고 있다고. 나는 이러한 견해들을 철학적으로 옹호하거나 역사적으로 입증하고자 하지는 않겠다. 우리는 이 관점이 철학적으로 받아들일 수 있는 것이라고 선언할 수가 없다. 왜냐하면 전자의 경우, 그것은 인간의 자유를 실질적으로 부정하고 인간적 존재를 그들 자신의 아무런 의지도 갖지 않은 한낱 도구로서 생각하는 것이 될 것이며, 후자의 경우 인간의 신이거나 그렇지 않으면 전혀 아무것도 아닌 것으로 될 수밖에 없기 때문이다. 이와 마찬가지로 이러한 견해들은 역사적으로 입증할 수도 없는 것이다."

또 랑케는 앞에서 언급한 바와 같이 실증주의적 입장에서 역사발전의 법칙, 즉 신의 섭리는 인정하였지만, 역사상의 각 시대가 앞으로 올 다음 시대를 위해서 필요한 시대라는 진화론적 발전론자들이나 기독교적 목적론자들과는 생각을 달리하였다. 그는 이러한 입장을 다음과 같이 피력하고 있다.

"그러나 만약 어떤 사람이 매시대에 인간의 생활이 비례적인 어떤 법칙(Some law of proportionality)을 따라서 진보한다고 주장하기를 원한다면, 모든 세대는 그 전 세대보다 완전히 탁월하다고 주장하기를 원한다면, 최종적인 세대는 언제나 바람직한 세대라고 주장하기를 원한다면, 그리고 전에 온 것은 다만 후에 올 것을 위한 디딤돌(stepping stone)에 불과하다고 주장하기를 원한다면, 이것은 신성(神性, Godhead)에 손상을 입히는 것이 될 것이다.(그리고 그 주장대로라면) 그 중간에 끼워져 있는 세대는 그 자체 내의 그리고 그 자체대로의 의미를 가질 수 없게 된다. 왜냐하면 그것은 다음에 올 세대의 디딤돌이 될 것이니까. 그리고 그 세대는 신과의 직접적인 관계 속에 설 수 없게 될 것이다. 그러나 나는 주장한다.
모든 시대는 신에게 직결되어 있으며 그 시대가 갖는 가치는 그 시대로부터 발산되는 어떤 것에 있는 것이 아니라, 그 시대가 존재한다고 하는 그 자체 속에 있는 것이다. 이러한 방법으로 역사연구와 그리고 보다 더 특수하게 말하면, 역사 속에서의 개인의 생은 매우 특수한 매력을 갖게 되는 것이다. 왜냐하면 모든 시대는 그 자체의 특수한 장점을 지니고 있는 어떤 것으로 보아야 하는 것이기 때문이다."

여기서 보이는 바와 같이 랑케는 일체의 목적사관을 거부함으로써 그 이전 시대의 역사철학자 헤르더나 헤겔, 그리고 그보다 훨씬 더 앞선 성 아우구스티누스의 기독교적 역사발전론에도 반기를 들어 역사를 철학으로부터 독립시켰을 뿐 아니라, 각 시대사를 전체적 역사의 흐름의 논리로부터 떼어 독립시켜 역사학의 독립선언을 선포했다.

이러한 역사발전에 입각할 때 당연히 다음과 같은 역사가의 임무가 나오게 된다.

"따라서 역사가는 어느 주어진 시대에 인민이 어떻게 사고하였으며 생활하였는가? 하는 것을 일차적으로 보지 않으면 아니 된다. 그리고 그 다음에 역사가는 어떤 불변적이고 영구적인 주요 관념들로부터 벗어나서, 매시대는 그 자체의 특수한 성격과 그 자체의 가치기준을 가지고 있다는 것을 발견해야 한다. 둘째로 역사가는 연속성의 내면적 필연성을 관찰하기 위해서 개별적 시대와 시대 사이의 차별성을 감지하여야 한다. 그렇게 되면 역사 속에 어떤 과정(Progress)이 있다는 것은 의심할 여지가 없게 된다."

여기에서 분명해진 것은 랑케가 비록 역사의 목표는 거부하고 있다 하더라도 역사의 과정은 인정하고 있다는 점이다. 또 그는 '매우 큰 혁명이 없는 한, 퇴보(retrogression)는 일어 날 수 없다'고 함으로써 역사의 과정이 발전적인 것이라는 것을 암시하고 있다는 것이다.

그러나 이러한 발전론에 있어서 우리가 주의해야 할 점은 그것이 가치적인, 또는 질적인 발전을 뜻하는 것, 이를테면 도덕적으로 인간이 보다 선량해진다거나 하는 것이 아니라, 양적인 확대, 이를테면 예술이나 문학을 감상할 수 있는 인민의 수가 전시대에 비하여 확대된다는 의미의 발전이라는 점이다.

결론

지금까지 우리는 랑케의 역사사상을 그의 서술방법론에서부터 그의 역사발전론에 이르기까지 언급하였다. 그러나 또 한 가지 우리가 랑케에서 있어서 간과할 수 없는 것은 그는 '신의 손길'을 내세움으로써 약간의 신비적 경향을 지니고 있음에도 불구하고 그는 본질적으로 실용주의자라는 점이다. 특히 크로체의 지적에 의하면, 랑케는 실용주의적 방법론에 빠져 들지 않을 수 없는 필연적 경향을 지니고 있었다.

그리고 그가 그와 같이 국경이나 교파의 차이에 관계없이 환영을 받았고 또 명성을 떨칠 수 있었던 것은 그의 방법론이 이처럼 실용적인 것이었으며, 불편부당(不偏不黨)한 입장을 취하였기 때문이라고 또 크로체는 꼬집고 있다.

이것은 그가 그의 역사를 서술함에 있어서 주로 외교 문서를 자료로 삼았다는 데에도 연유된 것이겠으나, 거기에서도 객관적인 입장을 취하려고 한 데에 더욱 큰 원인이 있다. 한마디로 크로체에 의하면 랑케는 외교사 역사가이며 동시에 외교적인 역사가이다.

여하튼 랑케는 위대한 학자였으며, 사학사상 찬연한 빛을 남긴 저술가였다. 그것이 가능한 것인지 불가능한 것인지, 또 그의 역사서술 자체에 있어서 가능했던 것인지 불가능했던 것인지 간에 그는 '객관적'이고 '불편부당'한 진리를 주장하여 역사학사에 있어서 일대 전기를 마련한 사람이다.

그러나 이러한 랑케의 객관적이고 불편부당한 진리의 서술로서의 역사학에는 아주 중요한 한계점을 지니고 있었다. 아무리 객관적인 진리를 서술한다고 하더라도 이것이 이론적인 주장으로는 가능할지 모르지만 실제에 있어서 가능한가 하는 점이다.

반스(E. Barnes)는 다음과 같은 문장으로 지적하고 있다.

> 그(랑케)의 단점으로 후기 역사가들에 의해서 지적되고 있는 것을 들면, ① 그가 취급하여 서술한 주제를 위해서 필요한 사료들을 남김없이 모두 사용하지는 못했다고 하는 점, ② 정치적 사건과 지배적인 인물들에 대해서만 일차적 관심을 두었고 사회·경제사의 보다 많은 기초적 사실들, 심지어는 제도적 정치 생활에 대한 기초적 사실들을 무시했다는 점, ③ 섭리의 역사이론 때문에 나타나는 경건주의의 편견, 그리고 ④ 루터 및 호헨촐레른가와 프러시아에 대한 지나친 열정 등이다.

한마디로 객관적 역사서술을 주장하였고 물 자체로서 사실의 나열을 고집한 랑케도 어쩔 수 없이 한 시대의 한 나라, 한 민족에 소속되어 생활하였고, 또 사색하고 연구하다가 죽은 '시대의 딸'이었다는 것이다.

실제로 랑케자신도 객관적이고 불편부당한 역사가는 아니었다는 것이다. 아이로니컬하게도 그는 독일 민족주의사학에 중심에 서 있었다. 그는 1830년《역사 정치 잡지(Historische Politische Zeitschrift)》를 편집하였다. 거기서 단일 독일의 민족정신(unique German Volksgeist)의 근거와 온건보수주의의 필요성을 역설함으로써 비스마르크의 제국건설에 공헌하였다. 그뿐만 아니라, 그는 직접 프러시아의 프리드리히 빌헬름(Friedrich Wilhelm)과 바바라의 막시밀리안 2세(Maximilian of Bavara)의 자문역할을 하기까지 하였다.

그의 영향을 받은 프로이센 학파에 소속된 역사가들은 정치사에 관심을 가졌을 뿐만 아니라, 직접적으로 정치에 간여하거나 간접적으로 정치에 참여하는 이들까지 생겨났다. 통치자의 카운슬러가 되거나, 마치 중세에 신학자들이 신도들에게 신에 대해서 강론하듯 역사가들은 시민들에게 민족정신(Volksgeist)을 강론하였다.

달만, 게르비누스, 트라이치케와 같은 프러시아 학파(Prussian school of historiography)를 실례로 들 수 있는데, 이들은 독일의 자유주의와 민족주의의 재건을 위하여 역사연구를 행한 대표적인 역사가들이다.

그중 달만(Dahlmann, Friedrich Christoph, 1785~1860)은 괴팅겐 대학과 본(Bonn) 대학 교수로 있으면서 자유주의적 정치가로 1848년 혁명당시 프랑크푸르트 국민의회에서 소(小)독일주의의 헌법초안을 작성하기도 하였다. 프로이센 상원의원으로 활약한 뒤 정계에서 은퇴하여 저술에 전념, 독일 지식계층에 커다란 영향을 끼쳤다. 역사가로서 《덴마크사》(1840~1843) 이외에 《영국혁명사》(1844), 《프랑스 혁명사》(1845) 등을 남겼다.

게르비누스(Gervinus, Georg Gottfried, 1805~1871)는 1848년 3월 혁명 당시 자유주의 사상의 대표자였다. 괴팅겐 대학교의 역사학 교수로 달만과 함께 '괴팅겐 7교수사건'으로 교수직에서 쫓겨났다가 하이델베르크 대학의 명예교수가 되었다.

게르비누스는 그의 《독일민족문학사》 서문에서 '우리는 마침내 민족에게 지금의 그들의 가치를 깨닫게 해주고, 그들의 자신을 되살려

주고, 먼 과거에 대한 자랑과 함께 현재 이 순간에 대한 희열과 미래에 대한 굳센 용기를 불러일으킬 때를 맞이한 것 같다'라는 문장을 남겨 독일민족주의의 진수를 보여주고 있다.

그는 다시 역사가가 역사를 쓰는 목적은 민족의 역사를 과거로부터 최근의 시대의 현상까지 펼쳐 보이고, 이를 다른 민족의 것과 비교함으로써 민족의 자각심을 깨우치고, 민족으로 하여금 긍지를 갖게 하는데 있다는 말로써 역사학의 목적을 확실히 하고 있다.

특히 트라이치케*는 이러한 민족의식을 더욱 강조한 역사가로서 '역사가라고 하기보다 차라리 애국 설교자(patriotic sermon)'였다는 평을 들어야 한 인물이다. 그가 쓴 독일사는 '독일 통일을 위한 전투장(戰鬪狀)' 같다는 평을 들어야 하는 것들이었다.

이러한 민족주의 사관에 입각해서 독일인들은 유대인을 적으로 간주하여 매도하였고, 드디어는 유대인 학살로 유명한 아우시비치의 비극을 연출하는 데까지 이르렀다.

---

* 트라이치케(Treitschke, Heinrich von, 1834~1896) : 독일의 역사가, 정치평론가. 라이프치히 대학교 강사(1858)를 거쳐 프라이부르크 대학교(1863)·킬 대학교(1866)·하이델베르크 대학교(1867)·베를린 대학교(1874)의 교수를 역임하였다. 1864년 이후 비스마르크의 협력자가 되어 군국주의·애국주의를 제창하였으며, 대외적으로는 강경외교를 주장하였다. 저서 《19세기 독일역사》(5권, 1874~1894)는 명저로 알려져 있다.

제9장
반실증주의적 역사학

▲ R. G. 콜링우드

실증주의적 역사학의 한계

분명히 역사학계에 있어서 랑케의 출연은 획기적이었다. 랑케는 독일 관념론에 의해서 거의 완전히 철학에 예속되어 버린 역사학을 그로부터 해방시켜 역사학은 역사학으로서의 독자적인 길을 가야 한다고 하는 진리를 제시하였고, 그 결과 그는 근대사학의 비조(鼻祖)로서 추앙되기에 이르렀다.

그러나 이와 같은 랑케 사학에 전혀 문제가 없는 것은 아니었다. 랑케는 역사서술에 있어서 불편부당성을 주장하였고, 사실을 물 자체로서 인식하는 객관적 역사인식을 고집하였고 'Wie es eigentlich gewesen ist(실제로 있었던 그대로)'를 역사가의 임무로 내세웠지만, 실제에 있어서 랑케는 불편부당한 역사가였으며, 사실을 물 자체대로 인식하였으며, 또 그가 서술한 역사는 '과거에 있었던 대로의 역사'였느냐 하는 것이다. C. A. 베아드(Beard)는 이러한 랑케의 주장을 하나의 '고상한 꿈(noble dream)'이라고 야유해 버리고 말았다.

이와 같이 인간의 사고와 인간의 행위의 결과로 창조된 역사이기에 또 그것을 연구하고 서술하는 역사가 자신도 어쩔 수 없이 그 역사 속에 포함되어 있으면서 그 역사적 상황에 의하여 영향을 받고, 그 영향을 받아서 형성된 정신 상태를 가지고 역사를 연구하고 서술해야 된다고 하는 한계 속에서 쓰이어지는 것이 역사이기에, 역사는 어차피 객관적 역사일 수 없고, 물 자체대로의 사실로 구성된 역사일 수도 없고, 또 과거에 있었던 대로의 역사일 수도 없는 것이다.

그렇다면 역사학의 운명은 어찌 되는가? 역사학은 형이상학과 같이 하나의 불가지(不可知)의 대상을 놓고 막연하게 접근하고자 하는 자세만 가지고 이루어진 것인가? 아니면 아예 처음부터 포기를 하고 말아야 할 것인가?

여기에서 역사학은 새로운 방법론에 대한 논의, 역사 연구의 필요성에 대한 반성, 그리고 역사인식론 등이 재차 문제로 부각되게 된 것이다.

철학으로부터 해방선언을 했던 역사학이 이처럼 새로운 문제의 벽에 부딪치게 되자, 역사학은 다시 철학자, 또는 철학적인 사고를 지닌 사람들에게 그 장벽을 극복할 수 있는 길을 묻게 되었다.

여기에서 헤겔의 망령은 다시 살아나게 되었으니, 헤겔 철학에 강력히 영향을 받았으며, 또 근대 낭만주의적 역사철학의 효시인 비코를 사모하는 B. 크로체와 그의 번역자요, 답습자라고 할 수 있는 R. G. 콜링우드가 등장하여 그 문제에 대한 제 나름대로의 해결방안을 모색하였다. 따라서 본장에서는 크로체와 콜링우드의 역사사상을 소개함으로써 역사학의 진수가 무엇인가를 되새겨 보고자 한다.

크로체의 역사사상

서론

저간에 E. H. 카(Carr)라든가 콜링우드(Collingwood), 베이커(Carl Baker)와 같이 역사이론가들이 정통주의 사학에 반기를 들고 랑케류(Ranke類)의 역사서술 방법에 반대하고 있다는 것은 주지의 사실이다.

이러한 반 랑케의 입장의 근원을 소급해 보면, 그것이 크로체에서 연유되고 있다는 것을 알 수 있다. 고로 우리가 오늘날의 역사사상의 동향을 올바르게 파악하기 위해서는 먼저 크로체의 역사사상을 이해하지 않으면 아니 될 줄 믿는다.

크로체의 역사사상의 핵심을 이루고 있는 것은 한마디로, 정신을 유일의 실재(實在)로 보는 정신철학의 입장이다. 이 입장에서 그는 역사를 정신(크로체는 이 정신을 유일의 실재라고 주장한다)이 표현되는 최상의 형식이라 보고, 역사는 정신과 가장 밀접한 관계를 갖고 있다고 생각하였다.

여기서 그는 역사란 정신이 그 정신 자체에 의하여 발전되어 온 과정이라고 이해하였다. 그리고 그는 20세기 철학의 일반적 요건인 분석과는 거리를 멀리하여 역사와 철학을 동일시하고 종교, 과학, 언어학, 예술 등 모든 분야의 지식을 '철학 = 역사' 속에 포함시키고 있다.

즉 크로체에 의하면, 모든 학문은 인간정신의 발전과정을 연구하는 학문인 역사학의 일부분이 되는 것이다. 이러한 역사를 연구하고 서술하는 역사가의 행위는 그 자체가 인간의 정신적 행위로서 역사발전을 위한 하나의 역할이 된다.

이와 같은 역할로서의 역사서술은 역사가의 정신 또는 사상이 주입되어 있어서 그 시대의 요구, 그 시대가 지니고 있는 제반 과제를 반영하며 또 그것을 해결 만족시킬 수 있는 잠재능력을 지니고 있어야 한다.

한편 크로체는 비코의 나선형적 발전이론을 취하고, 발전의 추진력을 인간의 정신력에서 찾는다. 그러면 이러한 크로체의 사상을 배출시킨 역사적 배경은 어떠한가? 그가 생존하고 있던 19세기 및 20세기 전반기란, 한마디로 말해서, 정치적 사회적 격랑의 시대이며, 사상적으로 위기의식이 전 세계를 풍미한 시대이다.

1870년대 이탈리아와 독일의 국가통일을 종막(終幕)으로, 프랑스혁명 이래 줄기차게 추구되어 오던 두 개의 상호 모순된 자유주의—국제간의 민족적 자유주의(민족주의)와 국내에 있어서의 개인적 자유주의(민주주의)—운동을 일단 막음하게 되고, 거기서 한걸음 더 나아가 그 규모와 판도를 확대시킨 제국주의와 자본주의에 입각한 국제간의 격렬한 세력 확대 운동이 추진되어, 종당에는 제1·2차 세계대전을 일으키기에 이르렀다.

이러한 전율적인 참상을 빚어낸 힘의 근원이 르네상스 이후 성립되어 온 휴머니즘에 기반을 두고, 인간 스스로가 노력하여 만들어 온 과학이라든가, 자본의 힘에 의한 역습이라고 생각할 때, 지식인은 마치 프랑켄슈타인의 역습을 받아 목을 졸리고 있는 것 같은 전율과 공포 속에서, 종래의 휴머니즘을 반성하지 않으면 아니 되게 되었다.

여기서 20세기 초두의 서구 철학계는 니체와 키에르케고르의 출현과 더불어 자연과학을 그 기조로 하는 유물론이나 실증주의를 거부하고 신칸트학파의 인식론적 형이상학의 방향으로 경도(傾倒)되기 시작하였다.

그중 두드러진 것이 후설(Husserl)을 중심으로 하는 '현상학'과 딜타이(Dilthey), 짐멜(Simmel), 베르그송(Bergson) 등을 중심으로 하는 세계관철학으로서의 '생의 철학'이다. '생의 철학'에서는 특히 역사의 문제를 많이 취급하며, 역사를 직접 생과 관련시키고, 역사와 생과 창조를 밀접하게 연결시켜서 이해하려 하였다.

이상과 같은 정치·사회사적 그리고 사상사적 상황 속에서 크로체는 학문연구의 배회를 하게 된다. 젊은 시절에 법률학, 민속학, 고고학 등에서 비롯하여 경제학, 문학 등을 거쳐 철학연구에 이르러 모든 학문은 철학이며, 철학은 역사와 동일하다는 결론을 얻을 때까지 실로 광범한 연구 생활을 하였다.

이상과 같은 그의 연구생활이 말해주고 있는 것처럼 크로체의 사상은 그 광범한 분야에 있어서나 심오한 깊이에 있어서, 그 사상의 진수를 올바르게 파악하기 어려운 데가 있다.

그러나 크로체가 생존해 있던 이탈리아의 시간 공간(時空)에 걸친 상황이나 우리가 현재 당면하고 있는 상황이 유사하다는 점을 고려해서 필자는 용기를 내었다. 그리하여 필자는 우리의 현재적 상황을 극복하는 데 있어 절실히 요구되고 있는 우리 나름의 역사발전에 다소나마 기여함을 본문의 목적으로 삼는다.

역사의 본질적 개념

크로체의 역사사상은 대체로 다음 두 개의 명제로 대별할 수 있다. 하나는 '모든 역사는 현재사(All history is contemporary history)'라는 것이고, 다른 하나는 '역사는 곧 철학이다'라는 것이다.

고로 필자는 우선 이 두 개의 명제를 해명함으로써 크로체의 역사사상을 이해하며, 동시에 역사의 본질적 개념이 어디에 있는가 하는 문제를 설명하고자 한다.

모든 개념이 그렇듯이, 역사의 개념을 단적으로 구명(究明)하는 일이란 용이한 일이 아니다. 만물을 정적인 상태로 고찰하는 것이 아니라, 동적인 변화과정으로 고찰하려 할 때 더욱 그렇다.

예컨대, 역사학의 근원을 일반적으로 그리스시대의 헤로도토스에게서 찾고 있지만, 그것이 어느 정도 현대적 의미의 역사학을 두고 말하는 것인지는 극히 의문스러운 것이다.

모든 현대적 용어가 그런 것처럼 역사라고 하는 것도 시간의 경과에 따라 그 개념이 무한히 변천되어 온 것이기 때문이다. 심지어는 현대에 이르러서도 그 개념은 각 지역에 따라서, 각 논자에 따라서 각각 상이한 것이 사실이다.

그러나 편의상 이 역사의 개념, 이를테면, 현재에 통용되고 있는 역사의 일반적 개념들의 최대공약수를 구한다면, 다음 두 가지로 나누어 말할 수 있을 것이다. 그 하나는 '시간상에 전개되어 가고 있는 광의의 문화현상' 그 자체이며, 그 둘은 그 문화현상이 역사가의 손을 빌어 서술된 일종의 이야기(story)로서의 역사이다.

다시 말하면, 역사란 인류가 태초로부터 생활해 온 시간상의 발전과정 자체와 그 발전과정을 대상으로 하여 서술한 작품으로서의 역사, 즉 역사책으로 구분될 수 있다. 이상의 역사를 연구의 대상으로 볼 때, 전자는 주로 역사발전과정 및 사관에 관한 것이 논의의 대상으로 될 것이며, 후자는 어떤 사관에 입각한 역사서술 방법이 논의의 대상으로 될 것이다. 필자는 우선 후자에 대한 크로체의 입장을 고찰함으로써 그의 사상의 진수를 이해하고자 한다.

모든 역사는 현재사

크로체의 역사사상을 일관하고 있는 것은 앞에서 언급한 바 있는 '현재사(Contemporary history)'의 의미이다. 그러면 그 '현재사'란 무엇을 의미하는 것인가? 이는 랑케를 비롯한 역사주의자들이 주장하는 바, 그 자체로서 의미를 갖는 과거 사실로 엮어진 과거사에 상반된 역사를 의미하는 것으로, 역사가 자신이 당면하고 있는 시대(상대적 의미의 현재)적 요구 또는 정신을 표현하고 그 시대의 현재적 과제를 해결한다고 하는 역사가의 실천적 행위로서 서술된 역사를 말하는 것이다.

이를 크로체는 다음과 같이 주장하고 있다. 즉 어떤 사실이 사유를 거치지 않는 한, 그것은 역사가 될 수 없다. 내가 그것을 사유하고 나의 정신적 욕구에 따라서 반성하며 탐구할 때, 그것은 참된 역사가 되는 것이다.

요컨대, 역사적 사실이 역사로 되기 위하여서는 역사가의 사유를 통하여 비판되지 않으면 아니 된다는 것이다. 그런데 비판에는 반드시 기준(criterion)이 있어야 한다. 기준이 되는 것은 무엇인가? 영국의 철학자 브레들리에 의하면, 그것은 역사가 자신이며, 크로체의 주장을 따르면, 역사가의 정신적 욕구이다. 역사가 또는 역사가의 정신적 욕구는 베이컨이 논파한 것처럼, '시대의 딸'이다.

다시 말하면, 역사가란 그 자신의 특수한 경험(시간, 공간적인 특수성에 따라 결정되는), 즉 그가 생존하고 있는 세계에서, 그의 감각을 통하여 획득한 경험을 지니고 있으며, 그 경험을 토대로, 생활하고 사고하는 시간적 존재다. 따라서 그의 모든 사고라든가 비판이라든가 하는 정신적 행위는 현재의 생활에 필요한 조건에 대한 욕구, 크로체의 말을 빌면 '현재의 생에 대한 관심'에 따라서 좌우된다.

따라서 역사가에 의해서 선택, 비판된 역사적 사실이란 결국, 그 역사가 지니고 있는 '현재의 생에 대한 관심'에 의해서 선택, 비판된 것이며, 그것은 필연적으로 '현재'의 상황을 표현하며 현재적 요구를 나타내는 것이다.

아무리 역사가가 스스로의 객관적 태도를 주장하고 그가 취급하는 사실의 객관성을 고집한다 하더라도, 그는 고의적이든 우연적이든 자신의 주관의 개입을 막을 수 없으며, 자신의 사상, 정신적 욕구를 표현하지 않을 수 없으며, 그가 생존해 있는 시대의 특수성을 나타내지 않을 수 없다.

그런데 크로체에게 있어서는 이러한 점이 더욱 강조되고 있다. 크로체의 주장에 의하면, 모든 역사상의 사실들이 역사가의 정신에 의하여 생명이 불어 넣어져야 하며, 그 사실은 무의미한 객관적 상태에서 '사고를 통하여 의미 있는 지식으로 변형'되어야 한다.

그리고 그 무의미하고 단편적인 역사적 사실들은 역사가가 의도하는 바, 또는 그 역사가의 정신, 사상—'현재의 생에 대한 관심'—에 입각한 논리에 따라 서술—나열, 정리—되어 그 자체가 통일성 있는 하나의 작품이 되어야 한다.

또 크로체는 주장한다. 이른바 객관적 역사—역사가들의 정신이 깃들어 있지 않은 역사적 사실이란 조각으로부터 떨어져 나온 파편 이상의 아무런 가치도 갖고 있지 않다고.

연대기나 문헌학적 여러 기록물들, 즉 크로체의 이른바 모든 문헌학적 역사란 많은 해박한 지식을 포함하고 있는 것이다. 그러나 이것이 소위 역사사상을 지니고 있지 않다면, 이것은 참된 역사가 될 수 없다. 그 해박한 박식이란 '화려하게 장식된 무지'에 불과하며, 심포니가 시작되기 전 악사들이 악기의 조음을 위하여 시끄럽게 불어대는 잡음에 불과한 것이다.

따라서 역사가 참된 역사로 되기 위해서는 마치 심포니에서 많은 악사들이 지휘자의 지휘를 따라 작곡자의 이미지를 표현하듯이, 역사가 자신이 당면하고 있는 역사적 상황과 연관을 가지고 그 시대의 정신적 요구를 합리적으로 표현하며, 동시에 역사 자체로서 정신과 생명을 지니고 있는 살아 있는 역사가 되어야 한다. 다시 말하면 과거의 사실(크로체에 의하면 죽은 사실)은 현재의 생에 대한 관심과 종적인 연관을 갖고 현재적인 사실과 유기적인 관계를 가짐으로써 생명 있는 사실이 되어야 한다고 크로체는 강력 주장한다.

현재 생에 대한 관심

그러면 역사가의 정신, 사상, 정신적 욕구란 무엇인가?

이에 답하기에 앞서, 필자는 우선 크로체가 철저한 실천 사상가라는 점을 언급하지 않을 수 없다. 크로체는 별로 강단과 밀접한 관계를 갖고 있지 않은 아카데미와는 거리가 먼 학자로서, 그리고 상원의원, 문교장관을 역임한 바 있는 실제적인 시민으로서 실천을 통한 사회의 공헌, 이를테면 역사발전을 위한 공헌을 가장 가치 있는 생으로 본 생의 철학자이다.

그러므로 그의 생각으로는 역사가가 역사를 서술한다는 것도 일반 실천가들의 여러 가지 행위와 마찬가지로 역사발전을 위한 행위이며, 연구 자체가 생을 위한 역사적 행위이다. 그러기에 그는 '지식 자체를 위한 지식은 천치를 위한 어리석은 유희와 마찬가지'라고 하여 멸시하였다.

요컨대 크로체의 생애나 그 사상의 특징의 하나는 실천적 행위라는 데 있다. 그런데 실천적 행위는 필연적으로 그 목적을 전제로 한다. 이 목적을 설정하는 이미지(Image), 이것이 크로체의 이른바 사상이며, 정신적 요구다.

그런데 크로체에 따르면, 사상이란 결코 어떤 추상적 개념이 아니고, 늘 하나의 관련이며, 하나의 판단이며, 어떤 부정이 아닌 규정이다. 현재와 관련하는 긍정적인 규정은 현재에 생존하고 있는 인간들의 생의 방향 규정을 의미하는 것이며, 거시적 견지에서 볼 때, 그것은 역사의 방향규정, 이를테면 역사발전의 목표가 되는 것이며, 인간생활의 가치기준이 되는 것이다. 보다 구체적으로 말하면, 사상이란 인간의 실천적 행위의 목적이며 역사발전의 목표이다.

그런데 인간의 실천적 행위의 목적이나 역사발전의 목표란 '현재 생에 대한 관심'에 기초를 두고 있는 역사가 자신이 당면하고 있는 시대, 즉 현재의 상황에 의하여 결정되는 것으로 현재적 상황에서 해결되지 않으면 아니 될 문제, 이를테면 속박이라는 타이틀이 붙은 시대에는 자유, 전쟁이라는 특성을 지닌 시대에 평화 등의 목표를 의미하는 것이다.

따라서 역사가가 역사를 서술함에 있어서도 이러한 목표에 도달하고자 하는 의지가 작용하고 있으며, 또 작용하여만 한다. 즉 역사가는 자신이 당면하고 있는 시대의 정신, 또는 그의 시대가 해결하여야 할 문제를 해결하기 위하여 사실을 비판하고 그렇게 함으로써 생명이 있는 사실로 만들며, 생명이 있는 역사를 서술하는 것이다. 그러기에 이교도의 침입과 귀족생활의 도덕적 타락이라는 당대의 역사적 문제를 해결·극복하기 위하여 서술한 아우구스티누스(Augustinus)의 《신국론(神國論)》이나, 문약에 빠져가고 있는 로마인에게 경각심을 불러일으키기 위하여 서술한 타키투스(Tacitus)의 《게르만 역사》나, 또는 기계의 부속물로서 인간 이하의 비참한 생활을 하고 있는 프롤레타리아의 해방을 부르짖고 그들에게 희망을 불어넣어 주며, 그 희망을 성취시키기 위하여 계급투쟁의 역사를 서술하고, 프롤레타리아 독재시대를 예언한 마르크스의 업적은 크로체의 눈에 비쳐 볼 때, 어느 정도 참답고 가치가 있고 생명이 있는 역사로 생각되었다.

그와는 반대로 크로체는 랑케(Ranke)와 같은 객관적 사실, 객관적 서술을 주장하는 역사주의에 대해서는 앞에서 언급한 바, 문헌학적 역사라 하여 반대하고 있다.

이를테면 크로체는 랑케가 '사실을 여실히 서술하라'고 한데 대해서 '과거(의 사실)란 그 자체로서는 무의미하다. 그것은 사고를 통해서 지식으로 변형시켜야 한다.'고 주장하고, 다시 랑케가 '모든 사실은 그 자체로서 이해할 가치가 있다'고 논파한데 대해서는 '모든 사실은 현재적인 지식으로 만들어야 된다'고 주장하고 있다.

요컨대 크로체는 헤르더(Herder)나 헤겔에 의하여 성립된 소위 역사철학을 부정하고 역사를 철학으로부터 해방시켜야 된다고 고집하는 랑케와 역사주의자들에 대한 정반대 입장에서, 그리고 헤르더나 헤겔보다도 한층 더 나아가서, 철학과 역사를 동일시하고 있다.

역사와 철학은 하나

이와 같은 크로체의 역사사상은 근래의 실천을 중시하는 많은 학자들에 의하여 답습되고 있다. 그중에서 두드러진 사람으로는 언제나 크로체의 이름과 병행해서 그 이름이 불리어지는 콜링우드(Collingwood)가 있다.

크로체와 콜링우드는 미학과 역사에 관심에 가지고 있다는 점에서, 철학과 역사를 동일화시키며 역사주의(Historicism)에 반대하고 있다는 점에서 특히 유사한 사상을 지니고 있다.

그리고 스스로 콜링우드의 영향을 입었음을 시인하고 있는 카(Carr)와 베이커가 있다. 베이커는 '역사가가 역사상의 사실을 창조함으로써 비로소 역사상의 사실은 그를 위하여 존재한다.'고 주장하여 역사적 사실 및 역사서술의 주관성을 강조하고 있다.

그러나 이들의 주장은 크로체에게서 강조된 사상성, 또는 역사가의 행위와 역사발전에 있어서의 역할을 별로 고려한 흔적이 없다는 점을 고려해 볼 때, 크로체가 말하는 실리주의에 입각한 시적(詩的) 역사에 속하는 경향이 짙다.

이상에서 논한 크로체의 사상은 요컨대, 정신철학(Philosophy of mind)의 입장에서 모든 문제의 귀결점을 정신에서 찾고 있다. 즉, 크로체는 정신일원론을 근거로 하여 '현재사' 개념을 전개시켰고, 역사학과 철학의 동일성을 주장하였다. 그러면 크로체가 주장하는 정신이란 어떤 것이며, 역사학과 철학은 어찌해서 동일한 것일 수 있는가?

이 의문을 풀기 위해서는 먼저 크로체의 사상에 심대한 영향을 준 바 있는 지암바티스타 비코(Giambattista Vico)의 사상, 특히 그의 인식론적 입장을 개관하지 않을 수 없다. 또 그렇게 하는 것이 근대의 역사관들을 이해하는 데도 도움이 될 것이다. 왜냐하면 비코는 헤겔과 더불어 근대 역사철학에 있어 끼친 영향이 매우 크기 때문이다.

비코는 한마디로 말해서 데카르트 주의에 대해서 정면으로 반기를 든 반 데카르트 주의의 선봉이었다. 그러나 그의 사상은 영국의 로크(Locke), 버클리(Berkeley), 흄(Hume) 등의 경험론적 입장과는 다르다.

비코의 사상의 특징은 데카르트 사상의 기초 공리라 할 수 있는 'Gogito ergo Sum'에서 존재를 창조라는 말로 대치시켜 놓은 데 있다. 즉 비코는 사고와 존재를 동일시하는 데카르트의 관념론적인 실재론을 뒤엎고, 그 존재를 하나의 창조되는 과정으로, 그리고 명석한 개념의 도출을 위한 관조적 사고를 역사적 사고로 대치시켰다. 그리하여 그는 '진리는 창조되는 것과 동일하다(Verum ipsum factum)'라는 명제를 그의 인식론의 공리로 삼았다.

다시 말하면, 데카르트의 사상이 고대 이오니아의 자연철학자들의 것처럼 정적인 실재론에 기조를 두고 있음에 반해서, 비코의 사상은 사물을 창조되는 과정으로 봄으로써 세계를 하나의 변화무쌍한 생성체로 이해하려는 헤라클레이토스와 같은 입장을 취하였다.

다시 말하면, 그는 사고의 과정을 창조의 과정과 동일시함으로써 데카르트의 이원론을 극복하였다. 즉 비코에 의하면 창조되는 것은 동시에 인식되는 것이다. 따라서 세계에 존재하는 모든 창조물은 동시에 인간에 의하여 인식되어 있는 것이며, 반대로 인간이 인식할 수 없는 것은 창조되지 않은 것이며 동시에 존재하지 않는 것이다.

그러기에 그는 '신이 창조한 것은 신만이 인식할 수 있으며 인간이 인식할 수 있는 것은 오로지 인간에 의하여 창조된 것뿐이다.' '내가 나의 개념을 명석하다고 생각하는 사실은 내가 그것들이 명석한 것이라고 믿는다는 것을 증명하는 것이지, 그것들이 진실이라는 것을 증명하는 것은 아니다.'고 주장한다.

　이와 같은 비코의 사상을 크로체는 답습하여 '우주에는 원칙적으로 인간이 발견(인식한다는 말과 동의임)할 수 없는 것은 없다. 생각할 수 없는 것은 무엇이든지 존재할 수 없다. 그러므로 존재하는 것은 무엇이든지 또한 생각할 수 있다.고 주장한다.

　요컨대 크로체는 비코의 영향을 받고 인식과 창조와 존재의 3자를 연관시키고 있다. 따라서 크로체에 의하면, 존재란 창조되는 것이며, 창조란 인식행위에 의하여 이루어지는 것이다.

　그러면 인식행위의 주체는 무엇인가? 그것은 말할 것도 없이 정신이다. 거꾸로 말하면 '모든 형식은 정신에 의하여 주어지는 것이며, 정신의 활동과정이다. 그리고 형식이 없이는 실재하지 않는다.' 따라서 인간의 정신이 없이는 아무 것도 존재할 수 없다. 즉 일체의 것은 인간정신의 인식작용을 통해서 창조된 것이다. 따라서 객관적 존재, 절대적 존재, 또는 신이라고 하는 것은 실재하는 것이 아니라, 인간의 정신에 의하여 인간의 관념 속에서 창조되는 것이다.

　요컨대, '크로체의 철학에서는 인간의 생활과 무관한 실증적인 지식 이상에 위치하는 의미에 있어서 선험적인 것은 존재하지 않는다.' (따라서 앞에서 언급한 바, 과거 사실이 정신에 의하여, 즉 정신적 요구에 의하여, 창조 혹은 생명이 취입되지 않는 한, 그것은 무의미 무가치한 죽은 사실에 불과하다.)

　이상에서 논한 크로체의 이른바 정신이란 결국 데카르트와 스피노자와 같은 초기 관념론자들이 주장하는 이원론에 입각한 물질이나 육체를 전제하는 상대적 개념이나 신을 그 기원으로 삼는 초월적 존재가 아니라, 그 자체가 물질 또는 육체, 그리고 신이나 절대자까지도 창조하는 유일의 실재이며, 시공(時空)의 제약을 받는 인간의 정신을 의미한다.

그런데 이 같은 인간의 정신은, 크로체의 주장에 의하면, 판단력과 실천력으로 분류되며, 다시 판단력은 미학적 요소인 직관을 통해서 획득된 여러 종류의 직접 인지와 직접 경험을 연결시키는 힘인 추상력으로 구분된다. 직관의 대상이 되는 것은 미(美)이다. 그리고 이 미를 연구하는 학문은 미학이다. 추상의 대상은 진리이며, 그것을 연구하는 학문은 논리학이다,

정신의 다른 지류인 실천력은 경제적 활동력과 윤리적 활동력으로 분류된다. 경제적 활동의 목적은 공리에 있으며, 윤리적 활동의 목적은 선(善)에 있다. 이 중 전자를 대상으로 하는 학문은 경제학이고, 후자를 대상으로 하는 학문은 윤리학이다.

이와 같은 논거에서 생각할 때, 인간의 일체행위는 이 정신력에 의하지 않은 것은 없다. 그러므로 지구상에 인류가 생존하기 시작한 이래, 발생해 온 여러 가지 사건들은 결국 인간의 정신력에 의한 것이다. 즉 '역사과정을 형성하고 있는 사건들은 그들의 본질상 관념(idea)이며, 그들은 정신적 행위(mental activity)의 표현이다. 그리고 진정한 의미의 역사인 것은 어떤 것도 정신 이외의 것의 작용을 받는 것은 없다. 뒤집어 말하자면, '우리의 정신은 그 정신의 역사 이외의 어떠한 것도 아니다. 우리는 존재하여 온(what we have been) 것이며, 우리의 역사는 우리의 실재이다.'

따라서 역사학이란 인간의 정신력에 의한 창조과정과 그 정신력의 발전과정을 연구하는 학문이 아니면 아니 된다. 그러므로 '역사적 지

식이란 지식의 일부분이 아닌 지식 자체이다.' 그리고 '역사란 실재가 의식으로 표현되는 가장 구체적 형태이다. 그러므로 역사는 판단의 형태에 있어서, 즉 개별적인 설화의 형태가 아니라, 사실의 판단, 역사적인 판단에 있어서 철학 자체의 최상의 형식이며, 철학과 동일한 것이다.'

간단히 말하자면, 역사학이란 역사적 과정상에 나타나는 인간의 정신력의 총체를 연구의 대상으로 하는 학문으로, 그 속에는 앞에서 언급한 미학, 논리학, 경제학, 윤리학이 포괄된다. 따라서 역사학의 범위를 벗어나는 학문은 있을 수 없다.

이러한 견지에서 볼 때, 모든 학문은 인간정신의 전개과정의 일 분야의 역사, 즉 문명의 역사, 윤리의 역사, 종교의 역사, 예술의 역사가 되지 않으면 아니 된다. 간단히 말하면, 이 모든 것들은 정신력의 역사가 되지 않으면 안 된다. 따라서 실재하는 것은 단지 하나, 즉 한 개의 과학(정신과학 = 역사 = 철학)뿐이다.

반대로, 어떠한 학문도 그것을 횡단면적으로 이해하려는 한, 학문이 될 수 없다. 모든 학문은 하나의 발전되어 온 과정으로 이해될 때, 비로소 학문으로서 존립하게 되는 것이다. 어떠한 학문이라도 어떤 한사람의 천재에 의하여 단번에 완벽한 학문으로서 완성되는 것이 아니기 때문이다.

자연과학도 예외가 될 수 없다. 예를 들면, 현대 우주물리학을 이해하기 위해서는 뉴턴의 물리학에 관한 지식이 없이는 불가능한 것이다. 현대 물리학의 원천은 그것이 오늘에 와서 옳은 것이 되었든 그른 것이 되었든 간에 뉴턴 물리학에 있는 것이기 때문이다. 결국 현대의 최첨단적인 자연과학도 인간정신이 자연을 극복해 온 과정의 말단적인 결과이다.

이상에서 논한 크로체의 사상을 한 마디로 말하면, 화이트(M. White)가 갈파한 바와 마찬가지로 철저한 관념론자로서 인간의 정신을 고양시킨 정신철학의 입장을 취하고 있다 하겠다.

그리고 지금까지 논한 바를 요약하면, 유일한 실재는 정신이며 인류의 역사는 이 정신이라고 하는 실재의 표현 과정이다. 그리고 역사가에 의하여 서술되는 역사란 역사가 자신이 당면하고 있는 현재의 정신을 표현하고, 그 현재적 정신이 요구하는 바, 역사의 목표를 달성하기 위한 실천행위로서 이루어진 것이다. 그리고 정신은 현재의 생에 대한 관심으로서, 과거를 현재와 관련시켜 죽은 과거를 생명이 있는 과거, 이를테면 현재적인 과거로 만드는 역할을 한다.

따라서 이러한 역사를 대상으로 하는 학문인 역사학은 정신의 철학(Philosophy of mind)과 전혀 동일한 것이 아니면 아니 된다.

크로체의 문제점들

이러한 크로체의 역사 이론에서 필자는 몇 가지 문제를 제기하고 그에 따르는 소견을 피력해 보고자 한다.

첫째, 크로체의 정신 일원론에 대한 음미인 것이다. '일원론과 이원론에 관한 문제는 동서양을 통한 사상사에서 언제나 논란되어 온 것이다.'를 대전제로 내세우고 과정을 그 절대정신에 도달하기 위한 변증법적 과정으로 생각함으로써 소위 철학을 전개시킨 헤겔 사상에 대하여, 랑케는 인간적 현상의 개체적 인식의 방도로 역사학과 그것의 추상적 인식의 방도로서의 철학으로 구별하였다. 그리하여 랑케와 그 제자를 중심으로 하는 후자의 입장은 역사학의 체계적 연구를 단념하고, 이를테면 발생된 '상태대로의 사실'의 발굴과 그 서술을 역사학의 목적으로 삼음으로써 만족하였다. 그리고 그들은 헤겔의 합리적 역사관을 반대하고 역사를 횡단면(Querdurch Schnitte)으로 이해하고 세계사 발전의 일반적인 프로그램을 거부하려는 경향을 취하였다.

여기서 크로체는 헤겔보다 더 철저한 일원론을 취한다. 그는 역사철학이라는 자체를 거부한다. 역사가 곧 철학이고 철학이 곧 역사이기 때문에 역사철학이 별도로 존재할 수 없다는 것이다.

그리고 크로체는 정신의 중요성은 강조하되 절대정신이라든가, 역사발전의 프로그램 같은 것은 부정한다. 크로체가 주장하는 정신은 절대성을 띠고 있는 외연적 존재가 아니라, 개별적 특수시대가 지니고 있는 특수정신이다.

이런 면으로 볼 때, 크로체는 헤겔의 역사철학과 랑케 중심의 역사주의의 절충적 입장을 취함으로써 인간의 정신, 나아가서는 각 시대의 다수 인간 정산의 총체로 형성된 시대정신으로 강조하여 비코를 주축으로 하는 이탈리아의 정통적 사상을 발전시켰다 하겠다.

이와 같은 크로체의 입장에서 볼 때, 역사나 세계나 우주의 존재란 결국 인간이 존재하여 그것들을 인지하는 한에 있어서만 가능한 것이다. 그러한 존재를, 이를테면 역사나 세계나 우주란 인간이 존재함으로써만 존재하며, 인간이 존재하지 않으면 그의 피조물의 우주만물은 존재하지 않게 된다.

모든 존재란 그에 대한 지식(인식)이며 존재에 대한 지식이란 인간의 정신력에 의하여 창조된 것이기 때문이다. 그런데 '인간이 우주에 대하여 갖는 지식'이란 아인슈타인의 말처럼, '인간의 불완전한 감각에 의하여 흐려진 인상의 찌꺼기에 지나지 않는 것'이기 때문에 결국, 인간의 인식능력(감관)을 가지고는 무한의 절대정신이라든가 객관적 사실을 그대로 인식할 수 없다.

그러나 우리가 인식할 수 없다고 해서 크로체처럼 그것이 존재하지 않는다고 주장할 수 없지 않은가? 그러기보다는 오히려 칸트의 주장처럼 알 수 없다[不可知]고 하는 것이 더 정당하지 않을까? 여기서 알 수 없다는 것은 우리가 그 본질이 무엇인지를 알 수 없다는 것이지, 선험적 존재가 존재하는지 않는지를 모른다는 말이 아니다.

예컨대 로마시대에 카이사르는 그 후 각 시대의 역사가들이 어떻게 시대마다 달리 채색, 조형해서 이해하였든 간에 객관적 존재(=선험적 존재)로서의 카이사르는 역사가의 인식능력이나 정신에 관계없이 스스로가 존재하는 것이다.(우리가 이해하고 있는 카이사르는 그것이 참된 것인지 전혀 관념의 조작인지 조차도 모른다.)

이와 같이 객관적인 역사적 사실들은 현재 인간이 그것을 어떻게 인식하고 어떻게 변색시키고 있는가는 무관하게 인류가 지구상에서 생활하기 시작한 이래, 오늘에 이르는 장구한 시간의 경과와 더불어 연속적으로 발생되어 왔다. 이 무한한 사건·사실의 연속적인 발생과정, 그 자체는 우리가 자연을 눈으로 보면서도 전체로서의 자연을 설명 혹은 정의할 수 없는 것처럼, 우리가 간단히 인식하고 설명하고 어떤 것이라고 정의할 수는 없지만, 스스로 존재해 있는 과정이다.

이 과정은 무수한 증거 사료의 대해(大海)로서, 각개 역사가의 정신, 혹은 감정 또는 주장을 합리적으로 서술할 수 있는 무한한 증거사료를 제공해 주고 있다.

마치 자연이 인간의 능력이 미치는 한, 무한한 증명과 발견의 대상을 제공해 주고 있는 것처럼……. 예컨대, 헤겔처럼 역사발전을 변증법적 과정으로 이해하려는 자에게, 그것은 변증법이라고 하는 논리에 알맞은 실증적 자료를 제공해 주고, 랑케처럼 객관적 역사서술을 고집하는 자에게는 또 그렇게 해야만 할 충분한 이유를 제공해 주며, 그 이유를 실증적으로 증명해 줄 무수한 증거자료를 제시한다. 마찬가지로 마르크스주의자들이 역사를 유물변증법에 입각한 계급투쟁의 역사로 보려고 할 때, 그것은 또한 그에 충만한 자료를 공급한다.

요컨대 객관적 존재에 성격을 규정시키는 것은 인간의 정신이다. 따라서 존재와 본질은 상호 병행하는 것이다. 즉 인간의 정신력을 통해서 존재는 발굴(창조가 아니라)됨과 동시에 그 본질을 소유하게 되고 비로소 그것은 인간을 위하여 유용하고 의미 있는 존재로 되는 것이다(창조되는 것이다).

둘째, 크로체의 이른바 현재에 대한 문제이다. 소위 현재사라고 하는 것이 무엇을 의미하고 있는가? 하는 데서 이미 알고 있듯이, 크로체는 현재를 가장 중요시하고 있다. 즉 크로체의 주장을 따르면, 과거나 미래는 정신력이 미칠 수 있는 영역 이외의 것으로, 실재하는 것이 아니고, 다만 현재를 좌표로 하는, 또는 현재의 생에 대한 관심에서 출발하는 사고의 대상이 될 뿐이다.

그런데 크로체가 역사 자체를 하나의 과정으로 보고 정신력을 창조의 능력으로 보는 한, 크로체의 이른바, 현재란 오히려 미래란 개념으로 이해되지 않으면 아니 된다. 왜냐하면 정신력에 의한 창조행위는 그 목적을 전제하는 것이며, 그 목적은 현재 이루어진 것이 아니라, 앞으로 이루어지기를 바라는 것이기 때문이다.

딜타이의 말에 의하면, '현재란 영구적으로 과거를 생성시키며 미래란 현재를 낳는 것이다.' 이렇게 볼 때, 현재란 결국 과거와 미래를 연결하는 교량이다. 그러면 이 교량의 길이는 얼마나 되는가? H. W. 카의 의견을 빌면, '과거란 현재의 절대적으로 없어서는 안 될 근본적인 부분이다. 미래도 마찬가지다. 그리고 과거란 기정된 부분이고, 미래는 규정되지 않은 가능성으로, 현재의 과정 또는 변화의 개념에 있어 필연적인 부분이다.' 따라서 과거와 미래는 기정(旣定)과 미정(未定)으로 서로 밀접하게 연결되어 있으며, 현재란 기껏해야 과거와 미래를 연결하는 시간이라는 선상에 찍히어진 점 이외에 아무것도 아니다.

유클리드 기하학적 정리에 입각한 점이란, 길이도 넓이도 두께도 없고 다만 위치만을 나타내는 것이다. 그런데 이러한 점이란 실재하지 않는다. 다만 하나의 가정에 불과하다. 마찬가지로 현재란 실재하지 않는 하나의 의식에 불과하다. 헤라클레이토스가 '우리가 동일한 냇물에 두 번 발을 들여 놓을 수 없다. 왜냐하면 우리가 첫 번째로 발을 들여 놓았던 물은 이미 흘러가 버리고 새로운 물이 그 장소에 흘러왔을 터이니까'라고 주장한 것과 마찬가지로 시간도 내가 현재라고 생각하는 순간, 그 현재라고 생각한 순간은 이미 현재가 아닌 과거로 되어 버린다. 그리고 아직 동작을 하지 않는 상태는 미래에 불과하다. 결국 실재하는 것은 과거에 대한 회상과 미래에 대한 예측뿐이다.

이러한 입장에서 볼 때, 인간의 일체 행위란 결국 회상의 대상인 과거를 만들기 위하여 행하여지는 미래를 향한 행위로 이해하여야 한다. 그리고 역사가란 '과거와 현재와의 대화자'가 아니라 과거를 소재로 하여 미래를 위한 창조행위를 하는 실천자로 이해하지 않으면 아니 된다. 즉 당면한 현재의 문제 해결과 극복을 위한 크로체의 이른바 현재사 서술이란 미래에 되기를 바라는 바가 이루어진 상태, 즉 문제가 해결·극복된 상태를 위한 미래사를 서술하는 것으로 개칭되어야 한다.

요약해 말하면, 모든 참된 역사는 미래에 되기를 바라는 바를 위하여, 그 목척을 성취시키기 위한 실천을 전제로 하여 서술된 역사이어야 하며, 일체의 정신력은 이 역사발천의 목표에 도달하기 위한 실천력으로써 작용되어야 한다.

역사발전에 관한 해석

예로부터 역사관에 관한 문제는 역사의 전개 과정에 관한 문제와 동일시되어 왔다. 여기서 주요 논란의 대상이 되어 온 것은 그 역사의 전개과정이 영원한 여러 형태의 실현을 통한 순환운동인가, 아니면 진보의 기준이 되는 어떤 목표를 향하는 직선운동인가 하는 것이다. 전자의 형태는 주로 고대의 사상이나 기독교의 영향을 받지 않은 동양사상에 근원을 두고 있으며, 후자는 기독교의 종말론적인 목적론에서 유래하는 것이다.

근래에 이르러 지배적인 사상으로 된 진화론적인 진보사상은 이 기독교적인 사상이 세속화된 것이다. 이 기독교의 영향하에 성장한 역사관에는 역사발전의 목적을 어떻게 보고 있느냐 하는데 따라 여러 분파로 갈리어지는 데, 그중 현저한 것으로는 독일관념론을 근간으로 해서 완전한 자유의 실현단계를 진보의 목표로 생각하는 입장 및 이에 준한 이상주의적 입장들이 있고, 관념론을 거부하고 실증주의적 견해를 기초로 삼는 유물론적 주장이 있다.

이 가운데서 크로체가 취하고 있는 입장을 단적으로 언급한다는 것은 용이한 일이 아니다. 물론 크로체는 전장에서 이미 논한 바와 같이 철저한 관념론자로서, 객관적 존재를 무시하고 정신을 유일의 실재로 생각했으며, 실증주의자들을 논박하고 있다는 점을 염두에 두고 생각해 볼 때, 그를 독일관념론 계통의 철학자라고 생각하기 쉽다.

그러나 그는 한편으로 마르크스주의를 연구하여 그 경제이론에까지 깊이 파고들었으며, 현실적인 실천생활을 중시하고 현재를 모든 가치의 척도로 삼고 있다는 사실을 볼 때, 그를 단순한 관념론적 사상가라고 속단해 버릴 수만은 없는 면이 있다. 이런 점을 생각할 때 오히려 그는 어느 부류에 예속된 학자라기보다는 양자의 절충적 입장에서, 보다 정신적이고 보다 현재적 생을 중시하는 실천적인 역사이론가라고 보는 것이 타당할 것이다.

그러면 이러한 크로체의 역사발전에 관한 이론은 어떠한 것인가? 필자는 이 문제를 해결함에 있어서 편의상 발전 및 목적의 개념, 가치

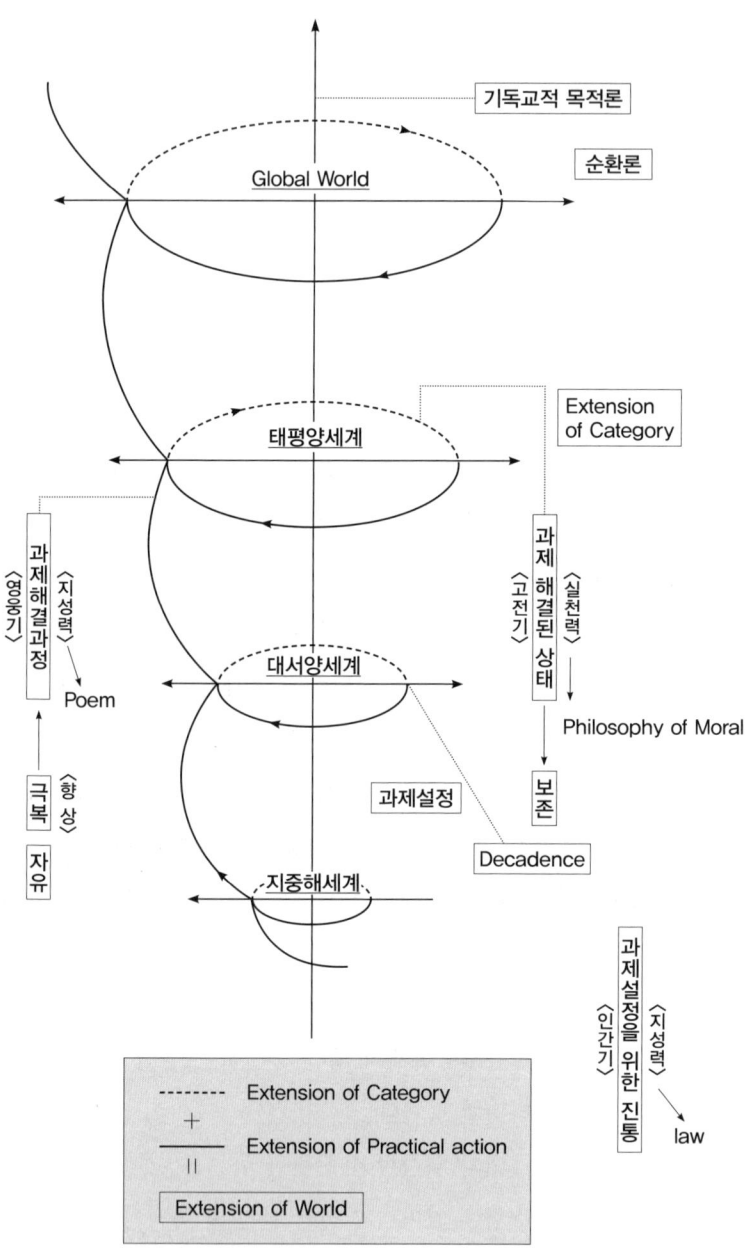

및 자유의 의식을 대별하여 논의하고자 한다.

나선형적 순환론

이미 언급한 바와 같이 크로체의 역사사상은 비코의 사상에서 영향 받은 바가 많다. 역사발전이론에 관해서도 이 점은 마찬가지다. 즉 크로체는 역사의 발전을 '부단히 동일하고, 동시에 부단히 차이 있는 원주운동(historical circles)' 또는 '변화 없는 항구성(Permanency without change)과 항구성 없는 변화(Change without permanency), 또는 동일성'의 결합으로 이해함으로써 비코의 소위 나선형적 순환론을 취하고 있다.

그러면 이 나선형적 순환론의 이론적 근거는 어디에 있는 것인가? 나선형이란 단순한 평면적인 원이 아니라, 수개의 원이 종적인 관련성을 가진 하나의 입체를 이루고 있으며, 소규모의 원주에서 대규모의 원주로 확대되어 가는 것이다.

따라서 나선형적 순환이란 고대나 또는 동양의 윤회적인 순환사상이 의미하는 것과는 다른 것이다. 즉 이 나선형적 순환은 직선에 대한 이미지와 원에 대한 이미지의 결합이다. 따라서 나선형적 순환론은 기독교에서 유래하는 직선적 시간관과 고대 사상이나 동양사상에 근거하는 순환적 시간관의 결합이라고 볼 수 있을 것이다.(p.510 도표 참조)

크로체는 역사를 '언제나 끝과 처음을 연결하는 결코 죽지 않는' 생명으로 이해함으로써, 알파에서 비롯하여 오메가를 향하여 운행되어 나가고 있다는 기독교적 역사에 의견을 일치시키고 있다. 그리하여 헤겔 콜링우드와 더불어 기독교와 역사와의 밀접한 관계를 강력히 주장하는 철학자가 되었다.

그러나 크로체는 기독교 사상이나 헤겔과 같이 역사발전의 목표를 신의 계획이 이루어지는 종말적인 최후심판에 둔다거나, 절대정신에 두고 역사발전 자체가 신의 섭리나 그 밖에 어떤 초월적 존재의 수중에 있다는 데 대해서는 극력 반대한다.

크로체의 주장을 따르면, 역사는 여하한 외래자의 간섭도 받지 않고 자존(自存)하며, 그 자체로서 발전해 나가는 것이다. 따라서 역사는 초월적이거나 또는 절대적인 최종의 목표, 이를테면 그 곳에 도달하면 모든 것이 종결되는 그러한 목표는 소유하고 있지 않다. 그 역사가 지니고 있는 목표란 외연적으로 외래자에 의하여 주어진 유일의 목표가 아니라, 역사 자체가 소유하고 있으며 그 스스로가 창조하는 내재적 목표이다.

그러므로 이 '목표는 여러 순간에 이미 도달되고, 또 동시에 결코 도달될 수 없는 것, 그러나 무한히 접근될 수 있는 것(Progressus ad infinitum)으로 생각하여야 한다. 왜냐하면 모든 도달(attainment)은 새로운 과제의 형성을 의미하기' 때문이다. 따라서 역사의 발전이란 '피에레(Ab St. Pierre)가 믿고 있던 바와 같은 물질적인 복지 상태나 또는 콩도르세가 그의 《인간정신의 진보에 관한 역사적 개관(Esquisse d'un tableau historique des progres de l'esprit humain)》에서 주장한 것과 같은 개인의 자유와 계몽'에 목표를 두고 있는 것이 아니라, 역사상에 나타난

각 시대가 각각 당면하고 있는 각 시대의 과제를 해결하는 데 두고 있는 것이다. 이와 같은 과제 설정과 그 해결이라고 하는 크로체의 변증법적 형식을 통하여 역사는 '모든 순간에 스스로 완성'되어 가고 있으며, '스스로 풍부해지며' 스스로 '자신의 깊이를 심화시켜가고' 있는 것이다. 이것이 이른바 크로체의 역사의 발전과정이다.

이와 같은 역사발전의 내재적 목표는 헤겔의 역사철학에서도 보이는 것이며, 마르크스의 계급투쟁론에서도 나타나는 것이다. 그리고 도슨(Ch. Dowson)에 의하면, 실증주의의 조부인 오귀스트 콩트도 '모든 진보는 정신적인 견해의 표현이며, 생동하는 사회단위를 창조해' 나가는 것이라는 견해를 보임으로써 역사발전의 내재적 목표들 시사하고 있다.

그러나 이들은 대체로 그 내재적 목표를 절대적인 목표에 도달하는 과정의 단계로 생각하였다. 이에 대해서 크로체의 이른바 내재적 목표란 그러한 절대적 최종적 목표에 도달하기 위한 일단계가 아니라, 그 자체가 역사의 최종적 목표로서 그 외의 절대적 목표란 존재하지 않는 것이다.

왜냐하면 크로체에게 있어서 미래란 과거와 마찬가지로 인간의 정신력이 미칠 수 있는 한계 밖의 것이므로 인간으로서는 그것을 인식할 수 없으며, 동시에 그것은 실재하지 않는 것이기 때문이다. 요컨대 크로체에게 있어서는 기독교적 신이라든가 헤겔의 절대정신이라는 것은 존재하지 않는다. 아니, 그들이 존재하는지 않는지 하는 것은 문제의 대상이 될 수 없다. 따라서 크로체에 의하면 역사적 예측이나 예언이란 있을 수 없다.

요컨대 크로체는 기독교 사상의 영향하에서 주장되어 온 종래의 서구의 직선적 시간관에서 절대적 존재를 제거하고 내재적 목표를 주장함으로써 소위 나선형적 역사발전론을 취하고 있다.

나선형적 발전의 형태

그러면 이와 같은 나선형적 역사발전은 어떠한 양태를 취하며 진행되는 것인가?

앞에서 상술한 바와 같이 크로체에게 있어서의 역사과정이란 정신이라고 하는 실재가 표현되어 온 과정이다. 그리고 이 실재의 표현이라고 하는 과정에 있어 그 역할을 담당하는 것은 인간의 정신력이다.

그런데 정신력이란 앞에서 논한 바와 같이 지성력(知性力)과 실천력(實踐力)으로 구별된다. 즉 실재인 정신을 표현하는 인간의 활동은 지성적 활동과 실천적 활동으로 구별된다. 여기서 지성적 활동, 이를테면 직관과 추상을 통한 인식행위는 범주(範疇, Categories)와 연쇄관계를 맺고 있다. 즉 카테고리가 확대되면 그 확대 정도에 따라서 인식의 대상은 많아지고 인식의 범위가 넓어진다.

그리고 인간의 인식행위는 인간의 실천행위의 동기가 된다. 인식의 대상, 인식의 범위의 확대는 인간이 실천행위를 할 수 있는 영역을 확대시킨다. 그리고 실천영역의 확대는 곧 카테고리의 확대를 의미한다.(p.510 도표 참조) 이 관계를 카의 말을 빌려 표현하면, 과학은 자연에 대한 우리의 지배력을 증가시키고 그들은 우리의 지식의 범위를 넓히고, 그로해서 우리의 활동 범위가 확대된다.

요컨대, 크로체의 역사발전이란 일반적인 진보주의자의 주장처럼 인간의 쾌락이나 복지의 증진을 의미하는 것이 아니라, 인간의 정신력에 의한 세계의 확대과정을 의미하는 것이다.

이와 같은 문제를 보다 명백히 하기 위해서는 일반 역사에 나타난 실례를 드는 것이 좋을 것이다.

콜링우드는 그의 저서 《역사학의 이상(The Idea of History)》중 사학사를 서술한 제일부에서 역사서술이 가능한 시간적 공간적 한계의 변화를 언급하고 있다. 그의 의견을 빌면 초기 그리스인이 서술한 역사의 범위는 공간적으로 개인이 사적으로 접촉하여 사람들이 기억하고 있는 사건들을 청취하여 그것을 서술할 수 있는 범위, 다시 말하면 어떤 지도자가 아크로폴리스에 올라가서 큰 소리로 호령을 치면 온 시민이 모여 그것을 듣고 직접 민주정치를 행할 수 있는 폴리스 중심의 소규모 사회에 국한된 것이었으며, 시간적으로는 일인의 생존기에 한하는 역사이었다.

이것은 다시 마케도니아의 영웅의 손에 잡힌 칼의 힘을 빌려 소위 헬레니즘 문화권에 대한 역사, 이를테면 접촉이라든가 청취라는 직접적인 인식활동을 훨씬 넘어선 '가위와 풀'에 의한 편집을 통해서만 가능한 역사가 서술될 수 있도록 그 판도가 확대된 것이다.

확대작용 이면에는 백여 년 전에 있었던 페르시아 전쟁에 대한 기록이 있었고, 소피스트-소크라테스-플라톤-아리스토텔레스에 걸친 절정에 달한 지식이 있어 작용을 하였다.

이러한 일련의 과정은 소위 고대 지중해세계를 형성시켰다. 즉 고대에 있어서 인간의 인식능력이 미칠 수 있는 범위는 지중해를 중심한 세계이었으며, 그 당시의 세계란 오늘날의 세계의 개념과 동일한 유일의 세계로 생각되었을 것이다.

　이러한 세계는 다시 로마인에 의하여 소위 유럽세계로 확대되고 이 유럽세계는 13세기의 로저 베이컨(Roger Bacon)을 그 선구로 하는 과학적 지식의 발달, 이를테면 토스카넬리(Toscanelli)의 지구구형설, 코페르니쿠스(Copernicus)의 지동설, 구텐베르크(Johannes Gutenberg)의 인쇄술 발명 및 나침반 화약 발명이라고 하는 지성적 활동을 근거로 하는 인간의 실천적 활동, 지리상의 제 발견을 통하여 세계는 다시 지중해를 포괄하는 대서양 중심의 세계로 확대되었고, 그것은 바라클로가 지구적 세계(global world)라는 특수 용어를 써서만 표현할 수 있는 금일의 세계에까지 발견되어 온 것이다.

소규모의 다수 사회에서 대규모의 소수 사회로 발전

　이와 같은 비코·크로체의 역사발전 이론은 역시 유럽인의 입장을 떠나지 못하고 있다. 오늘날의 세계 단일 문화권의 유래를 소위 나선형적 순환론에 입각해서 생각해 보면 사회, 또는 문화권이 발전되어 온 기원은 유럽문화, 이를테면 성서나 그리스 세계에서 찾지 않으면 아니 된다는 것이다. 다시 말하면, 오늘날 세계문화는 오로지 고대 지중해 문화에서 그 기원을 찾지 않으면 아니 된다고 하게 된다.

　물론 할레키(Halecki)의 의견과 마찬가지로 오늘날 세계문화 속에는 유럽적 요소가 포함되어 있고, 더 나아가서는 고대 지중해 문화적 요소가 작용하고 있다는 것은 수긍할 수 있다. 그러나 오늘의 세계 문화의 모체를 오로지 유럽적인 것에서만 찾으려는 유럽인의 근시안적 독단에는 수긍할 수 없는 데가 있지 않을까?

그보다는 오히려 원시시대에 지구상 각처에 광범하게 편재하고 있던 씨족단위의 소규모적 다수사회(문화권)가 대규모의 소수사회로 통합 변천되어 온 과정으로 이해하는 것이 정당하지 않을까? 마치 다수의 산정에서 흘러내리기 시작한 시냇물이 흘러내리는 도중, 산골짜기에서 서로 합류되어 차차 큰 냇물-강-바다로 뭉쳐가듯이, 그리고 소규모의 한 사회가 그 자체 내에 야기된 과제해결을 위한 여러 행위들, 이를테면 전쟁, 협상, 계약, 교류 등을 통하여 다른 사회와 연결, 통합을 갖게 되는 과정을 밟아 오늘의 세계에 이른 것으로 보는 것이 정당할 것이다.

역사발전의 단계를 짓고 있는 과제의 설정과 그 해결에 있어서 그 과제의 본질과 그 시대적 성격과는 어떤 관계가 있는가? 크로체에 의하면, 역사의 발전이란 '무한한 정신의 무한한 발전이며' 이것은 '영구히 모순을 낳고 영구히 그 모순을 극복해 나가는 과정'으로 나타난다.

결국 각 시대의 과제란 모순의 형태를 나타난다. 그 모순이란 기존에 대한 반조정(Anti)을 의미하는 것으로, 이것은 지성에 대한 실천(지성적 활동 기에 있어서의 실천에 대한 요구), 실천에 대한 지성(실천적 활동 기에 있어서의 지성에 대한 요구), 데카당스에 대한 생성, 낡은 것에 대한 새 것 등을 찾지 않으면 아니 된다는 것이다.

이것을 보다 일반적으로 말하면 '과제의 설정과 그 해결'이라는 일종의 정신변증법적 과정이다. 요컨대, 소위 역사적 과제란 언제나 현재의 상태에 주어진 것에 대하여 대립적인 성격을 지니고 있다는 것이다. 예컨대, 그리스의 이오니아를 중심으로 한 자연철학의 완숙은 그에 대립적인 인간중심의 소피스트 철학에로 방향을 잡게 하였으며, 이러한 인간중심 사상의 완성으로서 소크라테스-플라톤의 관념론이 탄생되자, 아리스토텔레스에게서 맹아를 보인 자연철학이 나타나게 되었다.

다른 면으로 인본주의와 분립주의라는 특징을 지니고 있던 그리스 문화는 군국주의와 통일주의라는 특징을 지닌 로마 제국으로 방향을 잡아야 했고, 로마 제국은 그의 붕괴와 더불어 무정부상태의 분권적이고 목가적인 중세의 봉건시대를 현출시켰으며, 이 봉건시대는 다시 군국주의적인 절대주의 시대를 초래하였다.

또 다른 예를 들면, 그리스인의 관심은 주로 신(神) 혹은 실재성(實在性), 이데아를 향하였으며, 이 관심은 그들의 모든 생활과 모든 문화의 특성을 형성시켰다. 그러나 로마시대에 이르러서는 이러한 이상주의는 지하로 들어가고, 현실적인 문제, 이를테면 경제문제가 인간의 주요 관심사로 되었다. 그리하여 로마인의 정복을 통한 자본축적으로 소위 고대 자본주의를 형성시켰다.

이것은 다시 중세에 들어와 소멸되고 그리스도교적인 신이 인간을 지배하게 되었다. 르네상스 이후 이 신은 다시 맘몬(Mammon)으로 대치되기 시작하여 드디어는 근대 문화의 특징인 자본주의와 과학 만능의 사상이 전 세계를 지배하게 된 것이다.

이와 같은 역사발전론에서는 결코 역사상의 명확한 시대의 경계선은 인정되지 않는다. 나선형이라고 하는 것 자체가 상단계와 하단계의 구별이 없는 것이기도 하지만, 이상에서 열거한 바를 통해서도 알 수 있듯이, 역사란 어떤 단일 요소의 발전과정이 아니라, 이루 헤아릴 수 없이 많은 이질적 복합 요소의 유기체로 형성된 것이며, 또 과제의 설정이라든가, 그 해결이라고 하는 것이 단시간에 이루어지고 종결되는 것이 아니기 때문이다.

따라서 '마치 시계의 시침이 시간의 어떤 숫자에 도달하면 종을 치기 시작하는 것과 마찬가지로, 연대의 수자가 사건을 만들어 내는 것처럼 생각한다거나, 또는 470년이라고 하는 해가, 고대역사가 무대 위에서 막을 내리고, 곧장 제2막이 다시 올라 중세의 역사가 시작되는 것이라고 생각'할 수 있는 그러한 시대구분이란 불가능한 것이다.

그리고 여기서는 슈펭글러(Oswald Spengler)의 이른바 '서구의 몰락'이 의미하는 그런 문명의 붕괴란 인정될 수 없다. 왜냐하면 할레키가 이미 논파한 것처럼 그리스 로마의 문명이 지리적으로 또는 조직형태에 있어서 변화·확대된 유럽 문화 속에 하나의 요소로서 존재해 있는 것과 마찬가지로, 서구의 문명의 여러 요소도 앞으로 도래할 세계문화(global world-culture)의 한 가지 요소로 존재할 것이기 때문이다.

다시 말하면, 한 시대가 다른 시대로 넘어옴에 있어서 앞 시대의 사회 혹은 문명이 사망하는 것이 결코 아니며, 그 앞 시대의 문명이 스스로 탈바꿈(변태)함으로써 도래하는 새로운 시대의 새로운 문명의 구성요소가 되는 것이다. 이리하여 역사는 영원히 사망치 않고 타 방향에 흘러 들어온 새 조류와 통합 확대되어 가며 영원히 발전해 나가는 것이다.

역사발전의 추진력

그러면 이와 같은 역사발전의 추진력이 되는 것은 무엇인가?

이 문제에 관해서 크로체 자신이 정의적(定義的)으로 이렇다 저렇다 논급한 바는 없다. 그러나 필자는 본 논문 전개에 있어 그것을 구명해야 할 필요성을 느끼고, 그의 정신철학에 입각한 가치론, 자유론을 고찰하고 동시에 유물론을 이에 대조시켜 봄으로써 본 문제를 구명해 보고자 하다.

칸트나 헤겔과 같은 관념론자들보다도 훨씬 인간정신의 중요성을 강조하는 크로체가 역사발전의 원동력을 인간의 정신력에서 찾는다는 것은 극히 당연한 일이다.

그러기에 그는 '역사는 정신의 역사이고, 이 정신은 가치다. 그러므로 역사는 다시 가치의 역사로 되는 것이다.'고 주장하였으며, 또 정신을 가치에 결부시키고 있다. 그런데 가치란 그 본질이 인간의 요구 또는 욕구에 있는 것이다. 이 요구나 욕구를 느끼는 처소가 정신이든 위부(胃腑)이든 관계없이 가치를 규정짓는 것은 이들이다. 그리고 그 처소가 어디이냐 하는 데서 유물론이냐 혹은 관념론이냐가 결정되는 것이다.

여기서 크로체가 어떤 입장을 취하는가는 재론의 여지가 없는 것이다. 크로체에게 있어서 역사란 그 자체가 정신의 표현 과정으로 인간의 정신적 요구에 따르는 과제의 설정과 그 해결의 연속이다.

이 정신적 요구는 각 시대가 당면하고 있는 각 시대적 상황에서 촉발되는 현재의 생에 대한 관심에서 산출되는, '어떻게 되었으면 좋겠다.' '어떻게 되지 않으면 아니 되겠다.'라는 현재의 불만에서 출발하는 각 시대인의 일반적 욕구다. 이 정신적 요구는 현재의 상황(불만)을 극복하고자 하는 요구로서 가치를 규정짓는다. 바꿔서 말하면, 크로체에게 있어서 가치를 규정짓는 것은 정신적 요구이다.

이에 대해서 소위 마르크스주의적 유물론자들은 위부에서 느끼는 욕구를 일의적(一義的)으로 강조하고, 이 욕구를 역사발전의 기본적 전제로 삼는다. 그들의 주장에 의하면 인간이 역사를 만들기 위하여서는 인간은 생활―마시고, 먹고, 입고, 주거를 갖고―하지 않으면 아니 된다. 그러므로 인간은 필연적으로 소위 생산 관계(Production relations)에 들어가야 한다. 이 생산관계 속에서 의식은 형성된다. 이 생산관계와 의식형성의 순환적 과정, 혹은 변증법적 발전은 곧 역사발전이다. 따라서 마르크스주의적 입장에서 볼 때, 역사발전의 기본적 추진력은 제1차 생산관계를 형성하는 인간의 생존을 위한 욕구, 이를테면, 위부에서 느끼는 욕구에서 찾지 않으면 아니 되며, 동시에 가치를 규정짓는 것은 육체적 욕구를 만족시킬 수 있는 효용을 지닌 물질이다.

그러면 이 양자 중 참말로 가치를 규정짓고 역사발전의 원동력이 되는 것은 무엇인가? 이 문제를 생각할 때 마르크스주의자들의 주장에서 몇 가지 고려하지 않을 수 없는 점이 있다. 즉 인간의 기본적 욕구, 이를테면 위부에서 느끼는 욕구만이 인간으로 하여금 역사를 창조하고 발전시키는 역사적 존재로 만들 수 있는가 하는 것이다.

다시 말하면 태초에 전혀 동물들과 구별할 수 없던 원시인들이 다른 동물들과는 달리 오늘의 문명인으로 될 수 있게 한 기본적 요소가 무엇이었는가 하는 것이다. 마르크스주의자들은 일반적으로 다른 동물과 인간을 구별하는 기본적인 표식으로서 인간에 의한 노동도구의 제조를 들고 있다.

그러면 여느 동물과 마찬가지로 육체적 욕구만을 느끼던 인간이 어떻게 해서 다른 동물이 하지 못하는 노동 도구를 창제할 수 있었을까? 그들은 대답할 것이다. 인간에게 주어진 경제재의 결핍화와 인간의 기본적 욕구의 증대에 기인하는 것이라고.

그러나 이것이 인간으로 하여금 창조적이고 역사적인 존재로 되게 한 절대적 조건이 될 수는 없다. 왜냐하면, 만일 인간이 동물들과 마찬가지로 육체적 욕구 또는 물질에 대한 욕구만을 느끼는 존재이었다면, 그 인류는 보통 동물들과 마찬가지로 의식주의 결핍을 느끼지 않았을 것이기 때문이다.(또 느꼈다면 다른 동물도 느꼈을 것이다.) 그 이유로는 첫째, 원시시대에는 인간이 서식(棲息)할 수 있는 자연에 비하여 인류의 수는 엄청나게 적었으며, 둘째, 그들 원시인의 소화기관은 오늘날의 인류들처럼 고급화(약화)되어 있지 않았으며, 생리적으로 잡식동물에 속해 있으므로 여하한 유기물질(유독성의 것만을 제외한)이라도 기본적인 생존수단이 될 수 있었다는 것이다.

따라서 그 당시 원시인들에게 가치 있는 것은 그들이 생활하기 위해서만 필요한 물질만이 아니라, 그들의 현재에 주어진 제반 상황에 대해서 불만과, 새롭고 신기한 것에 대해서 호기심 등의 인간만의 특성인 정신적 요구를 충족시킬 수 있는 것들이다.

이러한 정신적 욕구가 다른 동물들과 구별되는 생활의 가치를 규정하게 만들었다. 즉 가치는 물질적 욕구뿐 아니라 정신적 요구에 의해서도 규정된다는 것이다.

그러면 그 가치의 본질은 무엇이며, 어떻게 그 가치는 역사발전에 있어 작용하고 있는가? 가치의 철학자 니체의 이론에 의하면 가치의 본질은 관점(觀點, Sehenpunkt)에 있으며, 이 관점은 생성을 위한 유지향상조건(維持向上條件, Erhaltungs Steigerungsbedingungen)들의 관점이다.

가치 의식과 자유

따라서 가치란 생성을 위한 유지와 향상이라는 상대적 조건을 위한 관점이다. 여기서 유지의 조건을 인간에 있어서의 개체유지, 사회에 있어서의 현상유지를 위한 물질적인 조건으로 이해하고, 향상의 조건을 인간이 현재, 자기에게 주어진 상태보다 나은 상태에로 향상하고, 사회가 현 상황에서 탈피하여 보다 나은 상황으로 발전하기 위한 정신적 조건으로 이해한다면, 결국 생성을 위해서는 물질과 정신의 상호관계, 즉 물질을 기조로 해서 상승하려는 정신이 그 물질적 기조를 향상시키고, 그 향상된 기조를 기반으로 그 정신이 다시 상승하는 관계가 성립되어 상호작용하지 않으면 아니 된다는 이원론적 결론이 나온다.

크로체에게 있어서도 이와 유사한 견해는 보인다. 즉 크로체의 주장에 의하면, '역사의 진보는 부단한 극복과 부단한 보존'의 연속이다. 이 말을 니체의 생성이론과 대입시켜 보면, 니체의 유지는 크로체의 보존과, 다시 향상은 극복과 각각 동일시 될 수 있을 것이다. 그러나 이 두 가지 이론상에는 본질적 차이가 있다. 니체는 상술한 바와 같이 유지와 향상을 동등한 의미의 가치의 대상으로 본 이원론적 입장을 취한데 대하여, 크로체는 보존을 극복에 포괄시켜서 보존 자체를 일종의 극복으로 보는 일원론적 입장을 취하고 있다.

요컨대 크로체에게 있어서의 가치란 니체에게 있어서의 가치의 개념과 유사한 것으로 현재 주어진 상황을 극복하여 나가기 위한 조건에 대한 관점이다. 그리고 이 관점(가치)는 각 시대인의 정신적 욕구의 동기가 된다. 가치, 욕구란 본래 결핍, 불만을 근거로 해서 생겨나는 것으로, 정신적 욕구란 (크로체에 의하면) 일반적으로 낡은 것, 기성적인 어떤 것을 파기하고 새로운 어떤 것, 현재에 주어지지 않은 어떤 것을 추구하는 욕구이다.

이 욕구는 인간을 창조적 동물로 만드는 것으로 이것이 개별적 인간에게서 작용될 때, 개인 생활의 변화(발전)를 가져다주고, 이것이 사상으로 되고, 보편적인 것으로 되어 시대적인 욕구로 화하여 사회적으로 작용될 때, 그것은 사회적 변화(발전)를 일으키고, 이 변화가 시간상에서 거듭될 때 역사가 창조되는 것이다.

이와 같이 새로운 미답(未踏)의 대상을 추구하려는 인간의 정신적 욕구란 곧 (크로체의 의하면) 자유에 대한 의식이다. '자유란 당시대에 존재해 있는 것에 비하여 보다 새롭고 신기한 것에 대한 의식이며, 사상을 취입시킨 새로운 어떤 것과 그 사상이 통하고 있는 생(生)이며, 인간에 대한 새로운 개념이며, 그리고 그 인간의 눈앞에 전개되어 있는 길[道]에 대한 비전으로 이들은 그 이전에 비하여 더 확대되고, 보다 더 광명하게 될 어떤 것을 의미한다.'

요컨대 크로체에게 있어서의 자유란 일반적으로 통용되고 있는 속박이라든가, 압박과 같은 것의 단순한 반대 개념만이 아니고, 인간정신의 내재적인 욕구(향상의지), 이를테면 어떤 상대에서 다른 미답(未踏)의 상태에로 지향하는 의식이다.

바꿔서 말하면, 자유란 역사발전 도상에 설정된 현재적인 과제를 극복하고자 하는 의지이다. 이러한 자유는 근대 유럽사의 특징만은 아니고, 낡은 세대에서 새로운 세대로 이행하여 가는 과정에서는 언제나 인류와 역사 앞에 서서 빛을 발하여 길을 인도하는 등대와 같은 것이다.

이 등대의 불꽃은 수세기에 걸쳐서 로마 제국으로부터 압박과 박해를 받아온 기독교와 그들의 교회로 하여금 로마의 철쇄로부터 벗어나게 하였으며, 중세 말기에는 인간으로 하여금 신의 전제와 봉건체제를 파기하고, 르네상스 운동과 종교개혁을 일으키게 하였으며, 근대에 이르러서는 절대군주의 수중으로부터 인간의 기본권을 탈환하기 위한 혁명운동을 전개시키게 하였다.

이와 같은 자유를 향한 인간의 운동은 인류 문화사상에서도 나타나고 있다. 이 자유라는 불빛은 인간으로 하여금, 무미건조한 이성만능의 계몽주의에 대한 반조정으로서의 낭만주의를, 다시 이 낭만주의에 대한 실증주의를 배태(胚胎)시켰다.

이상의 예에서 짐작할 수 있듯이, 자유라는 것은 어떤 고정된 개념이 아니라, 각 시대 각 지역에 주어진 각 상황의 반영으로 결정되는 각 시대의 가치관에 입각하여 달라지는 변화무쌍한 것으로, 이른바 현재의 생에 대한 관심에 의해서, 그 양태나 색채나 변화되는 것이다.

이 변화되는 자유의 양태는 반대로 역사상 각 시대의 특성을 결정짓는다.

인간성의 완전한 실현을 자유의 등불로 삼았던 그리스시대의 역사는 고대 인본주의적 특성을, 현실세계를 희구한 로마의 역사는 그에 도달하기 위한 수단으로서의 군국주의적 특성을, 내세의 천국의 쾌락을 이상으로 삼았던 중세의 역사는 신 중심의 역사적 특성을 결정지었다. 그리고 르네상스 이후의 근대사는 과학만능의 자본주의가 나타나게 되었다.

이와 같이 자유의 모습이 변화되는 것은 가치의식이 각 상황에 주어진 필요성(=욕구)에 따라 규정되는 것처럼, 그 자유의 본질이 인간의 정신적 욕구에 의해서 규정되는 것이기 때문이다.

종래에 느끼던 정신적 욕구가 역사적 과제의 해결과 더불어 만족되었을 때, 종래에 새롭고 신기롭게 보이던 것은 다시 새롭지도 신기롭지도 않은 것으로 되어 버리게 되고, 이에 따라 종래의 가치는 무가치화 된다.

여기서 인간의 정신은 공허를 느끼고 다시 새롭고 신기한 미답의 어떤 상태를 열망하게 되어 또 하나의 자유라는 새로운 등불이 켜지게 된다. 이로써 역사는 다시 그 등불을 향하여 발전을 하게 되는 것이다.

자유가 자유 아닌 것으로 되고, 종래의 가치가 무가치로 된 상태는 역사상의 데카당스(Decadence)의 시대로 나타난다. 이 시대의 특징은 일반적으로 불안, 회의, 권태와 같은 인간의 소극적 의지의 발동에 근거하는 퇴폐적인 문화로 나타나는데, 이는 다른 면으로 볼 때, 완숙된 문화의 낙조(落照)적 측면이다.

그러나 크로체에 의하면, 이 데카당스는 결코 역사의 몰락이라든가 문화의 사망을 의미하는 것이 아니다. 그것은 그 자체가 하나의 새로운 생(生)의 형식이며, 새로운 생(생성, 극복)을 위한 준비과정으로 새로운 역사적 과제설정을 위한 초기과정이다. 여기서 작용하는 인간의 소극적 의지는 새로운 가치, 새로운 자유의 개념, 또는 새로운 어떤 것을 추구하는 정신력의 발동이다.

이러한 크로체의 주장을 근거로 해서 생각해 볼 때, 역사는 결코 그의 발전을 멈추지 않고 계속 그의 양상을 바꿔 가며 발전하고 있는 것이다.

결론

크로체는 데카르트의 관조적 존재론을 뒤엎고, 동적으로 역사적인 존재론을 확립시킨 비코로부터 받은 유산으로 근간을 삼고 정신일원론을 고집함으로써 역사를 철학과 동일과학으로 보는 동시에 이를 유일무이의 과학이라 주장하고 있다.

그뿐만 아니라, 그는 이러한 입장에서 일체의 객관적 존재를 거부하여 칸트의 불가지론적인 선험적 존재나 랑케의 객관적 사실 또는 헤겔의 절대정신, 그리고 마르크스주의자들의 이른바 물질을 부정한다.

그러나 한편, 그는 정신 및 역사 일원론적 입장에서 헤겔로부터는 정신의 변증법적 발전을, 랑케로부터는 각 시대사의 중요성을, 그리고 마르크스로부터는 역사발전에 있어서 작용하는 가치의식을 각각 취함으로써, 비코의 이른바 정신력에 의한 역사의 나선형적 발전이론을 일층 발전시켰다.

여기서 그는 역사발전을 유일의 실체로 인정하고, 이 역사발전을 위한 실천적 삶을 최상의 삶으로 봄으로써, 인간의 실천행위를 고취하고 있다. 그러므로 그에 의하면, 역사서술 자체도 일종의 역사발전을 위한 실천적 행위인 것이며, 또 당연히 그렇게 되어야 하는 것이다.

크로체가 고대 로마의 영광스러운 추억을 지니고 있으며, 르네상스의 선구라는 문화사적으로 자부할 만한 과거를 지니고 있는 빈곤한 약소국 이탈리아의 한 시민으로서, 정부의 각료로서 자기 앞에 놓여진 역사적 현실을 극복하지 않으면 아니 되었다고 하는 그의 역사적 상황을 고려할 때, 이와 같은 그의 사상은 극히 당연한 것이라 하겠다.

그러나 우리의 입장에서 볼 때, 크로체의 역사사상에는 이미 본론에서 지적한 바와 같이, 용인될 수 없는 점이 적지 않다. 그러나 그것은 역시 시간적, 공간적인 차이에서 필연적으로 따라오는 견해의 차이라 해야 할 것이다. 이러한 차이가 있음에도 불구하고, 그의 사상 중에는 오늘날 우리가 마땅히 진리로서 인정하고 답습하여야 할 몇 가지 요점이 있다.

그중 첫째는 정신력에 대한 강조이다. 천연자원의 혜택을 별로 받지 못하고 오로지 정신력을 통한 우리 자신의 창조 행위만으로서 우리의 살길을 개척하지 않으면 아니 되는 처지에 놓인 우리에게 그것은 큰 힘을 불어 넣어 주는 사상이기 때문이다.

둘째는 현실극복과 역사발전을 위한 인간의 실천행위, 또는 역사적 삶에 대한 강조이다. 우리에게는 크로체의 이탈리아와 마찬가지의 오랜 역사가 있다. 그러나 그다지 자랑할 만한 문화적 유산도 숭배할 만한 역사적 인물도, 별로 찾아 볼 수 없다. 그 원인이 역사의식의 결여에 있다고 볼 때, 크로체의 역사이론은 우리가 미래사를 창조함에 있어 절대적으로 필요한 영양소가 될 것이다.

마지막으로 크로체의 이른바 자유의 개념이다. 즉 크로체에게 있어서의 자유란 방종과 혼동되기 쉬운 개체적인 인간의 자유를 의미하는 것이 아니라, 오히려 개인의 행위를, 개인의 삶 자체를 규제하고 지도하는 역사적 삶의 목표를 의미하며, 각 시대가 지니고 있는 이상을 의미한다는 것이다.

이 자유의 등불은 영원히 꺼지지 않으며, 암담한 현실에서일수록 그것은 더욱 더 선명하게 빛나는 것이다, 이러한 자유의 불빛 속에서 우리는 영원히 절망하지 않고, 참된 삶·역사적 삶으로 살 수 있는 것이다. 우리는 이러한 삶을 살므로 창조적인 생활을 할 수 있고, 그로써 영원한 미래의 역사를 창조하고, 그렇게 함으로써 또 우리는 미래에 생존하게 될 무수한 후손에게 우리가 지금 원망하고 있는 그러한 조상이 아닌, 참으로 자랑스러운 조상이 될 수 있다.

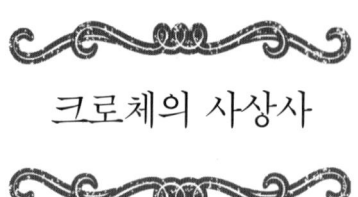

크로체의 사상사

크로체 그 인물

B. 크로체는 딜타이(W. Dilthey), R. G. 콜링우드(Collingwood)와 더불어 19세기의 실증주의적 역사학에 대항하여 가장 적극적이고 영향력 있게 공격을 가한 신이상주의자(new idealist) 중 한 사람이다. 그뿐만 아니라 최근 서양 사상계(역사사상이나 철학사상에 그치는 것이 아니라, 정치사상과 미학사상까지 포함)에서 각광받고 있는 콜링우드에게 가장 깊은 영향을 준 사상가로서, 신(新) 크로체 학파(Neo-Crocean School)라는 명칭이 나올 정도로 현대 사상계에서 관심을 불러일으키고 있는 사람이다.

크로체는 1866년 이탈리아의 중심부의 아브루치 지역에 토지를 소유한 지주계급의 가문에서 태어났다. 로마 대학을 나온 후 학문의 방랑길을 걷기 시작하였다. 초년에는 역사학과 고고학에 깊은 관심을 갖고 그 분야에 몰두 하였다가 만족을 얻지 못하고 법률학, 문학, 철학, 미학 등의 거의 모든 학문의 세계를 편력하였다.

한편 실천적인 생활에 있어서도 특출하여, 1910년에는 상원의원이 되었고, 1920~1921년 사이에는 문교 장관을 역임하기도 했다. 그러나 무엇보다도 그의 명성을 세계적으로 떨치게 하였고, 또 그의 학문생활과 실천생활을 연결시켜 준 것은 《비판(La Critica)》이라는 잡지를 출간하여 무소리니를 대적한 반파시스트 운동의 선봉이었다는 점이다.

크로체는 이와 같이 이론과 실천을 병행시킨 자유주의자로서 체험적이고 실천적 자유주의 철학, 정신 철학을 확립한 사람이다. 그의 철학적 계보를 살펴보면, 현대의 대부분 철학자들이 그렇듯이, 헤겔의 깊은 영향을 입었으며, 또 그에 대하여 신랄한 비판을 가하였다. 그럼에도 불구하고 그의 비판은 같은 비판자인 무어(Moor)나 러셀과는 달리, 헤겔 철학에 가장 근접해 있는 철학자로 남아 있는 사람이다.

그러나 헤겔에 앞서서 크로체에게 심각한 영향을 준 사람은 역시 그의 동향인인 G. 비코다. 그 밖에 철학자 안토니오 라브리올라(Antonio Labriola)로부터는 논리학에 대한 영향을, 독일의 심미학자들로부터는 미학에 대한 영향을 받았다. 그리고 한 때는 마르크스의 사상에도 깊은 관심을 갖고, 그것에 반발하여 저서 《역사적 유물론과 마르크스주의적 경제학(Historical Materialism and Marxian Economics)》을 출간하기도 하였다.

화이트의 표현대로 크로체는 학문의 변증법적 과정을 거친 사람이다. 이렇게 해서 확립한 그의 사상은 화이트가 '이상하고도 건전한 견해(the Strange-Sounding View)'라고 평가한 두 개의 대명제, '철학과 역사학은 동일하다' '진정한 역사는 현재의 역사다(True History is Contemporary History)'라는 말로서 압축되는 정신 철학이다.

이상 두 개의 명제는 문자 그대로 이해하려 할 때, 매우 난해한 것이다. 더욱이 그의 문장도 난삽하고 표현 방법도 관념적이기 때문에 그를 읽는 것은 쉬운 일이 아니라고 하는 것이 정평으로 되어 있다.

그러나 그의 역사철학은 분명히 서양사상사에 있어서 하나의 신기원을 이루고 있다. 이상에서 언급한 그의 명제가 시간이 흐를수록 타당성을 인정받아 가고 있으며, 그의 동조자의 수가 늘어 가고 있기 때문이다.

《역사의 다양성—볼테르에서 현재까지》의 편자인 프리츠 스턴(F. Stern)이 그의 고충으로 지적하고 있듯이, 크로체의 논문들 중 간단하면서도 그의 모든 사상을 진실하게 표현하고 있는 것은 찾기가 힘들다. 때문에 필자는 여러 종류의 논문집을 읽어가던 중 비교적 크로체의 역사사상을 포괄적으로 함유하고 있는 《역사와 연대기》를 찾아내었다. 알고 보니 이 논문은 각주에 밝힌 가디너(Gardiner) 이외에도 크로체를 논하는 대부분의 학자들이 선정해 온 대표적인 것이다. 필자는 이 논문을 분석·고찰함으로써 크로체의 역사사상을 가급적 전반적이고 이해하기 쉽게 해석하고자 하는 것이다.

이 논문에 수록되어 있는 내용이며 동시에 필자가 본 논문을 통하여 분석·고찰하고자 하는 것은 대개 다음과 같다.

첫째: 진정한 역사는 현재의 역사다(True History is Contemporary History)라는 명제

둘째: 역사와 살아있는 문서들(History and Living Documents)

셋째: 역사는 연대기에 선행한다(History is Prior Chronicle)라는 명제

넷째: 정신 자체가 역사다(The Spirit Itself is History)라는 명제

다섯째: 자연의 역사와 인간의 역사(Natural History and Human History)

그리고 이상의 내용 및 명제를 분석·고찰하는 데는 대개 그 의미에 대한 정확한 이해, 그것의 사상적 배경 및 연원을 밝혀 가는 형식을 취하겠다.

현재의 역사

'진정한 역사는 현재의 역사다(True History is Contemporary History)'라고 하는 명제는 크로체 역사 이론의 관건이 되고 있다. 그러므로 우리가 크로체의 역사사상을 이해하기 위해서는 이 명제를 이해하는 것이 제일차적 조건이다. 그리고 이 명제에서 골자가 되고 있는 것은 '현재의 역사(Contemporary History)'라는 용어다. 그러면 '현재의 역사'란 어떤 것인가? 크로체는 상기한 논문 서두에서 다음과 같이 '현재의 역사'에 대한 설명을 하고 있다.

> 일반적으로 '현재의 역사'라고 하면, 가장 최근의 과거라고 생각되는, 시간 경과의 역사를 일컫고 있다. 여기서는 그것이 지난 50년의 역사나 10년의 역사, 1개월의 역사, 1일의 역사 또는 바로 지난 시각, 아니 지난 순간의 역사라 해도 관계가 없다. 그러나 엄격하게 생각하고 엄격하게 말하자면, 그 '현재(Contemporaneous)'라는 용어는

그와 같은 데에는 적합지 않은 말이다. 그 말은 성취되어지고 있는 행동 이후에 직접적으로 존재해지고 있는 바로 그, 다시 말하면, 그 행동이 의식화되고 있는, 바로 그 역사에 대해서만 적용될 수 있는 용어다.

실례를 들어 설명하면, 그것은 내가 이 페이지를 구성한다고 하는 행동 중에 있는 동안 내가 나 스스로 만들어 낸 역사다. 그러므로 그 것은 그것을 구성한다는 작업에 대한 필요성과 연결되어 있는, 내가 그것을 구성하고자 하는 사상(생각)이다.

여기서 우리가 명백히 알 수 있는 것은 크로체가 말하고 있는 'Contemporary'가 일상적으로 통용되고 있는 '현재', '현대'라는 말과는 다른 의미를 지니고 있다는 것이다.

다시 말해서 크로체의 '현재'란 적어도 물리학적인 측정 단위, 내지는 기준으로서의 시간상의 현재는 아니라는 점이다. 정신 철학자인 크로체가 말하는 시간은 어디까지나 정신상의, 또는 의식상의 시간이다.

그런데 정신상의 시간은 언제나 현재만을 의미한다. 아우구스티누스(St. Augustinus)가 갈파한 바와 같이, 정신 속에서의 과거란 기억이며, 미래는 기대이기 때문이다. 이와 같이 정신 속에서의 시간이 모두 현재라고 할 때, 역사를 서술하고자 하는 생각, 역사서술 작업을 하지 않으면 아니 된다는 필요성에 대한 의식을 갖는 것은, 바로 정신과 의식의 작용에 근거한 것이므로, 언제나 현재적인 것이다. 또 이와 같은 정신과 의식에 근거해서 쓰이어진 역사는 언제나 현재의 역사인 것이다. 거꾸로 말하면 크로체의 이른바 '현재의 역사'는 정신의 역사이며 의식의 역사가 된다.

크로체가 이와 같이 모든 역사를 현재의 역사로 보고, 모든 역사를 사상사로 보게 된 데에는 그가 처한 사학사적 배경이 탈(脫) 랑케의 필요성을 느끼고 있는 상황에 있었다는 데 그 이유가 있다.

주지하는 바와 같이, 랑케는 실증주의적 역사학의 총수로서 낭만주의적 역사가들이나, 나아가서는 헤겔(Hegel)과 같은 관념론적 사상가들이 역사를 어떤 사상에 예속시켜서, 논리의 틀에다가 역사적 사실을 짜 맞추려는 시도에 대하여 반발한 대표적 역사학자다.

랑케에 의하면, 역사는 이유 없이 '알아야 하는 것'이었다. 그것은 미지의 것을 끌어내기 위해 필요한 '기지(旣知)'의 것도 아니며, 합목적적 실천을 위해서 취급되어서도 아니 되는 것이다. 그의 처녀작 《로마인과 게르만인의 역사》에서 명백히 하고 있는 바와 같이, 그의 역사 서술의 의도는 다만 '과거에 있었던 대로 표현한다.'에 있었다.

즉 랑케는 '역사를 위한 역사'라는 순수한 역사학의 입장을 확립한 사람이다. 이와 같은 랑케의 입장에서는 역사적 사실 속에 일체의 사상이 가미되는 것이 거부되어야 했고, 역사가는 오로지 물 자체로서의 역사를 취급하지 않으면 아니 된다는 것이다.

크로체는 이러한 역사학을 '외교적' 역사학이라고 꼬집어 풍자하고 있다. 즉 크로체에 의하면 랑케는 과거에 있었던 그대로라는 중립적인 슬로건을 들고, 자신은 루터파의 프로테스탄트에 속해 있으면서도, '반종교개혁의 반동시대의 역사, 교황의 역사'를 써서 가톨릭을 신봉하는 국가들로부터도 환영을 받았고, 또 그 자신은 독일인이면서도 프랑스인의 반감을 사지 않고, 프랑스 역사를 써서 종교나 국경을 초월한 역사가들의 스승이 된 것이다.

그러나 랑케의 이와 같은 입장은 그가 난세에 대처하는 그의 현명한 처신일 뿐이며, 참다운 역사가로서의 태도일 수는 없다는 것이다. 왜냐하면 랑케가 주장하는 물 자체(物自體)로서의 사실이란 실제로 존재할 수 없기 때문이다. 즉 랑케 자신도 그가 주장하는 대로, 사상으로부터 완전히 탈피하지는 못하였기 때문이다. 무엇 때문에 그 사상으로부터의 탈피가 불가능한지를 크로체는 다음과 같이 설명하고 있다.

> 이와 같이 만약 현재의 역사가 생(生)으로부터 곧바로 솟아나는 것이라면, 소위 비현재적이라고 하는(no-comtemporary) 역사도 마찬가지다. 왜냐하면, '현재 생에 대한 관심'만이 우리로 하여금 과거 사실을 조사·연구하도록 동기를 부여할 수 있다고 하는 것은 명백한 것이기 때문이다. 그러므로 현재 우리가 지니고 있는 과거 사실은 과거 관심에 대하여 답변을 하고 있는 것이 아니라 현재의 관심에 답변하고 있는 것이다.

이와 같은 크로체의 이론은 랑케의 경우라고 해서 적용되지 않는 것은 아니다. 랑케가 아무리 역사를 위한 역사를 주장했다 해도, 실제로는 그도 자기 자신의 '현재 생에 대한 관심'에서 그의 역사를 썼고, 그의 주장을 고집했던 것이다. 이 점에 대해서 료다 겐지로(柳田謙十郎)는 다음과 같이 지적하고 있다.

랑케는 헤겔의 합리주의에 반대하여 끝까지 현실의 개별적 사실을 통해서 역사를 보려고 하였다. 그러나 그럼에도 불구하고 그는 또 하나의 철학을 갖지 않을 수 없었다. 세계사는 그에게 있어서는 신(神)의 전당이었다. '그 하나하나의 사실이, 특히 각 사실들 간에 연관성이 신에게 있어서 입증된다. 역사학은 이 신의 상형문자를 판독하는 것이다' 역사 속의 신의 내재성을 '손아귀에 잡은 것처럼' 파악한 그에게 있어서는 사실을 사실 그대로 안다고 하는 것이 곧 신에 접근하는 것이었다. 여기서 종교적 즉물주의(即物主義)가 나오며, 사실에 대한 몰아적(沒我的)인 헌신으로서의 객관주의가 나온다고 그는 생각하였다. 그는 이성보다도 직관을, 개념보다도 사실을, 추상적인 것보다도 구체적인 것을 구하였다. 그럼에도 불구하고 그의 역사학에는 하나의 보편적 원리가 있으며 철학이 있다. 그 점에 있어서 그는 그가 완강하게 반대하였던 헤겔과 공통점을 지니고 있다.

랑케가 이상에서와 같은 주장을 하게 된 것도, 실은 그가 처하고 있던 역사적 상황이 계몽주의적 합리주의의 횡포에 반대하여 일반원리를 부정하고, 개별자를 추구하고자 하는 낭만주의가 유행하고 있었다는 데서 유래하는 랑케 자신의 현재 생에 대한 관심에서 나온 것이다.

더욱이 그는 젊어서 신학도(神學徒)였기 때문에 그의 역사서술에도 종교적 색안경을 통하여 보고 있는 요소가 많이 발견되고 있다는 것은 자가당착적(自家撞着的)인 면을 여실히 보여 주고 있다.

결국 진정한 역사는, 그리고 모든 역사는 현재의 역사이고, 현재의 역사란 '현재의 생에 대한 관심'에서 동기를 갖고 출발한 역사다. 따라서 현재의 역사라는 말은 단순히 시대구분에 따른 현대사(modern history)와는 구별되는 역사로서, 모든 역사—그것이 고대사든 중세사든 또는 현대사든—그것은 실제로 현재의 역사로 되는 것이다.

현재 생에 대한 관심

이제 문제로 대두되는 것은 이른바 '현재 생에 대한 관심(interest in life of the present)'이란 무엇인가? 하는 것이다. 크로체는 이 문제에 관련된 다음과 같은 설명을 하고 있다.

> 현재의 순간, 그것들은 나에게 관심이 없다. 그러므로 이 현 순간에 그러한 것들은 나에게 있어 역사가 아니다. 다만 역사적 저술을 위한 매우 단순한 사건·사실들에 불과하다.
> 그것들은 그것들을 생각하여 온 사람들, 그리고 생각하려고 하는 사람들에게만 역사였으며, 역사로 될 것이다. 그리고 그것은 나에게도 마찬가지다. 즉 내가 그것들을 생각하였거나 생각하려고 할 때, 즉 나의 정신이 필요를 느껴, 그것들에다 생명을 불어 넣으려 할 때에, 비로소 그것들은 역사로 된다.

위의 인용문에서 알 수 있듯이, 크로체의 이른바 '현재 생에 대한 관심'이란 역사가의 정신 속에서 내재적으로 솟아오르는 관심인 것이다. 즉 역사가는 스스로 어떤 사실에 대하여 연민의 정이나 공포의 느낌 등을 매개로 해서 관련을 가질 때, 비로소 그 사실은 역사적 사실로서 가치를 갖게 된다는 것이다. 그리고 이와 같이 가치가 확정된 사실만이 현재의 역사가 된다는 것이다.

여기서 우리가 주의해야 될 것이 있다. 일반적으로 크로체 역사사상의 후계자로 알려져 있는 콜링우드도 이 현재의 역사를 논급 강조하고 있는데, 그 개념상에 미묘한 차이가 있다는 것이다.(이 차이를 분명히 하는 것은 곧 크로체의 이른바 현재의 역사, 그리고 현재 생에 대한 관심의 진의를 파악하는 데 도움이 될 것이다.)

즉 크로체에게 있어서 '현재(Contemporary)'는, 이상 인용문에서 나타나고 있는 바와 같이, 역사서술자의 입장에서의 '현재'이며, 현재 생에 대한 관심도 현재에 생존해 있는 역사가, 또는 역사서의 독자의 관심을 의미하는 것이다. 그 때문에 과거에 아무리 많은 역사적 사실이 있었다 하더라도 그것이 현재인의 현재 생에 대한 관심을 촉구하는 것이 아니라면, 그것은 역사적 사실로서 가치가 없다는, 즉 죽은 역사로 된다는 입장이다.

그러나 콜링우드에게서 '현재'는 이와 좀 다르다. 크로체의 '현재'가 역사가가 당면한 현재를 의미하는 것인데 비하여 콜링우드의 '현재'는 역사상의 주체, 즉 역사적 사건을 만들어 낸 사람이 당면한 '현재'인 것이다. 이를테면 콜링우드에 의하면, 역사가는 플라톤이 어떠한 상황에서 어떠한 이유에서 그러그러한 생각을 하게 되었는가 하는 것을 이해하지 않으면 아니 된다는 것이다.

다시 말하면 역사가는 자가가 연구의 대상으로 삼고 있는 역사적 인물이 당면한 당시대의 현재적 생의 관심을 스스로 체험해야 된다는 것이다. 다음의 인용문은 이러한 콜링우드의 입장을 잘 설명해 주고 있다.

예를 들어서, 역사가가 《테오도시우스 법전(Codex Theodosianus)》을 읽고 있을 때, 그의 앞에 어떤 황제의 칙령을 가지고 있다고 하자. 그가 그 칙령의 용어를 읽기만 하고 그것들은 번역할 수 있는 것만으로 그친다면, 그는 그들의 역사적인 의미를 알았다고 할 수 없다.

그가 그것을 알기 위해서는 그는 그 황제가 취급하고자 한 상황이 자기의 것인 것처럼 생각하지 않으면 아니 된다. 그리고 그러한 상황에서 자기라면 어떻게 처리했을까 하는 것을 생각하지 않으면 아니 된다. 그리고 그는 상황에서 당면할 수 있는 양자택일의 선택을 해 보고, 왜 다른 것은 선택하지 않고 그것을 선택해야만 했는가를 생각해야 한다.

이와 같이 그는 그 황제가 그와 같은 특수한 과정에서 결정을 짓는데 밟아야 했던 경로를 밟아 보지 않으면 아니 된다. 이와 같이 그 역사가는 그 황제의 경험을 자기 마음속에서 재연시키고 있다.

이상의 인용문을 음미해 보면, 콜링우드의 '현재'가 크로체의 것과 다르다는 점을 명백히 이해할 수 있다. 다시 말하면, 콜링우드는 크로체의 '현재'의 개념을 승화시켜, 이것으로써 랑케가 추구하였던 과거에 있었던 역사적 사실의 물 자체적 진실을 추구하려한 느낌이 든다.

그러나 콜링우드 역시 크로체와 마찬가지로, 그것의 불가능성을 인정하고 크로체적인 '현재'의 개념을 한편으로 인정하고 있다. 그러나 그것은 어디까지나 소극적 입장에서다. 즉 콜링우드의 입장은, 역사가는 그가 역사를 이해하고 서술함에 있어서 어쩔 수 없이 자기 앞에 현존하고 있는 자료만을 가지고 이해하고 또 서술하게 되며, 또 그것을 이해하고 판단하는 역사가 자신의 정신이 어쩔 수 없이 현재라는 시간의 딸이기 때문에 그가 서술한 역사는 결국 현재의 역사(크로체적인)가 되지 않을 수 없다고 하는 것이다.

그러나 크로체의 경우는 보다 적극적인 의미를 지니고 있다. 크로체에 의하면, '현재 생에 대한 관심'은 현재에 주어져 있는 역사적 과제를 만들고, 그 과제를 해결하기 위한 자유의지를 산출한다. 그리고 역사가 자신은 이러한 '현재 생에 대한 관심'에 기저(基底)를 둔 자유의지를 가지고 자신의 현재에 주어진 역사적 과제를 해결하기 위하여 역사를 서술하게 된다.

따라서 역사가는 그의 자유의지에 근거한 그의 사상을 역사적 사실에 불어 넣음으로써 종래에 무(無)생명·무의미·무가치했던 사실을 유(有)생명·유의미·유가치의 현재적 사상을 표현하고 있는 역사로 만들어야 된다는 것을 암시하고 있는 적극적 태도에서 나온 역사인 것이다. 이와 같은 태도는 다음의 문구에 잘 나타나 있다.

> 의미도 지니고 있지 아니 하며, 진실성도 지니고 있지 아니한 그러한 종류의 역사는 역사로서 존재되지 않을 것이다. 어떤 회화의 창작을 비판적으로 기술하고자 하는 데, 그 기술자가 그 작품을 본 적도 없고 감상한 적도 없다면, 그는 어떻게 그 회화의 역사를 쓸 수 있단 말인가? 그리고 더욱이 어떤 사람이 그 문제의 작품들을 이해하려고 하는데, 그가 그 작품의 해설자에 의해서 주장되고 있는 예술적 경험을 갖지 못하였다면, 어떻게 그 작품들을 이해할 수 있겠는가? 어떤 철학의 작품이나 최소한 그 철학자의 단편적인 작품 부스러기조차도 없다면, 그 철학의 역사가 어떻게 있을 수 있는가? 재

생의 능력이 없이, 또는 개별적 영혼의 상태에서 실질적으로 다시 살아보지 아니하고 어떤 감정 또 관습―실례를 들면, 기독교적 겸손 또는 기사들의 기질―의 역사가 어떻게 있을 수 있는가?

크로체는 그의 '현재'를 더욱 강조하여 또 다음과 같이 말하고 있다.

다른 한편, 역사상에서 생(生)과 사고(思考)가 불가분의 연결을 이룩할 때, 역사의 확실성이라든가 실용성이라든가로 표현되어 온 의심은 일순간에 함께 사라지게 된다. 우리의 정신이 현재에 생산해 놓은 것을 어떻게 불확실하다고 할 수 있겠는가? 생의 밑바닥에서 솟아 나온 문제를 해결하는 그 지식을 어떻게 불필요하다고 할 수 있겠는가?

죽어 있는 사실과 역사

이상에서 '현재 생에 대한 관심'이라는 추상적 개념을 설명하였기 때문에 잘못 이해하면 크로체는 역사서술에 있어서 객관적 사실 (document)은 무시하고 오로지 사상·관심 등만을 중시하는 관념론자라고 오해할지도 모르겠다.

그러나 크로체는 결코 그런 종류의 사변가가 아니다. 그는 역사서술의 주체로서 역사가의 정신·사상·관심을 중요시하지만, 그에 못지 않게 객관적 자료의 중요성을 인지하고 있다. 즉 크로체는 이상의 정신·사상·관심 등을 역사서술의 내적 이유(intrinsic reasons)로 보고, 객관적 자료의 존재를 외적 이유(extrinsic reason)로 보았다.

그러면 외적 이유로서의 객관적 사료는 어떤 것인가? 이 문제에 답하기 위하여 다음 인용문을 정독할 필요를 느낀다.

> 오늘날 지식 있는 사람들에 의하여 취급되어 왔고 또 구성되어 온 설명을 따르면, 그리스의 회화사(繪畵史)는 일련의 화가의 이름들을 나열하고, 그들의 전기적(傳記的) 일화를 들추어냄으로써, 예를 들면, 트로이의 화재, 마라톤 전투, 아킬레스 등과 같은 일련의 화제(畵題)들을 나열함으로써 구성되어 있다.
>
> 그들 중의 어떤 특수한 것들은 우리에게까지 기록으로 전달되어 도달해 있다. 또는 당시에 그림을 그린 화가들과 그들과 연관된 사람 이름들이나, 일화들, 화제들, 비평가들의 비평들, 이런 것들이 다소 연대기적으로 정리되어 있는 것도 있다. 그러나 화가들의 작품들과 직접적으로 연결되지 않은, 동떨어진 화가들의 이름들은 공허한 것들이다.
>
> 그리고 그들의 일화들도 공허하며, 화제에 대한 기록, 그 그림이 인정을 받을 만하다든가, 받을 만하지 않다든가 하는 판단도, 연대기적인 정리도, 마찬가지로 공허하다. 왜냐하면 그것들이 단순히 예술적인 것일 뿐, 실질적으로 그것들이 어떻게 연관성을 가지고 발전을 했는지, 발전의 개념이 들어가 있지 않기 때문이다.
>
> 우리가 그리스의 예술을 예술사로 생각하고, 깨닫지 못하는 이유가

있다. 그것들을 구성하고 있는 여러 요소들이 불충분하기 때문이다. 만약 그러한 작품들이 언어로 표현할 수 있는 어떤 의미를 지니고 있다면, 그 의미의 근거가 되는 그 작품들의 편린이라든지, 또는 복사되어 오늘날에 이르러 온 제2차적인 작품들이라든지, 또는 다른 예술이나 시를 통해서 만들어진 유사작품이라든지 하는 것들을 통해서, 우리가 약간 알고 있는 것이 있다 하더라도, 그러나 약간의 예외를 제외하고는, 그리스 예술의 역사는 공허한 단어를 연결해 놓은 것에 불과하다.

여기서 크로체가 명백히 하고 있는 것은 객관적 사료(史料)의 무시가 아니라, 그 사료가 어떠한 의미, 얼마마한 진실성을 우리에게 제공해 주느냐 하는 것이다. 다시 말하자면, 참다운 사료란 '어떠어떠한 일이 얼마만큼 있었다.'라는 기록이 아니라, 현재에 우리가 직접 그 일들을 체험(예술품이면 감상을, 사상이면 재사고[再思考])을 할 수 있는 것이라야 참다운 사료로서 가치가 있다는 것이다.

그러므로 연대기는 참된 역사가, 또는 역사의 자료가 될 수 없다. 연대기에 기록되어 있는 미술가의 이름이나 작품의 산술적 숫자나 감상 기록으로는 그 미술의 역사를 현재의 역사가의 정신 속에 재연시킬 수도 없으며, 역사가의 관심을 불러일으킬 수가 없기 때문이다.

그러므로 폴리그노토스(Polygnotos)라는 이름의 화가가 있었다는 것이나, 그가 포에실(Poecile)의 밀티아클(Militiacle)의 초상을 그렸다고 하는 것은 진실도, 진실 아닌 것도, 아니다. 그것은 오로지 공허한 이야기에 불과하다.

설사 그러한 이야기가 증인에 의하여 진실한 것임이 입증된다 해도, 그것이 그대로 진정한 역사의 자료가 되는 것은 아니다. 이 진실성의 입증은, 다만 그 이야기가 진정한 역사가 되기에 필요한 외적 이유(an extrinsic reason)만이 만족되었을 뿐이다.

이와 같이 어떤 이야기의 진실성의 입증이나 어떤 예술 작품의 체험 가능성의 확보, 그리고 어떤 사상의 재사고(再思考) 가능성의 확보가 곧 사료의 외적 이유의 충족이라 할 수 있다.

그러나 이와 같은 외적 이유의 충족은 어디까지나 외적 조건에 불과할 뿐이다. 그런데 외적 이유를 지닌 사료는 역사가의 내적 이유와 일치될 때에만 사료로서 생명을 갖게 된다.

일반적 상식에 따르면, 역사가는 사료를 먼저 수집하고 그것을 역사가의 의도에 따라 정리 편집함으로써 역사를 서술하는 것으로 생각된다. 그러나 크로체의 이론에 따르면, 그 반대다. 역사가의 의도·관심·사상이 선행하고, 이에 따른 사료가 수집되게 되는 것이다. 즉 역사가의 내적 이유(intrinsic reason)가 먼저 형성되고, 이에 비추어 알맞은 외적 이유를 지닌 사료가 내적 이유를 중심으로 수집되게 되고, 그 내적 이유에 따른 이론에 따라 서술된다.

그러면 그 내적 이유란 무엇인가? 말할 것도 없이 그것은 역사가가 지니고 있는 관심이다. 크로체는 관심의 문제를 중심으로 '역사는 연대기에 선행한다(History is prior to Chronicle)'라는 명제를 제시하고 역사와 연대기의 차이를 설명하고 있다. 이 구별에 관한 크로체의 문장을 인용해 보자.

지금까지 역사와 연대기의 구별은 모색되어 왔지만 헛되었다. 왜냐하면 지금까지 모색되어 온 구별이 여러 사실들의 질적인 차이에 근거를 둔 것이었으며, 그 질적 차이를 구별하는 데서는 그 사실들을 대상으로 취급하고 있기 때문이다.

예를 들면, 개별적인 사실들에 대한 기록은 연대기에 속하며, 일반적인 사실들은 역사에 속한다고 하였다. 마치 일반적인 것은 또한 언제나 역사적인 것일 수 없으며, 또 역사적인 것은 언제나 공적인 것일 수 없는 것처럼, 또는 중요한 여러 사실들(기억될 수 있는 일들)의 기록은 역사에 속한 것으로, 그리고 중요치 않은 사실들은 연대기에 속한다고 생각하여 왔다.

이와 같은 그릇된 구별에서 우리는 확실히 올바른 느낌을 느낄 수 있다. 즉, 역사와 연대기의 구별은 관심을 끄는 것과 관심을 끌지 못하는 것에 대한 구별의 개념으로 대치시킬 수 있다.(일반적인 것은 관심을 끄는 것이고, 특수한 것은 관심을 끌지 못하는 것이고…)

이와 같이 크로체의 역사와 연대기에 대한 종래의 그릇된 구별 가운데에 '관심'이라는 개념을 첨가시켜 그 구별의 정당성을 찾으려 했다. 즉 크로체에 의하면, 역사와 연대기의 차이는 그 서술 대상의 질적 차이에 있는 것이 아니다. 그것이 개인적 사실에 대한 기록이냐 공적 사실에 대한 기록이냐 하는 것에 있는 것이 아니다.

그것들과는 관계없이 역사가의 내적 이유에, 또는 역사가의 정신 속에 선재(先在)해 있는 역사와 일치되어 그 역사의 살이 될 수 있는 사실이라면, 그것은 역사적 사실이 될 수 있는 것이요, 그렇지 못한 것이라면, 그것이 설사 전체적이고 공적이고 일반적인 사건이라 하더라도 연대기의 입장을 벗어날 수 없게 되는 것이다. 내적 이유에서 사실이 취해졌을 때, 그것은 내적 이유에 근거한 논리적 질서에 따라서 서술될 수 있으며, 역사의 깊은 관심에서 출발할 때, 그 역사가는 그 사건들의 핵심(that core of events)에까지 파고 들어갈 수 있다. 그렇지 않을 때, 그것은 단순히 연대적 질서(연대순)에 따라 서술될 것이며, 사건을 외형적으로, 피상적으로 훑고 말게 되는 것이다.

여기에 역사와 연대기의 근본적 차이가 있는 것이다. 즉 역사와 연대기를 구별하는 관건은 바로 내적 이유 또는 관심 여부에 있는 것이다. 이에 비하여 사료의 외적 이유란 내적 이유 또는 관심을 끌 수 있는 하나의 조건에 지나지 않는 것이다.

그러면 그 내적 이유를, 또는 관심을 규정하는 것은 무엇인가? 역사학사라는 것이 있고, 그 속에 포함되어 있는 역사서와 역사가가 모두가 연대기 또는 연대 기록자가 아니라고 한다면, 그 역사서술의 중심이 되는 내적 이유 및 관심도 또 시대와 장소에 따라 변천되는 것이며, 일정불변한 것이 아니라는 것은 이해하기 어렵지 않다.

내적 이유 즉 관심은 시대적으로 공간적으로 변화한다. 크로체가 말하는 관심은 어디까지나 '현재 생에 대한 관심'이다. 따라서 현재의 상황이 바뀜에 따라 그 관심도 바뀌게 된다. 예를 들어보자. 한 개인의 역사(생애)에 있어서 각각 특수한 의미를 지닌 또는 특수한 관심을 갖는 시기가 있다. 일반적으로 말하는 사춘기에 당면한 사람은 어떠한 관심을 갖는가? 무엇이 그에게 가장 가치 있는 것일까? 이성존재(異性存在)의 비밀을 알기 위해 몰두한다. 그에게 가장 가치 있는 것은 이 같은 관심에 근거한 일체의 것이다. 다음 부양가족을 거느리게 된 청

장년기의 관심은 무엇인가? 우선 그 자신과 부양가족의 생계의 문제다. 이 문제가 해결되었을 때, 또 다른 관심을 갖게 된다. 출세·영전·축재 등도 결국은 이 관심에 직결된다. 이같이 생활과 직접적으로 연결된 관심, 이것이 현재 생에 대한 관심이다.

이상에서 매시기마다 달라지는 관심은 결코 합리주의적 논리에 근거하는 것이 아니다. 이것은 논리 이전의 요소로서, 그 논리를 규정하는 원인이 되는 것이다. 왜냐하면 그것은 인간의 의식을 규정하는 제일차적 범주인 시간과 공간의 상황에서 생산되는 것이기 때문이다.

이것을 역사적 차원으로 끌어올릴 때, 역사의 각 시대는 그 성숙단계에 따른, 그 나름대로의 특수성을 지니고 있고, 그 특수성에 따르는 과제를 지니고 있다. 그리고 그 시대를 사는 사고자(思考者)는 그 시대의 특수성에 근거해서 성립된 생의 관심을 갖고 그 관심 앞에 비추어진 문제를, 그 관심에 입각해서 의식하고 그 문제를 해결하지 않으면 아니 된다는 절박한 느낌을 느낀다. 이 가운데에서 내적 이유, 현재 생에 대한 관심은 형성된다. 그리고 이 이유, 이 관심은 그 시대의 정신, 즉 가치와 사상을 규정하게 된다. 역사사상사에서 실례를 들어보자.

계몽적 합리주의는 종래의 유럽 세계를 지배해 온 비합리주의적인 구체제의 전통주의에서 모순, 즉 해결하지 않으면 아니 될 과제를 발견하고, 이를 해결하기 위한 인간정신의 노력에 의해서 성립된 것이다. 즉 이 시대의 사상가들에게는 그 시대의 특징인 전통주의와 권위주의가 인민을 억압하고 민중을 도탄에 빠뜨리고 있는 것으로 생각되었다. 그러므로 그 전통주의적 제 요소와 권위주의적 제 요소는 그들의 관심의 대상이 되고, 이러한 관심을 가진 그들은 그 이전 역사 가운데 그와 유사한 전통주의 권위주의에 관련된 사실을 발굴하고, 또 역사상의 전통주의·권위주의가 어떠한 결과를 초래하였는가를 탐색하려고 하였다. 여기서 그들은 그리스의 또는 로마의 공화정을 끌어내고 인간의 평등권을 주장하는 자연법사상을, 합리주의를 도출하여 이른바 계몽주의를 확립한 것이다.

이 시대의 역사가가 지닌 내적 이유, 현재 생에 대한 관심은 인간의 이성을 높이고 인간의 자유와 평등을 되찾는 데 있었다. 그러므로 이 시대에 쓰이어진 역사는 인간 이성의 확립을 목표로 하는 진보과정으로서의 역사였으며, 또 역사서술의 자주적인 비합리적인 과거, 이를테면 봉건적 사회 질서와 가톨릭교의 권위 및 그 모순성을 비판 폭로하는 것 등이었다.

그러나 이 계몽주의의 승리의 상징으로서 프랑스 혁명이 일어나고, 나폴레옹 전쟁이 전 유럽을 소요케 하자, 이로 말미암아 피해를 받게 된 독일에서는 이 계몽주의 및 합리주의를 비판하고 나선 낭만주의가 대두하게 된 것이다.

이 시대의 독일계 사상가들은 종래의 계몽주의자들, 합리주의자들이 모멸하던, 중세 및 고대에 대한 새로운 인식을 갖게 되고 역사의 중요성을 강조하는 기풍을 진작시키게 된 것이다. 즉 이 시대의 독일 사상가들의 내적 이유 및 생에 대한 관심은 어떻게 하면 프랑스 위주의 자유주의(프랑스 인민의 자유를 위하여 타민족의 자유를 짓밟는)를 극복하고 독일민족의 자유를 수호할 수 있는가 하는 것이었다. 여기서 그들은 역사적 전통의 중요성을 재인식하고, 여기서 이른바 역사주의의 맹아를 틔어 가게 한 것이다. 이에 대한 크로체의 설명을 인용해 보기로 하자.

> 생의 발전이 요구하면, 죽은 역사가 재생하고, 과거의 역사가 다시 현재의 역사로 된다. 로마인과 그리스인들은 그들의 무덤 속에 누워 있었다. 그러나 르네상스 시기가 되어 유럽인의 정신이 성숙하여 그들을 요구하게 되어 다시 깨어나게 되었다. 그렇게도 무지하고 그렇게도 야만적인 것으로 생각되었던 원시시대 문명의 제 형태는 한 때 망각되었고 오해되어 있었으나, 낭만주의 또는 복고주의로 알려진 유럽인의 정신의 새 국면이 펼쳐지니, 유럽인들에게 '공명'되게 되었다. 말하자면, 그것들은 우리의 고유한 현재적 관심에 따라서 인지되게 되었다. 이와 같이 지금은 우리에게 연대기로 보이는 역사의 많은 책자들, 지금은 아무 말도 하지 못하고 있는 많은 문헌들도 그들의 시대가 오면 생명의 새로운 섬광을 발하게 될 것이며 다시 말을 하게 될 것이다.

이상 인용문에서 우리가 다시 논의하지 않으면 아니 될 몇 가지 문제가 있다. 그 첫째의 것이 '죽은 역사(dead history)'다. 크로체는 내적 이유, 생에의 관심이 포함되어 있지 아니한 사실을 죽은 역사로 표현하고 있다.

인류가 이 지상에 태어난 이래 현재에 이르기까지 생활해 오면서 무한한 종류의, 무한한 수량의 사건을 일으켰고 무한한 문화유산을 산출하였다. 이렇게 무한한 사건들과 문화유산을 우리는 어떻게 다 역사로 서술할 수 있을 것인가?

이와 같이 역사에 수록되지 못한 사건·문화유산은 결국 과거 인류 생활의 흔적임엔 틀림없지만, 현재 우리의 기억 속에서는 찾아 낼 수 없는 것이다. 무엇 때문에 그 많은 사건 그 많은 문화유산 중에서 어떤 것은 역사로서 우리에게 기억되어 있고, 어떤 것은 탈락되어 버렸는가?

 신라 시대의 고분이 1,000여 년간이나 방치되어 있다가 최근에 이르러 발굴되게 되는 것은 그 이유가 어디에 있는가? 이 취사(取捨)를 결정하는 것은 관심, 즉 내적 이유다. 사건 및 문화유산 중 지금 우리가 기억하고 있지 못한 것들은 발굴되지 않은 상태에 있는 고분과 마찬가지로 무관심이라는 무덤 속에 묻혀 있는 인간 역사의 시체일 뿐이다. 그러나 이러한 시체라 할지라도 영원히 죽은 시체는 아니다. 이것들은 미래 어느 시기에 우리의 기억 속에서 되살아나게 될 시체다. 다만 거기에 숨을 통하게 만들 내적 이유, 정신이 무르익기만 한다면.

 그러면 정신의 무르익음이란 무엇을 의미하는가? 크로체는 이것과 관련된 명제로서 '정신 그 자체가 역사다(Spirit itself is history)'라고 말했다. 우리는 이 명제의 참의미를 이해함으로써 '정신의 무르익음' '정신의 성숙'을 이해할 수 있을 것이다.

정신 그 자체가 역사다

 정신 자체를 역사로 보고 정신을 성숙해 가는 것으로 본다는 것은 곧 역사의 발전, 역사의 성숙을 암시하는 것이다. 따라서 우리는 여기서 크로체의 역사발전 이론을 취급하지 않을 수 없게 된다. 그러면 크로체는 역사의 발전에 대해서 어떻게 생각하고 있는가? 그는《자유의 이야기로서의 역사》라는 에세이에서 다음과 같이 말하고 있다.

> 역사는 자유의 역사라고 하는 헤겔의 유명한 진술은 쿠쟁 미슐레 (Cousin Michelet)와 그 밖의 프랑스 작가들에 의하여 별로 제대로 이해됨도 없이 반복되었으며 전 유럽에 전파되었다. 그러나 헤겔과 그 제자들이 이 진술을 사용하였을 때는 다음과 같은 역사에 대한 의미를 포함시켜서 사용하였다.
> 즉 그것은 자유의 제1차적인 탄생의 역사, 자유의 성장의 역사, 자유의 성숙의 역사, 그리고 자유의 안정적인 영속화의 역사다. 그리고 이 같은 자유의 역사는 역사발전상 그 현실이 가능한 일정 지역의 역사로 표현되었다.(즉 그것을 공식화하면, 오리엔트 세계의 역사 : 고전적 세계의 역사 : 게르만적 세계의 역사 = 일인의 자유 : 소수인의 자유 : 만인의 자유로 된다.)
> 이 진술이 여기서 인용되고 있는 것은 상이한 의도와 내용을 지니고서다. 즉 과거에 존재해 있지 않았으나, 미래에는 존재하게 될 것인 자유를 창조하는 과업을 역사에 제시하기 위한 것이 아니라, 자유는 역사의 외적인 창조자이며, 그 자체가 모든 역사의 주제라는 것을 주장하기 위한 것이다. …중략… 자유의 이상은 다시 떠오를 약속도 없이 역사의 지평선 너머로 떨어져 버렸다고 이야기되고 있다.

여기서 우리가 논의하지 않으면 아니 되는 것은 크로체가 헤겔의 '자유의 역사'라는 말을 어떻게 이해하고 있는가 하는 것이다. 위의 인용문에 나타나고 있는 것으로 볼 때, 분명히 크로체는 일반 철학자들이 이해하고 있는 바와는 다른 견지에서 이해하고 있다.

즉 일반적인 철학자나 역사학자는 헤겔의 일인의 자유, 소수인의 자유, 만인의 자유의 실현으로서의 과정을 세계사 전체 과정으로서 이해하고 있다. 그러나 크로체는 세계사 발전의 전체적 여정은 인간이 생각할 대상이 아닌 것으로 규정하고 있다.

그러므로 헤겔의 이른바 자유의 궁극적인 실현 단계라고 하는 것은 크로체에게 있어서는 먼 미래의 어떤 단계가 아니라, 현재의 단계인 것이다. 논리적 도식에 맞추어서 그 궁극적 단계를 사변적으로 단정할 수 있다. 그러나 그것은 어디까지나 논리적 가정일 뿐, 그 단계의 구체적 현상을 상술할 수 있는 실재적 단계는 아니다. 이렇게 자유의 실현 단계에 대한 견해의 차이 이면에는 또 자유의 본질적 개념상의 차이가 있음을 간과해서는 아니 된다.

일반인이 이해하고 있는 자유는 '…로부터의 자유'다. 구속이나 압박을 전제로 하는 상대적 자유다. 그 때문에 이러한 자유는 헤겔 스스로가 내재적인 요소라고 규정하고 있음에도 불구하고 상대자 즉 압박자, 구속자를 외연적으로 전제하는 자유인 것이다. 그러나 크로체에게 있어서의 자유는 보다 철저한 의미의 내재적 속성을 지닌 자유다. 즉 타자(他者)에 의해서 제기된 문제(구속·압박 등과 같이)를 해결하기 위해서 발휘되는 인간정신의 저항적인 노력이 아니라, 문제를 제시하는 일 자체도, 스스로 하는 창조적 정신의 것이다. 그러므로 크로체는 '정신은 스스로 문제를 만들고, 스스로 그것을 해결하며 또 이를 통하여 스스로 풍부해지며 스스로 심화되어 간다.'고 서술하고 있다.

여기서 자유의 발전과정(일인의 자유, 소수인의 자유, 만인의 자유)에 대한 크로체의 해석은 전혀 다르게 된다. 즉 크로체에게 있어서, 일인의 자유란 말은 자유의 탄생이 되고, 소수자의 자유란 자유의 성장, 만인의 자유란 자유의 성숙 및 자유의 안정적인 영속화가 되는 것이다.

그러면 자유의 탄생이란 무엇을 의미하는가? 상술한 바와 같이 크로체는 전체로서의 역사 즉 궁극적 단계를 전제하는 역사는 논외로 하고, 현재까지 발전해 온 역사를 몇 개의 패턴으로 구분하고 그 패턴, 즉 그 기간에 해결해야 할 문제를 설정하고 그것을 해결해 온 과정으로서 역사를 보고 있다.

여기서 최초로 그 시대의 문제를 의식하는 사람은 소수자일 수도 없고 만인일 수는 더욱이 없다. 최초로 문제를 의식한 사람은 한 사람일 수밖에 없다. 그러나 그 한사람이 의식한 문제, 또는 그 한사람이 생각한 사상이 곧 시대적 문제일 수도, 시대적 사상일 수도 없다. 그 한사람이 의식한 문제, 그 한사람이 생각한 사상은 시간이 흐르고, 이에 따라 시대가 무르익어 감에 따라 소수인의 것으로, 그리고 다시 만인의 것으로 확장·성장되어 드디어는 이른바 보편적 문제의식, 보편적 사상으로 된다.

그러나 이와 같이 보편적인 것으로 된 것은, 그와 더불어 새로이 생겨난 새로운 한 사람, 또는 소수자에 의하여 의식된 새로운 문제의식, 새로운 사상에 비추어 볼 때, 낡고 모순적인 것으로 둔갑하게 된다. 이와 같이 인간의 정신은 미숙한 것이 성숙해지고, 미완성의 것이 완성되고, 젊은 것이 낡아지면, 그것을 제거하고 또 미숙의 것, 미완성의 것, 새로운 것, 젊은 것을 새로이 만들어 내고, 그것을 키워 나가고

자 하는 속성을 지니고 있다.

크로체는 이러한 정신의 내재적 속성을 자유의지로 규정한다. 즉 자유의지는 낡은 것, 완성된 것을 파기하고 새로운 것을, 미완성적인 것을 싹 틔움으로써 역사의 새로운 국면을 형성시키는 것이다. 이렇게 함으로써 역사는 매시기마다 그 나름대로의 특수한 성격을 지닌 시대의 단계를 쌓아 올리는 것이다.

따라서 인간정신이 의식할 수 있는 역사란 오로지 인간 정신에 의해서 창조, 누적되어 온 현재까지의 역사이며, 현재는 인간 정신이 성숙해 온 최종적 단계이며, 또 역사는 이와 같이 인간정신이 성숙해 온 과정인 것이다.

그리고 이 과정상의 매단계마다 그 나름대로의 특수한 사상이 있고, 이 사상에 근거해서 그 시대인은 생에 대한 관심을 갖게 되며, 역사가는 여기서 갖게 된 관심에 근거해서 역사의 시체로 버려져 있던 사료를 선발하고 거기에 그 시대의 사상을 취입함으로써, 그리고 그 시대의 논리에 맞게 서술함으로써, 생명 있는 역사로 만드는 것이다.

결론

이제 필자는 서론에서 제시한 5개의 문제 중 '자연의 역사와 인간의 역사' 즉 자연의 역사도 일종의 정신의 역사라는 명제를 해설하고, 이를 통하여 크로체의 정신철학의 요제를 요약함으로써 결론을 내어야 하는 단계에 이르렀다.

정신 그 자체가 역사라고 할 때, 이 말을 역으로 하여, 역사는 정신의 역사 또는 사상사라고 할 수 있게 된다. 실제로 크로체는 모든 역사는 사상사이며, 또한 철학과 동일한 것이라고 했다. 그렇다면 자연의 역사라는 말은 성립될 수 없든가, 아니면 그것조차도 정신의 역사에 귀속되어야 한다. 이 문제에 대해서 크로체가 어떻게 표현하고 있는지 다음의 인용문을 살펴보자.

> 자연의 역사와 인간의 역사는 독단적으로 구별되고 있는데 실제로 그 두 개의 역사는 단일의 경우로 환원될 수 있다. 소위 '인간의 역사'라고 하는 것 속에도 '자연의 역사'는 존재해 있으며, 소위 '자연의 역사'라고 하는 것도 또한 일종의 '인간의 역사'로, 다시 말하자면 정신적 역사로 된다.

어떻게 자연의 역사가 인간의, 또는 정신의 역사로 되는가? 이 문제야말로 정신 철학자로서의 크로체의 사상을 근본적이고 종합적으로 표현하는 문제다. 이 문제 속에는 '존재하는 것은 오로지 인간의 정신에 의해서 사고된 것'뿐이라고 하는 '존재=창조=사고'라는 공식이 들어 있기 때문이다. 즉 크로체의 정신철학에 의하면, '우주에는 원칙적으로 인간이 발견할 수 없는 것은 없다. 생각할 수 없는 것은 무엇이든지 존재할 수 없다. 그러므로 존재하는 것은 무엇이든지 또한 생각할 수 있다.'

이와 같이 존재와 사고를 동일시하는 크로체의 원리는 그 근원이 어디에 있는가? 여기서 우리는 크로체의 사상적 계통을 논의해야 할 필요를 느낀다. 그러나 본 논문의 목적이 거기에 있지 않으므로 이상에서 언급된 '존재=창조=사고'라는 생각의 배경만을 간단히 요약하는 것으로 끝내기로 한다.

크로체의 사상의 원천은 '진리는 창조되는 것과 동일하다(Verum ipsum factum)'는 비코의 대명제에 있다 하겠다. 그리고 비코의 이 명제는 데카르트의 '생각한다. 고로 존재한다(Gogito ergo sum)'는 명제에 대한 반발로서 제기된 것이다. 즉 비코는 사고와 존재를 동일시하는 데카르트의 관념적 실재론을 뒤엎고, 데카르트의 이르는바 '존재'를 하나의 창조되는 과정으로, 그리고 데카르트의 '명석한 개념(생래적 개념)'의 도출을 위한 관조적 사고를 역사적 사고로 대치시켰다.

이에 이어 크로체는 창조의 주체를 정신으로 보고 창조하는 행위로 보아, 존재하는 것은 창조된 것이고, 동시에 창조에 의하여 생각되어진 것이라는 공식을 이끌어 낸 것이다.

이에 따르면, 인간의 정신에 의하여 생각되어지지 않은 것, 쉽게 말해서 인간에 의해서 발견되거나 발명·고안되지 않은 것은 아무것도 존재하지 않는다. 그 밖에 존재하는 것이 있다면, 그것은 사변적 존재, 불가지적 존재에 지나지 않는다.

'자연이 존재한다'는 것은 곧 인간의 정신이 그 자연을 생각해서 그것이 존재해 있다는 것을 발견했기 때문이며, '자연이 역사를 가지고 있다'고 하는 것은 인간의 정신이 자연의 역사성을 인정하는 데서, 또는 역사성을 취입시킨 데서 비롯되는 것이다. 그러므로 다시 자연에 역사가 있다면, 그것은 결국 인간정신이 그 자연을 어떻게 생각했는가 하는 것이며, 그 자연을 정신이 어떻게 해석했는가 하는 것이며,

또 그러한 정신이 역사로 되고 만다. 엄격히 말해서 자연의 역사란 존재할 수 없으며, 있다면 그것은 자연과학사일 뿐이다.

이상에서 논의한 크로체의 역사사상의 제 명제는 바로 이와 같은 그의 정신철학, 정신일원론에서 도출된 것들이다. 그러므로 카(H. W. Carr)는 크로체를 정신 철학자로 규정했고, 그의 학문의 총체를 정신의 철학으로 명명했다.

콜링우드의 역사인식론

헤겔이나 헤르더의 역사철학을 반대하고 역사발전의 어떤 논리성이나 프로그램으로부터 역사를 해방시켜 '과거에 있었던 그대로'를 역사학의 이상으로 삼고 사실의 수집과 그 해석만이 역사가에게 주어진 최종의 임무인 것으로 생각하던 19세기의 랑케의 역사학 및 실증주의적 역사학은 크로체에 의하여 '외교적 역사'라든가 '죽은 역사'라든가 또는 '연대기'라든가 하는 용어로 호칭되는 거짓역사(僞歷史)의 한 가지 유형으로 전락하였다.

이러한 크로체의 뒤를 이어, 역사적 세계를 과학적 세계에서 독립시키고, 특히 실증주의적인 역사학의 그릇된 생각의 찌꺼기를 깨끗이 제거해 버린 사람이 콜링우드(R. G. Colingwood)이다.

콜링우드는《역사학의 이상(The Idea of History)》의 편집자가 지적하고 있듯이, 영국 사상사에서 이단자라고 할 만큼 비(非)영국적인 사상을 가진 학자이다. F. 베이컨 이래 뿌리 깊이 심어져 온 귀납법적 사고방법에 의한 경험론은 역사철학이 살아갈 수 없는 척박한 땅인데, 이러한 장애를 극복하고 그의 관념론을 수립하였다는 사실 자체가 그것을 입증해 주는 것이다.

그러나 그는 영국 사상계에서 그의 동지를 구하였다. 브래들리

(Bradley)와 부리(Bury), 그리고 오크셔트(Oakeshott) 등의 일련의 사상가들은 그의 훌륭한 동조자일 수가 있었다. 그러므로 그는 브레들리를 가리켜 크로체보다 20년 앞서서 보편적 판단(universal judgement)과 개별적 판단(individual judgement)의 동일성을 언급하고 역사적 인식의 정의(the definition of historical knowledge)를 확립한 사람이라고 찬양하고 있으며, 오크셔트의 작품을 영국의 역사사상이 정상에 올랐음을 보여 주는 증표이며, 약 반세기에 걸쳐서 영국 사상계가 노력하여 온 실증주의로 부터의 탈피를 완성시킨 것이라고 찬사를 보내고 있다.

그러나 콜링우드가 이와 같이 영국적 사상의 전통을 깨뜨리고 신이상주의자(neo-idealist)로 될 수 있기 위해서는 아무래도 대륙 관념론의 영향을 받지 않을 수 없었다. 그는 딜타이(W. Dilthey)의 영향을 받았다. 그리고 크로체를 직접 연구하고 그의 작품을 번역함으로써, 그로부터 미학과 역사학에 관한 것을 배웠다.

그리하여 그는 크로체와 비슷하게 역사를 사상사로서 이해하려 하였으며, 역사의 개념과 정신적 생활 또는 정신적 과정의 개념을 일치시키려고 하였고, 또 '모든 역사는 현재사'라는 크로체와 동일한 명제를 제시하고 있다. 그리고 딜타이로부터는 그의 '역사적 상상(想像, Historical Imagination)'과 유사한 개념인 '재연(re-enactment)'이라는 말의 중요성을 강조함으로써 사료 취급, 역사연구에 있어서의 상상력 내지는 추리력의 중요성을 강조하고 있으며, 이로써 역사학과 자연과학과의 구별점을 찾는 지표로 삼고 있다.

이상과 같은 입장에서 콜링우드는 종래의 '가위와 풀'로 쓰이어지던 실증주의적 역사서술을 반대하고 정신 속에 재연(再演)시킴으로써 생기는 사실의 명백한 인식의 기록으로서의 역사서술을 제창하였다. 이러한 그의 모든 주장을 가능케 하는 기본적 생각은 역사적 세계와 자연적 세계의 구별에 두고 있다.

그러나 콜링우드는 단순히 크로체의 답습자나 추종자만은 아니다. 예컨대 그의 유저(遺著)《역사학의 이상(The Idea of History)》에 포함되어 있는 많은 개념들이 크로체의 것과 유사하기는 하지만, 그 개념들은 콜링우드 자신의 독자적인 역사 연구의 결실들이 대부분이고, 또 그 개념들은 보다 상세하게 설명되어 있으며 보다 주의 깊게 논증되어 있다.

그러므로 본 논문은 먼저 콜링우드의 반실증주의적 입장을 이해함으로써 ① 역사학과 자연과학의 차이 ② 사상사(thought of history)의 개념 ③ 역사적 인식 방법으로서의 재연(再演)에 관한 문제 ④ 현재사(contemporary history)의 의미를 중점으로 잡아 콜링우드의 역사사상을 살펴보고, 마지막으로 그의 사상에 관한 비판자들의 의견을 간략하게 소개하는 것으로 본문의 결론을 대신하겠다.

반실증주의

콜링우드의 역사사상은 실증주의적 역사이론에 대한 공격에서 비롯된다고 할 수 있다. 원래 유럽의 사상계는 데카르트와 베이컨이 출현한 이래, 현대에 이르는 동안 과학만능 사상에 의하여 지배되어 가는 경향이 짙었다.

때문에 이 기간 내에 존재하였던 대부분의 사상가들은 정도의 차이는 있으나, 일체의 사물을 인식하는 데 과학적 방법을 적용하는 것이 최선의 것이라고 생각하는 경향이었다. 그중에서도 특히 이 과학을 철저하게 신봉하는 자들이 실증주의자들이었다.

이들 실증주의자들은 인간까지도 우주의 한 구성 요소로 보고, 인간의 사회, 인간의 오성을 연구하는 데 있어서도, 구리(copper)·수소(hydrogen)를 취급하는 것과 같은 방법의 기술을 적용하였다. 그리고 제반 인간사의 변천을 하나의 현상으로 보고, 그에 대해서 생물학적인 또는 유기적인 해석을 내렸다. 즉, 실증주의에서는 콜링우드가 갈파하고 있는 것처럼, 마치 중세의 신학이 철학을 그의 시녀로 삼았던 것과 마찬가지로 자연과학이 철학을 시녀로 삼고 있는 실정이었다.

이러한 실정하에서 역사학이 자연과학에 의하여 점유되었으며, 또 크로체의 말처럼 '역사, 참된 역사는 자연과학적 방법에 의하여 가능하게 된다.'는 편견을 실증주의자들이 가지고 있었다는 것은 결코 놀라운 일이 아니다.

그러면 자연과학적 방법에 의한 실증주의적 역사학은 어떠한 것인가? 대체로 자연과학적 방법에 의한 연구라면, 두 가지 종류의 조사연구가 있을 수 있다. 그 하나는 그 방법을 통해서 자연 현상의 어떤 체계를 이해하는 일반적인 법칙(예를 들면 유전학의 법칙)에 대한 조사연구이고, 또 하나는 과거에 이미 있었던 것이 현재에 어떤 사실을 발생시키는가 하는 것에 관한 정확한 조사연구(예를 들면 족보에 관한 조사 연구)이다.

이 중에 후자는 과학 중에서도 역사적 조사연구라 할 수 있지만, 그러나 그것도 이론적인 과학이나 일반화시키는 과학이 없이는 존립이 불가능한 것이다. 즉, 이상과 같은 과학적 방법은 과학을 전제로 할 때에 그 적용이 가능해진다. 그렇기 때문에 이와 같은 자연과학적 방법론에 입각하는 학자는 역사학을 대할 때 우선 '그것은 어떠한 일반 과학적 법칙 위에 근거를 두고 있는 것이냐?'하는 질문을 하고, 그에 대한 해답이 얻어질 때에야 비로소 역사학자들은 역사적 사건과 그 사건의 발생 원인에 대한 과학적 지식을 소유할 수 있다는 것을 수긍할 것이다.

이와 같이 과학적 방법론을 신봉하는 자들, 즉 실증주의자들은 역사학을 자연과학의 바탕 위에서만 성립될 수 있는 것, 또는 자연과학의 일 지파(支派)로 보고 역사현상을 인과율적 귀납법에 의하여 인식하고자 하였다.

이러한 입장에서는 연구자 자신이, 마치 화학자나 물리학자나 마찬가지로 그가 연구하는 현상 속에서가 아니라, 그로부터 동떨어진 상태에서 또는 단순한 관찰자의 입장에서 객관적인 관찰밖에는 할 수가 없다. 여기서 과거의 사건들은 현재의 사상가 자신과는 아무런 관련성을 지니지 않은 객관적 사물에 불과하게 된다. 마치 화학자나 물리학자가 취급하는 화학 약품이나 또는 돌이나 기계와 마찬가지로 역사적 사건들은 아무런 의미(meaning)도 포함되어 있지 않은 존재(being)일 뿐이다. 역사상에 전개되는 인간의 행위는 아무런 사상을 지닌 또는 의도에 입각한 행위가 아니라, 단순히 환경의 자극에 대한 반응에 불과한 것이다.

때문에 그들에게서 지배적이던 역사철학의 기본이 되는 것은 역사적 사건이 도덕이나 정치학의 자료로서 연구되는 것이 아니라, 단순한 역사현상으로서 연구되는 것이라는 것을 인식하는 것이다.

이상과 같은 실증주의적 역사학의 역사해석을 콜링우드는 '죽은 과거'에 놓여 있는 연속적 사건들에 대한 연구로서 역사학에 대한 그릇된 개념(misconception)이라고 평하면서, 역사학을 자연과학자들이 자연적 사건을 이해하려는 것과 같은 방법으로 이해하려는 자들의 오류를 지적하고 있다. 그리고 실증주의적 역사학이 이와 같이 과학과 역사학을 동일시하려는 데 대하여 콜링우드는 다음과 같이 묻고 있다.

> 만일 역사가 일종의 과학이라고 한다면, 무엇 때문에 역사는 예술과 운명을 같이하여 소멸되어 버려야 했고, 다른 제반 과학들과 운명을 함께 하여 계속 성장을 하지 못하였단 말인가? 그리고 플라톤은 왜 헤로도토스가 전혀 생존한 적도 없었던 것처럼 기록하고 있단 말인가?

이와 같이 콜링우드가 실증주의적 역사에 대하여 비판적 입장을 취하는 이유는, 근본적으로 역사학이 자연과학과 같지 않다는 데 있다.

그러면 콜링우드가 역사학을 자연과학과 구별하는 논거는 어디에 있는가? 그는 이 질문에 대하여 다음과 같이 답변한다.

> 자연적 과정은 사건의 과정이고, 역사적 과정은 사고의 과정이다.

그런데 인간은 역사적 과정의 유일한 주체자로서 생각되고 있는데, 그 이유는 인간만이 생각할 수 있는 동물이며, 그의 생각을 그의 행동으로 표현할 수 있는 동물이라는 것이다.

이상의 인용문에서 볼 수 있는 바와 같이, 사고를 하고 그 사고를 행동으로 옮김으로 이루어지는 인간세계의 변화인 역사적 과정과 단순한 사건의 변천과정인 자연적 과정과는 동일할 수가 없다는 것이며, 이와 같이 상이한 과정을 대상으로 가지고 있는 역사학과 자연과학은 구별되지 않을 수 없다는 것이다.

물론 이 두 개의 과정이 다같이 변화·생성(becoming)되는 과정이라는 점은 헤라클리토스와 플라톤 시대 이래로 상식으로 된 것이지만, 그러나 그 변화 생성이 곧 만물의 역사성(historicity)을 의미하는 것은 아니다. 왜냐하면 변화와 역사는 전혀 동일한 것은 아니기 때문이다.

또 콜링우드는, 역사는 자연현상과 같이 표면적인 관찰을 통해서 인식할 수 없는 대상임을 다음과 같이 칸트의 역사인식 방법을 비판함으로써 논증하고 있다.

만일 역사가 하나의 경관(spectator)이라면, 그것은 하나의 현상(phenomenon)이다. 만일 그것이 하나의 현상이라면, 그것은 자연이 되고 만다. 왜냐하면, 칸트에 의하면 자연은 일종의 인식론적인 용어로서, 하나의 광경(spectacle)으로써 보이는 사물을 의미하는 것이기 때문이다. 그의 이 같은 주장은 그릇된 것이다. 왜냐하면 역사는 광경이 아니기 때문이다. 역사의 사건들은 역사가의 눈앞에 지나가고 있는 것이 아니다. 그러나 사건들은 그 역사가가 그들에 관해서 생각하기 시작하기 전에 이미 발생되어 있던 것들이다. 즉, 자연 현상은 일률적인 변화—법칙에 어그러짐이 없이 일정한 원인에 따라 반드시 일정한 결과만을 가져오는 변화 과정을 관찰자의 목전(目前)에서 진행시켜 나가고 있으나, 역사적 과정은 그렇지 않다.

이러한 점에서 역사학과 자연과학의 인식 방법이 같을 수 없다는 것이다. 즉, 자연과학에서는 자연현상을 관찰자가 그 속에 개입됨이 없이 객관적인 입장에서 관찰하고, 거기에서 일정한 규칙과 인과성을 발견해 내는 데서 그치지만, 역사학에 있어서는 역사가는 사건의 외면(外面)을 발견하는 데서 비롯하여 그 사건의 내면, 즉 사건을 일으킨 인간의 사고를 파악하지 않으면 아니 된다는 것이다.

요컨대, 콜링우드에 있어서 역사는 인간의 행동에 의하여 발생되는 연속으로 구성되는 것이며, 그 인간의 행동은 인간이 지니고 있는 정신(human mind)에 의하여 일어나는 것이다. 그 때문에 그 행동에 의해서 이루어진 사건은 자연현상처럼 일률적인 법칙성·인과성에 의하여 발생하는 것이 아니라, 인간이 지니고 있는 정신력에 근원을 둔 목적·의도·사상에 따르는 행동이며, 또 그에 의한 사건이다.

다시 말하자면 자연현상에 있어서는 일정한 조건을 부여하면 틀림없이 어떤 현상이 도출될 수 있지만, 인간의 행동은 비록 일정한 조건을 부여하더라도 그 인간이 지니고 있는 사상·의도·목적에 따라 그 조건에 해당하는 반응이 나타날 수도 있고, 나타나지 않을 수도 있고, 또 정반대의 현상이 나타날 수도 있다는 것이다.즉, 자연세계의 변천 과정은 목적·의도·사상에 의하여 이루어진 과정이 아니라, 무의지적인과 법칙의 연속으로 이루어지는 과정인데 비하여, 인간세계, 역사세계에서의 변천과정은 인간 정신력의 발현인 목적·의도·사상에 의한 과정 즉, 유의지(有意志)적 변천 과정이라는 것이다.

여기서 콜링우드는 정신과학(Geisteswissenschaften)의 대상으로서의 역사적 세계와 자연과학(Naturwissenschaften)의 대상으로서의 비역사적 세계를 구별한다.

콜링우드에 의하면, 자연적 세계에는 역사가 있을 수 없다. 역사란 오로지 인간 세계에만 존재하는 인간의 전유물이다. 예를 들어서, 지층이나 지질은 시간의 경과에 따라 변화하고 새로운 양상으로 새로운 층이 생성되어 가지만, 그것은 창조는 아니다. 그 때문에 그러한 변화과정을 연구하는 것이 어디까지나 지질학에 그치는 것이지 지구의 역사학은 될 수 없다. 즉, 역사가 있을 수 있는 세계는 오로지 인간 정신에 의하여 창조된 세계 뿐이다.

콜링우드의 역사적 세계와 자연적 세계에 대한 구별은 상식적으로 생각하는 인간계와 자연계와의 구별보다는 훨씬 더 철저하다. 그는 비록 인간에 관한 사건이라 하더라도 모두가 역사적인 것은 아니라는 점을 강조하고 있다.

예컨대 어떤 인물의 전기라 할지라도 그것이 이른바 전기적인 사건(biographical events) 즉, 어떤 인간이라는 유기체(有機體)의 삶과 죽음의 기록에 그치는 한, 그것은 역사가 될 수 없다. 비록 그것이 사람들에게 정서(emotions)를 제공하고 또 그들에게 진정한 양식을 제공한다 하더라도 그것은 역사는 아니다. 좋게 말해서 그것은 시(詩)에 불과할 것이며, 나쁘게 말하면 그것은 주제넘은 자기선전에 불과한 것이다.

또 인간의 행위라 하더라도 그것이 만일 동물적인 본능이나 단순한 충동 또는 욕구(appetites)에 따라서 이루어진 행위일 때, 그것은 또한 역사적인 것이 되지 못한다. 그러한 행위는 비역사적(non-historical)인 행위이다. 그러한 행위란 인간의 정신력에 근거하는 어떤 것을 창조하는 의도·목적·사상에서 이루어진 것이 아니라, '배고프다, 졸립다, 성욕을 느낀다' 등 인간의 자연성에 근거하는 행위에 불과하기 때문에, 그것은 자연적 세계에 속하는 것이다.

그러므로 세계 인구의 대다수를 차지하고 있는 대중·범부(凡夫)는 콜링우드가 의미하는 인간세계에 속하지 못한다. 차라리 그들은 자연세계에 속하게 되는 것이다. 왜냐하면, 이들은 역사발전에 있어서 아무런 영향을 끼치지 못하는 사람들이기 때문이다.

로마시대의 어느 농부의 생활과 율리우스 카이사르의 생애를 예로서 비교해 보자. 로마시대에는 확실히 어떤 농부가 살아 있었을 것이다. 그러나 비록 그가 그 당시에 살고 있었다 하더라도 후세에 아무도 그의 이름과 그의 근면한 생활을 기억해 주는 사람도 또 그에 대해서 연구하려는 역사가도 없다. 그렇게 할 필요도 느끼고 있지 않는 것이다.

즉, 로마역사에 있어서 분명히 존재해 있었을 그 농부는 로마역사에서 탈락되고 만 것이다. 이에 비해서 카이사르는 그가 정말로 그 개인으로서 그 시대에 살고 있었던 실재 인물인지 또는 가공적인 인물인지는 지금 아무도 직접 확인해 볼 수 있는 사람은 없다. 그러나 지금 우리가 로마역사를 이해하는 데 있어서 만약 카이사르라는 인물이 없어진다면 전혀 다른 로마사가 되고 만다. 비록 카이사르라는 이름으로 불리는 자가 그 당시에 존재해서 실제로 갈리아 전투를 했고, 삼두정치에 관여하였는지 않았는지는 몰라도, 최소한 전성기의 로마제국이 있기 위해서는 그러한 일을 한 인물이 있지 않으면 아니 된다.

여기서 카이사르는 카이사르라는 개인의 이름에 그치는 것이 아니라, 로마 제국의 기초 확립자의 대명사인 것이다. 이런 의미에서 볼 때, 카이사르는 곧 그 시대의 표현이 되는 것이다. 즉 카이사르를 영웅으로서 취급한 당시는, 로마의 역사가나 기록자가 살고 있던 그 시대가 카이사르와 같은 영웅이 나타나서 위대한 정치·군사적 업적을 이룩하지 않고는 그 시대가 성립될 수 없었다고 하는 그 시대적 상황을 표현하고자 하는 의도·목적을 갖지 않을 수 없는 시대였다는 것이다.

즉, '대전성기의 로마가 존재한다.'라는 정의에는 반드시 그 '전성'을 의미하는 넓은 영토와 집권화 된 권력, 그리고 화려하고 광범한 문화라고 하는 조건이 따르지 않을 수 없고, 이러한 조건이 성립하기 위해서는 그것을 성립시킨 인물의 등장이 필연적 조건이다. 이 필연적 조건의 충족으로서 카이사르라고 하는 명칭을 가진 인물이 나타난 것이다.

이와 같이 당시 역사적 상황에 있어서의 카이사르라는 인물에 대한 필연성은 그 카이사르의 역사적 존재 가치인 것이며, 카이사르라는 인물의 역사적 의미인 것이다.

요컨대 콜링우드가 주장하는 이른바 역사성(historicity)이라는 것은, 카이사르나 그 밖에 역사상에서 뚜렷한 의미를 지니고 있는 특출한 인물들처럼, 그들이 역사상에 존재했고, 그들의 의도·목적·사상에 따라서 역사가 그만큼 변천·창조될 수 있었다고 할 만한 것, 다시 말하면 역사발전에 기여하는 바가 있는 창조적인 변천을 의미하는 것 같다. 그리고 역사적 세계란 이와 같은 창조가 가능한 세계, 인간의 의도·목적·사상에 따른 창조에 의하여 변천되어 가는 과정을 의미하는 것 같다. 그렇기 때문에 역사가가 찾고 있는 것은 역사의 창조를 가능케 한 이와 같은 사상의 과정이며, 또 모든 역사는 사상의 역사이다.

사상사(History of Thought)의 의미

그러면 콜링우드가 말하는 '사상'이란 무엇을 의미하는가?

콜링우드의 이 '사상'이란 용어의 의미를 이해하기 위해서는, 크로체의 '사상'이라는 말의 의미를 잠깐 언급하지 않을 수 없다. 결론부터 말해서, 크로체가 말하는 사상과 콜링우드가 말하는 사상은 얼핏 보기에 그 의미가 유사한 것 같다. 더구나 크로체가 콜링우드에게 끼친 영향을 고려할 때, 거의 동일한 것이 아니냐고 생각하기 쉽다. 그러나 이 둘 사이에는 미묘한 차이가 있다.

역사의 본질을 인간의 정신에서 찾고자 하는 태도는 두 사람이 동일하다. 그러나 그 정신력이 작용하는 주객(主客)에 대한 강조점에 있어서 약간의 차이가 있다. 크로체는 역사가 자신의 정신력에 주안점을 두고 있는데 비하여, 콜링우드는 역사가가 취급하고 있는 역사적 인물의 정신에 중점을 두고 있다. 그 때문에 크로체는 '어떤 사실이 사유를 거치지 않은 한, 그것은 역사가 될 수 없다. 내가 그것을 사유하고 나의 정신적 요구에 따라서 반성하며, 탐구할 때 그것은 참된 역사가 되는 것이다.'라고 단언하고 있다. 이에 의하면, 어떤 역사적 사실이 또는 역사적 사건이 어떤 사상에 근거를 두고 이루어진 것이든 아니든 관계없다. 다만 그것이 역사가에 의해서 선택되고 비판되어 역사가의 사상의 세례를 받아 의미 있는 사건·사실로서 역사에 기록되면 족한 것이다.

그러나 콜링우드에게서는 이러한 것이 용납될 수 없다. 콜링우드에게 있어서는 사건·사실 자체가 철저하게 사상에 근거하여 이루어진 것이라야 한다. 그러한 사건·사실이라야만 역사가는 비로소 그 사건·사실에 개입되어 있는 행위자의 사상·의도·목적을 자기의 정신 속에서 재연(re-encting)시킬 수가 있다.

결국 크로체는 사건·사실에다가 역사가 자신의 사상을 주입시키는 적극적인 자세로써 사상사를 주장하는데 비하여, 콜링우드는 사실 사건 중에서 사상·목적·의도를 찾아내고자 하는 태도를 취하고 있는 것이다. 그리고 크로체는 역사학이라고 하는 학문 자체를 '현재 생에 대한 관심'에서 유발되는 현재의 사상을 실천하기 위하여, 현재적인 과제를 해결하기 위해서 필요한 것이라 생각하였으며, 또 그러한 목적을 위한 수단으로 생각하고 이러한 의미에서 '현재사'를 주장한 데 비하여, 콜링우드는 가급적이면 과거의 사상을 그 자체대로 인식하는 것이 좋으나 어쩔 수 없이 '현재'라는 상황 속에서 형성된 인간정신을 통해서 그것을 판단하고 또 재연시켜야 되는 입장이기 때문에 현재사(contemporary history)가 되지 않을 수 없다고 주장한다.

이상에 논한 바를 요약해 보면, 크로체가 말하는 '사상'이란 인간이 적극적인 자세로써 현재의 과제를 해결하기 위하여 지닌 사상, 이른 바 자유의 의지를 의미하는 것이며, 이에 비하여 콜링우드가 말하는 사상이란 인간이 스스로 지니는 사상이 아니라 그 인간이 생활하고 있는 역사적 상황에 의하여 필연적으로 지니게 되는 사상이다. 그렇기 때문에 크로체의 입장에서 보면 인간이 지니고 있는 사상에 의하여 역사가 변천되는 면이 짙고, 콜링우드에게서 보면 역사적 상황에 의하여 인간의 사상이 결정되는 면이 짙다. 물론 이 두 사람의 주장이 다 같이 인간의 행위에 의하여 역사가 발전하고 그 역사적 상황에 의하여 인간의 정신이 규정된다는 원칙을 전혀 이탈하는 것은 아니다.

사상사를 이해하는 방법으로서의 재연(re-enactment)

그러면 올바른 역사의 이해는 어떻게 가능해질 수 있는가? 콜링우드에게서 이 문제에 대한 답은 이미 명백해졌다. 즉, 역사가는 역사의 창조를 가능케 한 사상의 과정을 이해함으로써 역사의 이해는 가능해지는 것이다.

역사의 이해라는 것을 어떤 시대의 역사적 상황에 대한 이해, 또는 그 상황에 연속된 과정에 대한 이해라고 규정할 때, 그 역사의 이해는 그 시대의 역사적 상황의 표현인 그 시대 인물의 사상·의도·목적을 이해하면 될 것이며, 그 사상의 과정(the process of thought)을 이해하면 될 것이다. 그러면 그 사상과 사상의 과정을 어떻게 이해할 것인가?

우리는 이 질문에 답하기에 앞서 콜링우드의 '모든 역사는 사상사이다(All history is history of thought)'라는 명제와 크로체의 '역사는 곧 철학이다'라는 명제와의 차이점을 명백히 해 두는 것이 필요하다.

이 두 개의 명제는 얼핏 생각해 보면 동일한 내용인 것 같다. 또 실제로 레니어(G. J. Renier)는 콜링우드가 크로체와 마찬가지로 오크셔트의 경험론에 직접적인 영향을 받고 있다는 점을 들어 두 사람의 사상을 동일한 것으로 한데 묶어서 취급하려고 하고 있다. 그러나 좀 더 세밀히 고찰하면, 결코 이 두 개의 명제의 내용이 같은 것이 아니라는 것을 알 수 있다.

그 예로써 콜링우드는 자기가 기도하는 바는 모든 사물의 역사성(historicity)을 주장함으로써 모든 지식을 역사적인 지식으로 풀이하고자 하는 자들에 대항하여 역사적 지식의 고유한 분야를 한정시키고자 하는 것이라고 공언하여, '역사적 지식이란 일부분이 아닌 지식 자체이다'라고 주장하는 크로체의 지식론에 대해서 반기를 들고 있는 것이다. 또 크로체가 역사는 곧 철학이라는 데 있어서의 역사학 또는 철학은 모든 인간 정신활동의 전체를 대상으로 하는 학문으로 모든 지식을 포괄하는 것이라 주장하는 데 비해서, 콜링우드는 다음과 같이 역사학과 철학과 과학을 구별하고 있다.

> 역사는 과거의 세계(the world subspecies praeteritum=필자의 의역)을 생각하는 방법으로 그 특징(differentia)은 과거 사건들의 형성(the shape of past events)이다. 과학은 질량의 세계(the world subspecies quantitatis=필자의 의역)을 생각하는 방법으로 그 특징(differentia) 경험의 세계를 측정성(measurement)의 한 체계로서 조직하고자 하는

기도이다. 철학은 어떤 특정한 방법으로 실재를 생각하지 않고 바로 실재를 생각하려고 하는 기도이다.

이와 같이 콜링우드의 주장이 크로체의 것과 명백한 구별을 가지고 있는데도 불구하고 그것들을 전혀 동일한 것으로 취급하고자 하는 레니어의 태도는 콜링우드의 'The idea of spiritual life or process(영적 삶이나 과정의 개념)'라는 말을 오해한 데서 연유되는 듯하다. 즉, 콜링우드는 그의 '역사학의 이상'에서 프랑스의 역사사상을 설명하는 중 다음과 같은 문장을 쓰고 있다.

> If we identify the idea of history with the idea of spiritual life or process the closeness of the connection becomes obvious, for notoriously the idea of spiritual process is the guiding idea of modern French philosopy. (우리가 영적 삶이나 사상의 아이디어로 역사에 대한 생각을 밝히면 연결의 친밀감이 드러난다. 영적인 과정에 대한 아이디어는 근대 프랑스 철학의 지침이기 때문이다.)

여기서 레니어는 'The idea of spiritual life or process(영적 삶이나 과정의 개념)'라는 말을 '철학'으로 임의적 해석을 하여 다음과 같이 쓰고 있다.

> Let us explore the mentality that refuses to distinguish between history and philosophy as it reveals itself in the work of its most distinguished

British exponent, the late R.G.Collingwood, who, by his own admission, identified the idea of history 'with' the idea of spiritual life or process.(역사의 개념과 영적인 삶, 또는 과정에 일치시키는 것을 용인하고 있는, 영국에서 가장 저명한 대표적 인물, 후기 콜링우드가 그의 저서에서 암시하고 있는 것 처럼, 역사학과 철학의 차이를 거부하는 이들의 정신상태를 밝혀보도록 하자.)

그러나 콜링우드는 상술한 바와 같이 철학과 역사를 동일시하지도 않고 있으며 'The idea of spiritual life or process(영적 삶이나 과정의 개념)'가 철학을 의미하는 말도 아니다. 이 말은 단지 콜링우드가 즐겨 쓰는 용어인 'The process of thought(그 사상의 과정)'일 뿐이다.

문제의 본령으로 돌아가서, 사상 과정은 어떠한 방법으로 이해할 수 있는가? 우선 우리가 알아야 할 것은 콜링우드의 이른바 사상이라는 것이 이상에서 논한 바에서 명백해진 것과 같이 크로체의 이른바 인간정신의 총체적 활동의 표현인 보편적 사상이 아니라는 것이다.

콜링우드의 '사상'이라 함은 보다 좁은 의미, 보다 구체적 의미를 지니고 있는 용어로서, 과거 인물이 행동을 하게 된 의도나 목적을 의미한다고 하는 점이다. 즉, 콜링우드가 모든 역사는 사상사라고 말할 때 그가 의미하는 사상이란 지적 작용(intellectual operations)과 관련을 가지고 있는 것이다. 여기서 우리는 지적 작용이라는 말에 감성적 요소를 포함시키기 쉽다. 왜냐하면, 세계정신을 논하고 역사의 정신변증법적 발전을 주장하는 헤겔도 역사에 있어서 세계정신의 실현을 가능케 하는 인간의 욕구(need), 본능(instinct), 성벽(inclination) 그리고 열정(passion)에서 찾고 있으며, 크로체도 이러한 감정적인 요소를 가치 설정의 중요한 요소로 생각하고 있기 때문이다.

그러나 콜링우드는 이러한 요소를 그가 주장하는 사상(thought)의 개념에서 제외하고 있다. 물론 그가 말하는 모든 사상이란 감정(feeling)과 정서(emotion)의 배경을 갖고 있는 것이다.

그러나 역사가가 관심을 갖는 것은 이러한 것들이 아니다. 역사가는 그러한 사상의 배경에 몰두할 수 없다. 왜냐하면 역사가는 그 감정이라든가 정서를 재생(re-life)시킬 수 없기 때문이다. 엄격한 의미에서, 부활(resurrection)시킬 수 있는 것은 오로지 사상(thought)뿐이며, 또 그러한 사상만이 역사의 주제가 될 수 있다는 것이다.

요약컨대 콜링우드가 말하는 사상은 인간 내부에서 자연 발생적으로 발생하는 본능적 요건, 즉 감정·열정·욕망 등을 일체 제외한 오로지 어떤 사건·사실의 조성 의도·목적으로서 후세의 역사가가 그 사건·사실을 통하여 재생·재연시킬 수 있는 사상을 의미한다. 그러므로 사상의 과정을 이해하기 위해서는 역사상에 나타나 있는 역사적 업적, 문화적 소산을 통해서, 그 속에 포함되어 있는 사상을 마음속에서(in the mind) 재연(re-enactment)시켜야 한다는 것이다.

그러면 '재연'이란 어떤 것을 의미하는가? 콜링우드는 그의 유저(遺著)《역사학의 이상》의 발문에서 '과거 경험의 재연으로서의 역사(History as Re-enactment of Past Experience)'라는 장을 별도로 책정해 두고 있다. 여기서 그는 다음과 같은 실제 경우를 들어 재연의 의미를 피력하고 있다.

예를 들어서 역사가가《테오도시우스 법전(Codex Theodosianus)》을 읽고 있을 때, 그의 앞에 어떤 황제의 칙명을 가지고 있다고 하자. 그가 그 칙령의 용어(words)들을 읽기만 하고 그들을 번역할 수 있는 것만으로 그친다면, 그는 그들의 역사적인 의미(significance)를 알았다고는 할 수 없다. 그가 그것을 알기 위해서는 그는 그 황제가 취급하고자 한 상황(situation)을 고찰하지 않으면 아니 된다.
그리고 그는 마치 그 황제가 당면하고 있던 상황이 자기인 것처럼 생각하지 않으면 아니 된다. 그리고 그러한 상황에서 자기라면 어떻게 처리했을까 하는 것을 생각하지 않으면 아니 된다. 그리고 그는 그러한 상황에서 당면할 수 있는 양자택일의 선택을 해 보고, 왜 다른 것은 선택하지 않고 그것을 선택해야만 했는가를 생각하여야 한다.
이와 같이 그는 그 황제가 그와 같은 특수한 과정에서 결정을 짓는 데 밟아야 했던 경로를 밟아 보지 않으면 아니 된다. 이와 같이 그 역사가는 그 황제의 경험을 자기 마음속에서 재연시키고 있다. 그리고 이러한 재연을 함으로써만 그는 어느 정도 역사적 지식, 즉 단순히 언어학적인 지식과 구별되는 역사적 지식을 갖게 되는 것이다.

콜링우드는 재연(re-enactment)과 재고(re-thinking)을 구별해서 재고의 경우를 다음과 같이 기술하고 있다.

역사가가 고대 철학의 한 구절을 읽고 있다고 해보자. 먼저 그는 그 언어를, 하나의 언어를 하나의 언어학적 의미에서 알아야만 하고 해득할 수 있어야 한다. 그러나 그렇게 함으로써 그는 철학가로서 그것을 이해해야 할 정도로 그 문구를 이해한 것은 아니다, 그 정도로 이해하기 위해서는 그는 그 철학적 문제가 무엇인가 하는 것을 알아야만 하고, 또 그 문구의 작가가 여기서 어떠한 해결을 짓고 있는가 하는 것을 알아야만 한다.

그는 그 문제를 자기 스스로 생각해 보지 않으면 아니 된다. 그리고 그 문제에 대한 어떠한 해답이 주어질 수 있는가를 알아야 한다. 그리고 이 특수한 철학자가 다른 해결안을 선택하지 않고 무엇 때문에 그러한 해결안을 선택하였는가를 알지 않으면 아니 된다. 이것은 그 문구의 저자의 사상을 자기 스스로 다시 생각(re-thinking)해 본다는 것을 의미한다.

이상의 예에서 알 수 있듯이 콜링우드가 주장하는 바에 의하면, 역사의 올바른 인식은 역사가 스스로가 역사적 현실 또는 상황 속에 들어가서, 다시 말하면 과거의 행위자, 또 사고자의 입장이 되어서만 가능해진다고 하는 것이다. 이러한 그의 주장의 요지로 다음 두 가지를 제시하고 있다.

첫째, 과거는 역사가가 감지(感知, perception)를 통해서 경험적으로 이해할 수 있는 주어진 사실(a given fact)이 결코 아니라는 것이다. 그렇기 때문에 역사가는 결코 그가 알고 싶어 하는 사실의 목격자가 될 수 없으며, 그가 과거에 대해서 알 수 있는 지식이란 어디까지는 중개적이고 추론적이고 간접적인 지식이지 결코 경험적인 것이 아니라는 것이다.

둘째로, 이와 같은 지식의 중개는 전거(典據, testimony)에 의해서 이루어질 수 있는 것이 아니라는 것이다. 그렇기 때문에 역사가는 자기 나름대로의 문제의식을 가지고 사실을 볼 뿐, 그것을 기록해서 증거

(evidence)로 남겨 놓은 목격자를 믿음으로써만 과거를 올바르게 알 수 없다는 것이다. 즉, 역사가는 자기 자신이 사실의 목격자가 될 수도 없고, 그렇다고 과거의 목격자가 기록해 놓은 사료를 통해서 그 사실을 알 수 있는 것도 아니다.

그러면 역사가는 어떻게 역사를 이해할 수가 있는가? 이에 대한 해답이 곧 앞에서 예로서 설명한 재연과 재고(再考)이다. 즉, 과거가 오늘날까지 남겨 놓은 유물이나 문서를 해석하고 그것을 중심으로 하는 추리적 사고를 통해서 과거의 상황(situation)을 찾고, 그 역사적 상황을 조성해 놓은 사람의 사상을 발견하는 것이다. 이와 같이 과거를 발견하고, 또 과거 인들이 그들의 유물, 문서를 통하여 표현한 사상을 발견하는 일이 역사가의 과업이며, 그것을 행하는 방법이 재연이며 재고인 것이다.

현재사(Contemporary History)의 의미

이상에서 논한 역사 인식의 방법으로서의 재연에는 하나의 문제를 내포하고 있다. 과연 역사가는 그의 사고력으로 얼마나 진실에 가까운 역사를 재연할 수 있느냐 하는 것, 아니 그것을 사고하는 역사가의 정신력 또는 콜링우드의 용어로서의 인성(human nature)이 얼마나 정확하게 그것을 재연·재생 시킬 수가 있느냐 하는 것이다.

과거의 어떤 상황을 역사가의 마음속에서 재생시키고 과거의 어떤 철학자의 생각을 역사가의 정신 속에서 재고(re-think)한다고 하는 것은 일종의 비판적 해석(critical interpretation)이다.

그런데 콜링우드는 이 같은 비판적 해석에는 판단 기준(criterion)이 있어야 된다고 한다. 그리고 이 판단기준은 사고자 자신임을 확인하고 있다. 그러므로 과거의 경험을 재연한다고 하는 콜링우드의 주장은 결국 과거의 경험을 역사가 자신의 경험과 일치시킨다고 하는 것이 된다.

그런데 역사가 자신의 경험이란 단순히 역사가 개인의 경험에 그치는 것이 아니라, 그것은 곧 그 역사가의 시대의 표현인 것이다. 왜냐하면 콜링우드는 목격자(witness)가 시대의 아들(son of his time)임을 주장하고 있기 때문이다. 여기서 결국 모든 역사는 현재사(All history contemporary history)가 된다.

이 현재사에 관한 문제는 크로체의 역사사상에 있어서도 골자가 되고 있는 것이다. 그러므로 혹자는 이것도 또한 콜링우드가 크로체에게서 그대로 답습한 사상으로 아주 동일한 것이라고 생각하기 쉽다.

이 점에 있어서도 콜링우드가 크로체에게서 영향을 받은 것은 사실이다. 그러나 그 사상이 동일한 개념은 아니다. 크로체에게 있어서 현재사의 뜻은 콜링우드의 것에 비하여 보다 당위적인 면이 강조되어 있는 듯하다. 크로체의 현재사란 그의 역사사상의 요점을 이루고 있는 바, '현재 생에 대한 관심', 또 자유 의식에 의하여 조성된 현재에 주어진 역사적 과제를 해결하기 위한 역사가의 사상에 불어넣음으로써, 무생명의 무의미의 무가치의 객관적 사실을 생명이 있는, 의미가 있는, 가치가 있는 주관적 역사로 만들어야 된다고 하는 적극적인 태도에서 나온 것인데 비하여, 콜링우드의 현재사란 그러한 인위적인 것이 아니라, 필연적으로 되어진 현재사인 것이다.

즉, 콜링우드의 것은, 역사가는 그가 역사를 이해하고 서술함에 있어서 어쩔 수 없이 자기 앞에 현존하고 있는 자료만을 가지고 이해하고 또 서술하게 되며, 또 그것을 이해하고 판단하는 역사가의 정신은 어쩔 수 없이 현재의 아들일 수밖에 없기 때문에 그 역사는 결국 현재가 되지 않을 수 없다는 입장이다. 다음의 인용문은 그와 같은 콜링우드의 생각을 소상하게 설명해 주고 있다.

> 모든 역사는 현재사다. 이것은 현재사가 비교적 가까운 과거의 역사를 의미하는, 그러한 일상적인 어의에서 현재사를 뜻하는 것이 아니고, 엄격한 의미에서, 즉 어떤 사람이 실제로 그것을 실연(實演)한 대로의 어떤 사람의 행위에 대한 의식을 뜻하는 것이다.
> 역사는 이와 같이 살아있는 정신에 대한 자기 인식이다. 역사가가 연구하고 있는 사건들이 지금으로부터 멀리 떨어져 있는 과거에 발생한 사건들일 때일지라도, 그것들이 역사적으로 인식된 조건은 그 사건들이 역사가의 정신 속에서 일렁이고 있는 것, 말하자면 그 사건들에 대한 증거는 그 역사가가 당면해 있는 현 장소, 현 시점이며 그 역사가가 인지할 수 있는 것이다.
> 왜냐하면 역사란 책이나 문서들 속에 포함되어 있는 것이 아니라, 그것이 오로지 현재적인 관심과 추적(追跡)으로서, 역사가가 이들 문서들을 비판하고 해석하고, 또 그렇게 함으로써, 그가 탐구하고 있는 정신의 상태를 자기 자신의 정신 속에 재생시킨 때에, 그 역사가

의 정신 속에 살아 있는 것이기 때문이다.

여기서 다음과 같은 결론이 나온다. 즉 역사의 주제는 과거 그 자체가 아니라, 우리가 그것에 대한 역사적 증거를 소유하고 있는 과거일 뿐이다. 우리가 그 과거를 재구성시킬 문서들을 가지고 있지 못하다는 의미에서, 과거의 대부분은 파괴되어 버렸다.

예를 들면, 우리는 단순한 증거의 힘으로, 고대 그리스인들 사이에 위대한 화가들이 있었다는 것을 믿는다. 그러나 이 믿음은 역사적 인식은 아니다. 왜냐하면 그 화가들의 작품들은 파괴되어 버렸고, 그 때문에 우리는 그들의 예술적 경험을 우리들 자신의 정신 속에서 재생시킬 수단이 없기 때문이다. 그리스인들 사이에는 위대한 조각가들이 있었다. 그러나 우리는 이 사실을 단순히 믿기만 하는 것이 아니라, 우리는 그것을 인식한다. 왜냐하면 우리는 그들의 작품들을 소유하고 있으며, 그것들을 우리의 현재적 심미 생활의 일부로 만들 수 있기 때문이다. 우리의 그리스 조각사는 이러한 작품들에 대한 우리의 현재적 심미적 경험이다.

이와 같이 모든 역사를 현재사로 볼 때, 결국 역사는 역사가 자신의 경험에 따라 달라진다. 다행하게도 그 역사가가 지니고 있는 경험능력이 범인을 초월할 만한 것일 때는 보다 진실에 가까운 역사가 될 것이고, 또 참다운 현재의 표현으로서의 역사도 될 수 있을 것이다. 그러나 그 역사가의 능력이 한정되어 있다거나 그의 견해가 지엽적인 편견에 빠져 있을 경우, 그에 의해서 이해된 역사는 왜곡된 역사가 되고 말 것이다. 또는 레니어가 지적하고 있듯이, 역사가의 허구(fiction)를 묘사한 이야기나 소설이 되고 말 것이다.

물론 콜링우드의 '현재사'가 상술한 바와 같이 당위적인 주장이 아니라, 필연적 귀결인 한, 이러한 난점도 어쩔 수 없이 역사학이 지니는 운명일 수밖에는 없다. 이와 같은 역사학이 타락하게 된 운명을 극복하기 위한 방법은 오로지 역사가 자신의 역사적 지식(historical knowledge)을 포착할 수 있는 능력, 즉 정신적 능력에 맡겨 버리는 수밖에 없는 것이다.

그러므로 소위 '역사가'라는 영예로운 호칭으로 불릴 수 있는 사람은 마땅히 이러한 역사적 지식을 포착할 수 있는 능력을 가진 자에 한하여야만 되며, 또 현재를 통찰함으로써 그 현재의 원천인 과거의 진면목을 볼 수 있는 자에 국한시켜야 될 것이다.

콜링우드 역사사상의 문제점

이상에서 논한 콜링우드의 역사사상은 현대 역사학계에 많은 영향을 남기고 있다. 이 영향의 크기는 다시 그의 이론에 대한 많은 비판을 불러일으키게 되는 것이다. 그 이유는 콜링우드 자신이 중요시하고 있는 각 인간이 지니고 있는 인성(human nature)이 같지 아니하고, 또 그 인성을 통하여 보게 되는 사물의 모습이 동일할 수 없기 때문에 오는 필연적 귀결인 것이다.

한편 콜링우드가 아무리 철저한 이론을 수립하려고 노력하였다 하더라도, 그의 능력 한계가 있는 한, 완전무결한 이론이란 불가능한 것이며, 문제의 어떤 측면을 강조하다 보면, 본의 아니게 다른 일면을 소홀히 다루게 되기 때문이다.

또 한편 그것을 이해하는 독자도 콜링우드의 입장이 될 수 없다는 한계를 가지고 있기 때문에, 그의 이론의 참된 취지에 완전히 접근할 수 없는 데서 오는 무지에서, 콜링우드의 자신의 의도와 동떨어진 비판을 가하게 되는 경우도 적지 아니할 것이다. 이러한 이유에서이겠지만, 본문을 구성하는 가운데에도 콜링우드의 이론상의 모순점과 납득하기 어려운 점이 발견된다.

그러나 본문에서는 비판하는 일은 초학도로서의 무능을 고려하여 보다 깊은 연구가 있는 후로 미루기로 한다. 다만 기왕에 연구되어 있는 사계(斯界) 학자들의 비판점을 소개하는 것으로 대신하고자 한다.

본문을 구성하는 동안에 발견된 중에서 콜링우드를 비교적 잘 이해하고 있다고 생각되고, 또 가장 타당한 의문점을 던지고 있는 사람은 《역사철학(Philosophy of History)》의 저자인 왈쉬(W. H. Walsh)인 것 같다. 그는 주로 콜링우드의 이른바, 사상사 문제에 대해서 다음의 두 가지 점을 중심으로 의문을 제시하고 있다.

첫째, 과연 인간의 역사는 전혀 자연에 의하여 규정되지 않고, 오로지 인간의 정신적 활동에 의해서만 이룩된 것이겠느냐 하는 것이다. 이 물음에 대해서 그는 신중히 다음과 같이 반복 질문을 던지고 있다.

왜 우리는 그가 그와 같은 사고가 인간적인 힘들은 물론 자연적인 힘들의 배경으로 부터 전개되어 나왔다는 것을 몰랐다고 추측해야만 하는가?

둘째, 콜링우드는 역사가가 해야 할 일은 외적인 사건·사실로부터 그것을 구성하고 있는 사상을 파헤쳐야 하며 그 사상을 재고(re-think)해야 된다고 하는데, 과연 인간의 역사상에 나타나는 모든 사건·사실은 역사가가 재고, 재연시킬 수 있을 만한 뚜렷한 사상을 가지고 발생하는 것이냐? 실제로 역사상에는 순간적인 행동으로 일어나는 사건·사실이 얼마든지 있지 않느냐 하는 것이다.

셋째, 만약에 둘째의 질문이 타당치 않다고 가정하고 역사가는 반드시 과거인의 사고를 재생시켜야 한다면, 어떠한 행동, 누구의 사상을 여기서 문제로 삼아야 할 것인가? 왈쉬는 이상과 같은 질문에 대한 결론으로 다음과 같이 피력하고 있다.

> 확실히 역사가는 과학자와 구별되는 어떤 요소를 지니지 않으면 아니 된다. 그러나 그는 그가 그의 과제를 해결하는 데 도움이 될 특별한 직관력을 지니고 있지는 못하다. …… 역사는 과거에 있었던 인간의 제 행위와 경험에 관계되는 것이다. 역사가는 과거의 사고를 재생시키기 위하여 노력한다. 그러나 그는 고유한 제 개념들에만 관심을 갖는 것이 아니라, 또한 이러한 제 개념이 지니고 있었던 감정과 정서의 배경에 대해서도 관심을 갖는다. 우리는 무엇 때문에 그가 그러한 사고는 자연적이고 인간적인 힘의 배경으로부터 발전되어 나온 것이라는 점을 모르고 있었다고 생각해야 하는가?

이 밖에 두드러진 비판자로 《역사, 그것의 목적과 방법(History, Its Purpose and Method)》의 저자인 레니어(G. J. Renier)가 있다. 그의 비판의 요점은, 역사는 하나의 이야기 이외에 아무 것도 아니지 않느냐(Nothing but a story)는 문제를 중심으로 다루고 있는데, 앞에서 소개한 왈쉬의 이론을 별로 넘어서고 있는 것은 없다.

그리고 이미 《역사란 무엇인가(What is listoiy)》로 우리에게 널리 알려져 있는 E. H. 카(Carr)는 다음과 같이 비평하고 있다.

> 만약 역사가가 자기 자신 시대의 눈을 통하여 역사상의 자신의 시대를 본다면, 그리고 현재의 문제들을 풀기 위한 관건으로서 과거의 문제들을 연구한다면, 그는 제 사실에 대한 순수하게 실용주의적인 견해에 빠지게 되지 않을까? 그리고 올바른 해석의 기준이 현재의 목적을 위해서 합당하는 것이라고 주장할 것인가? 만약 이러한 가정하에서라면, 역사의 제 사실은 아무것도 아니고 중요한 것은 오로지 해석뿐이라는 결론이 나오게 된다.

그리고 자기 나름대로 다음과 같이 앞의 말의 결론을 맺고 있다.

> 사실을 갖지 아니한 역사가는 뿌리가 없는 것이고, 역사가를 지니지 못한 사실은 죽은, 그리고 무의미한 사실이다. 그러므로 '역사란 무엇인가?'라는 질문에 대한 나의 첫 번째 답은 '역사란 역사가와 사실의 지속적인 상호 교섭의 과정이며 현재와 과거 사이의 끊임없는 대화이다'라는 것이다.

그러나 E. H. 카의 결론은 콜링우드의 입장을 비판하는 것이 아니라, 오히려 콜링우드의 사상의 표현을 달리했을 뿐, 그대로 옮겨 놓은 데 불과하다. 왜냐하면 결코 콜링우드가 카의 말처럼 사실을 부정한 것은 아니기 때문이다.

카는 또 콜링우드가 역사가가 조사·연구하지 않으면 아니 되는 것은, 어떤 행위 이면(裏面)의 사상인데, 그 사상은 개인적 행위자의 사상이라고 주장하였다는 점을 콜링우드 역사관의 오류라고 지적하고 있다. 즉, 카는 역사상에 두드러지게 나타나는 인물들, 예를 들면 와트 타일러(Wat Tyler)나 푸가체프(Pugachev)와 같은 인물들이 역사상에서 이룩한 역할이란 그의 개인적 사상에 기인하는 것이 아니라, 그들을 따르던 농민 대중에 기인되며, 당시의 사회 현상으로서 그들은 의미가 있다는 것이다.

그러나 이러한 점은 결코 콜링우드의 오류인 것 같지는 않다. 왜냐하면 앞에서 논한 콜링우드의 재연의 방법에 의한 역사지식이란 결코 역사상의 대중의 의미를 무시하는 데 있는 것이 아니라, 역사가나 역사적 사건을 이해하는 데 막연하게 대중이라는 것을 통해서 그들의 난을 이해·포착할 수는 없는 것이고, 와트 타일러나 푸가체프와 같이 뚜렷한 개인적 인물의 행적을 통해서, 즉 그들의 행위를 재연함으로써 대중과 당시의 사회적 상황을 추리할 수밖에 없다는 것이기 때문이다.

이런 의미에서 카의 콜링우드에 대한 비판은 창의적인 것은 아니다. 단지 그가 이해하고 있는 콜링우드의 사상을 자기 자신의 것으로 표현한데 불과하다.

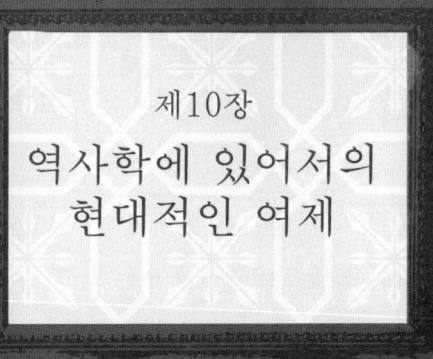

제10장
역사학에 있어서의
현대적인 여제

역사학의 현대적 문제

지금까지 우리는 신화시대의 역사학에서부터 현대의 역사사상까지 대강 섭렵하였다. 이 섭렵을 통해서 우리에게 명백히 인지된 것이 있다면, 그것은 역사나 역사학의 개념 자체가 일정불변의 개념이 아니었고, 매시대마다 시대의 발전에 따라, 그 시대가 갖는 특성에 따라, 특수한 의미를 지니는 것이었다는 사실이다.

여기에서 우리는 '그러면 현대에 있어서 역사 또는 역사학은 무엇을 의미하는 것이며, 또 앞으로 역사가 또는 역사학자들은 어떠한 의미의 역사 또는 역사학을 향하여 접근해 가야 할 것이냐'하는 문제를 생각하지 않을 수 없게 된 것이다.

인류의 문화권이 확대되어, 정치적으로 약간의 구별—진영(陣營) 간의 구별, 국가 간의 국경이 있다 하더라도 문화 자체에 있어서는 실제로 세계가 하나라고 할 수 있게 되었으며, 또 인간의 교통통신 수단이 극도로 발달하여 세계 인류가 하나의 정보를 동시에 교환할 수 있게 된 오늘날 역사 및 역사학의 갈 길은 어디인가?

이러한 현대적 상황에서는 역사가들이 지역 중심의, 민족 중심의 역사나 어느 특정한 분야의 특수 문제에 대한 서술로서의 역사는 그다지 크게 환영 받지 못하게 되어 있다. 그렇다고 막연하게 보편적 인간의 역사라는 중세적 개념의 재생으로도 현대의 역사학의 길을 트기는 어렵게 되었다.

세계가 하나로 된 상태에서 민족사나 지역사(地域史)에 탐닉되어 세계에 대해서 외면한다는 것은 그 자체가 세계사의 과정을 망각하고 두더지 모양으로 땅 속으로 들어가는 행위가 될 것이고, 오늘날처럼 인간의 모든 정보가 종합적인 것으로 되어 있고 상호 연결 관계에 의해서 형성되어 있는 상황 속에서 어느 특정된 분야의 지식 또 특수 분야의 역사만으로는 그 지식의 현실적 가치를 지니기 어렵게 되어 있다.

그렇다고 인류의 세계사를 하나로 이해하고 인류의 생활에 의해서 산출되는 모든 분야의 지식을 통괄하는 이른바 보편적 세계사를 서술한다거나 연구한다는 일은 한사람의 역사가나 한사람의 역사학자의 노력으로는 불가능한 것으로 생각되기 때 문이다.

역사학의 이러한 현실은 결국 역사학에 대한 비관적 개념, 또 상대주의적 역사학의 출현을 결과하게 되었다. 그러므로 베커(C. Becker)가 지적하고 있는 것처럼 역사는 기껏 그것을 활용하는 사람들의 편의에 알맞도록 꾸미어지고 채색되게 마련이라는 의견이 나와 역사가는 마치 어느 정치가나 사상가의 선전을 위한 자료, 그것도 그들이 자의에 따라 채색·변색될 수 있는 자료를 제공해 주는 권력의 시녀 또는 체제 논쟁의 보조자로 전락하는 입장이 되었고, 기껏 매스컴의 보조 기능으로 역사학의 기능이 타락하게 되어 있는 실정이다.

여기에서 역사학은 하나의 중대한 자기반성을 통한 자기 인식을 하지 않으면 아니 되게 되었다고 하는 것을 감지하게 되는 것이다.

역사와 역사학의 의미

우리는 지금까지 '역사'라는 말을 막연하게 사용해 왔다. 역사도 역사, 역사를 연구하는 일도 역사, 즉 연구의 대상과 연구방법 또는 연구 그 자체까지도 모두 역사(history)라는 용어로 호칭하여 온 것이다. 그러므로 '역사'라는 용어에 대한 해설은 제 나름대로 각자가 다 다르게 하였던 것이다.

중·고교학생이 말하는 '역사'는 학교에서 가르치는 학과목을 의미했고, 실생활에 임하고 있는 사람들이 말하는 '역사'는 막연히 과거 그 자체를 의미했고, 역사를 입문적으로라도 배운 사람은 기껏 베른하임(Bernheim)이 규정한 바 있는 '과거에 발생한(geschehen) 사건(Geschichte)'을 뜻하는 말로써 이해하였다.

또 최근 E. H. 카의 '역사란 무엇인가?'라는 극히 저널리즘에 입각한 짤막한 팸플릿을 읽고 마치 역사이론가라도 된 듯 논쟁을 걸어오는 학생들의 입에서는 '역사란 과거와 현재의 대화'라는 말이 거침없이 나오게 되었다.

그러나 돌이켜 보건대, 중·고등학교의 학과목으로서의 역사가 역사의 참된 의미일 수 없고, 막연한 '지금' 이전의 과거가 역사일 수도 없고, 또 과거에 발생한 사건이 역사일 수도 '과거와 현재의 대화'가 역사일 수도 없다.

과거에 일어난 사건을 역사라 하고 그것을 서술하는 것을 과제로 하는 사람을 역사가라고 한다면 그는 그리스시대의 헤로도토스와 투키디데스, 로마시대의 폴리비오스, 타키투스 및 카이사르, 그리고 조선시대의 사관(史官)들처럼 사건을 목격하고 그것을 목격한 대로, 또는 들은 대로 기술해 주는 일을 담당하는 사람을 뜻하는데, 이러한 일을 하는 사람은 오늘날에는 신문기자에 해당될 것이다.

또 '과거와 현재의 대화'라는 카의 말을 전적으로 인정한다 하더라도 그것은 다만 역사가나 역사책의 독자들의 일을 의미하는 것이지, 그것이 결코 역사 자체를 의미하는 것은 아니기 때문이다. 여기에서 우리는 역사와 역사학의 의미를, 즉 History와 Historical Science를 구별하지 않으면 아니 되게 된 것이다.

그러면 역사학(Historical Science)은 무엇인가? 피터 래슬릿(Peter Laslett)는 '역사가의 연구분야는 과거로부터 흘러오고 있는 모든 사회 과학적(Social scientific) 사건으로 규정되어져 왔다. 이와 같은 방법으로 '역사학(Historical Science)'과 '역사적 제 과학(the historical sciences)'이라는 어구는 생겨나게 된 것이다'고 하여 역사학과 역사적 제 과학을 구별하고 있다.

또 이와 마찬가지로 '역사학과 역사적 제 과학'을 구별하고 있는 C. B. 조인트(Cary B. Joynt)는 '역사가가 과거를 취급하는 방법은 역사적 제 과학의 방법과는 다르다. 역사가는 과거에 관한 특수 제 사실들을 그 자체대로(for themselves) 관심을 가질 뿐, 법칙을 위한 자료로서의 도구 역할(instrumental role)로 관심을 갖지는 않는다.'고 하여 역사가의 일과 역사적 제 과학자의 일을 구별하였다.

그러면 역사적 제 과학이란 무엇을 의미하는가? 그것은 정치학·경제학·사회학·종교학 등 '역사적' 자료를 법칙정립의 자료로 사용하는 제 과학, 다시 말하면 과거에 발생한 사건·사실을 대상으로, 또는 자료로 삼아 연구하는 모든 학문들을 뜻한다.

역사학과 구별되는 역사를 '태초에 인류가 이 지상에 태어난 이래 현재까지 생활해 온 과정'을 뜻하는 것이라고 할 때, 즉 역사란 과거에 있었던 인류의 생활과정이라고 할 때, 그 인류의 생활과정을 분석하면(현재 단계에서 인류의 지적 능력으로 가능한대로) 그것은 정치생활, 경제생활, 사회생활, 문화생활, 종교생활 등의 카테고리로 분석될 수 있다.

즉 역사란 현재의 사회(현재의 우리가 체험하고 있는 사회)를 과거로 향한 시간적 연계성에 따라 소급되어 나갈 때 성립되는 하나의 과정적 형체일 수 있다. 그리고 이 형체는 정치적 생활 과정으로 이루어진 맥락, 경제적 생활과정으로 이루어진 맥락, 사회생활로 이루어친 맥락, 문화창조의 과정으로 이루어진 맥락, 종교의 발달 과정으로 구성된 맥락 등으로 이루어진 하나의 유기체일 수 있다.

예를 들어 말하면, 역사란 정치, 경제, 사회, 문화, 종교라는 문양이 새겨진 나무의 횡단면(Querdurch Schnitte)으로서의 현재를 우리에게 보여 주고 있는 나무 그 자체와 같은 것일 수 있다.

이상과 같이 역사를 현재 우리가 체험하고 있는 정치·경제·사회·종교적 제 맥락으로 구성된 하나의 유기체로 이해한다면, 역사적 제 과학의 의미는 명백해 질 수 있다.

즉 역사적 제 과학이 준 정치학이란 우리가 체험하고 있는 현재라는 역사의 횡단면에 나타나고 있는 정치적 현장의 맥락을 소급해서 추구하고, 그렇게 함으로써 정치적 현장의 변화과정에 나타나는 종적 관계 또 법칙을 발견하는 학문이 될 것이고, 경제학이란 그 횡단면에 비쳐진 경제 현장의 맥락을, 사회학은 그 횡단면에 보이는 사회 구성·조직·기능 등의 맥락을, 문화학(즉 철학·예술학 등을 포함)은 문화의 맥락을, 그리고 종교학은 종교 발전의 맥락을 각각 소급·추구하는 학문이 된다.

물론 이들 역사적 제 과학은 시간상의 장·단(長·短)의 차이는 있겠으나 그것이 설사 사(史)라는 글자(정치사라든가 하는)가 붙지 아니한 분야라 하더라도 과거로 소급·추구하지 않을 수 없는 것이다.

여기에서 역사가나 역사학자에게는 중대한 문제가 발생한다. 이상에서와 같이 역사는 정치·경제·사회·문화·종교 등이 태초라는 시간적 시작으로부터 현재에 이르기까지 연결된 맥락들로 구성된 것이고, 그 맥락을 소급·추구해 가는 것이 정치학, 경제학, 사회학, 문화학, 종교학 등의 일이라고 한다면, 역사가나 역사학자가 해야 할 일은 무엇인가 하는 것이다. 정치학자, 경제학자, 사회학자, 문화학자, 종교 학자들의 연구를 돕는 과거의 문헌이나 정리하고 고서(古書)나 번역하고 유물, 유적이나 발굴해 주는 것이 역사학자의 일인가?

그러나 그것도 이미 역사학자에게 남겨져 있지 아니한다. 문헌 학자, 고서 번역가, 고고학자라는 이름이 그것을 기다리고 있기 때문이다. 그러면 역사가 또는 역사학자가 해야 할 일은 무엇이며 역사학(historical science)이란 무엇인가?

역사학의 무산

실제로 현대에 이르러서는 역사학이란 존재하지 않는다. 정치사, 경제사, 사회사, 문화사, 종교사, 과학사 등이 있고 또 좀 더 나아가면 외교사, 교회사, 미술사 등이 있으나 그것들 모두가 제 나름대로의 학문분야로 되어서 정치사는 정치학과에서, 경제사는 경제학과에서 사회사는 사회학과에서 종교사는 종교학과 등 각 학과에서 빼어가 버리고 역사학과에서 하도록 내버려져 있는 분야는 없다.

이러한 운명은 이미 철학이나 과학이 체험했던 것이다. 서양에서 한때는 철학(philosophy)이라는 말이 학문에 대한 유일한 총칭이었던 시대가 있었다. 이것은 학문이 분화되지 않고 다만 인간이 무엇인가를 알고 싶어 하는 본능, 즉 지혜(Sophy)에 대한 사랑(Philo)이라는 본능에 끌려 자연에 대해서도, 인간에 대해서도, 사회에 대해서도, 막연히 알려고 하던 인간의 정신적 행위 일체를 가리키는 일반적 용어였다.

그러나 이것이 좀 더 발달하고 그에 따라 그 대상이 세분화되어 감에 따라, 그 명칭은 실질적으로 공중에 뜨게 되었다. 여기서 철학은 구체적 대상에 대한 구체적 연구의 명칭이 아니라 학문하는 방법론, 또는 어떤 구체적 대상에 대한 학문이 보다 깊이 파고 들어가서 도달되는 추상적 원리나 형이상학적인 연구의 명칭으로 되었다. 따라서 여기에서는 철학 자체는 없어지고 과학철학, 자연철학, 종교철학, 사회철학, 역사철학 등의 수식어가 붙는 철학만이 있게 되었다.

철학의 이와 같은 운명은 자연과학도 체험한 것이다. 애초에 자연에 대한 관심에서 출발하여 자연철학이라 불리던 것이 철학으로부터 독립하여 자연과학(physics)이라고 불리게 되었다.

그러나 이것은 차차 발달되면서 자체 분화를 시작하였다. 먼저 그것은 물리학, 화학, 생물학, 천문학 등으로 분화되고, 다음에 물리학은 역학, 광학, 전기학, 양자역학 등으로, 그리고 생물학은 동물학, 식물학, 미생물학 등으로 거듭 세분되어 가고 있다.

여기서 과학이라는 이름의 학문은 구체적인 대상을 상실하게 되었다. 이로부터 과학이란 이상과 같은 세분된 제 과학의 총수로서, 그 제 과학에 공통적으로 적용되는 기본적 원리와 방법을 의미하게 되었다.

여기서 과학이라는 말 보다는 '과학적(Scientific)'이라는 말이 더 널리 쓰이게 된 것이다. 그리하여 그것은 실험, 관찰을 수단으로 하는 사물에 대한 객관적 인식, 법칙의 정립, 인과론에 따른 논리 등으로 대표되는 소위 과학적 사고라는 것을 앞세워 사상사에 있어서 그 위력을 발휘하게 되었던 것이다.

역사학도 한 때는 이 자연과학적 방법론의 지배하에 들어가 물리학이나 화학에서처럼, 역사적 사건·사실들을 관찰의 대상으로 생각하려 하였고, 또 인과론에 따른 역사의 법칙을 정립시켜 보려 하였고, 생물학적인 생성론을 역사발전에 적용시켜 보려 하였다.

그러나 빈델반트(Windelband)가 슈트라스부르 대학 총장 취임 연설에서 법칙 정립적(nomothetic)인 법칙과학(Gesetzeswissenschaft)과 개성 기술적(idiographisch)인 사건과학(Ereigniswissenschaft)으로 과학을 분류한 이래로 역사학은 그 해방 운동을 전개시켜 왔다.

그리하여 역사주의(Historicism)라는 것을 제창하기에 이르렀다. 그러나 그래 놓고 보니, 이미 역사학은 자연과학적 방법론에 따른 분화 작업에 의하여 이상에서 언급한 바, 정치학, 경제학, 사회학, 철학, 미학, 심리학, 고고학 등으로 갈라져 있었고 실질적으로는 역사학이라는 명칭만이 헛되이 남아 있을 뿐이었다.

그리고 역사학이라는 명칭을 고수하고 있는 사람들은 기껏, 과거 사료의 발굴 그에 대한 무미건조한 정리를 담당하는 데 그쳐, 호사가(好事家)가의 기획, 유한자(有閑者)의 파한(破閑) 등 또 타학문의 보조학문으로 전락하게 되는 운명에 처하게 된 것이다.

인식방법론으로서의 역사학=역사적 인식

이에 대한 반발이 B. 크로체, W. 딜타이, R. G. 콜링우드 등으로 비롯된 현대 역사이론가들의 학문적 경향이다. 이들은 한결같이 역사학이 모든 학문의 종합임을 주장하였다. 크로체나 콜링우드는 본문에 언급한 바 있으므로 회피하고 그들의 영향을 입은 사람들의 주장들만을 보아도 그렇다.

《역사철학(The Philosophy History)》의 저자인 왈쉬(W. H. Walsh)는 역사를 '과거 인간행위의 총체(The totality of past human actions)'라 규정했고, 또 이와 비슷하게 베르(Berr)는 '역사는 모든 인간적 사실들을 포함한다.'고 역사를 정의했다. 그리고 멘델바움(Mendelbaum)은 '현존하고 있는 개별적인 사회과학들이 그들의 분산적인 동일성을 버릴 때 비로소 사회과학들은 위대한 진보를 할 것이다'고 하여 모든 사회과학이 역사학으로 흡수될 때, 비로소 참된 학문으로 발전할 수 있음을 암시하였다.

이처럼 역사학이 모든 과거의 인간적 행위 및 그것을 통해서 이루어진 사건과 사실을 취급하는, 즉 인간에 관련된 학문인 한 그 모든 학문을 포괄하는 종합적인 학문이라고 할 때, 이를 얼핏 들으면, 매우 영광스러운 소리로 들리지도 모른다.

그러나 이 말은 한편 내용이 없다는 말로도 들린다. 그 방대한 분야의 전체 학문을 포함하는 학문이 어떻게 가능한가? 상식적으로 생각할 때 정치학이면 정치학, 경제학이면 경제학, 한 가지 학문에 일생을 바친다 하더라도 그 학문을 이루기 어려운 데, 어떻게 그 모든 학문들을 포괄하고 있는 역사학을 이룰 수 있는가?

이러한 의문에 대해서 크로체나 콜링우드는 역사학은 곧 인간의 정신생활(정치적·경제적·사회적·심미적 생활을 포괄하는) 및 사고 자체에 대한 학문이므로 그 정신과 과거의 인간이 행한 사고를 이해하는 학문이며 따라서 역사학은 철학이며 사상사에 대한 이해라는 말로써 답변한다.

실제로 학문의 종류가 아무리 많다 하더라도 그것이 학문인 이상, 그것은 인간의 정신의 작용, 즉 사고 활동을 내용으로 하며 대상으로 하는 것일 수밖에 없다. 인간의 정치생활도 인간의 사고의 표현이며 인간의 경제생활도 인간의 사고의 표현이고 기타 윤리 도덕생활, 심미적 생활, 종교생활도 모두가 결국은 인간의 생각의 표현이기 때문이다.

따라서 설사 인간 사고의 방향이 각각 다르다 하더라도 또 그 때문에 정치니, 경제니 하는 생활의 종류를 구별하고 또 그것을 대상으로 연구하는 학문의 종류가 다르다 하더라도, 결국 모든 학문은 인간정신, 인간의 사고에 대한 연구로 귀착되지 않을 수 없다. 인간 정신의 본질이 무엇이며 인간이 과거로부터 현재에 이르기까지 무엇을 어떻게 생각하여 왔는가를 올바르게 이해한다면, 그 정신의 작용에 의해서 이루어진 정치·경제·윤리·도덕·심미 등의 모든 생활의 본질은 자연 이해될 것이며, 또 그러한 것에 대한 생각이 과거로부터 어떻게 변천되어 왔나를 이해하면, 정신의 본질도 또 각 종의 것으로 세분화된 학문들은 쉽게 이해할 수 있게 된다는 것이다. 이것을 우리는 역사적 인식이라 하는 것이다.

콜링우드에 의하면, 정신의 본질에 대한 이해와 사고의 과정에 대한 이해를 근거로 해서 이루어진 역사적 인식은 현재에 가시적 현상을 놓고 실험하고 관찰함으로써 이루어지는 자연과학적 인식과는 근본적으로 다르다.

그는 인간이 '안다'고 하는 것을 여러 단계로 구분하고 있다. 객관적으로 존재하는 사물의 존재를 인정함으로써 '아는' 데 그치는 인지(recognition), 그러한 사물을 감관(感管)을 통하여 관찰하고, 그 사물의 공통성, 법칙성 등을 알아내는 감지(perception), 사물들에 대하여 주체자의 의도를 가미시켜 '아는' 의식(consciousness), 그리고 사물들에 대하여 알고 있는 자와 그 사물 자체와의 관계에 대한 사고를 통하여 알게 되는 인식(knowledge) 등으로 구별하였다.

여기에서 감지(感知)는 과학자의 '앎'이고 의식(意識)이 실천가의 '앎'이라면, 인식은 그들의 앎에 대한 앎, 즉 역사가의 인식이며 역사적 인식이다. 이 역사적 인식은 최종적 인식이다. 그리고 인간정신에 관련된 학문, 즉 정치, 경제, 사회, 철학, 종교, 예술 등은 이 역사적 인식만으로 가능하다.

그러면 역사적 인식이란 구체적으로 어떠한 인식을 의미하는가? 콜링우드는 역사적 인식의 조건을 관계에 대한 인식으로 규정한다. 인식 대상과 인식자의 관계에 대한 반성적 사고를 통한 인식이다. 자연과학자는 스스로 사고를 행하지 못하는 대상을 사고한다. 그리고 그것을 '안다.' 그러나 역사적 인식에서는 그 자연 과학자가 어떠한 문화적 조건 또는 역사적 상황 속에서 어떠한 관심을 가지고 그 대상을 사고하고 있는가 하는 것을 사고하고 그 사고의 결과를 인식한다. 중세 기독교도들의 우주론은 그들이 처하여 있는 역사적 상황 및 문화의 정도가 2차원의 세계만을 생각할 수밖에 없는 데서 산출된 것이다. 그러므로 역사적 인식은 그 우주론의 객관적 진위(眞僞)를 논하는 것이 아니라, 그 당시 그것을 그렇게 생각할 수밖에 없었던 사람들의 정신 상태, 사고의 정도와 그 우주와의 관계를 사고하고 인식해야 하는 것이다.

서양 고대사에 있어서 흔히 네로 황제를 악한(惡漢)의 대명사로 호칭하고 있다. 네로 황제가 어찌해서 그처럼 악한이 되었단 말인가? 만약 네로 황제가 존재했었던 다음 세대가 기독교의 승리에 의해서 이루어진 세계가 아니라 거꾸로 로마 공화정과 같은 휴머니즘적 군국주의에 의해서 이룩된 세계였다면 네로가 그렇게 악평을 받는 인물이 되었을까?

오늘날도 우리는 독일의 히틀러라는 인물을 마치 악인의 대명사인 양 취급하는 경향이 있는데, 그 이유가 어디에 있는가? 그가 천인공노할 제2차 세계대전을 일으킨 장본인이기 때문인가? 만일 그렇다면 그와 같은 엄청난 세계적 사건이 그 1인의 힘에 의해서 일어날 수 있다는 것일까? 아니면 그가 유대인 600만 명을 가스실에 넣어 죽였다는 비인도적 인물이라는 이유에서인가? 만약 그렇다면 아메리카 대륙의 인디언을 멸종시킨 미국인들이나 무저항·비폭력주의를 부르짖으며 그들의 독립을 위해 침묵의 행진을 하고 있는 3,000여 명의 인도인에게 무차별 학살을 감행한 영국인들은 어찌해서 정의의 사도요 국제 신사로 호칭되고 있는가?

그러므로 역사적 인식은 단면적인 현상에 대한 즉각적인 판단을 기피하여야 한다. 어떤 현상의 역사적 맥락을 소급해서 그 현상의 필연성을 찾아야 하며, 그러기 위해서는 먼저 단면적인 현상과 관계를 맺고 있는 사람들의 감정적 판단을 극복하여야 한다. 이를테면 기독교도들에 의해서 만들어진 기록을 통해서 네로를 평가해서는 아니 되며, 유대인들의 의견에 따라 히틀러를 평가해서도 아니 된다.

역사적 인식은 네로를 인식함에 있어서 네로와 기독교도들과의 관계에 대한 이해가 선행되어야 하며, 로마에 대한 도전자인 기독교도들의 세력 확장이라는 문제에 당면해 있는 로마 황제로서의 네로의 심경을 마음속에 재연·재고해 보아야 한다. 그리고 역사적 인식은 히틀러를 제2차 세계대전의 원흉으로 규정하기 전에, 적어도 프랑스 혁명 이후의 독일이 얼마만큼 후진국의 상태에서 벗어나기 위해 노력하였으며, 독일 국민이 얼마나 프랑스의 나폴레옹과 같은 영웅을 희구하여 왔는가 하는 것을 이해하여야 한다.

실로 대부분의 독일인, 특히 칸트 이래로 형성된 독일 관념론을 중추로 해서 설립된 독일정신은 이상적인 바이마르 공화정 헌법보다는 현실적인 힘을 요구하였음을 먼저 이해하지 않고, 유대인들의 입김 서린 히틀러에 대한 질타에 편승해서는 역사적 인물로서의 히틀러는 참되게 인식되었다고 할 수 없다.

여기에서 앞으로의 역사학자는 올바른 역사를 이해하기 위해서도 자신을 자신이 연구의 대상으로 삼고 있는 인물의 위치에 놓아 보아야 한다는 새로운 목표를 설정하지 않으면 아니 된다. 과거에 만들어진 기록을 근거로 해서 과거에 있었던 대로가 아니라 만약 내가 그러한 입장에 놓여 있었다면, 나는 어떻게 생각하였으며 어떻게 행동하였을까?

보다 구체적 예를 들어 말해서 '내가 만약 네로 황제였다면 나는 기독교도들에 대해서 어떻게 생각했을 것이며, 또 그들을 어떻게 처리하였을까?'를 생각해서 네로 황제의 입장을 판단하고 그 판단을 근거로 하는 서술이 따라야 한다.

그러나 여기에는 또 중대한 문제가 따른다. 과거에 있었던 사상·의도·목적·판단을 마음속에다 재연시키는 데는 조건이 따른다. 사고는 결코 정신만으로 이루어지는 것이 아니고, 또 정신은 그 자체가 상황이 없이는 작용을 할 수 없는 것이므로 오늘날 과거에 있었던 사상, 즉 정신의 작용을 재연하기 위해서는 과거에 그 정신이 작용할 당시의 상황을 또한 재생시키지 않으면 아니 되기 때문이다.

만약 과거의 상황을 마음속에 재생시키지 못한 상태에서, 과거에 있었던 정신작용을 현재의 상황 속에서 행한다는 것은 결국 과거에 있었던 정신작용의 표식으로 남은 것을 현재의 상황에 따라 해석한 것에 지나지 않는 것이 되기 때문에 그것은 결코 과거의 사상, 즉 정신 작용을 재연시켰다고 할 수 없다.

과거에 상황을 재생시키기 위해서는 먼저, 역사가 자신이 현재에 행하고 있는 정신의 작용을 현재의 상황이 아닌 과거의 상황에서 할 수 있도록 그의 사고를 과거로 돌아 갈수 있는 전체로서의 역사에 대한 관념이 세워져 있어야 한다.

다시 말하면, 전체로서의 역사, 즉 태초에 시작되어 현재에까지 이르러 온 과정으로서의 역사에 대한 개념이 먼저 형성되어 있지 않고는 과거에 있었던 사상, 의도, 목적, 즉 정신 작용에 대한 올바른 재연은 있을 수 없다. 전체적 역사에 대한 관념적 인식이 각 시대에 있었던 구체적 사건·사실에 대한 인식에 선행되지 않으면 안 된다.

그러면 어떻게 그러한 관념적 인식이 가능한가? 개념적 인식은 이미 선험적 인식, 즉 형이상학적 인식으로 귀결될 수밖에 없다. 인간의 오관(五官)을 통한 경험적 인식으로서의 역사인식은 구체적 사실에 대한 일면적 또는 부분적 인식으로 끝나고 말 것이기 때문에 우리가 전체로서의 역사를 인식한다는 것은 구체적 사실을 물(物) 자체대로가 아니라, 구체적 사실을 전체의 편린으로 생각하고, 그 편린을 근거로 물고기의 진면목을 추리하듯 전체로서의 역사를 추상하여야 한다.

독자는 물을 것이다. '어떻게 그와 같은 추상이 가능하겠는가?' 하고. 이 질문에 대한 답은 '독자 스스로 그러한 능력을 갖도록 하는 수밖에 없다'라는 것일 수밖에 없다. 이는 마치 신의 존재를 추상(推想)하여 그것을 믿는 신자의 입장과 그것을 믿지 못하는 불신자의 관계와 같다.

도슨(Ch. Dawson)이 지적하고 있는 바와 같이, 아무리 철학적으로 기독교를 이해하려 하더라도 신을 믿지 않고 하는 사람은 신에 대해서 올바로 이해할 수 없다고 한 것처럼, 전체로서의 역사 자체의 존재성을 인정하고, 그것에 대하여 접근해 가려는 마음의 자세를 갖지 않은 사람에게는 그러한 역사를 이해 또는 추상할 수 없는 것이다.

이와 유사한 일은 자연과학에 있어서도 마찬가지다. 약학 실험실에 파묻혀서 시험관에서 일어나고 있는 화학 반응만을 관찰하고 있는 사람에게는 아인슈타인의 우주론은 허망한 공론으로밖에 생각될 수 없는 것이다.

그러나 응용을 목적으로 하는 것이 아니라, 순수한 과학, 즉 과학적 최종의 진리를 추구하는 과학도라면 실험관 속의 반응을 우주적 차원으로 해석하고, 그렇게 함으로써 우주의 진면목을 포착하는 데까지 이끌어 가려 할 것이다.

소위 역사적 제 과학(Historical Sciences)도 마찬가지다. 즉 인간의 생활과 관련된 분야에 대한 연구자들도 그들의 연구를 오로지 현실적인 적용을 위해서 행할 때, 그 연구는 역사 자체에 대한 접근에까지는 이르지 않을 것이다. 그러나 순수하게 진리에 대한 근본적 추구를 목적으로 하는 연구자라면 종국적으로 역사 자체에 접근하지 않을 수 없게 된다.

예를 들면, 인간이 지구상에 태어난 이래, 그 인간이 어떻게 사고를 하여 왔느냐에 대한 연구로서의 철학을 추구해 나갈 때, 결국 그는 역사 자체를 이루고 있는 인간 사고의 맥락을 파악하게 될 것이고, 그 인간이 어떻게 정치생활을 해왔는가에 대한 연구로서의 정치학을 추구한다는 것은 결국 정치생활의 맥락을 타고 올라 역사 자체에 접근하는 것이 될 것이다. 경제생활, 심미 생활, 윤리·도덕 생활 등도 마찬가지다.

그러나 이상과 같은 맥락은 결코 각자 독립적 맥락일 수는 없다. 그것은 정치 사상가라 해서 정치생활, 경제생활 등 그 이외의 생활을 영위하지 않을 수 없는 것이기 때문이다. 모든 맥락은 횡적인 유대를 지니고 있으며 상호 관련성을 지니고 있다. 그러므로 어느 특정한 맥락이라 하더라도 그것을 잡고 궁극적인 데까지 추구하게 되면 결국은 모든 맥락을 포괄하고 있는 역사 자체에 접근하게 된다. 이는 마치 산을 오름에 있어서 어느 능선을 타고 올랐던 또는 어느 계곡을 따라 올랐던, 결국 산의 정상에 올랐을 때는 모든 능선과 모든 계곡을 포용하고 있는 산 그 자체를 일목요연하게 볼 수 있는 것과 같다.

이때에 계곡을 따라 올라온 사람은 능선의 구체적이고 상세한 멋이나 내용을 알지 못한다. 그러나 그는 능선이 어디에서 시작되어 어디로 뻗쳐져 있는가를 볼 수 있고, 또 산의 정상과 연결된 능선의 부분을 보고 또 능선의 대체적 멋이나 내용은 알 수 있게 된다.

문제는 학문에 있어서 어떻게 이 같은 경지에 도달할 수 있는가 하는 것이다. 그러나 이 질문에 대한 해답은 이미 명백히 밝혀져 있다. 그것은 산이 좋아 산을 오르고자 하는 사람만이 산의 정상에 오를 수 있고, 또 산을 전체적으로 볼 수 있다고 하는 것이다. 앞에서 말한 바와 같이, 역사 자체의 존재성을 인정하고 그것에 접근하려는 자세를 가질 때, 그 사람은 일차적으로 역사 자체를 만날 수 있는 가능성을 갖게 된다. 불트만(Bultman)은 참된 신학은 신과의 실존적인 만남(Begegnung)을 통해서만 가능하다고 했다. 역사학도 이는 마찬가지다. 역사 자체에 대한 접근은 박학·박식(일반적으로 어떻게 역사의 모든 지식을 총체적으로 알 수 있느냐 라고 걱정하는 그런 박학·박식)에 의해서가 아니라 역사의 한 맥락에 대한 진지한 탐구를 통하여 실존적 자아와 역사 자체와의 만남을 이루게 될 때 그것은 비로소 가능해진다.

이 '만남'을 우리는 직관이라는 형태의 사고로 이해할 수 있다. 마치 신의 존재를 믿고 신에게 귀의하는 마음으로 정신을 집중시켜 일도(一到)의 경지, 즉 선(禪)의 경지에 도달했을 때 신을 볼 수 있는 것처럼, 역사적 사실들을 근거로 하는 역사 자체에 대한 추구·접근은 결국 역사 자체에 대한 직관적 인식, 즉 역사 자체와의 만남을 이룰 수 있을 것이다. 즉, 이때에 역사는 역사의 말씀을 역사가에 보낸다.

여기에서 우리는 순수 역사학의 최종적 목표를 설정할 수 있을 것이다. 총체적 개념으로서의 자연과학의 목표가 자연 그 자체에 대한 인식에 있고, 신학의 목표가 궁극적으로 신에 대한 인식에 있다면, 역사학은 역사 그 자체를 대상으로 하는 학문이며 최종적으로 역사 자체와의 만남을 목표로 하는 역사학자의 자기적 접근과 수양에의 노력이어야 한다.

그런데 신학자 불트만(Bultman)은 신학, 즉 Theologie를 다음과 같이 풀이함으로써 신학의 진수(眞髓)를 논파하였다. 즉 Theologie의 Theo(=Dei)는 신이요, Logie는 말씀이다. 그러므로 Theologie는 신에 대한 말씀(Logie nach Dei), 신의 말씀(Logie von Dei), 신에 의한 말씀(Logie bei Dei)이라 했다.

이러한 용어풀이를 역사학에 역으로 적용시킬 때, 우리는 Historiologie를 생각할 수 있다. 앞에서 언급한 바와 같이, 우리가 역사 자체를 접근의 대상으로 삼을 때, 그 학문은 역사에 대한 말씀(Logie nach Historie)이 아닐 수 없다. 즉 역사학은 역사 자체에 대한 논리적 추구가 아닐 수 없다. 또 역사학자가 최종적으로 알아야 할 것은 역사 자체에 대한 것(nach Historie)이다. 그러나 역사 자체에 접근하고 역사 자체를 아는 일을 역사 이외의 다른 논리로써, 이를테면 철학적·수학적 논리로써 행할 수는 없다. 역사 자체에 대한 접근은 역사를 통해서(durch Historie) 즉, 역사적 사실들을 통해서 얻어지는 논리를 통해서 이루어져야 한다. 역사학자는 역사 자체에 대한 접근을 역사적 사실들을 통해서 얻어진 논리에 따라 역사 자체가 하는 말씀, 즉 역사의 말씀(Logie Von Historie)을 들음으로써 이룩하여야 하는 것이다.

그러므로 역사학자의 최종적 목적은 역사 자체에 대한 접근에 있지만 그렇다고 과거의 사건·사실들에 대한 연구를 도외시할 수 없으며 과거에 이룩된 기록문서나 유물·유적에 대한 진지한 탐구를 업신여길 수 없는 것이다.

이상과 같은 히스토리오로지(Historiologie)를 전제할 때, 그리고 역사 자체에 대한 인식이 이루어졌을 때, 비로소 역사의 발전 법칙이나 역사적 변화의 원인과 의미 등을 대상으로 하는 이른바 메타히스토리(Metahistory)는 가능해진다. 그뿐만 아니라 이 같은 히스토리오로지에 대한 이해, 역사 자체에 대한 인식이 확고히 될 때, 그리고 이를 근거로 하는 메타히스토리가 이루어졌을 때, 다시 말하면 역사관이 확립되었을 때, 비로소 올바른 역사적 제 학문(Historical Sciences)이 가능해진다.

생각해 보라. 전체로서 역사, 또는 역사 자체의 형상에 대한 인식이 없이 그 형상의 맥락이며 모습인 역사발전의 법칙이나 역사적 변화의 원인이나 의미를 알 수 있겠는가? 또 역사발전의 법칙이나 역사적 변화의 원인과 의미에 대한 이해가 없이 어떻게 역사발전과정 중에 나타나는 하나의 사건·사실들로 이룩된 정치 현상이나 경제 현상,

사회 현상 등에 대한 올바른 이해가 가능하겠는가? 그것은 마치 인체 구조에 대해서 전혀 무지한 전문의를 생각하는 것과 마찬가지다.

이를 좀 더 쉽게 이해하기 위해서 우리는 다음과 같은 비유를 이해해 보는 것이 좋을 것이다.

동굴 속에 빛을 본 적이 없는 학생이 흰색의 벽을 향하여 뒤로 팔이 묶인 채 서 있다. 동굴 입구로부터 빛이 들어와 그 학생의 그림자가 벽면에 비추인다.

이때에 뒤에서 빛을 가르치는 교사가 말한다. "빛이란 사물의 형체를 보이게 하는 것이다." 그대는 빛의 색깔을 아는가? 그 학생은 벽면에 비추어져 있는 자기의 그림자가 어두운 색으로 나타나 있는 것을 보고 말한다. "예, 압니다. 빛의 색은 검은 색입니다."

그러나 이 세상에 빛을 한 번이라도 본 사람이라면, 누가 빛의 색을 검다고 하겠는가? 교사는 꾸짖으며 다시 가르친다. "무슨 소리냐, 그러면 뒤로 묶인 팔을 풀고 뒤를 돌아보아라! 그러면 빛의 색은 어떤 것이냐?" 학생은 동굴 밖으로부터 빛살이 비치어 들어오는 것을 보고, 또 그 빛살로 말미암아 벽면이 희게 보이는 것을 깨닫는다. 그리고 대답한다. "예, 이제야 알았습니다. 빛의 색깔은 흰색입니다."

그러나 누가 빛의 색깔을 흰색이라고 규정할 수 있겠는가? 교사는 다시 가르친다. "빛은 결코 흰색으로만 되어 있지 않다. 너의 손을 보아라. 무슨 색으로 되어 있는가?" 마침 학생의 손에는 자기가 묶인 것을 풀으려다 상처를 입어 피가 흐르고 있었다. 그 피 묻은 손을 보고 학생은 다시 외친다. "예, 알았습니다. 빛의 색깔은 붉습니다."

다시 교사는 말한다. "아니다. 빛의 색깔은 붉은 것만이 아니다. 계단을 밟고 올라 와서 동굴 밖으로 나오라! 그리고 저 태양 빛을 보고 그 태양 빛에 의해 비추이고 있는 이 세계를 보라. 그러면 빛의 색깔이 무엇이냐?" 학생은 비로소 빛이 어떤 것인지 그리고 빛의 색깔이 무엇인지 알았다. 그러나 무엇이라고 구체적으로 단정해서 말할 수는 없었다. 그러면서도 태양빛을 받고 있는 모든 자연의 아름다움을 즐길 수 있고, 또 자기의 판단에 따라 지상에 보이는 모든 사물들의 색깔을 판별할 수가 있게 되었다. 그리고 그가 동굴 속에서 보던 검은 빛, 흰색, 그리고 붉은 색도 무어라고 표현할 수 없는 태양 빛 속에 포함되어 있는 일부분의, 또는 특수한 색깔임을 알게 되었다.

역사철학과 그 역사

2017년 1월 18일 개정판 1쇄 펴냄
2021년 9월 18일 개정판 2쇄 펴냄

지은이   이상현
펴낸이   정철재
만든이   권희선 문미라
디자인   황지영

펴낸곳   도서출판 삼화
등 록   제320—2006—50호
주 소   서울 관악구 남현1길, 2층
전 화   02)874—8830
팩 스   02)888—8899
홈페이지 www.samhwabook.com

도서출판 삼화, 2021, Printed in Seoul Korea
ISBN 979-11-5826-057-6 (03900)

책값은 표지 뒤쪽에 있습니다.
잘못 만들어진 책은 구입하신 서점에서 바꿔 드립니다.